思想觀念的帶動者

文化現象的觀察者

本土經驗的整理者

生命故事的關懷者

{ PsychoAlchemy }

啟程，踏上屬於自己的英雄之旅
外在風景的迷離，內在視野的印記
回眸之間，哲學與心理學迎面碰撞
一次自我與心靈的深層交鋒

The Problem of the PUER AETERNUS

永恆少年
以榮格觀點探討拒絕長大

瑪麗-路薏絲・馮・法蘭茲（Marie-Louise von Franz）——著

徐碧貞（Pi-Chen Hsu）——譯

永恆少年：以榮格觀點探討拒絕長大

從黑暗漣漪到終極光明：
一條永恆少年的不歸之路

洪素珍（IAAP 榮格分析師）

　　當我們將眼光投向未知，乍始之初，舉目所及，無非黑暗。繼而深入，黑不僅是黑，有流動、變化、升降起落……，森然羅列、隱隱成形，如一齣謎劇，說著我們似乎知曉，卻未能及時明瞭的故事。

　　當源自古希臘羅馬文化的理性傳統在近現代被簡化成為科學主義，其方法論甚至擴及人文領域，發展出所謂的社會科學，改變人類對世界的認知。此時人們對宇宙從敬畏而驕慢，唯「科學」至上，濫用奧卡姆剃刀原則，大膽恣意地操作機械因果論，有意無意地忽略人類的感性與靈性。在現實的世界裡，尊崇人性貪婪的能量，鼓勵自由競爭，藉人與人、群體與群體間的矛盾鬥爭，引爆積累財富的動能，促成啟蒙運動，人取代了神，自由、平等、博愛成為普世價值。然而這偉大神聖的歷史進程，卻開花結果成恐怖的法國大革命。支持啟蒙、試圖廢除農奴制度、對非天主教徒寬容的法國國王路易十六，與其他七萬多個人的人頭，貴賤無別地在巴黎協和廣場被無情的理性思維刀切斧砍，毫不遲疑。

　　理性的非理性結果，引發浪漫主義文學運動的感性反動潮流，

一方面以如《科學怪人》（Frankenstein）的小說，對科學展示疑懼；另一方面則勇敢走進心靈暗處，由古老黑森林裡的精靈、巫師、騎士、王子、公主等浪漫傳奇的隱喻與線索裡，找尋歐洲日耳曼先祖狂野血液中的力量源頭。

浪漫主義文學運動影響了精神醫學，醞釀出精神分析，在心理活動即為神經系統生化運作的理論基礎上，試圖再建立另一套新的解釋系統。於是，佛洛伊德將神話、夢境等「象徵」素材，都納為有效的科學數據進行研究歸納，認為它們都帶有心理活動傳達的象徵性訊息，可能是欲望或者心靈創傷的補償。針對人生的精神症狀、苦痛或者疑惑等進行化約、還原的分析（deduction），認為到底來說，都跟人類本能的性驅力脫離不了關係。這樣的新心理學模型，聯繫起理性與感性的人類心靈斷層，給世界帶來了震撼，雖不乏支持者，唯科學主義者卻難以欣然信服。

佛洛伊德精神分析法將黑暗心靈中的潛意識漣漪揚出意識層面，並於個人層次上還原了苦痛的原貌，讓人獲得現實感，回到「正常」生活。然而這就是人生的「答案」了嗎？對此，榮格並不滿意。他認為不僅於此，那些暗黑漣漪訴說的，可能比個人還古老，波動更深遠。千古以來，在每個人心中反覆宣講，希望人們繼續深入而「聽懂」，不僅於「知道」就好。那是人類獨有的靈性，涵括感性，但範圍卻更廣闊，不止於個人，且及於人類全體。古典榮格學派分析師瑪麗-路薏絲·馮·法蘭茲（Marie-Louise von Franz）在《永恆少年》（The Problem of the PUER AETERNUS）書中有個簡潔的例子，便說明了「聽懂」與「知道」的不同。

馮·法蘭茲有個幻想成為作家，卻全然不採取實際行動的年

輕個案，遠從美國來找她進行分析；另一位與之同行、帶著類似茫然遠自歐洲而來的朋友，求助的對象則是佛洛伊德學派分析師。一段時間後，分析暫告一個段落。馮‧法蘭茲的個案覺得毫無得到療癒，但堅信自己會成為作家；而接受佛洛伊德學派分析的朋友則認為自己完全獲得釋放，脫離了母親情結的控制，充滿能量地準備回歸生活、投入人生的戰場。

對榮格與佛洛伊德學派的精神分析手法熟悉者明白，兩位年輕人對分析反應不同的關鍵在於：一個處理的是集體無意識裡的古老原型，另者則針對個人潛意識中的情結。這也可說是兩個學派對人類心靈理解、或者設定處理範疇不同所致。榮格認為無意識發出的痛苦訊號是具有能量的，把症狀還原到個人經驗的終極背後，一定還有其他人之所以為人的道理。榮格學派想看的是黑暗中的實相，所以在臨床上採取的是有別於化約、還原的合成或建構法（Synthetic or Constructive method）；而佛洛伊德學派則理解「症狀」之意義，讓黑暗湖面激起的情結漣漪恢復平靜，幫助人們平安重返人生。所以，個人潛意識僅為集體的部分展現，榮格心理學更關注集體無意識，至要之處在於原型理論。原型是心靈的重要主宰，急於表現、不容妥協，症狀僅為警訊，無法「處理」，只能整合。

「永恆少年」是榮格理論中重要、常見的原型，表現為孩童、青少年的理想化樣貌，青春不老、活力十足、精靈古怪、放蕩不羈，讓人又愛又恨；創意無限、敢愛敢恨、勇往直前、歷險挑釁，叫人既妒且懼。馮‧法蘭茲所長者為童話分析，永恆少年正是她最關注的題材之一。本書中她以法國小說《小王子》（*The Little*

Prince）與德國小說《無空間王國》（*Das Reich ohne Raum*）為分析文本，詳細說明永恆少年的來龍去脈，就此原型的詮釋而言，幾乎就是古典榮格學派的經典。

《小王子》與《無空間王國》，前者流傳全球，已成經典；後者在德文世界外較鮮為所知，但經馮・法蘭茲介紹分析後，讀者也莫不心有戚戚。這兩部作品能引發共鳴，部分因文筆結構、情節易感效果奇佳，閱者心湖莫不泛起共感的漣漪。大多數人嚮往那些單純的友誼、悲傷、失落、神祕以及愛戀，一方面憐惜自己的心靈也擁有那些美好，但亦傷感終究已經喪失或者未能直遇那些美好，雖嚮往之，卻無以為之。

不過若只是「心有所感」，那還只佇留在個人潛意識被喚起漣漪之處而已。馮・法蘭茲提醒我們，在故事的心靈背後的永恆少年原型，隱藏著人類亙古以來的神祕母題。看似浪漫的故事情節裡，其實充滿死亡、母親情結、拒絕平凡、抗議人生等議題。從古老的神話傳奇，一直到故事情節，到創作者，甚至是所有的讀者，都被神祕的原型牽引著，一起在同一條脈絡中迷惘、耽溺。因此我們同時愛上了小王子，他從廣袤的外星而來，死在神祕的沙漠裡；甚至作者聖修伯里本身還駕機高昇飛揚，親身實踐永恆少年，消失得無影無蹤。他們代替我們年輕、追尋、惆悵，然後神祕死亡。而無空間王國裡的三個探求魔法世界的年輕人，雖然個別付出不同的死亡代價，但終究「永入光明，你那白色形貌召喚著。一波波的浪潮，我們永遠都不老。」這是他們共同的選擇，永恆少年的宿命。

永恆的少年，美麗的死亡代價，兩部傳奇作品，經馮・法蘭茲的詮釋，令已開卷者不忍片刻釋手。

致謝詞

　　本書所收錄各章節的內容是蘇黎世榮格學院於 1959 至 1960 年間冬季課程的十二場講座。

　　本人要對優娜・托瑪士（Una Thomas）致上感謝之意，此微修訂版本是以她忠實的逐字文稿為本。同時也要對派翠西亞・貝瑞（Patricia Berry）及瓦萊麗・唐理維（Valerie Donleavy）兩人為講座內容最終文稿的付出，致上感謝之意。

第三版編輯說明 [1]

　　秉承瑪麗-路薏絲‧馮‧法蘭茲（Marie-Louise von Franz）之意願，本版《永恆少年》忠實呈現由蘇黎世的清泉出版（Spring Publications）於 1970 年所發行之原初版本。文稿業經勘誤，同時也加入參考書目及名詞索引[2]。內在城市出版社（Inner City Books）在此對艾莉森‧卡佩斯（Alison Kappes）所蒐集編譯之參考書目，致上感謝之意。

　　從個人層面而言，這本書可說是拯救了我的人生，在我遭逢人生困境之時，它引領我張開眼去看個人心理。馮‧法蘭茲博士對於媽寶男（mother-bound man）的分析直入我心。這的確讓人難以下嚥，但是她針對和我一樣的男性所做出的中肯評論，雖然對個人自我意象帶來破壞，卻也暗指有別於自我了斷的他途。我最後選擇走上另一個途徑——我進入心理分析。

　　個人多年來的夢想，就是要將《永恆少年》這本書納入由榮格分析師們所著述的榮格派心理學系列研究叢書。如今，感謝機運轉折，夢想得以成真。

　　　　　　內在城市出版社編輯　達瑞爾‧夏普（Daryl Sharp）[3]

註釋

1   編註：本書原文版第一版出版於 1970 年，二版出版於 1997 年，此為第三版。

2   編註：中文版以譯詞對照表呈現於附錄中。

3   編註：多倫多榮格分析師，亦是內在城市出版社的編輯，畢業自蘇黎世榮格學院，著有《榮格人格類型》（心靈工坊出版）、《榮格心理學不插電講座：我的大象生活》、《祕密渡鴉：卡夫卡的衝突與轉化》（*The Secret Raven: Conflict and Transformation in the Life of Franz Kafka*）等書。

第一部

《小王子》
安東尼・聖修伯里

永恆少年原型

puer aeternus 是古代神的名字，這個名詞出自羅馬詩人奧維德（Ovid）的作品《變形記》（*Metamorphosis*），書中將這個詞語用以指稱古希臘艾盧西斯（Eleusinian）神祕儀式[1]的孩童神。奧維德提到孩童神伊阿科司（Iacchus），指出他是 *puer aeternus*，並且讚許他在這些神祕儀式中的角色。後來，孩童神被視為等同於酒神戴奧尼索斯（Dionysus）及愛之神愛洛斯（Eros）[2]。他是神聖的少年，在黑夜時分出生於典型母性崇拜的艾盧西斯神祕儀式，同時他也是救世主的一種類型。他是草木及復甦之神、是神聖少年之神，相對應於遠東神祇中的巴比倫太陽神塔姆茲（Tammuz）、希臘農神阿提斯（Attis）及草木神阿朵尼斯（Adonis）。因此，本書的標題 *puer aeternus*，意指**永恆少年**，但是我們有時候也把它用來指稱帶有母親情結（mother complex）的特定類型年輕男性，他們因此表現出某些典型的行為，我接下來將會進一步說明。

永恆少年的特徵

通常，認同於永恆少年原型的男性，會在青少年心理階段維持過久，也就是說，那些對十七、八歲少年來說是正常的特徵，會一直持續到他往後的人生，同時，大多數的案例也會過度依賴母親。這些帶有顯著母親情結的男性，如同榮格指出的，會有兩個典型問題：分別是同性戀[3]及風流公子哥唐璜一族（Don Juanism）。如果是在第一種情況，對異性的力比多（libido）能量仍然和母親綁在一起，母親就成了唯一的愛戀對象，於是他無法與另一個女人經歷性愛，因為如此一來會讓這個女人成為母親的競爭對手，因此性的

需求就只能透過同性得到滿足。通常這樣的男人欠缺陽性，同時也在伴侶身上尋找自身所欠缺的。

而風流公子哥唐璜的情況則是相同問題的另一種形式。在這樣的案例中，他們在每個女人身上找尋母親的意象——也就是那種可以給男人一切，並且沒有任何缺點的完美女人意象。換言之，他在找尋的是帶有母性的女神（mother goddess），因此，每當他對女人感到著迷，最後都會因為發現她不過就是個普通人而感到失望。一旦他與她的關係變得親密，魅力感就全盤消失，他帶著失望轉身，只能再將這個意象重新投射到下一個女人身上，一個又一個。他始終渴望的是帶有母性的女人能將他攬入雙臂，滿足他一切需求；這通常也伴隨著青少年期會有的浪漫態度。一般而言，他們對適應社會有著極大的困難，在有些案例中，也會出現錯誤的個人主義——說明白些，就是因為認為自己是獨特的，所以不需要適應，對於這樣一個被埋沒的天才來說，適應社會是不可能的。此外，當在面對其他人時也會有種自大傲慢的態度，這源自於自卑的情結以及錯誤的優越感。這些人通常會有極大困難去找到對的工作，因為無論他們找到什麼，他們都會感覺不太對勁，或者覺得那不像是他們心中想要的，永遠都會有讓他覺得不滿意之處。遇到的異性也從來都不覺得是對的女人，可能會覺得她當個女朋友還不錯，但是……，總是會有「但是」以避免進入婚姻或給出任何明確的承諾。

這也帶來某種形式的精神官能症[4]，英國的分析心理學家貝恩斯（H. G. Baynes）[5] 將之描述為「暫時性的人生」（provisional life），那是一種奇怪的態度及感受，使人覺得自己**還沒有**進入真

實的人生。[6] 此人在當前的狀況下做這個或是做那個，但無論是女人或是工作，都**還不是**他真正想要的，總是幻想著未來的某個時間點，真正想要的就會出現。如果這樣的態度延續下去，就意謂著此人內心持續不變的拒絕在當下給出承諾。其中也常會多少帶著救世主情結或是彌賽亞（Messiah）情結，私底下認為有一天自己能夠拯救世界，無論是在哲學、宗教、政治、藝術或其他領域，那最終的論述將被發現。甚至會進一步演變成典型的病態狂妄自大，或是比較輕微的顯現在時不我予的想法中。這類型的男人最害怕的就是被與任何事物綁在一起，他們極度恐懼被牽絆住，害怕完全融入在時間與空間中，或是害怕被定位成一個固定的形象。他們總害怕會掉入逃不開的情境，每個尋常（just-so）的情況對他們而言都是地獄。同時他們對具危險性的運動有著高度象徵性的著迷，特別像是飛行或是登山之類的，如此一來才能盡可能達到高點，其中所帶有的象徵意涵就是從現實中逃離，從地球生活及日復一日的生活中逃離。如果這類的情結是明顯的特徵，許多這樣的男人會因為飛機失事及山難而英年早逝。

他們通常不喜歡需要耐心及長期訓練的運動，對永恆少年而言，從字義的負面角度而言，通常有著沒耐心的傾向，所以這類運動對他們而言也就不具吸引力。我認識的一個年輕人就是永恆少年的典型例子，他從事極為大量的登山活動，但是卻極度痛恨揹背包，以致於他甚至寧願訓練自己達到可在雨中及雪地睡覺，並將自己包裹在雨衣中，以瑜珈式的調息方式在戶外睡著的程度。他也訓練自己幾乎什麼都不吃，為的就是能夠達到身上沒有任何負重。有許多年他漫遊在歐陸及其他各大洲的山區，這麼就地睡在樹下或是

雪地上。你可以說他過得是相當具英雄式的存在，就只是為了免除去山中小屋或是揹負背包的束縛。你可能會說這是象徵性的表現，因為在真實生活中，像這樣的年輕人就是不想要承受任何形式的負累。他堅決抗拒的就是對任何事物的責任或是去承受情境的重量。

一般而言，這類年輕人的正面特質是有某種靈性，這來自於與無意識（unconscious）相當親密的接觸。他們之中有許多人都帶有年輕的魅力以及一份宛如香檳酒所帶來的微醺特質。人們通常是相當容易與永恆少年攀談的，他們會有許多趣事可聊，同時會給人帶來爽朗的氣氛。他們不喜歡傳統的情境；他們會深入探究同時直探真實。他們通常在找尋的是真誠的信仰，這是人們在青少年晚期典型會追尋的。一般來說，永恆少年身上的年輕魅力會持續延展到生命晚期，但是有另一類型的永恆少年並不展現年輕魅力，也不閃耀神聖少年原型的光芒。與此相反的，他活在持續性的昏睡及發呆狀態，這也是典型的青少年特質：那種昏沉沉的、缺乏紀律、凡事拖拖拉拉的少年，他只是到處閒晃，任心思飄竄，因此有時候會讓人覺得想要從他頭上澆下一桶冷水。然而，他們那昏睡發呆的狀態只是外表呈現的樣子，如果你能穿透表象，就會發現他們內在所珍視的鮮活幻想生活。

前述所言，簡短摘要困在母親情結的年輕人的主要特徵，以及他們因此而認同於永恆少年原型的狀態。目前所言主要是針對這類人的負面描繪，如果只從表淺來看，那就是他們的樣貌，但是，如你所見，我們還沒開始解釋真正重要的內涵。我想要專注的問題在於：為什麼這個類型，亦即媽寶少男的類型，在我們的時代中是如此顯著。如你所了解的，同性戀——我不認為風流公子哥唐璜一族

是普遍的問題——增加的越來越多了，甚至連青少年都涉入其中，似乎永恆少年的問題變得越來越實際了。毫無疑問的，母親總是會企圖將兒子留在巢中，而有些人子總會難於得到自由，寧願繼續享受待在巢中的樂趣。但是我們並不十分清楚，為什麼這個本來頗自然的問題在此時會變成一個時代的問題。我認為那是個重要且深入的問題值得我們探究，因為其餘的問題多多少少是不需要多做說明的。帶有母親情結的男人總是需要和成為永恆少年的傾向相抗衡。你可能會問這可有什麼治療的方法？如果一個男人帶有母親情結，那就是發生在他身上的事情，並不是他自己加在自己身上的，那麼假使有一天他發現了這個事實，他能夠對此做些什麼？

工作就對了

在《轉化的象徵》（*Symbols of Transformation*）一書中，榮格提過一個療方——工作——在說完的同時，他遲疑了一分鐘並想到：「真的是如此簡單嗎？就只有這一個療方嗎？我可以這樣論斷嗎？」但是，工作一詞的確是沒有任何一個永恆少年會想要聽到的，而榮格因此得到結論說那就是正解。我個人的經驗也是如此，假若男人能從這樣的少年精神官能症中被拉出，唯一能促成的方式就是透過工作。然而，這其中的連結有一些誤解，因為永恆少年如同所有原始民族或是帶有虛弱自我情結的人們一樣都能工作。當他們對某事著迷或是處在一種極度熱情的狀態下，他們可以一口氣工作 24 小時或是更長的時間直到他們受不了，但他們無法做到的是，在陰沉的雨天早晨，做無趣到必須使勁踢自己一腳去完成的工

作——那是唯一一件永恆少年無法因應的事，他們會用盡一切藉口來逃避。對永恆少年的分析遲早也會碰上這個問題，而只有當自我變得足夠強韌時，問題才得以被克服，他們也才有可能在工作上堅持住。儘管我們自然知道目標所在，但每個個體都是不同的。從我個人的經驗而言，單單只是對人們說教要他們去工作，並不會帶來多大的好處，因為說教頂多就是讓他們生氣且轉身離開。

就我所見，無意識通常會試圖製造妥協，亦即去指出可能會有熱情的方向，或是心理能量能夠自然流向的地方；畢竟訓練自己朝本能支持的方向工作是比較容易的，相較之下，要在個人能量流向的相對之處逆勢而上，就困難得多了。因此，通常先緩一緩並去發現興趣及能量的自然流向，會是比較適當的，接下來就是試圖讓此人從那一點開始工作。然而在任何工作領域，總會出現需要面對一成不變的時刻。所有的工作，即使是創意性的都包含某些無趣的例行公事，而那將是永恆少年想逃避並下結論說「這不是我想要的！」的所在，此時，如果個體得到無意識的支持，通常會在夢境中顯示個體應該要再推進一步以突破阻礙，如果能做到這一點，這場戰鬥就贏了。

安東尼・聖修伯里

為了能深入整個問題的背景，我首先要解讀安東尼・聖修伯里（Antoine de Saint-Exupéry）的《小王子》（*The Little Prince*）[7]，因為這本書有助於理解這個狀況。此人如你所知，在上一場大戰期間死於一場空難，而且他展現了永恆少年的所有典型特徵，但這並未

改變他是個偉大作家及詩人的事實。他的一生難以追溯，這一點也是典型的特徵，因為當你嘗試查閱傳記，只能蒐集到極為少數且零星的事蹟，因此顯然永恆少年從未真的接觸地面。他從未真的將自己投入俗世情境中，只是盤旋飛過地面，三不五時蜻蜓點水，使我們必須亦步亦趨他所留下的蹤跡。

聖修伯里出身於法國的古老貴族家庭，在一棟帶著傳統氛圍的美麗鄉間別墅長大。他選擇成為專業飛行員，有一段時間隸屬於法國航空郵遞公司（Compagnie Aeropostale），這家公司提供往返於歐洲及南美洲的郵遞服務。約莫在 1929 年，他飛法國圖盧茲（Toulouse）─塞內加爾達卡（Dakar）─阿根廷布宜諾斯艾利斯（Buenos Aires）航線，並協同規劃南美洲的新航線。其後有相當長的一段時間，他指揮北非沙漠一個完全孤立的機場（Cape Julie），主要負責救援失事墜機的飛行員，將他們從沙漠死亡之手或是阿拉伯反叛部落之手解救出來。那是這類的男人會喜歡的生活，比起其他地方，聖修伯里寧願選擇這樣與世隔絕的沙漠崗位。1939年，戰爭肇始，他身為法國空軍的機師，為法國而戰。當法國淪陷之後，他原先想逃到埃及，但因為技術性的原因而被迫放棄計畫。退役之後他前往紐約，在那兒完成了他的著作《戰鬥飛行員》（*Flight to Arras*）。

其後，當盟軍登陸非洲，他想回到法國空軍，卻因為年紀的考量而被拒絕了。他用盡了所有能想到的方法及計策好讓自己能夠再次飛行，1944 年七月，他駕著飛機離開阿爾及利亞首都阿爾及爾（Algiers），於法國上空作偵查飛行，在沒有留下任何飛機及個人跡象的情況下，就此消失無蹤。其後──在戰爭結束後──有個年

輕的德國人回報，聖修伯里可能在海上被德國福克戰鬥機（Fokker-Wolff）擊落。當時由七架飛機所組編的戰鬥機隊中，有一名飛行員聲稱，有一架法國飛航機在地中海上空被擊落，而種種跡象顯示，那可能就是聖修伯里所駕的飛機。[8]

聖修伯里有段相當不愉快的婚姻。他的妻子似乎是個心情反覆無常且難相處的女人，而他通常與妻子相處的時間不會超過一至兩星期。當他不被允許飛行時，他總是會變得憂鬱、易怒，同時會在住處從早到晚來回踱步，滿心絕望且容易惱火；一旦當他能夠飛行的時候，他就回到正常的自己，同時也心情愉悅。當他必須留在地面上和妻子在一起時，或是待在其他的情況中，他就會退回到壞心情，因此，他總試圖要回到飛行的狀況。他其餘的著作都顯示著他對於當今問題的關注，以及對於這個時代**世界觀**（Weltanschauung）的關注。曾經閱讀過那些著作的你們會注意到，就如同許多的法國人一樣，特別是那些法國的貴族顯要們，他帶有十分納粹的心理。法國人是法蘭克斯人（Franks），他們因為痛恨德國人而忘記這一點，但是法國社會的上層階級通常都帶有德國血統，他們相當近期才移居法國。從歷史的觀點而言，特別是在軍隊圈及貴族圈，他們與普魯士心態有著密切的關係。

無可避免的，這一點顯現在聖修伯里小說中的角色：舉例來說，在《夜間飛行》（*Vol de Nuit*）一書中的希維耶（Reviere）這個角色，聖修伯里試圖描繪出希特勒型（Führer）的人物：冷血男人為了一個較高的目的而將他的年輕飛行員送上死途。這只是他所處環境中的當地人樣貌，並不真的與他個人較深層的問題相連，他的問題在於去追尋——？但是他在追尋什麼？我現在不會給出問題

的答案，但是我會試圖與你一起找到答案。

感傷與殘酷

　　如你所知，他最受歡迎的著作之一，就是《小王子》一書，這本書極為成功，許多人奉為《聖經》一般崇拜。但假若你與他們談論這本書，他們通常會採取些微挑釁的態度，堅持認為這是一本非凡的著作。針對這樣的挑釁態度我想了許久，認為唯一可能的解釋就是，即使是那些相當喜歡這本書的人，心裡都還是有個小小的問號，而我認為應當提出的一個問題——即使是對這本書的信徒而言亦為真——就是關於它些微感傷的風格；那種多愁善感的觸碰，雖然造成些許不適感，但是並沒有減損其價值，即使是對那些相當喜歡這本書的人來說也是如此。

學員：你會如何解釋這種感傷的碰觸？

　　一般而言，凡是有多愁善感之處就會有些許的殘酷。納粹德國的政軍領袖戈林（Hermann Wilhelm Göring）就是極佳的例子，因為他可以不帶疑慮的簽下三百人的死刑，但假若是他的一隻鳥死了，那個胖老男人反而會為此哭泣，他是典型的例子。冷血殘酷也常常會被多愁善感所掩蓋住，如果你去想像聖修伯里書中希維耶及謝赫（Sheikh）的角色，就能看見冷血的男性殘酷如何運作。

　　在我們解讀《小王子》一書之後，我們需要看一些案例內容，屆時這一點就會變得更加清晰可見——亦即永恆少年的陰影問題。

通常這背後會有一個冷血殘酷的男性，補償了過於不真實的意識態度，這是永恆少年所不能同化吸納的，或者也只是非自願性的吸納下來。舉例來說，在風流公子哥唐璜類型中，每當他離開女人時，冷血殘酷就會出現。一旦當他的感情消失了，就會出現冰冷殘酷、不帶人性的感受，而他的感傷熱情則會全盤流向另一個女人。這種殘酷或是冷酷現實的態度，常常也會出現在與金錢有關的事務上。他不想要適應社會或是接下常人的職業和工作，但是他仍然多少需要錢財。永恆少年通常會在背地裡，或是透過反手的方式達到他的目的。亦即他得到錢財，但天知道是怎麼得到的，那會是相當卑鄙的方式。一旦你觸碰到無意識陰影問題，你就會得到情結——會有一個情緒化的反應出現。

學員：妳對於永恆少年所做的許多描述，也可以用來描述精神病患者。對於這兩者妳如何作出區別？

　　有許多的不同，但是我會說上述所言是精神病的典型。舉例來說，我稍後會提出的案例，是個邊緣性精神病類型，這是另一種類型。我的經驗是除了永恆少年之外，也有些人是精神病態、思覺失調的、歇斯底里型的，又或僅僅只是稍微帶有精神官能症的，依個別案例而異，同時也依照問題出現的外加形式而有所不同。讓我們假設某人有宗教的問題，那本身就是個問題，但是除此之外，此人也可能是精神病態或是思覺失調，又或者是對問題有歇斯底里的反應。相同的狀況也適用在同性戀的問題，可能會附加或者也可能沒有其他的精神官能症的徵象，同時也多多少少與時代問題有密切

的連結，我覺得這似乎是越來越重要的問題。榮格對此有著相當有趣的想法，他提出或許這是無意識針對人口過剩所做的補償，也就是說，大自然之所以推崇這樣的傾向，是補償人口過剩的現象——如此一來有一定數量的人們就會克制生育。大自然可能會套用這樣的策略，而人口過剩也的確是我們現今最大的問題。在過往的時代並沒有統計數字，因此要以統計數字來證明這一點是困難的，我們只知道同性戀在當下是極度廣泛的。我的父親是奧地利的常備軍軍官，而他也公開談論這類事情，他說在他那個時代的軍隊中，這並不成問題，同時在當時有的是極少數的案例，而如今，如你所知，特別是在空軍中，這真的是個常見的問題。

學員：在美國，我們發現年輕病患中有三分之二是同性戀，至少這
　　　是從我個人的經驗所得。

　　統計學本身就是相當大的難題。舉例而言，佛洛依德學派認為，潛在的同性戀存在於各地，同時他們會將許多我不會納入的半同性戀或是潛在同性戀案例納入。在我個人的經驗中，實際上大部分女性所顯現的同性戀是母親—女兒的關係問題。這類女人將母親女神柯瑞（Kore）的神話行動外化，也就是豐收女神荻密特（Demeter）—冥后波瑟芬妮（Persephone）神話（譯按：Kore又名波瑟芬妮，是荻密特與宙斯所生的女兒）。假若你進入她們的幻想，你會發現通常她們其中一個是透過另一個來找尋重生。這本身並不是女同性戀的關係，因為假若你要這名女子對另一個她移情的女性展開幻想，去假想她希望會發生什麼，通常都會有奇怪的重

生幻想出現。透過另一個女人而重生，這是出自極端嬰兒化的表現。舉例而言，瑞士精神分析師薩莎海（Marguerite Sechehaye）的著作《象徵實現》（*Symbolic Realization*）一書中引述過一個案例，在座的有些人或許有讀過。病患芮妮（Renée）與分析師薩莎海有著極強烈的移情關係，佛洛依德學派會將這份移情關係所呈現的形式稱之為女同性戀關係，但是如果你更進一步檢視，那其實是母女關係，是重生的關係。統計數字並不能給出可靠的圖像，因為這關係到統計的人是如何分類資料，以及他是否將這案例歸為同性戀類別。

　　一般而言，我們可以簡單地說同性戀及永恆少年的問題都在擴散中，而我認為這與當今某些宗教問題有關。我不想在此預作假設，而寧願擷取一個特定案例的素材來探究底層的問題。

學員：這似乎與斯特雷克（Strakker）[9] 在二次大戰後追蹤美軍的情況是相同的概念，他發現母親情結會導致無法在服役過程中表現適宜的功能，數以百計及數以千計的年輕男人被拒絕服役，因為他們無法適應要求，他們全都是「媽寶」（mother's son）。

　　是的。在榮格學院的我們也同樣被官方詢問，是否可差人去處理許多空軍飛行員在三十歲後就不願意繼續執行飛行任務一事。那是個大問題，因為要訓練一個優秀的飛行員需要花費相當長的時間。在約莫進入三十歲時，他們多已成為相當優秀且有經驗的飛官，但之後通常就出現危機。會出現一些精神官能症的懼怕反應，

或是他們不想繼續並想要放棄飛行，如果他們被迫必須繼續飛行，會因為抗拒的心理而失事。這個問題已嚴重到他們甚至想要徵詢心理師幫助、想知道我們是否能對此有些作為的程度。瑞士也有相同的問題出現，瑞士航空（Swiss air）無法甄聘足夠的機師，目前外國機師比例高過瑞士本地，而問題不在於沒有足夠的申請者，事實上有許多機師申請，但是透過一份相當嚴謹的測驗證明，這些年輕人中大約有四到五成，都帶有精神官能性母親情結，去聘用這些人是不安全的，因為這些人是因為自身的精神官能症狀而接手飛行，他們要不是不牢靠，就是過不了多久就會放棄飛行。因此瑞士當局做了深入的衡鑑並拒絕了這些申請者，造成的結果就是欠缺機師。如果瑞士航空接受了這些人，就會發生和美國一樣的問題，也就是說，這些男人會工作到三十歲之後就離職，在投入所有金錢及時間訓練他們之後。因此，這是我們這個時代所面對的真實問題，它直指一個相當實際的議題。

我熟識一個替瑞士飛行員施測的人，而我們也曾經規劃去設計字詞聯想測驗，將所有永恆少年的素材納入測驗中，由此發現其中顯現的情結反應，但是此計畫不幸尚未實踐；或許幾年之後我可以告訴你其中的內容。或許我們應該以那樣的方式來探究飛行員的問題，雖然對我來說這已昭然若揭，亦即，是母親情結促使這類的男人選擇一份象徵性的工作——他們想要高高留在空中，不接觸地面。那是象徵性的衝動驅力，也因此帶出所有的困境。事實上，美國人應該要對許多飛行員想在三十歲時放棄飛行一事感到開心。這顯示出在那個年紀，他們之中許多人想要走出永恆少年的心態，雖然這對軍隊本身是糟糕的，但卻是個好跡象。我絕不會試圖說服

那些男人繼續飛行，因為他們不想要繼續可能本身就是個健康的症狀。針對這一點，如果有任何人可以給我真正有用的資訊，我會想知道俄國人是如何處理這個議題，我毫無頭緒在俄國那兒這是如何運作的。

學員：美國訓練的登月飛行員（Moon Pilots）都在三十歲左右，但是俄羅斯訓練的登月飛行員至少年輕五歲或十歲，我因此假定他們必然是更年輕就開始接受訓練，同時訓練得也比我們更加密集深入，就如同他們幾乎在所有事情上都要來得密集深入。

　　是的，那個國家通常是如何運作的我並不清楚，如果能知道會是有趣的。

　　有人要我談談如何看待女人的阿尼姆斯（Animus）帶出的永恆少年問題。針對這點，除了一些單一的夢境外，我並沒有其他素材可談，也就是說我並沒有一致的素材可討論。我認為那會是我們未來某個時刻需要討論的，但是問題在於，你們是否想在現在討論，還是想先在男性心理學的討論中再深入一些。這是個要現在或是稍後處理的問題（經過表決後，在場學員傾向於先繼續討論男性的問題）。我必須說明，我個人認為，假若我們先從當下的脈絡再深入些，應該可以從中得到比較多的內容，當我們走過一遍後，另一個討論向度就會變得更具說服力。我可以先簡單的說明幾句，從基本架構來看，這兩個問題並無差異。事實上是相同的問題，但是卻是更進一步的。可以說在女人身上，阿尼姆斯總會先預想在現實中稍

後需要做些什麼。因此如果你手中有的問題是永恆少年需要落回現實的問題，那麼這就會是女人的心思稍後需要有的作為，就只差了那一步，自然而然地，永恆少年的問題會接上創意的問題，而這一點在女人的心理學中是非常關鍵的。如果她有個永恆少年的阿尼姆斯，她通常有創意的問題，很不幸的，女人的療癒是完全相同於男性的療癒：也就是要**工作**。

學員：你所說的也包括生孩子這件事嗎？

沒錯，有時候那就會是永恆少年問題的結束。我記起有個不想要孩子的女性個案，她總會夢到**永恆**阿尼姆斯的角色，以及夢到大自然將她壓制回地面——夢境顯示要她生孩子。因此，那會是女人落回地面的主要方法之一，同時也對某件事物給出毅然決然的承諾；她無法再遊戲於此處或彼端，這特別適用於那些像是花蝴蝶類型的女子，她們與許多男人有著好些風流韻事但卻不願意受限於現實。孩子將使關係更加明確，因此那是女人需要的其中一種形式。生兒育女需要許多工作的涉入——相當常態的工作，同時有時候是無趣的。

《小王子》

接著，我們要進入對《小王子》的解讀，你會看見整個故事有相當清楚的段落劃分，開始於聖修伯里以第一人稱所做的引言，就如同是個人傳記一般，在那之後出現的則是小星星王子的故事，自

傳的部分是這樣開始的：

在我六歲的時候，有一次，我在《自然中的真實故事》（*True Stories from Nature*）一書中，看見一張超棒的圖畫，那是一本關於原始森林的書籍。圖片畫的是一條大蟒蛇正要吞下一隻動物。以下就是那張圖的副本：

書上寫著：「大蟒蛇咬都不咬就將獵物整個吞下肚。在那之後為了要消化獵物，牠們動也不動地整整睡了六個月。」

在那之後，我想了很久，想著關於叢林冒險的故事。同時，拿起色鉛筆做了些許嘗試，成功地完成我的第一幅圖。我的一號作品，長得就像這樣：

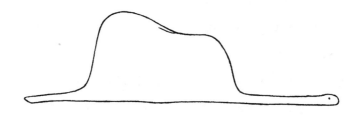

我把我的傑作拿給大人們看，還問他們看了我的圖會不會嚇破膽。

　　但是他們回答說：「嚇破膽？一頂帽子有什麼好嚇破膽的？」

　　我畫的根本就不是一頂帽子，而是一隻大蟒蛇正在消化大象的圖畫。但是既然大人們都看不懂，我又畫了另一張圖：我畫出大蟒蛇的肚子，如此一來，大人們就能清楚看見裡面的東西。大人們總是需要解釋，我的二號作品長得就像是這樣：

　　這一次，大人們的回應是建議我放下大蟒蛇的圖畫，無論是肚皮開著或是關著，他們要我專注在地理、歷史、數學及文法等學科上。這就是為什麼當我六歲時，我就放棄了可能成為傑出畫家的生涯。我因為一號作品及二號作品的失敗而感到灰心喪志，大人們從來就沒能自己去了解事情，對小孩來說，總是要不斷地對他們解釋，真的是很累人的。

　　於是，我後來選擇了另一個專業，去學習駕駛飛機。世界各地我差不多都飛過了，而地理專業還真的幫上不少忙。我一眼就可以分辨出中國或亞利桑那州。如果在夜晚迷航，這樣的地理知識是很有用處的。

　　在我的人生中，我接觸過許多嚴肅的人們。我在大人圈中打混良久，近距離的觀察他們，但是對他們的看法並沒有改變多少。

當我遇見其中一個感覺頭腦稍微清楚的大人時，我會讓他看看我珍藏在身邊的一號作品，以此作為測試，我想知道此人是否是有真的理解能力。但是，無論是男是女，都會回答說：

「那是一頂帽子！」

因此，我就絕對不會跟那個人提到大蟒蛇、談起原始森林或是提及星星。我會把自己降到他的層次，我會跟他談橋牌、聊高爾夫球、說政治及閒話領帶等事。而大人們會因為遇見如此通情達理的人而感到愉悅。

因此我孤單一人過生活，沒有真的能說上話的人，一直到六年前，我的飛機在撒哈拉沙漠出事。當時飛機的引擎有些狀況，同時因為我身邊沒有技師也沒有乘客，我獨自一人嘗試困難的維修工作，對我來說那是生死交關的問題：我的飲用水只夠勉強維持一個星期。

於是第一個晚上，我在這離人煙千里之外的沙地上入睡，遠比因為船難而坐在救生筏上漂流於汪洋大海的水手都來得與世隔離。因此，在日出之際，當我被一個奇怪細小的聲音喚醒時，你可以想像我會有多驚訝。那個聲音說：

「請你——幫我畫一隻羊！」

「什麼？」

接著，他遇見小王子。現在，我想問你從這第一部分的內容，你得到什麼結論。簡言之，這其中包含了所有的問題。

學員：我們看見對於成人的興趣缺缺，以及較多的孩童幻想。

是的，我們在此處得知他從未真的進入成人的世界。他談到其中的空虛、癡愚，以及毫無意義性。其中有關於橋牌、政治及領帶的談論，這是事實，但是那無疑也是個體所拒絕進入的成人世界——那是一種人格面具的空洞性。但是他同樣也忽略了成人生活的其他面向。從第一部分的情感調性可以看見，他想表達出兒時的生活乃是幻想的生活、是藝術家的生活，同時那才是真實的生活，剩餘的盡是追逐金錢的空虛表象，或給他人留下有聲望的印象，這些可以說都失去了個人的真實本性。那是他眼中所見的成人生活，因為他尚未找到一個真實生活與成人生活之間的橋樑。我認為，一言以蔽之，那是個大問題，問題在於他如何可以從這個年少的幻想生活及青春中，將自己拉出但卻不失去價值感？亦即，人如何能在不失去兒時所擁有的整體感、創造性及活著的真實感下長大？

　　個體可以對此感到憤世嫉俗，並且說：人不能魚與熊掌**兼得**——勢必要做出犧牲——但是從我的個人經驗所得，我不認為那是正確的。不想放棄另一個世界是合理的，但問題在於，個體要如何做到長大但是又不失去它？其中最大的問題在於你將人們從這個兒時的天堂及幻想生活中趕出，在那之中，他們本與幼稚層次的內在自我密切連結，但是接著他們就變得全然幻滅而憤世嫉俗。

　　記得有一次，我有個被分析者是個典型的永恆少年，他想要成為作家，但是他活在全然幻想的世界中。他與朋友一起從美國前來，兩人決定由朋友接受佛洛伊德派的分析，而他自己則接受榮格派的分析，同時約定在一年之後，兩人會面比較各自的筆記。他們各自前往不同的國家並如先前規畫般相見，而接受佛洛伊德學派分析的年輕男子說，他已經完全處理了他的問題，他得到治癒，同時

要回家去了。一切都沒問題了，而他也了解自己在生活上所抱持的幼稚態度；他已經放掉了他的母親情結以及其他有的沒的。我的被分析者問朋友打算做什麼，對方說他不知道，但是他必須要賺錢並娶個老婆。我的被分析者則說**他**完全沒得到療癒；他仍然不知道要去哪裡。他知道他會變成作家，同時已經著手朝那個方向前進，但是他不知道要在哪裡安定下來等等之類的。接著，那個接受佛洛伊德派的被分析者說：「你知道，說起來有些奇怪，雖然他們把我的邪惡趕走了，但是同時也趕走了我的天使！」

那就是問題所在！我們可以將邪惡**及**天使都趕走，藉由指稱一切都如嬰兒般的幼稚，同時說這都是母親情結的一部分，並藉由完全還原式的分析，讓一切被歸為應當犧牲的兒童式感傷。這一點是有待進一步斟酌的。某方面來說，這個男子比我的被分析者所得到的療癒來得多，但是另一方面，在我看來似乎這樣了不起的幻滅，卻讓我們在之後必須要捫心自問生命是否值得繼續活下去？餘生就只剩賺錢以及得到布爾喬亞式的享樂嗎？我並不認為這是讓人滿意的。至少從這個被治癒者的悲哀中顯示出，隨著他的邪惡及天使都被除掉，他本身對於所得到的治癒並不十分開心。這當中有種憤世嫉俗的幻滅感，在我看來是沒有被治癒的。但那就是問題所在。

被蛇吞掉的象

我們不能忘記在聖修伯里的成長過程中，當時的環境氛圍是相當具有幻滅感及憤世嫉俗的，他時常周旋的所謂重要生活無非就是與人談論橋牌及錢財之類的事物。因此，某方面來說他有充分的理

由反抗這一切，並抓緊他內在藝術及整體的人生觀。同時，也對於這樣的成人生活感到厭倦、憎恨，並帶著革命使命與之作對。我們可以相當清楚的看見，他以隱微但又中肯的方式嘲笑成人的生活。但是在此同時，他並不知道如何將自己拉出童年世界，又不至落入對成人生活唯一價值的幻滅。如果你將這一點與圖畫的象徵意義相結合，就顯得更糟糕，因為大蟒蛇顯然是吞噬性母性的意象，更深入的解讀則是無意識的吞噬面向，這讓生命有份窒息感，也抑止了人類的發展。當個體被無意識所擊敗時，將個體緊緊抓住的正是那帶有侵吞或是退行本質的無意識面向，也就是那種回頭看的傾向。你甚至可以說，大蟒蛇表現出朝向死亡的一種拉力。

　　被吞掉的動物是大象，因此我們需要先看一看牠的象徵意涵。直到古典時代晚期之前，歐洲國家對大象都不甚知悉，在那之前並沒有太多的神話素材是關於大象的。然而，在古典時代晚期之後，大象開始展現極大的重要性。當亞歷山大大帝前往印度時，他首次看見大象，在那之後大象被帶入歐洲。羅馬人在那之後將大象當作現代戰場上的坦克一般來使用。如果我們閱讀一些對於大象的著述，可以發現有極大量的神話幻想是繞著大象而轉。據說：「牠們是非常貞節的，一生只交配一次，同時有著非常神祕的交配方式以生產年輕一代，因此」根據中古世紀的報導顯示：「牠們帶有婚姻貞節的寓意。就如同獨角獸，大象也喜愛處子，同時也只能由處子及處女所馴服，這一點指出了基督化身的母題。」據說大象代表著不能被征服的堅忍力，同時也是基督的意象。

　　古代認為大象極具雄心，如果牠們沒有得到應得的尊榮，會因

為失望而死，因為牠們的榮譽感極高。蛇喜愛啜飲大象的冷血；牠們會偷偷鑽入大象腳底並嗜飲大象的鮮血，而突然間大象就會倒地不起，這就是為什麼舉凡大象看見蛇，牠都會猛然上前一腳踩下。在中世紀時代，大象代表慷慨之人，但是也帶有不穩定及情緒化的特徵，因為據說大象是慷慨的、聰明的，因此牠是沉默寡言的，但是一旦牠落入盛怒情緒，感官娛樂沒能將之安撫下來，唯有音樂能讓牠心滿意足。

前面這段話是我從一本有趣的書中所摘錄的，書名是《象徵性的博學多聞者》（*Polyhistor Symbolicus*），由耶穌會的神父尼古拉斯・柯西紐斯（Nikolaus Caussinus）所作，書裡提供了關於大象的有趣故事，他一方面總結古代的俚語所言，同時還加上一些中世紀幻想。「大象時常沐浴，」他持續說到：「同時用花朵來為自己增添香氛，因此牠們代表淨化、貞潔及對上帝的虔敬崇拜。」這一點顯示歐洲人所經歷的是等同於當非洲人第一次遇見大象時的情況：他們將英雄的原型（archetype）投射在大象身上。在非洲，當人得到獅子的封號時，會被認為是極具尊榮的一件事，但是個人所能得到的最高尊榮卻是大象的封號，這被認為是遠遠超過獅子的封號，獅子所代表的是酋長類型的勇者意象，而大象則是巫師的原型，牠同樣帶有勇氣，但是除此之外還帶有智慧及祕密的知識。因此，在非洲社群的階層中，大象代表著得到個體化（individuation）的人格。

而奇特的是，歐洲人也主動在大象身上投射出相同的特質，同時將之視為神聖英雄的意象，也就是基督的意象，牠有著傑出的品

品德，除了情緒化及傾向於暴怒兩點之外。但這是讓人感到訝異的，因為那兩點正是聖修伯里的兩項顯著特質，因此可以說完全就是他個人特質的圖像。他本身是隱微、貞潔的——某種程度上是對感覺的敏銳性——相當具有雄心壯志，同時也敏感於一切會影響到個人榮譽的事物。他持續的找尋心中所想的信仰——他並不敬拜上帝，因為他並沒有找到上帝——但是他總是在追尋中。他是慷慨、聰明以及沉默寡言的，但也是易怒的，而且有落入恐怖暴怒情緒的傾向。因此，在那張大象的圖像中，就帶有讓人感到訝異的自我描繪，而我們也可以從中看見，原型的模式透過單純個人的方式而得到說明，兩者沒有太大的差異。大象是成人英雄的典範幻想，而這個典範幻想——亦即他靈魂中自己想要變成的樣貌的意象——被吞噬母親（devouring mother）所吞回，這第一張圖顯示了整個悲劇。我們常會見到兒時的夢境預示出二十或三十年之後的內在命運。第一張圖畫顯示出聖修伯里有著英雄的面向，相當鮮活且被激發，但這個面向從來都沒有真的被經歷，卻是被無意識的退行傾向所吞回。正如同我們所知道的後續發展，他是被死亡所吞回。

　　吞噬母親的神話自然也應該連結上他真實的母親，但是因為她仍在人世，顯然的，我不太願意對她做太多的評論。我最近在一份報紙上看見她的照片，顯示出無論她帶有怎樣的特質，她都是個相當強而有力的角色。她是個高大壯碩的女人，報紙上的文章提到她是個精力充沛的人，對於各式活動都感興趣，親身嘗試素描、繪畫及寫作，是個生動且充滿活力的人，儘管如今年歲已大，仍然是相當強健。顯而易見的，要一個敏感的男孩從這樣的母親影響中抽身，必然是相當困難的。據說她總是預期兒子的死亡，有許多回她

以為兒子已經死了，還很戲劇化的穿戴著大片的黑紗，就像是法國女人成為寡婦時會喜歡穿著的樣子，但是後來相當失望的必須再一次將黑紗脫下，因為兒子根本還沒死。因此，我們所謂的死亡母親的原型模式就在她的心靈中鮮活上演。在我們的社會層級中，死亡母親的原型並不被公開承認，但是當我遇到下述的經驗當下，我感到震驚不已。

　　我當時需要去某地見某人，我去拜訪的屋主有個永恆少年兒子，這兒子幾乎都被母親所吞掉了。屋主是單純的一家人，他們經營麵包店，兒子則完全都不工作，成天只是穿上騎馬裝到處閒晃，是個典型的風流公子哥唐璜一族，相當貴氣同時每四、五天就換一個新女人，不過這些都只是我從閒話八卦中聽到的。這個年輕人有次帶著女友前去蘇黎世湖玩水，經典的劇碼出現——如同歌德會用的描述方式——他邊將她抓住的同時，自己就邊沉入水中，最後倆倆都沉入水裡。女孩子最後被救起，但是當他被救出水面時早已斷氣。這是我在報紙上看到的消息，但是當我再度回到這個屋子時，正好遇到那個母親，她當時是個寡婦，我對她至上哀悼之意，對她說當我聽到這個可怕的意外時，是何等的難過。她邀請我進入屋內，並帶我到起居室內坐下，起居室裡擺放著她兒子死時的巨幅照片，四周都是花朵，擺設的就像是英雄的墳墓。對此她表示：「看看他！他死亡當時的面容是何等的俊美。」我對此表示同意，接著她微笑說：「是這樣的，我寧願像這樣擁有他，也不願意將他送給另一個女人。」

學員：我們加州有個像那樣的女人。她約莫八十歲上下，為三十五

年前過世的兒子做了一幅又一幅的遺像匾額。一個年紀更大的女人問她為什麼總做出如此病態的事情，她淚流滿面說：「你知道的，我失去了我的兒子。」她從沒能放手讓他離開；她不斷的將他再造。

沒錯，她將他變成了宗教敬拜的對象，而他就變成了巴比倫太陽神塔姆茲、希臘農神阿提斯及草木神阿朵尼斯。他代替了上帝的意象。他的確也真的就是那被釘在十字架上的基督，而她則是在十字架旁哭泣的聖母瑪利亞，而其中最令人滿意的就是此人在人生中有了原型的意義。此人不再是那因意外而失去兒子的某某太太，而是大母神，是在十字架底下哭泣的聖母瑪利亞──這一點讓母親本身得到提升，也給了她的悲哀更深層的意義。如果她將之轉入歧途，就會像是那樣的情況。對於那個女人所說的內容，我大感震驚，但是後來我對自己說，事實上這個女人有份天真才能說出其他人心中所想的。因為她是個單純的女人，所以她毫無保留的直說：「這樣的安排比把他交給另一個女人來得好！」**她**就是他的妻子！她背叛了事實。對我而言，似乎聖修伯里的母親也是處在類似的情況，不然她不會總是預期他的死亡，同時還提早穿上黑紗，彷彿她一直都知道最後的結局會是如此。或許她不僅僅只是知道這一點，某方面來說她也想要這樣的結局，或者我們可以說是她心裡的**它**想要如此。我們只知道如此可怕的非個人模式已經滲入她的個人生命。

有趣的是，聖修伯里說他總會帶著他的圖畫四處嘗試讓人們了解，彷彿他並不完全在厄運中，仍有希望存在，他內在仍試圖要找

到一些理解。假若他能找到一個人問他到底在畫些什麼，並告訴他這太危險了，是意謂著這個或那個。他想要理解但是卻得不到。我認為假若他能獲得連結——也許這是過於樂觀的想法——但是假若他能夠接觸些心理學，也許就能對他的問題有些處理，因為他已經相當接近於能夠自己找到解決方法，但是不知怎麼的，相當悲劇的是，他生活在如此光明的法國環境，全然沒有心理學的理解在其中運作，處在這樣的環境中是相當難以接近無意識的。現代的法國文明，因為本地及國際的各種因素，是特別從無意識中被切斷的，也因此他大概從來就沒遇見過有人可以針對實際發生的事件給他一些提示。

畫出綿羊的考驗

故事接續進入小王子的橋段，我先前已經讀了聖修伯里飛機失事於撒哈拉那部分的內容，在那兒他遇見了這個小朋友。我要繼續讀文本的內容。這個聲音說道：

「畫一隻羊給我！」

我嚇了一跳，像是被雷打到似的。我使勁的眨了眨雙眼，仔細的望向四周，看見了一個怪裡怪氣的小傢伙，他就站在那兒一臉嚴肅的看著我。此處就是我事後所能畫出最好的一幅肖像畫。（他將小王子畫成像是個小拿破崙，順帶一提，那是個好玩的想法，同時也是典型的法國人！）但是我的圖畫勢必不及模特兒本身的魅力，不過那並不能怪我，大人們讓我失去了對圖畫的信心……（而接著

他又回到老樣子了！）

　　我雙眼瞪著這個突然出現的小傢伙，驚訝不已。別忘了，我才剛墜落在這個與世隔絕千里之遠的沙漠區。然而我的這個小傢伙看起來既不像是在沙漠中走失，也不覺得快累倒了、快餓死了、快渴死了或怕的快暈過去。

　　他看上去，一點都不像是在沙漠區走失、或在千里杳無人煙之處的孩子。最後，當我終於能夠說上話時，我對他說：

　　「不過──你在這裡做什麼？」

　　他不急不徐的，彷彿是要說一件很重要的事情，重複說道：

　　「請你──幫我畫一隻綿羊……」

　　當事情過於神祕不可知時，你反而會不敢不遵從。對我來說，沒有比這更荒誕的事了，在杳無人煙的千里之外，同時在面臨死亡

的威脅下，我仍然從口袋裡拿出一張紙及一枝鋼筆。但是，我又想起以前學的都是地理、歷史、算數及文法，於是我告訴這個小傢伙（沒好氣的）說我不知道要怎麼畫。他回答說：

「那不重要，畫一隻綿羊給我……」

但是我從來就沒畫過綿羊。因此，我給他畫了我常畫的那兩幅畫中的其中一張。我畫的是那張從外面看到的大蟒蛇（他的一號作品）。當我聽見小傢伙看了之後的回答，我大感震驚：

「不是，不是，不是的！我不想要一隻在大蟒蛇肚子裡的大象。大蟒蛇是非常危險的生物，而大象非常的笨重。我住的地方，事事物物都非常的小。我所需要的是一隻綿羊，幫我畫一隻綿羊。」

因此，我接著畫了一張圖。

他仔細的看了看這張圖，接著說：

「不。這隻綿羊已經病得很嚴重了，幫我畫另一張。」

所以我又畫了另一張圖。

我的朋友溫柔又親切的笑了笑。

「你自己看看,」他說:「這不是一隻綿羊,這是頭公羊,牠有角。」

因此,我接著又再畫了一張,但是同樣又被拒絕了,就跟之前的幾張圖一樣。

「這隻太老了。我要一隻能夠活很久的綿羊。」

但這一次我失去了所有的耐心,因為我正急著要拆開引擎,於是我草草地畫了這張圖。

而且我還附帶了說明。

　　　　　　　　　永恆少年:以榮格觀點探討拒絕長大

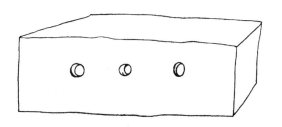

「這只是牠的箱子。你要的綿羊就在裡面。」

我很驚訝的在我的小裁判臉上看見一道滿意的光芒。

「這就是我要的！你覺得這隻綿羊需要一堆草嗎？」

「你為什麼這麼問？」

「因為在我住的地方事事物物都非常的小⋯⋯」

「絕對會有足夠的草給牠，」我說：「我畫給你的是一隻非常小的綿羊。」

他低頭看著這張圖：

「其實並不是那麼的小──你看！牠睡著了⋯⋯」

我就是這樣認識小王子的。

接著聖修伯里說，他花了好些功夫才知道小王子是打哪兒來的，因為小王子總是問問題但是卻不回答問題。慢慢的，他發現這小人是打從星星來的，還有他住在一個非常小的星球上。

這個在沙漠中的神奇相遇，某方面而言是與聖修伯里的個人生活相連的，因為他曾經在撒哈拉沙漠失事。當時他並不是獨自一人，正如同這本書所言，他是與技師普烈沃斯特（Prevost）在一起的，兩人當時走的無邊無際，幾乎就要渴死了。兩人都生出幻想，還看見海市蜃樓。當一個阿拉伯人找到他們的時候，兩人幾乎就要

死去了。阿拉伯人從水袋中給了他們一些水喝，之後兩人被救起，不過已經是千鈞一髮之際。因此，自然而然地，他在這個故事裡用了自己的回憶，但是很刻意的做了改變，說得明白些，他的陰影面，也就是技師，並沒有和他在一起，而他當時也沒有得到救援，反而是有些超自然的事情發生了。此處你得以看見原型的幻想是如何在真實生活的記憶中出現，也就是說，所有神話或童話中會出現的絕境以及不可能的情況，是一個起始情境，讓超自然的存有得以在其中出現。在許多的童話故事中，男人在樹林中走失，接著會發現一個小矮人等等。典型的狀況是有人在樹林中或是在海上迷失，就會有神聖的某物出現。這顯示了心理的典型情境，意識的人格走入窮途末路，同時已經沒辦法繼續走下去了。當個體感到全然失去方向，既沒有目標也沒有前景。在那些時刻，能量被擋住了而無法進一步流入生命，能量不斷堆積，此時通常會在無意識中激發某些事物，這就是為什麼會帶出超自然的靈顯時刻，就好比是書中所看見的。

假若衝突及阻滯過高，即使在實際的情況下，人們也會出現幻覺。較不嚴重的則是夢境生活得到高度活化，因此被迫必須對之關注，而接著議題就會具象於夢境中，通常這會發生在當前的生活形式被打破之後。當他與技師經歷飛機失事時，聖修伯里就已經是處在這樣的生活危機中。他當時正值三十歲左右，飛行生活已經不再讓他感到滿意，但是他沒辦法轉換到任何其他的職業。他易怒及焦慮不安，藉由接手另一個飛行的工作以求突破。飛行對他而言原本是個真心的志業，但是慢慢地卻變成他在面對新事物且不知如何適應時的一種逃避。常見的狀況是人們會選擇生活中的某些活動，在

選擇的當下會感覺是全然正確的決定，因此不能說是生活的逃避，但是接著會突然的從生命之泉退下，慢慢的個人會感覺力比多能量想要轉向進入另一個目標。個人持續待在舊的活動中，因為尚無法改變進入新的活動，在這樣的情境下，持續待在舊的活動就意謂著退行或是逃離，以及從個人的內在感覺中逃開——它說明個體如今應該改變方向進入其他事物。但因為個體不知道該如何做起，也不想要進入不同的方向，他就會繼續堅持下去。當聖修伯里經歷飛機失事時，他已經進入飛航人生的危機階段，這部分就呈現其意義所在。

這與伊斯蘭傳統中遇見星星王子的情況有著明顯的對比。我認為這可能是因為他住在撒哈拉很長的一段時間，同時他也與好些沙漠住民貝都因人（Bedouins）[10] 友好，很有可能聽過類似的故事。在《可蘭經》（Koran）的十八冊裡有個著名的故事，榮格曾經詳細解讀，故事中提到摩西（Moses）與他的僕人約瑟（Joseph）在沙漠中，約瑟是奴恩（Nun）之子，他當時提著一個裝了一條魚的籃子作為兩人的食物。這條魚在某處突然消失不見了，而摩西要兩人留在那裡，因為這表示將會有事發生。突然間，綠袍先知希爾（Khidr，也意指綠人）出現，他原本應該是首席天使或阿拉（Allah）的首席侍從。他本該是永遠的伙伴，在那之後也與摩西一起前行了一段時間，但是他預告摩西將會受不了他的行徑，並懷疑他的行事作風。摩西對他保證說自己有足夠的信心與他同行，但是非常不幸的他失敗了。

你們大部分都知道這個關於希爾的故事，他首先前往一個小村莊，村莊內的水面上有些船隻，接著希爾在每艘船上鑽洞，讓每一

艘船都沉了，摩西對此表示異議，問希爾怎能做出這樣的事情。希爾回答他早就說過摩西不會了解，但是他接著解釋說強盜會搶走那些船隻，同時說明透過這個小災難，漁夫們最後終將能夠修補且保有船隻，否則那些船隻可能就沒了。因此，希爾真正做的其實是幫他們一把，但是摩西因為過於愚昧而沒能了解這一切。而後，摩西再次保證絕對不會再懷疑並做出理性的反應。接下來，他們遇見一個年輕人，但希爾把那年輕人給殺了。摩西再一次爆走並問希爾怎麼能做出這樣的事，希爾再一次的微笑說，他早就說過摩西不可能承受這一點。他接著解釋說那個年輕人正要前去謀害他的雙親，因此最好的作為就是在他成為罪犯之前先讓他死去，如此一來才得以拯救他的靈魂。這一次摩西是真的想要接受這個說詞，但是接下來相似的事情第三度發生，希爾讓一面牆倒塌，為的是揭露屬於兩個孤兒的寶藏。摩西又再一次的表達抗議，希爾勢必要離開摩西。

　　這個故事說明了意識理性自我（ego）不相容於自性（Self）的角色及目的。理性自我帶著善意及想法，絕對是偏離較偉大的內在人格特質，也就是故事中的希爾，這個著名的故事自然是要告訴人們去懷疑自身的意識態度，同時也要期待從無意識而來的美妙事物。書中也有相同的情況，因為書中發生的事情是全然與聖修伯里的意識想法相反的，他的意識要自己去修理引擎，同時提醒他所剩的時間不多了。他想要以他的老舊飛機來拯救自己，同時也不情願與這個小星星王子一起玩孩子們的遊戲。但是另一方面，關鍵在於這個小星星王子卻是唯一能立刻看懂圖畫的人。因此，聖修伯里應該是非常開心的，同時也看清正是他未知的那一面才能真正了解自己，那屬於**他**內在世界的第一個同伴。但是他對此沒有耐心，同時

將之視為是個干擾，也只想到自己必須要將引擎修好。接下來就發生了經典的橋段，亦即，表現出沒耐心的姿態。這是永恆少年典型的表現！當他必須要將某事認真看待時，無論是就外在或是內在世界而言，他會做出好些糟糕的嘗試，接著就沒耐心的放棄了。

我的經驗顯示這些都是無關緊要的，如果你去分析這類型的男人，無論你是強迫他認真看待外在或是內在世界，那真的一點都不重要，雖然這或許也依類型而定。關鍵在於他必須要堅持下去。如果是分析，就認真的分析，認真的看待夢境，依夢境而生活，如果不是如此的話，那麼就去找份工作，真的活在外在世界中。關鍵在於完整的去做某件事，不論是什麼都好。但是最大的危險或是最大的精神官能症問題，就在於永恆少年或是陷入這個問題的男人，容易做出聖修伯里此處所做的事：就只是把它放在盒子裡，出於突然失去耐心，而草草地把盒子蓋上。這也就是為什麼這類的人會突然告訴你他們有了其他計畫，先前的都不是他們想要的，而且總是在事情變得困難時做出這樣的事。持續不斷轉換才真的是危險的，而不在於他們做什麼事，但很不幸的，聖修伯里就在這個關鍵時刻轉向了。

註釋

1　編註：為古希臘時代一密教的入會儀式，此教派崇拜司掌農業與穀物的女神荻密特（Demeter）及其女兒波瑟芬妮（Persephone，亦是冥后）。

2　編註：Eros 一詞譯法多樣，可譯為愛洛斯、厄洛斯、愛欲、愛慾本能等，本書統一採用第一種譯法。

3　譯註：本書內容為馮・法蘭茲博士於 1959 至 1960 年所發表之演講，當時的心理及精神醫學界仍然延續 19 世紀末以降精神病理學的觀點，認為同性戀為異常或未臻成熟之表現，同時也

認為同性戀是因為母親過度照顧、家庭教養不適當、或遭受性侵害所導致，也因此讓非異性戀者長期遭遇社會汙名、暴力、歧視、誤解及傷害。因此，本書內容中對於同性戀之論述有其時代背景，並不符合當代科學研究及精神心理學界對於同性戀之觀點。自 1960 年代以降，科學研究逐漸轉向以「人」而非「病人」的角度來認識同性戀者，推翻過去的「精神病理理論」及「不成熟理論」。接續累積的研究皆證實同性戀者的心理健康狀態及適應能力與異性戀者並無差異。自 1973 年開始，美國精神醫學會（APA）就已將同性戀從《精神疾病診斷與統計手冊》（*The Diagnostic and Statistical Manual of Mental Disorders*, DSM）中除名。於 1987 年，更進一步將「當事者因為自己的性傾向而感到困擾（ego-dystonic homosexuality）」正式自 DSM 第三版修訂版中除除。世界衛生組織（WHO）也於 1990 年將同性戀從國際疾病傷害及死因分類標準（International Statistical Classification of Diseases and Related Health Problems, ICD）中刪除。當代全球精神及心理學界均強調非異性戀（non-heterosexuality）之性取向、性行為、以及伴侶關係，並非疾病，而是人類發展多樣性之正常展現。同性性取向本身並不會造成心理功能的障礙。在一個尊重平權的社會環境下，同性戀者與異性戀者同樣能建立健康幸福的人生與家庭，也同樣能提供身心健全的教養環境。性取向並非一種「個人選擇」，同時也無有效證據顯示同性戀是由某些特定教養或環境因素所導致。

4　編註：又稱神經症、精神症，是一種非精神病的功能性障礙，例如神經衰弱、強迫症、焦慮症、恐懼症、身心症等等，沒有任何可證實的器質性病理基礎，但患者會感到痛苦甚至因此妨礙心理功能或社會功能。

5　譯註：赫爾頓・貝恩斯（H. G. Baynes）曾經於蘇黎世擔任榮格的助手，他創設了倫敦的分析心理學俱樂部（Jungian Analytical Psychology Club），同時也將榮格心理學引進英國，邀請榮格到塔維斯托克（Tavistock）臨床中心授課。他與妻子 Cary 共同將榮格的早期著作翻譯為英文版發行。

6　原註：See "The Provisional Life," in *Analytical Psychology and the English Mind*.

7　編註：*The Little Prince*，由法國作家安東尼・聖修伯里（Antoine de Saint-Exupéry）所著，1943 年於美國出版後，成為世界暢銷的成人童話經典，台灣已有多種譯本出版。

8　編註：法國官方於 2004 年 4 月的報導中證實，有一組文化部的水底考古小組，在馬賽（Marseille）外海發現聖修伯里六十年前失事的飛機殘骸。

9　譯註：推測可能是指專門研究創傷後壓力症的臨床心理學家 Gillian Straker。她在 1987 的一篇論文中引介「持續性創傷壓力」（Continuous Traumatic Stress）的名稱，這個名稱是南非的醫師用來描述長期持續暴露在高度暴力下（政治壓迫、長期遭受霸凌與暴力虐待、幫派犯罪威脅、貧困失依等）而生成的心理反應。

10　編註：Bedouins 在阿拉伯語中指「居住在沙漠的人」，他們以氏族部落為單位，在沙漠曠野逐水草而居，以伊斯蘭信仰為主，並因為生活處處皆需駱駝，喜歡自稱駝民，性情多吃苦耐勞、熱情好客、不拘無束。

箱子裡的綿羊

上一講中我們談到大蟒蛇吞了大象，以及聖修伯里還是男孩時是如何畫了這張圖，還有他總是想找到一個能夠了解圖畫的人卻不果。我們也談到這個短短的引言篇章就已經預示了這本書及聖修伯里的悲劇人生，因為其中並沒有退路。在英雄神話中，假若英雄被惡龍或是巨蛇、海怪、鯨魚等吃下肚，他必須要從裡頭切開心臟或是肚子，又或者他必須要在肚子裡不斷舞動，直到怪物要不是死了就是將英雄從肚子裡吐出來。在我們的故事中，英雄動物——我們將大象解讀為動物層級的英雄象徵意象——被吞入肚子裡，同時也沒再出現過。因此，我們可以將這個從象徵性角度而言意謂著是沒有出路的引言，視為兒童期的夢境，也意謂著聖修伯里的兒童期幻想是沒有出路的。這一點顯示打從一開始，他內在就有些事物本質上是虛弱或是破碎的，無法逃開致命的無意識。

聖修伯里以輕微的嘲諷來挖苦成人世界以及大人們太過看重自己，同時心思也被這些瑣事占據。從他的傳記中就可以相當清楚的看見他本身就有這樣的特質。他在軍中的一位前輩，大衛將軍就這樣評論過他：

> 他是個正人君子，但讓人大感驚訝的是，他有著孩童般的樂天，此外，當面對僵化的行政體系時，他那格格不入的羞赧就會莫名奇妙的發作；後者總成為他**讓人討厭的一點**（bête noir）。

其他的傳記提到，對於見過他的人來說，他是有些讓人失望的，因為他有點裝模作樣；他給人一種總是在演戲的印象，而且他的人格特質也不全然真誠。這種易於令人訝異的孩童般的樂天，不

永恆少年：以榮格觀點探討拒絕長大

僅僅是永恆少年問題的症狀，同時也屬於創意人格的一部分。所謂的創意性，意謂著有著極大可能成為真誠、放手、自發性——假若個體不能具有自發性，那就不可能真的具有創意性——因此，大部分的藝術家以及其他具有創意的人們，通常都是真誠的帶著遊戲心。這也是在創意付出的耗竭後，所能得到**最具**放鬆及復原力的方法。因此，我們不能將這個特質只歸於聖修伯里的永恆少年本質，它也可能與他是個藝術家這個事實相關。

大衛將軍所做的評論提到，聖修伯里從未克服他對於行政僵化的憤怒感，無論是對於國家或是對於軍隊的僵化；而另一方面，在羞澀的同時，他也對處在行政大位上的人們感到害怕，這一點也被連上綿羊的母題，也是我們現在要討論的。對於那些在辦公室裡的人們來說，其他人都是綿羊，而一旦我們面對位居行政要職的官員時，我們就變成綿羊，而他變成了牧羊人。對他來說，我們不過就是編號一、編號二，很自然地官員們會讓人們有這樣的感受。這是當代政府巨大力量的問題，個人因此被看輕。縮小來看，當永恆少年面臨適應困難時，這就會是個問題，不過這也是我們的時代問題。大部分的人們對於被降低為一群綿羊中的一個都會感到反感，這並不僅限於永恆少年，因為其中是有些真誠及合理的成分。只要個體尚未處理好那個問題——也就是說，到底人們要多大程度接受自己只是無數代號中的一個，以及到底我們是有多個別化，值得受到個別對待——面對大衛所提到的軍隊僵化的情況都會有這個情結反應。

這個問題不僅只是聖修伯里個人的問題，同時也是整個基督教文明的巨大問題。然而，在法國卻出現了特定的轉變，因為法

國人傾向於彰顯誇大的個人主義，雖然近來在戴高樂（Charles de Gaule）政府底下出現了一些轉變，法國人仍然傾向於對所有的行政作為表示抗議。從一次世界大戰開始，法國人就傾向於對任何與政府壓力相關的事物感到反感及持負面態度，甚至有好些人投票支持共產主義（Communism），這並不真的是因為他們秉持共產主義的**世界觀**，而不過就是要以之作為他們反對既存秩序的證明。這樣的人們宣稱，既然他們不喜歡組成政府的法界人士及那些在巴黎的小丑們，他們就要投共產主義一票。這顯示出對社會和集體責任完全幼稚的態度，我們可以在那些挑戰警察公權力的暴走青少年身上看見，他們將一整列車輛翻覆或是做出對集體事物的反抗。然而，那些青少年在沒有反思的情況下暴走是可以理解的，可是當成年人做出相似的行為時，當他們只因為不喜歡政府部門的人而投票給共產主義，這就顯得很不成熟了。這是很常見的情結，同時也是我們或多或少都帶有的情結，因為我們並不清楚自己有多大程度要成為國家看管的綿羊，同時也不清楚我們有多大的限度，可以拒絕這樣的集體壓力並且對之表示反抗。永恆少年自然會有這樣的問題，甚至是更加明顯的。

孩童神的雙面性

在我們進入綿羊的象徵意涵之前，必須要先問問為什麼聖修伯里會在沙漠中遇見小王子。在解讀這個故事的時候，我們先前已經將飛機失事視為一項說明，某方面來說，那是聖修伯里個人生活的失事，但另一方面，則是與無意識交遇的起始象徵或是原型情境，

也就是說，情結從先前的活動中、從人生的目的，以及某種形式上是從生命能量流中崩解。突然間一切都卡住了，我們被困住了，同時被困在精神官能的情境中，而在這個生命能量阻塞的時刻，其後通常是透過一個原型意象的昭顯而得到突破。在上一講中，我引用了《可蘭經》十八冊的伊斯蘭故事，故事中提到在失去了唯一的糧食，失去那一條魚後，摩西帶著希爾，阿拉的首席天使，進入沙漠中。在這樣的崩解情境中，並不是非得出現孩童的意象，其他的原型意象也可能會出現。我們應深入去看孩童神（child-god）的象徵意義，而我首先想要為你讀榮格的觀點。我要針對這本書中最重要的象徵做些區分說明，因為小王子真正代表的意涵，只有在更後段當我們對這個故事更為知悉後，才會變得更加清楚。作為解讀的提要，目前我只會先摘述榮格對於孩童神的說明：

這個「神」的原型是極為廣泛的，同時也與孩童母題有關的神話密切相聯，幾乎不需要暗示那仍然存有的「聖子」母題，聖子在聖克里斯多福（Saint Christopher）的傳說中同樣也有「小至個人及大如宇宙」的這個典型特質。在民間傳說中，孩童母題偽裝出現成**小矮人**或是**小精靈**的樣貌，作為自然中潛藏力量的人格化表現。這一點也與近古時代的小金人有關……他可以遠朔至中世紀，一方面居住在礦井中阻礙鑽井，另一方面則代表煉金礦物，最重要的是墨丘利（Mercurius）以完美的形式重生（以雌雄同體、**智慧之子**〔 *filius sapientiae* 〕或是**吾等之子**〔 *infans noster* 〕的形式）。感謝宗教上對於「稚子」（child）之解讀，為數眾多的證據顯示從中世紀開始「稚子」並不僅僅是傳統的形象，而是自發性經驗的顯像

（也就是所謂的「無意識地闖入」）。我要提一提中世紀狄奧尼修派神祕主義（Dionysian mysticism）代表人物艾克哈特大師（Meister Eckhart）所經歷的「赤身男孩」（naked boy）的靈顯經驗，以及法國方濟會會士奧伊斯塔修斯（Eustachius）的夢境。有關這些自發性經驗的有趣描述也能在英文的鬼故事中找到，我們可以讀到〈光芒男孩〉（Radiant Boy）的故事版本，據說舉凡在有羅馬遺跡的地方都可以看見。這個靈顯本身應該是邪惡的預兆。那看起來幾乎就像我們在處理已經因「變形」而變得不祥的永恆少年人物，或者換個角度來說，因為與古典及德國諸神共享命運，他們全都變成了妖魔。這樣的神祕經驗也同樣在德國作家歌德《浮士德》（Faust）的第二部中得到驗證，書中浮士德轉化成一個男孩，並且獲選進入「蒙恩典少年唱詩班」，這是崇敬瑪麗亞的學者（Doctor Marianus）的「幼年期」。[1]

我不清楚是否歌德所指的、這個奇特的想法，是古老墓碑上的**邱比特**（Cupids）。這並非是個不可思議的想法，書中戴著**頭套**的人物點出被罩著的，亦即，**看不見**的那一個；已過世的天才再度以如同孩童嬉戲般的新生命形式現身，四周圍繞著海中生物海豚及蝶蠓（容我先暫停引用榮格的文稿，cucullatus 意旨「戴頭套的人」，此人身穿有頭套的外套，而我認為這極具象徵性的指出法國詩人及藝術大師尚·考克多（Jean Cocteau）所穿的套頭外套。他們是永恆少年，同時也穿那樣的裝扮！我懷疑考克多對這個部分有多大的理解。）大海是普遍的無意識象徵，是一切生命之母。正如同「稚子」在某些特定的情況下（舉例而言，像是赫密斯〔Hermes〕及古老男精靈達克堤利〔Dactyls〕的例子），與陽具

永恆少年：以榮格觀點探討拒絕長大

有密切相關，是播種者或生父的象徵，因此，出現在墳墓的陽具，同樣象徵著新生的播種。[2]

　　從榮格所做出的提要中可見，我們面對的最大問題就是孩童原型的雙面特質。一方面它意指生命的新生、自發性，以及無論是從內或從外突然出現的新可能，以正面的方式全面改變人生，但同樣的，孩童神也有負面及破壞面，也就是說，榮格將之暗指為「光芒男孩」的彰顯，同時指出這必然與異教的孩童神有關，這個孩童神得到宣告將以負面的形式出現。負面的孩童神帶領我們進入深沉的水域，但是我們可以確定的是，舉凡孩童的母題出現，我們所面對的幾乎都是下述的問題。

　　當代表自發性的孩童母題出現時，最大的問題——在每個道德相關的例子中——都在於決定當下面對的是一個必須被切斷或壓抑的幼稚陰影面，又或者是某件具有創意性的事物，能帶領我們朝向未來生命的可能性發展。孩童既是落後也是超前於我們的。落後的是必須被犧牲的幼稚陰影面——它總是將我們向後拉回嬰兒般的依賴、懶惰、貪玩，以及對問題、責任與人生的逃避。另一方面，假若孩童超前我們，它代表的是新生、永恆年少、自發性以及新希望的可能性——生命流向創意性的未來。最大的問題在於必須視每個情況而決定：到底那是會將我們往後拉的幼稚衝動，還是從個人意識的角度來看像是幼稚衝動，但是實際上是需要被接納且被活出來的動力，將帶領個體向前邁進。

　　有時候，夢境的脈絡清楚的顯示到底哪一個為真。假設有個永恆少年型的男人夢見一個小男孩，我們可以從夢境故事的內容，

區辨出孩童的顯像是否帶有致命的效果，若是為真，我會將之視為那仍然將他向後扯的幼稚陰影面。但是，如果相同的角色是以正面的方式出現，那麼你可以說，那是某件看起來相當孩子氣及傻氣的事物，但是需要被個體接納，因為有新生命的可能性在其中。如果情況總是如此，那麼對這類問題的分析就會相當簡單，但是很不幸的，就如同所有無意識的產物，破壞面及建設性、向後扯及向前拉，這些都是緊密的交織在一起。要了解這樣的人物角色可能相當困難，有時幾乎是完全不可能。在我看來那似乎就是致命的情況，就如同我們在書中及在聖修伯里的問題中所面對的：個體無法（或至少是我無法）下定決心是否要將小王子這個角色視為破壞性的幼稚陰影面，認為它的出現是致命的，並宣告聖修伯里的死亡，又或者是應該將之視為帶有神聖光芒的創意天分？

缺陷的自性？

有位學員發展出個體擁有像是缺陷自性（defective Self）這樣的想法，認為某些特定人物的命運是不幸的，自性的象徵本來就以有缺陷的方式出現，這意謂著這類人們在人生中是沒有機會的，因為他們的心靈核心是不完整及有缺陷的，因此，整個個體化的歷程無法從這樣的核心發展。我**不**同意這樣的想法，因為我從未見過有缺陷的自性象徵未伴隨著有缺陷的自我態度，也就是說，舉凡你發現這類有缺陷的自性象徵，它們是曖昧不清、不完整、病態的，但在那同時也會有一個不完整且病態的自我態度。因此，我們無法以科學性的立場聲稱一切都是根源於缺陷自性。我們也可以說，正是

因為自我有這樣的錯誤態度，才導致自性無法正面的進入表現。如果你的飲食習慣大錯特錯，你的胃因此不能適切發揮作用，你可以有兩種反應方式：你可以說是你的胃出了問題，同時去找無數的醫師加以處理，但卻不告訴他們自己飲食習慣的錯誤，在這樣的情況下，醫師們會下結論說很不幸的，你有個有缺陷的胃，同時也不可能找到問題的根源。但是，另一方面，你也同樣可以說如果個人吃了一堆錯誤的東西，或者什麼都沒吃，或是飲食不正常，那麼就不是胃的問題了。因此，有缺陷的自性永遠是與沒有適切運作的自我連結在一起，想當然的，自性也就不能適切運作。假若自我是懶散的、膨脹的、欠缺意識的，沒有表現出自我情結（ego-complex）該有的責任，那麼想當然的，自性也就無法有正面的表現。

　　如果那位學員今天也在場，他勢必會抗議說：「不對，正好是反過來的情況，自我之所以不能運作，是因為自性有缺陷。」此處我們面對的是長久以來關於自由意志的哲學問題：「當我想要就能得到嗎？」這是永恆少年通常會對你提出的問題。他會說自己清楚一切都不對勁是因為他的懶散，但是他沒有辦法不懶散！或許**那**就是他的精神官能症，也就是說，他沒有辦法與他的懶散對抗，因此，把他視為是個無賴是沒用的，因為若是如此，他只要不那麼懶散一切就都會沒事了。這樣的說法我不知聽了多少次了！某方面來說，這說法是正確的，因為永恆少年無法下定決心去工作，因此你可以說那是源自於有缺陷的自性，亦即在整體的架構中有些事不對勁，同時也沒得救了。

　　這是在許多精神官能症患者身上都會出現的問題，不僅僅只出現在永恆少年身上。這問題涉及相當深切，而我對這個問題的態

度則是矛盾不一的：在我能力所及，我會表現的彷彿對方是有能力下定決心的，因為那是唯一可以得到救贖的機會。然而，假若情況不對勁，那麼我也會轉身說事情是不可能有轉機的。否則，我們將會落入錯誤的心理優越感，亦即，當個體有什麼不對勁或是因為疾病或意外而死亡，我們會下結論說，一切之所以發生，是因為此人沒有了悟自身的問題所在——他之所以會有這個命運，是他自己的錯——這種說詞讓我感到厭惡噁心，沒有人有權利來決定這一點，自然有自然的反撲。假若個體無法解決他的問題，他通常會受到如同地獄一般的疾病或是意外等糟糕的懲罰，但這不是任何人可以指指點點，並把它訴諸道德議題的。我認為我們應該緩緩，同時採取另一個假設——是那個人沒辦法做到，他的本質結構是有缺陷的，因此不可能做到。然而，只要災難還沒發生，最好還是採取第一個態度，試著去創造一個有希望感的氛圍，去相信可能有部分程度的自由意志存在，因為實證經驗顯示有許多案例，突然間就可以下定決心去對抗他們的精神官能症，也能將自己從中拉出。於是，你就可以將之稱為奇蹟，或是宣稱那個人做了好事，隨你喜歡，而在神學領域則會說那是份恩典。到底是你做了好事而讓你得到救贖還是上帝的恩典？我個人的經驗認為，你只能留在那樣的不一致及矛盾中。我們在本書面對的是這個問題的特定表現，故事從頭到尾都讓我們在心裡帶著這個悲劇性的問題。整本書自始至終都有些事不對勁，而我們並不清楚到底是聖修伯里個人的錯，還者是因為他無能為力，是否打從一開始就有些緣由阻礙他解決自身的問題？

學員：榮格也曾說過在集體無意識（collective unconscious）中並沒

有疾患存在，因此，既然自性是個原型，我並不認為其中會
有任何的缺陷存在。

　　我十分同意你的看法，如果它顯得有缺陷，那是因為錯誤的自
我態度造成的。客觀來說，自性本身是不可會有缺陷的，這就是為
什麼我不能接受有缺陷自性的觀點。如果自我能夠改變，那其他的
一切也都會改變；如果自我的態度改變了，那麼自性的象徵就會變
得更正面，這是經驗一再告訴我們的。如果個體可以達到一定程度
的覺悟，那麼整個無意識的系象（constellation）就會改變。但是我
的哲學對手會接著說，某人能夠做到改變，但是另一人卻不能做到
的這個事實，顯示是因為自性的因素——然後我們就開始繞圈子。

　　因此，針對這個特定的故事，應該要以雙重的方式來解讀兒童
這個角色——他同時是幼稚陰影面以及自性。接著，我們就要找出
哪個是哪個。亦即，我們應該要將所有的素材以雙軌的方式解讀，
以期找出更多關於這個問題的內涵。聖修伯里所預見的星星孩童是
幼稚陰影面的論點並不難證明，因為唯有他能夠理解大蟒蛇及大象
的故事，那是兒童期的遺跡。我們手邊有聖修伯里在 1935 年寫給
母親的信件，就在他死去不久之前所寫的。在信件中他提到能夠讓
他提振精神的泉源正是他兒時的特定記憶，像是：聖誕蠟燭的香氣
等。當時他的靈魂已然乾涸，而他也因為飢渴而死。信中呈現的是
他對於童年生活的懷舊之情，我們可以說小王子就代表著這個童年
的世界，因此那是幼稚陰影面。他對母親寫下這些內容是很特別的
一點，我們從中也清楚看見他仍然陷於母親情結當中。另一方面，
我們也可以說這個孩子出現在地球上這一點，**不僅僅是負面的**，

他並不只是幼稚陰影面的具現，因為正如我們稍後會讀到的內容所呈現的，小王子是從一顆星球上降落下來的，因此就出現了一個有趣的對比性——聖修伯里的飛機失事，而從星星上也降下了某些事物，因為小王子是從星球降落下來的。這是雙方第一次在地球上見面，在此之前一直都是在空中的：星星王子，遠遠的在宇宙的另一邊，而聖修伯里則不時在空中飛行。當小王子降落地球的那一刻，他就不再是那個幼稚陰影面，因為有些事物已經接觸了現實，也因此現在是處在曖昧含糊的位置上。如果那是可以被點出並實踐的，就會變成未來的一部分，而不會是往後扯的拉力。它不再是幼稚陰影面，而是成為一種得以被實踐的形式，能夠一直往前行。所謂的成為更加意識覺知，實際上就意謂著，日益成長，成為事事物物的現實面——這也意指著幻滅。

成長與幻滅

我們從童年就帶在身上的最大難題，就是我們揹在背上的一大袋假象，一路揹進成年期，成長微妙之處就在於放棄特定的假象，但是卻不變得憤世嫉俗。有些人在生命的早期就經驗幻滅，當你去分析社會上極高或極低階層的孤兒，就會看見這一點。現今這些人被稱為是被忽視的孩童，這意謂著他們要不就是在貧民窟中長大的窮孩子，同時還經歷糟糕的家庭生活及命運，又或者是雖然不缺錢，卻有著相同苦難的有錢人家孩子——可能是父母離異或是家中的氣氛很糟糕等等——也就是說，其中關於情感的氛圍被忽略了，但這一點對兒童來說卻是至關重要的。這樣的人常會比其他的孩童

成長得快，因為他們在很早期就變得非常的現實，同時是幻滅、自我滿足，以及獨立的——生活中的苦難將他們強行推入此狀態——但是，你通常在這些人苦楚及虛假的成熟表達中，會發現有些不對勁。他們太早就被推出童年世界，同時也墜落現實中。

如果你去分析這樣的人，你會發現他們並未將幼稚假象的問題處理完畢，而只是將之切斷，他們深信對愛的欲望及理想只會像是揹在背上的一袋石頭一樣阻礙他們，因此這些都必須被除掉。但是那僅是自我的決定，一點也幫不上忙，當深入分析後會顯示出他們是完全陷於童年的假象中。他們對於關愛母親的渴求或是對於幸福快樂的渴望仍然在那兒，卻是處在被壓抑的狀態下，因此他們相較於其他人來說是更加長不大的，問題只是被推入角落裡罷了。因為生命在那兒卡住了，個體也就有著討厭的任務要去喚醒那些假象。於是，此人必須被推回到假象中，為的是從中擺脫出來。這是我們會在那些說自己不能愛也不能信任任何人的人身上遇見的問題。每當任何人卡在那樣的情境中，生命就不再具有意義。透過移情，他們開始燃起希望，也許他們也可能再次經歷愛或信任，但是你可以確定的是，首先浮現的愛意會是全然孩子氣的，而被分析者通常心知肚明接下來會發生什麼，那會意謂著經歷再次的失望，同時也是沒有用的。這是相當真實的感受，因為這樣的人會帶出許多孩子氣的事物，而這些事物在面對分析師或是面對生命本身時是處處碰壁的。這樣的人在情感上是這般的不成熟，舉例來說，當分析師因為流感而躺在床上時，他們卻會經驗成對個人的汙辱及像是被辜負了一般的糟糕感受及失望感。已然成年的他們會說自己知道這完全都不合理，同時也是孩子氣的，但那是他們心裡的真實感受。他們會

問個好問題：「如果我們的內在有著這樣的孩童，這樣無可救藥的幼稚感，到底該怎麼做呢？」去對他們說教就如同是對無理取鬧的小孩子說教一樣，是沒有什麼好處的，他們就是聽不進去。

那我們該如何處理這個巨大的問題？假若我們把這些宛若阻礙生命的事物收納在櫃子裡，視為是幻想或是問題的根源，那麼個體就不再具有自發性，而是會以幻滅且錯誤的方式長大成人；但是如果個體就只是縱情隨性而活，這也是不可能的，現實總會給出迎頭痛擊，這就是問題所在。那些將情感、對他人的需求，以及信任能力收納起來的人們，總是會感覺不真實、不具自發性或是感覺不像是自己。他們會覺得自己只是半活著，而他們通常也不將自己視作是真實的。將神聖的孩童收納起來，意謂著不全然認真的看待自己，只是演一場戲罷了！個體能夠一輩子都表現出適應行為，但是假若他對自己是誠實的，他會知道自己實際上是在演戲，否則若表現出那樣幼稚化的行為，沒有任何人能夠忍受他。對此究竟該怎麼做呢？

當出現進退兩難的狀況時，這就是神聖孩童的問題，個體就是不知道自己該做什麼。理論上來說這情況是相當清楚明白的：個體應該要能夠切斷幼稚，同時留下真實的人格。如果分析進展方向是正確的，個體應該要多多少少能夠解開這兩者，但這過程會是緩慢發生的。個體能成功的解開僵局，同時能破壞那真正幼稚的部分，拯救創意性及未來生活。但是事實上，這是極為細緻且極為困難達成的一件事。

綿羊的象徵

聖修伯里在沙漠中所遇見的那個神聖孩童或是星星王子提出要一隻綿羊的要求，而我們知道他降落地球為的是要抓一隻綿羊回去。在故事的後段提到，星球上的猴麵包樹（baobab trees）不斷發芽而過度生長，星星王子想要一隻綿羊來吃掉長出的嫩芽，如此一來，他就不需要不斷的砍去嫩芽。但是，他並沒有對聖修伯里解釋這一點，而真實的緣由在書的後段才會出現。

首先，我們需要從聖修伯里個人的生活來檢視綿羊的象徵，接著才從一般的神話學來解讀。在他的其中一本著作中，聖修伯里自己如是說道：

並沒有所謂的外在厄運，只有內在的命運。當你感到脆弱時，你就被自身的錯誤抓住，同時也像是漩渦一樣的被往下拉。（很自然地，他在指涉飛行一事。言下之意是沒有所謂外在機運的失事：當你發生意外的當時，是整個內在及外在歷程的共享結果。）真正緊要的並不是大阻礙，而是那些小阻礙：像是在機場邊緣的三顆橘子樹，或是草地上你沒看見的三十隻綿羊，這些事物突然間就出現在你的機輪間。

過去在許多地方會以羊群來抑制機場草地的生長，而很有可能你的飛機會因為失誤而撞上羊群。他從羊群身上所投射出來的是，命運的事物有一天會殺了永恆少年，或者在這個例子中是殺了他自己；是命中注定的敵人。

在希臘，綿羊有個相當具有啟發性的名字，牠們被稱作是 **probaton**，此詞出自於動詞「向前行」，因此，牠就意指「向前行的動物」。這是個很妙的名字：這個動物沒有其他的選擇，也沒有其他的功能，就只有向前行的能力！那就是牠唯一能做的事！希臘人是更具機智的，因為他們將這個動物閹了並稱之為「那向前行的東西」。這點明了綿羊最負面的面向，牠們總是跟隨帶頭的公羊走。我們一再在報章中讀到，當狐狸或狗追趕帶頭的公羊至懸崖頂，兩三百隻的羊群會跟隨公羊跳入懸崖。大約十年前在阿爾卑斯山的倫策海德（Lenzerheide）³就發生過這樣的事情，一隻獵狐追趕領頭羊到懸崖邊，最後人們要帶著槍枝及刀子將兩百頭的綿羊都殺了。懸崖下的牠們並沒有全都死亡，就是一隻疊在另一隻身上，常言道「愣頭愣腦的傻羊」，牠們有著強烈的本能向前行及群聚在一起，以致於不能將自己從群體中抽離以拯救自身的生命。

曾經看過華特迪士尼《白色曠野》（*The White Wilderness*）這部影片的人，在極地旅鼠的身上也可以看見相同的情況，牠們就是直直投入大海。一旦落入本能的行動中，動物就無法再次抽身。綿羊傾向做出相似的本能行為，因此牠代表著——當牠以負面連結出現在夢境中時——我們內在的相同事物，也就是群眾心理學，是我們易於受到群眾運動影響而沒能守住自身判斷力及內在趨力的部分。**顯而易見的**，綿羊是群眾動物。當然，在我們身上也有眾人存在。舉例來說，你可能聽說有許多人出席某一場演講，而你就會說「那必定是一場好演講」。或是你聽說有人在瑞士學院的春季群展（Art Gallery）中有作品展覽而你前去欣賞，但是你沒有勇氣說出畫作是很糟糕的。你會首先看看四周再看看其他人，仰望那些你認

為比較懂藝術的人，萬不敢表達你自己的意見。許多人會先看畫家的名字才表達個人的意見，這些人都是綿羊。

　　神話學中的綿羊與神聖孩童的世界有著奇怪的連結。大家都記得聖母瑪利亞的表徵，常見的畫面是將作為母親的她，與基督以及施洗者聖約翰同羔羊玩耍的畫面放在一起，或是有些時候只出現基督及施洗者聖約翰（主要源自十六世紀以降）與羔羊玩耍，又或者是聖子與羔羊的畫面，手持十字等等。羔羊自然是基督自身的表徵，但是在藝術當中則被具象化為各別的事物。他本就是**犧牲的羔羊**，是**神的羔羊**（*agnus dei*），但是在藝術表現中，綿羊則被展示為玩伴，這自然意謂著（總在當神被描繪為與動物在一起時）牠是他的圖騰動物、他的動物本性，是他以動物形象出現時所表現的樣貌。在德國民間傳說中，有個信念認為未誕生孩子的靈魂是在荷勒太太（Mother Holle）[4]的國度中以綿羊的形式生活的——荷勒太太可說是大地—母親—女神——而那些未出生的孩童的靈魂則是等同於德國人所說的**羔羊雲**（Lämmerwölkchen）——英文的說法則是「捲積雲」（fleecy clouds）。鄉下人認為這些「小小羊兒雲朵」是天真無邪的孩童的靈魂。有個說法認為在諸聖嬰孩殉道日（Innocents' Day）當天，假若天空中出現許多這樣的雲朵，就預兆著許多男孩的死亡。

　　更進一步而言，當你查閱傳統對於綿羊的信仰，你會發現牠們帶著天真無邪的象徵意涵，牠們是容易受影響的，同時也會受到邪惡之眼及巫術的影響，相較於任何其他動物，牠們更容易被施法術，也可能被邪惡之眼殺害。第六感也同時會被連上綿羊，因為人們可以從牠們的行為來預測主人的死期等等。我對於這個觀點並不

是太有興趣，因為相同的事物也同時會被投射在其他家畜身上。馬通常也被認為是具有第六感的，蜜蜂同樣也是如此，因此，那並非僅限於綿羊。但是在民俗傳統中，容易被施法術及受到巫婆及狼群迫害這兩點則是特別針對綿羊的。

另一個白色的物質，牛奶，同樣也是天真無邪及純潔的象徵，但是牛奶卻無時不受到法術的威脅。鄉間法師及巫婆的主要活動之一，就是去糟蹋鄰居的牛奶。因此，我們有無數的警告要人們當心：像是在傍晚七點之後，就不能將牛奶提過街，或是在乳牛泌乳前必需要將牛奶桶轉向，同時喊叫三聲「萬福」（Aves）等等之類的。我們當今對於衛生的當心，相較於古早時候對於巫術的注意，根本就是小巫見大巫。古時候的那些作為是極其複雜的，甚至當巫婆只是走過街道，桶中的牛奶就會立刻變酸變藍。如果邪惡之眼投射向牛棚，打從那一刻開始牛奶就會帶藍色，同時必須找驅邪師來處理才行。有趣的是，越是象徵純潔及天真無邪的事物，越是容易受到感染或是受邪惡所攻擊。這是因為對立面相互吸引，而那也是對黑暗力量的挑戰。

在永恆少年的實際生活中，也就是那些尚未將自己從永恆少年原型中解放的男人身上，我們也會看見相同的事物：他們是容易相信的、天真及理想化的，會自動吸引欺騙者，因此容易上當受騙。我在分析這類型的男人時，會注意到他們是如何以致命的方式引來難以信任的女人，或是挑上那些我們不會有好感的朋友。那就彷彿像是他們欠缺經驗的天真，以及錯誤的理想主義會自動喚出對立面。對於這樣的人，提出警告是沒用的，你只會被懷疑是出於忌妒或是其他相似的情緒，而不會被聽信。這樣天真及幼稚無邪的幻

想，只能藉由經驗失望及厄事而被治好。警告是沒有好處的——這樣的男人必須要由經驗中學到教訓，如果沒有這樣的經驗學習，他們永遠不會從自身的天真中覺醒。這就彷彿是野狼——也就是那些騙子及搞破壞的人們——本能地看見這些擺在眼前的待宰羔羊。這自然而然深入的帶出宗教傳統的整體問題。

如你所知，基督是牧羊人，而我們是綿羊，這在我們的宗教傳統是個重要的意象，同時，這個意象也帶出極具破壞性的事物，亦即，因為基督是牧羊人而我們是羊，在教會中我們被教導不應該思考或是不應該有自己的意見，只要單純的去相信。如果我們不能相信軀體的復活——這太過神祕以致於沒有人能夠了解——那麼我們就只能接受它。我們的整體宗教傳統都是以這樣的方式來運作的，造成的結果就是，當有另一個系統出現時，像是共產主義或是納粹主義（Nazism），我們就被教導成應該閉上雙眼什麼都不去想，我們只要相信希特勒（Führer）或是赫魯雪夫（Kruschev）。我們當真就是被訓練成為一隻綿羊。

只要領導者是個負責任的人，或者所帶領的是個正面理想，那麼就會沒問題。但是，宗教教育的這個缺點在當今以相當糟糕的方式呈現，因為在基督教文明底下的西方個體，遠較東方人更容易受到群眾信念的影響。他們傾向於相信口號，總被教導說有許多事是他們無法理解的，同時也被教導說只要相信就能得到拯救。因此，我們被訓練成像隻綿羊，那是基督教教育的可怕陰影面，也正是我們現在必須償還的代價。聖修伯里的作品顯示，他正是受到這樣的想法所占據，他在《要塞》（Citadelle）一書中說到：

所謂的建立和平，就是建立一個夠大的房舍來容納整個群體，如此一來，整個群體就能睡在其中（這是多麼理想化啊！就只須讓人類入睡！）所謂的建立和平，就是向上帝借用祂的牧羊人披風，如此一來，所有的人們都可以安然居於其下，在神聖披風之下。

可見他將自己認同於上帝。他就是那份將人類納於披風之下的神性，那是永恆少年所帶有的宗教性狂妄自大，而接下來則出現另一個情結：

那就宛若母親深愛著她的兒子們，其中的一個兒子既羞怯又溫柔，另一個則是熾熱且充滿對生命的熱情，還有另一個則可能是佝僂怪人，再加上另一個可能是優雅謹慎的，但是他們每個人的不同特性都讓母親感動在心，而他們每個人不同的愛都化作榮耀讚頌。

這段話如果從法文來看，會更顯得感傷且給人留下深刻印象：

Bâtir la paix, c'est bâtir l'étable assez grand pour que le troupeau entier s'y endors. Bâtir la paix, c'est obtenir de Dieu qu'il prète son manteau de berger pour reçevoir les hommes dans tout l'éntendu de leur désir. Ainsi de la mère qui aime ses fils et celui-là est timide et tendre et l'autre ardent à vivre, et l'autre peutêtre bossu, chétif et malvenu, mais tous, dans leurs diversités eneuvent son coeur, et tous dans la diversité de leur amour servent la gloire.

從這段話語中，你得以看見宗教意象中的神聖牧羊人及羊，是如何以相當危險的方式與母親情結的感傷混雜在一起。旋即，母親成為牧羊人，而孩子們則變成綿羊。如果有隻狼前來吃了牧羊人並且拿走披風，你會很清楚接下來在羊身上會發生什麼！那正是給狼的一個天大好機會！在宗教情境中，狼可能就是我們當今的偉大獨裁者及領導人，或是任何在公眾生活中的騙子及欺詐者。在個人的生活中，正是吞噬母親的阿尼姆斯引領著綿羊兒子，那謹守分寸及全心奉獻的兒子們，接下來就是全心相信他們必須像是騎士一般，對母親、那年長的女士，表現尊榮的態度，但卻沒有看見她的阿尼姆斯已經將他們吞下，並以他們的天真無知為食。母親的吞噬阿尼姆斯以兒子的天真無知及最高奉獻感為食，綿羊同樣地也被牧羊人所吞掉了。

　　故事中的這個小星星男孩想要一隻綿羊，之所以需要綿羊是為了吃掉過於茂盛的樹木，這很明顯的是吞噬母親的象徵。想要一隻羊乍看似乎是有正面的意義，因為星球受到過度生長的威脅。若過度生長的樹木是母親的象徵物，綿羊就會是某件幫忙對抗母親情結的事物。但我現在所提的正好是反面的，把綿羊視為母親情結的一部分，而不是對抗過度生長的正確藥方。因此，我們也似乎再度面對全然模稜兩可的狀況。綿羊是以什麼樣的方式，協助個體與母親情結戰鬥？我們稍後會看見它是如何合作的。故事提到牠咬去新芽，那是過度生長的母親情結，但是在心理學上又有何意涵？我們內在的群眾對於對抗母親情結能夠給出多大的幫助？

學員：當他屈服於母親之下時，她似乎就不那麼具有吞噬性。

你的意思是說，假若綿羊自己走入狼口，那麼狼就比較不具危險性，因為牠有被好好的餵養，是這個意思嗎？我不認為當兒子屈服於母親吞噬性的欲望時，會因此讓事態成功得到改進。那不是我的經驗，因為吞噬性的原則通常會變得肥大，並隨著餵養而增長。

學員：我認為每個人都應該要從母親那兒得到釋放。

是的，但是什麼可以幫忙男人從母親那兒得到釋放？

學員：如果男人遵從應循的模式，也就是說，從母親那兒得到釋放，那麼他就是在做對的事情。

你的意思是指，他聽聞心理學中關於每個人都需要從母親那兒得到釋放的說法？如果他真這麼做，那他就真的是遵循綿羊的心態，他之所以這麼做，是因為「大家都這麼說」，也因此從母親那兒得到釋放。那的確是正確的做法。通常來說，年輕男性罕有夠強壯的個體性（individuality），將自己從母親身上拉開，他們是透過集體的方式而達成的。舉例而言，在我們的國家，是靠從軍服役幫助年輕男子對抗他們的母親情結。許多人是透過服役得以從對母親的依附中獲得改善，甚至治癒。正是綿羊的心態及人群，驅策他們進入從軍服役，而這個集體的適應的確可以幫助他們從中拉開，特別是在瑞士這裡。在較單純的群眾層中，服役仍然相當程度扮演著像是原始部落中的成年啟蒙儀式，那是離開母親的時刻。可以說所有帶有謙遜及非個別性的集體適應，都有助於對抗母親情結。就如

同我先前提過的，去工作、去從軍服役，以及試著表現的跟其他人一樣，不保有典型母親情結的男性會有的、充滿幻想的個別性，並放棄成為特別的人，這些都能夠幫助對抗母親情結。接受自己不過就是眾人中的某甲或是某個無名小卒，某方面來說就是個治療，不過這只是暫時的，還不是全然的療癒。那只是將人從母親身邊拉開的第一步。

我們都清楚——**以毒攻毒**（*similia similibus curantur*）——亦即危險的情境通常是在危險的情境中得到治癒。從心理層面上來說，成為眾人是相當危險的事情，但是它能幫忙個體對抗在母親情結底下所發展出的偽個體性。隨後，個體將要面對另一個危險——這個例子中所下的處方是危險的。因此，星星王子想要一隻綿羊可被正面解讀為，在他理想化及神聖性的隔絕孤立中，他想要有著眾人靈魂的陪伴，那將會擴增他的星球以及他的世界。在他的星星世界中並沒有動物，假若他帶回一頭動物，那就會是他帶上些許俗世本能，這似乎是相當正面的。但是你也能夠以負面的方式解讀，因為那並非出自於意識的實踐，而不過就是拿一個本能來對抗另一個本能，他的無意識並沒有改變。只是將一個本能從另一個本能拉開，這正是故事中表現的，而我認為從這一點我們可以作出明確的推論，下結論說那是全然負面的。

學員：箱子裡的綿羊！

這一點補充了前面的論述。我認為他想要將綿羊帶到上面，而不是走入其中；他想要將綿羊拉上星星。綿羊是走在地面上的動

物，因此，為了要得到牠，他就必須要留在地面，如此一來那就會是將他拉入現實的事物。同理可得，假若男人適應從軍服役並受其他許多苦，他就是被拉下地面。但是，如果是將綿羊向上帶入童年的幻想世界，那就不是對現實的適應，而是一個偽適應。這一點相當隱微，但我認為這是聖修伯里獨有的，並非廣泛存在於其他的案例。對他而言那是特別危險的，但是唯有當你知悉他的文學作品時，你才能做出這樣的評判。在他的作品中，你得以看見十分怪異之處，因為他讚揚且緊抓俗世觀點及社會適應，也屈服於俗世原則與愛的牽絆等等。

然而，他卻沒能支持他所讚揚的一切，因為他只是以理智的方式吸收一切，然後一股腦兒的帶回他的想像世界。這是許多永恆少年會使用的伎倆：表現出必須要對現實作出適應的理解，對他們來說這只是智性的想法，他們是在幻想中實現這份理解，而不是在現實中實現之。這樣的想法只有在反思及哲學層級中得到執行，而不是在行動的層次。看起來彷彿他們對此有相當的了解，彷彿他們有正確的態度，彷彿他們知道什麼是重要的以及正確的，但是他們就是不**作為**。如果你讀過聖修伯里的著作，你可以回擊我，並說他不是個永恆少年，還說事實上他是個負責任的男人。你會說他是個大人，是陽剛的男人，他不是有母親情結的傢伙。這一切都只存在於他的想法裏，可是聖修伯里從來也就沒活過《風沙的智慧》中謝赫那樣的人生，也沒活過《夜間飛行》中希維耶那樣的一生；他幻想出這些人以及那些實際上長大的男人的想法，但是他從來就沒有活出他的幻想。

我認為這是他精神官能病兆的棘手問題之一，永恆少年總是傾

向於去抓取一切可能正確當為之事，之後就將此拉回他的幻想理論世界。他無法跨過從幻想到行動之間那條簡明的界線，這也是當我們對這樣的人們進行分析時會出現的危險彎道。除非分析師可以持續不斷地像是警覺的狐狸一樣去注意這個問題，否則當分析出現不可思議的進展，永恆少年對每件事了然於心，他整合陰影面以及他必須工作、必須要務實的事實，但是除非你就像是魔鬼身後的看門狗一般，不然這一切進展都會是假的。一切的整合都發生在那高高在上的天空，而不是發生在地面，不是發生在現實中，也因此分析師常落得需要扮演像是保母一樣的角色，問他早上幾點起床、一天當中工作了幾小時之類的問題。那是非常沉悶乏味的工作，但卻是根本的，否則就會出現那荒誕的自我欺瞞，這很容易就會纏上分析師。

創作與療癒

接著我們應該要思考在盒子裡的綿羊。當你以理智的方式同化某件事物，你就是把它放在盒子裡，概念本身就是個盒子。當聖修伯里因為失去耐心而將綿羊放在盒子裡，表示他接受了這個點子，不過只是將之接受為**想法而已**。它能夠存在，不過只是存在於他大腦的盒子裡。小王子認為這樣的安排就跟畫出真的綿羊一樣是好的。這一切都只留存在心理活動的世界中。

學員：如果聖修伯里的永恆少年人格得到療癒，他是否仍然會繼續成為藝術家？

對永恆少年的「治癒」並不意謂著「對於成為藝術家的治癒」。試想歌德的例子，在他的早期作品中我們可以看見母親情結的證據，而他也認為如果他放棄了永恆少年的心境，就什麼也不留了。但是他度過了這個危機，雖然他《少年維特的煩惱》（*The Sorrows of Young Werther*）一書中的永恆少年最後舉槍自盡，歌德本人卻得以倖存。

真正偉大的藝術家，起初總是會是個永恆少年，但是他們還能更進一步，這是與情感判斷有關的問題。如果一個男人停止成為永恆少年後，就停止成為藝術家，那麼他從來也就不是個真正的藝術家。如果透過分析能拯救這樣的偽藝術家成為真正的藝術家，那真的要感謝上帝！聖修伯里可能就會是他們其中的一個，假若他有接受分析的話！他的藝術本身是相當帶有精神官能症特質的：他寫下關於自身的精神官能症，但他是否是個偉大的藝術家有待懷疑。正因為他是如此受歡迎，他的作品或許可被視為是當代精神官能症狀的表現。不過他在文學作品中**就已經**表現出這一點，相當漂亮的表現；他**早已**丟出問題。有一類藝術家沒辦法做到歌德所做到的那種轉換，而這些藝術家就必須要一死。我不能說他們不是個藝術家，而應該說他們沒能越過那個切換點而成長。在《少年維特的煩惱》一書中，歌德並未針對永恆少年做出終極處理，而是讓他持續進入其他作品。接下來，歌德在劇作《塔索》（*Torquato Tasso*）中，將永恆少年表現為自身內在的問題。於此同時，透過將永恆少年塔索（Tasso）以及想要住在地球上的安東尼奧（Antonio）兩者加以客體化，他得以把自己從問題中分離出來。這後續變成衝突在《浮士德》一書中得到更進一步的進展。我們得以感知作家本身是有——

或是沒有——將自己從這個問題中解脫出來。將永恆少年客體化只是第一個步驟。

學員：針對懶散是永恆少年的特質這個論點，是否可以請妳加以說明？歌德及聖修伯里兩位一生中都努力工作。

　　永恆少年必須學習應付他不喜歡的工作，而不是只做那些有著極大熱誠的工作，因為去做有熱誠的工作是每個人都能做到的。即便是被認為懶散的原始人都能做到，因為一旦人們熱誠投入某事，甚至可以到筋疲力竭的地步。我不會將那樣的事物視為工作，那不過就是心被工作歡慶給帶走了的表現。治癒永恆少年的工作，是那種他必須要在陰沉的早上將自己踢出被窩，同時一而再再而三重複的無聊事——必須透過絕對的意志力而為之。歌德接下了政府職位而在威瑪共和國（Weimar）中服務，他坐在辦公室裏閱讀有關稅務諮詢的問題等等。那就好比是安東尼奧所經驗的工作；那或多或少都成為他生活的一部分。歌德活出他筆下所寫的境遇，他待在辦公室裏將心思交給最無趣的問題。很多時候他寧願駕車去其他地方，但是不知怎的，他體悟到這部分對生活的必要性。身為一個情感型的人，他因此發展了劣勢的思考功能，這一點相當大程度的展現在他那無趣且平淡無奇的格言（他與德國作家約翰‧彼得‧艾克曼〔Johann Peter Eckermann〕的對話錄[5]是最讓人感到失望的）。

學員：或許那說明了法國思想家尚-雅克‧盧梭（Jean-Jacques Rousseau）的評論，他認為自己性格特質中最大的缺失就是

懶散，但是廣為人知的是，他從早到晚工作並閱讀了許多的
書籍。

　　沒錯，但是想必他也躲開了其他的工作。人們可以藉由將自己
做到死來躲過該做的工作，並以這樣的方式自欺欺人。盧梭必須先
在一桶水中泡腳才能開始工作；他以足浴後的恍惚狀態工作。如果
沒有泡腳，他的《懺悔錄》（*Confesions*）可能會更加扼要中肯，同
時少些多愁善感！

學員：回到作家寫出自身的精神官能症的論點——許多人因為這一
　　　點而馳名天下，這樣做反而被視為是一種天分。

　　我不認為這樣做被視為天分是不對的；那是我們都想達到的。
我相當願意能從我的精神官能症狀中賺點錢。問題出在當作品被寫
出來之後。個體所寫出的的確是關於個人的問題——否則寫作會陷
入枯竭——但是當你寫出了問題或是當你在書寫的過程中，你必須
要活出它。每當我講述某個問題，它總會回到我自己身上。個人觀
察所得，對於感官型的人而言則剛好是倒過來的：他們會先活出問
題，然後才寫下來。當你針對某個問題而寫，在寫作的同時會有共
時性事件（synchronistic events）發生在你身上，因此你必須同時活
出這個問題。榮格曾告訴過我，當他在書寫某一個特定的問題時，
他會收到來自四面八方的信件，像是澳洲及其他地方，這些信件會
提及他當下正在書寫的問題。如果你觸及重要且關鍵的自身問題，
通常都會是這種狀況，有時候是出現在你身後，有時候則是在你面

前發生。這是僅僅是寫出你的精神官能症與再更深入一步之間的差異。問題總是會與你綁在一起，如果你同時也能活出問題，那麼你接下來所寫的內容就會更進一步。否則，你會再一次的寫出相同的問題，就像聖修伯里做的一樣。這樣的作家總會轉動同一張留聲唱盤，可是如果你能活出問題，接下來就會展現進步。

歌德活出他筆下所寫的內容，而他接著所寫出的內容總是更進一步。浪漫派詩人們則更加易於陷入自我重複，他們繞著圈子打轉，因為他們並沒有或是沒能在同一時間也活出所寫的內涵。我所言並不意在批判指責，但是我們必須要為我們所寫的內容終將被激發成型而預作準備。許多的藝術家並不希望作品被分析，因為他們害怕在分析之後，他們就必須活出自身所寫的內涵，許多藝術家因此反對心理分析，因為他們說自己的創意會被分析掉，但是那實際上是偽抗拒。真正的創意驚人的強大，即便是世界上再有天賦的分析師都不可能將之抹去。因此，藝術家對於作品被測試的抗拒本身是相當可疑的。

註釋

1 原註：“The Psychology of Child Archetype,” *The Archetypes of the Collective Unconscious*, CW 9i, par. 268. [CW refers throughout to *The Collected Works* of C.G. Jung]

2 原註：Ibid., par. 298.

3 編註：位在瑞士境內海拔 1500 米高的谷地上，是自行車或滑雪運動愛好者的度假勝地。

4 編註：出自《格林童話》（*Grimms Märchen*）中〈荷勒太太〉（Mother Holle）的故事。

5 編註：《哥德對話錄》（*Gespräche mit Goethe*），約翰·彼得·艾克曼（Johann Peter Eckermann）著，臺灣商務出版。

如果拒絕成長，成長就會殺了你

有學員私底下問我關於綿羊被放在盒子裡的問題。這個學員認為我對聖修伯里過於嚴苛，認為他實際上在人生中已經展現了勇氣以及實質的反應能力，因此我們不能指控他試圖要逃避現實，或者至少不該用這樣的方式來論斷他。我認為這不過就是顯示我並沒有傳達清楚我想說的內涵。

悲劇的虛弱性

將綿羊放在盒中並不是逃避的姿態，而是源自於我們所謂的特定神經衰弱，一種健康及力量上的衰弱。個體需要特定的力量才得以忍受衝突。聖修伯里想要回頭去修理他的引擎，而星星王子卻不讓他草草的畫完一隻羊，不斷煩他說這個畫得不對、那個也不對，接下來的這個也不對。因此，聖修伯里就在孩童以及將引擎修好的迫切需求間拉鋸著。他完全理解孩童的重要性，同時也理解對方是用典型的孩童方式在煩他，因為他明顯感覺到即便自己再畫出另一隻羊也不會是對的，或是反倒會帶出一堆問題。如果你以象徵性看待此處，這意謂著在外在及內在生活的需求間豎立了巨大的張力。你如何能既遵循外在現實的要求——這是理智告訴你正確的作為——同時也遵循內在生活的需求？

難處在於內在生活的需求需要時間，你無法在做了五分鐘的積極想像後接著就去做其他事情！舉例來說，假若某人接受分析，過程中需要先寫下夢境，這可能意謂著單單就只是寫下內容，就會是兩小時的工作，而這還只是開始而已，因為此人還沒真正開始任何的分析。個體需要冥思，那是個需要全心全意的全職工作，但是

常見的狀況是，他同時也會有外在生活的迫切需要，而這是需要忍受的最糟也最困難的其中一個張力——要盡可能的讓雙邊都得到滿足。而虛弱的人格特質——我並非意指道德論斷上的「懦弱」——而是在生理上天生就不強壯。虛弱的人格特質採取捷徑反應的方式來回應，像是下定決心做其中一個，而將另一個放在一邊，這就顯現出無法忍受一定限度的張力。不過這其實是相對的，因為沒有人能夠承受超過一定限度的張力，只是虛弱的人格特質會出現失去耐心的反應，而強健的人格特質則能夠在張力中持續較長的一段時間。以書中的例子，我們看見聖修伯里在第三次嘗試畫綿羊之後就放棄了，同時想出捷徑解決方案好回到他的引擎上。這就是虛弱的跡象，而故事的其餘內容也顯示出這一點。舉例來說，星星王子的飛機很小，他自己本身也是嬌小玲瓏的，或者我們去看第一個夢，英雄並沒有從被吞進的蛇肚子裡走出，也就是並未從吞噬的母親走出。這全都會是個大麻煩，同時也都有虛弱的傾向。此外，如果你去看聖修伯里的照片，你會發現他有著相當怪異的「分裂」面貌；下半部的臉長得像是七歲男孩，嘴巴的表情完全不具成熟感，那是個純真孩子的嘴型，同時帶著細瘦小小的下巴，然而臉的上半部則給人一種相當聰明且成熟男人的印象。他帶著某種孩子般的虛弱感；有些特定的張力是他不能承受的。我的評論並非意在批評，而是做出如同醫師會做出的論述，就像是評論某人身體不夠強壯，因此無法倖存於肺炎。我並沒有任何批評之意，只是說出悲劇性的真相。

可能其他受到永恆少年問題所吞噬的男人會有力量來承受更多的衝突，但是他們不過就是出於不耐煩而做出反應，而不是出自

悲劇性的虛弱。母親情結的其中一個事實就是，患者並不想面對情境。舉例來說，在《基督教時代》（*Aion*）一書中，榮格提到：

他的內在有份意念想要去接觸現實、擁抱大地，以及在世界各地的田野中結下果實。但是，他就只做了一些斷斷續續的初始嘗試，他的自發性以及持久力受到阻滯，因為——得自於母親的私密記憶認定世界及幸福是會被賜與的。他，正如同其他人，必須要一再面對與他交遇的世界斷片總是錯的這件事，因為這本來就不是能輕易得到或觸手可及的，而是必須持續在阻抗中，透過努力來征服。這要求男人的陽性面，在熱情所在處施力，最終全盤投入其中以帶出解決的勇氣及決心。因此，他需要一個不忠誠的愛洛斯，他才得以忘記他的母親。[1]

由此可見，欠缺耐性有時候是母親情結的結果。我認為聖修伯里的案例也是如此，但是在那之上還有某種不幸，說明白些就是一種天生的缺點，不是他所能決定的。這也意謂著他身上的活力被母親輾碎，那是個讓人無能為力的不幸命運。

學員：你剛剛是說「不忠誠的愛洛斯」嗎？

是的。那意謂著三不五時得以從一段關係中轉身的能力。但這也造成另一個大問題，亦即，永恆少年一詞，從負面的觀點來看，常會在各式關係中表現出過於深刻的、過於虛弱的，以及太過「好孩子」的傾向，因而欠缺一份需要的靈活自我防衛反應。舉例來

說，他從周遭的女性心靈中收下過多的阿尼瑪（anima）。如果其中的一個大吵大鬧，對他東挑西揀找麻煩，他起先會大量承受，接著突然有一天，當他覺得受夠了的時候，他就會斷然離開，以一種全然殘忍且魯莽的方式。你可以說他在意識層面是過於虛弱同時讓步過多，而他的無意識陰影則是過於殘酷、魯莽及不忠誠。我見過一些人在面對女友時幾乎承受一切（我們會期望女人早早就大動肝火），而接著有一天，那個永恆少年就離開同時轉向另一個女人，甚至完全不理會第一個女人，這中間沒有轉換的階段。這個讓步的「好男孩」、這個讓步過多的男人，突然間就被那個冷淡的流氓陰影面取代，沒有任何一丁點的人性情份。

相同的事情也發生在分析過程中：他們全盤接受，沒有任何抗拒也沒有提及與分析師相對的觀點，但是沒來由的，他們會突然說要換去另一個分析師那兒或是說要將這段分析全部捨棄，如果你之前尚未注意到這即將襲來的反應，你就會像是從雲端墜落一般。這中間沒有感謝，丁點都沒有，就只是結束了。起初會出現不全然的冷淡及獨立，或是男性的攻擊性，最後的表現則是過多的負面、非人性以及無情感關連。這對許多的永恆少年而言是典型的模式。這會需要費力與某人一起有耐心的將事物釐清，而並非就只是讓步，然後接著走開。

過度生長的猴麵包樹

接續我們的故事，接著出現一長串的對話，聖修伯里得知小王子是從天堂落下，他來自小行星 B-612，也知道他想要一隻綿羊去

吃掉星球上頭的猴麵包樹。我沒有發掘出小行星編號 612 的聯想意義，但是從它被描述的方式，我們可以想像聖修伯里是在賣弄他的天文學及數學知識，同時也是想要表達小行星 X-Y 的想法。假若其中是有象徵性的意義存在，我並不知道那可能會意謂著什麼，或者至少我並不能做出明確的論點。

最大的危險是來自於猴麵包樹長成巨樹，同時它如果被允許繼續不斷長大，樹根會將星球一分為二，因此在小芽長大前，小王子必須持續不斷的忙於拔掉小芽。那是他持續不斷的擔憂，而他的點子是要從地球上帶回一隻綿羊去吃掉樹芽，才能將他從與猴麵包樹的持續抗戰中得到解脫（在德國，猴麵包樹被稱做 Affenbrotbaum，是長於非洲的巨型樹木。）

聖修伯里說必須要有相當多的大象才能吃掉這些樹木。小王子則回說，假若需要許多大象的話，他就必須要將牠們一個一個疊起來，否則牠們不會有足夠的容身空間，聖修伯里從這樣的回話中得以對情況有基本的了解。既然在星球上沒有足夠的空間讓足夠數量的大象來吃掉足夠數量的樹，他畫了一張圖來表達將大象堆疊在一起時會形成的樣貌。他的素描顯示出一面有三隻大象，另外兩面有兩隻大象，一隻一隻堆疊在一起，但是他是從後方的角度來描繪第四面的兩隻大象，因此第四組功能是轉向另一個方向的。

　　有趣的是，在對榮格心理學無所知的狀況下，他讓三組功能成為相似的，而第四組功能則轉向另一個方向。那三組大象——主要功能及輔助功能——有些過重的狀況，而第四組功能則轉向並看向另一方。聖修伯里說：

　　因此，依照小王子對我所做的描述，我畫了一張那個小行星的圖畫。我不喜歡擺出道學家的口吻，可是猴麵包樹的危險是如此不為人所知，任何迷失在小行星上的人都可能會碰到這樣巨大的風險，因此，就那麼一次我打破我的語帶保留。「孩子，」我說：「要小心猴麵包樹！」

　　我的朋友們，就和我一樣，長久以來遊走在這樣的危險邊緣，卻完全都沒有覺察，因此我是為了他們而如此盡力在畫這張圖。我想要傳達的忠告值得我投入如此大的心思。也許你會想要問我：「為什麼這本書裡其他圖畫都不像猴麵包樹這幅圖般華麗且令人象深刻？」

　　書中的圖畫，都是由聖修伯里親自繪製的，無論是在色彩上或是畫筆線條上都相當輕淡，但是這張猴麵包樹的圖畫則有著較深的色澤，繪製的過程也帶著更多的心思而更加精確細緻，他說自己很

用心去畫這張圖，而你也一眼就能看出這一點，因為不僅僅是顏色更強烈，同時他也費了一番功夫來繪製樹的細枝末節。

我的答案很簡單。我試過了，但是先前的其他嘗試都沒能成功。當我在畫猴麵包樹這張圖時，我覺得很急迫，是受到激勵而畫出的。

此處，我們觸及主要的問題。聖修伯里說，在畫猴麵包樹這張圖時，他感受到令人恐懼的危險。有三棵巨大的樹木，但是也有第四個角色，那是一個手中拿著一把斧頭的紅衣小男孩。小王子告訴聖修伯里，他有個鄰居住在另一顆小行星上，因為懶得除掉猴麵包樹上的小芽，樹木因此長成圖畫中所呈現的那個大小，於是一切都太晚了。他手中拿著斧頭站在那兒，但是無法砍下樹木，而他的小行星也因此毀了。圖畫顯示出巨大的樹木以及那個無助的男孩，而從那個小斧頭以及巨大樹幹的身型，你知道已經沒有機會砍下樹木了。那是張「緊迫的」圖畫，是張聖修伯里費了龐大心思所畫出的圖像。

如果我們首先檢視大象在小行星上必須被一隻一隻堆疊在一起的問題，你應能了解我先前所要點出的面向。在那張圖畫中，你認為什麼是問題所在？

學員：越來越多的母親問題堆積起來了。

是的，但是大象並不是母親問題，問題在於英雄、男性的英雄

本質、被蛇所吞掉的事物，也就是他自己。問題不在於大象過於巨大，而是在於地球不夠強大以承載大象。大象是沒問題的，但是卻沒有足夠的空間提供給牠們，這意謂著什麼？

學員：自我不夠強大。

不對，我不確定我能說那是自我，我認為那或許應該是結果。應該這麼說，我們常會說沒有足夠的地面——那是一種直覺的說法——但是，當我們如此說時是代表著什麼？

學員：意指他們沒有接觸到現實。

是的，他們可以擁有地面，但是他們飛離大地，雖然這並不是太糟糕的。有些人擁有許多，但是他們並沒有與之接觸，而其他人則是沒有或是擁有不足的地面，即便他們是與地面連結的，這就會意謂著當中沒有足夠的活力。這自然是非理性的概念，一個直覺性的概念。你可以稱地面為心理質量。我們一再看見，心理治療中的一個大問題就在於那人身上有多少質量？他能承載多少？你只能憑你的感覺來猜測，獲取些許感覺印象。這是不能以科學的方式來衡量的，而有時候我們也可能會錯估情況。有時候你可能認為某人沒有多少的質量，但是當關鍵的衝突出現時，突然間就出乎意料的大量湧現。至於那些你感覺應該能夠承載的人們，接著沒來由的就崩潰了。因此，他們有沒有力量是只能從結果往回看的。但是假若我們對於人們有些經驗，就或多或少可以猜出有多少的質量承載在其

中。

如你所知的，在榮格的思覺失調症理論中，榮格區分了所謂的衰弱型及強健型兩類。在強健型中，問題出在無意識內有壓倒性的豐富力量及幻想，與之相對的則是較虛弱的自我，也因此會出現分裂；但是我們可以說實際上是加分的部分讓強健型的人生病。在虛弱型中，則是減分讓此人生病，既不是自我也不是無意識某處有相當充分的原動力。這些人的情況是沒有夢境出現。在巨大衝突的情境中，你會期待來自無意識的關鍵反應，但是此時夢境卻是微小且無足輕重的，又或者是一個夢都沒有，那就好像是自然力完全不作反應。

很重要必須去了解的是，自然而然地，強健型的個體可以冒些魯莽的治療，例如，單單就只是面質此人的問題可能就會陷入可怕的危機中，那是一個療癒性的危機，接著他們就能通過危機。但對於虛弱型的人，你絕對不能如此做。在這樣的類型中，你必須採取呵護的態度，打比方說就是要不斷輸血，絕對不能強逼問題或是催促此人挺起胸膛面對，因為那會讓他們崩潰。我們不需要自行決定這一切，通常無意識會作出決定。在虛弱型中，夢境本身就不會催促問題的處置。我常會驚訝於當這類型的人們面對最迫切的問題時，他們的夢境只會顧左右而言其他小細節，但是不會直指問題所在。接著我會告訴自己：「時機未到；還**不能**面質。無意識比我更清楚這一切，也告知這問題是不能碰的。它還太燙手，會讓那人爆破。」我們必須依循那表面上看來微小的夢境，同時採納夢境中所含括的建言。而對於強健型的，你通常會看見夢境直指問題的核心，有著強大的戲劇性架構，而接下來整件事會被推入高潮以及帶

有療癒性的危機中。在可怕的衝突情境之後，事物本身就會定出是好或是壞。

　　相同的事物也發生在某些人的生理表現上。如果這些人得了肺炎，身體會出現巨大的反應，與攸關生死的高燒搏鬥，但是他們可以平安度過並且得到治癒。但是特別奇怪的是，有些人完全沒有高燒反應，只有些微的溫度提升，生理病痛拖了很久，但是都沒有達到病徵的高峰期，這是因為身體內沒有夠強的關鍵反應，沒有足夠的生命活力。也有時候會出現混合的案例，可能會發現強健型的人們卻帶著某些虛弱性，因此情況就是混合的。某人可能會帶著加分型的關鍵組成架構得以冒風險，但是他在某處則有著減分的狀況，以致架構組成本身就有分裂的情況，讓情況變得更加困難，因為我們必須遵循兩條線，一方面在能夠承載的部位施加許多重量，但是絕對避免施壓在需要無止盡呵護關照及耐心對待的虛弱點上。這種混合狀態通常會出現在極為分裂的人格身上。此人身上有著面對生命的不尋常能耐，但是在某一角落則是極度脆弱的，必須被分隔開來同時得到特別照料。這種混合型並不真的是困難的，假若我們能夠讓此人理解自身的情況，他們就能夠照料自己的虛弱點。這純粹就是讓他們理解自身的危險角落，但是你必須耐心呵護，而不是強力介入，同時要不斷地關注虛弱點，如此一來，它才能慢慢得到復原。

　　我認為聖修伯里是混合型的，他既不虛弱也不強健。他有著極大的力量、勇氣及活力，同時還有能夠改變困難情境的能耐，但是人格的某個角落則是極度虛弱也缺乏活力的，而那就是透過星球而得到人格化表現之處。想當然地，那個角落正是他這個案例中最根

本的角落，而貫穿整本書的正是在這些關鍵點中欠缺重要反應的病徵。因此，對照於他的天分及能力，那股想要活下去的意願太微小了。地面點出想要活下去的意願及對生命的接納，但那正是他的虛弱點，人格的不一致性正是問題所在。前述狀況並非永恆少年常見的問題，而是聖修伯里個人特有的問題。我們通常會發現這一點也與另一個問題結合在一起，當某人的心理欠缺大地來同化事物，在現實生活中會有極大的困難實踐事情。這些人帶著誠實及力量接受分析中的一切，但是當你施壓要他們在外在現實中針對分析所得去做些什麼，接下來浮現的就是可怕的恐慌感。當內在的理解必須被放回生活中的那一刻，力量就會崩解，而眼前面對的就是一個發抖的孩子，叫著說：「不行！我做不到！」這是對於這種內傾態度的誇大描寫，他們有極大的力量接受內在真實，可是在面對外在真實生活時，這力量就變得微小，那正是顫抖的孩子出現的時刻。

在看過書中唯二的大象圖後，將兩張圖畫相比對會是有趣的。兩張圖正好表現出相反的情況：在第一張圖畫中，大象被蛇所壓倒；在第二張圖畫中，大象變成了壓倒性的事物，同時還缺少足夠讓牠立足的地面。可以從兩個角度來看這個情況，首先是聖修伯里內在較強大的人格面，也就是英雄，受到無意識的吞噬性所擊倒——也就是受到母親情結所擊倒；其次則是聖修伯里內在的英雄人格並沒有足夠的基礎面來成為真實。這兩個是同一個悲劇的兩個面向。有趣的是，小王子自己提到大蟒蛇是非常危險的生物，而大象是非常笨重的生物。聖修伯里就介於魔鬼及深藍大海之間，因為他不知道要如何接受自身的非凡偉大與弱點。他不知道要如何與兩者相處。

圖畫中的猴麵包樹無比巨大，給人一種因為長得過度茂盛而蹂躪整個小行星的印象，因此，可以說是大地之母壓倒了人類文化及意識的領域。如果仔細去看那張圖，你會發現樹根畫得就完全像是蛇一般。同時我認為他在第一張圖中選擇 boa（纏繞蟒蛇），還將這些樹稱為 boabab（盤枝巨樹）這一點並不是巧合。此處似乎是在做文字遊戲，他似乎是聯想到這兩個因子：大蟒蛇及樹木都帶有壓倒性的特質。因此，我們應該從負面的角度擴大解讀（amplify）樹木。你們會如何解讀這張圖？在座的許多人都出席了瑞士分析師瑞夫卡・克魯格（Rivkah Schärf Kluger）的演講。[2]

學員：基爾嘉美緒（Gilgamesh）要砍倒雪松。

　　是的，英雄基爾嘉美緒必須砍倒在女神伊絲塔（Ishtar）森林裡的雪松，森林中的樹木代表著女神伊絲塔的力量。在她的許多象徵意涵中，她是樹的女神，同時她指派胡姆巴巴（Humbaba）為護衛雪松林的守護神。此處，樹木也再一次被連結上負面的母親。此外，還有哪些擴大解讀？

學員：樹木本身就是生命的象徵。

　　沒錯。如果你閱讀榮格的論文〈哲學樹〉（The Philosophical Tree），會發現樹木通常被解讀為生命的象徵、內在成長的象徵、個體化的歷程，以及成熟歷程的象徵，但是這一點在此處並不符合。

學員：樹常被連結上母性女神，在德國神話中，不僅僅只與伊絲塔相連結，也與青春女神伊登（Idunn）連結在一起。而在希臘神話中，樹則與豐收女神荻密特及其他神祇連結。

　　是的，樹常會被連結上母神，甚至常見的會以樹來崇敬之，但是還有一個更加密切的關係，那就是在林中的自然神阿提斯，或者是被懸吊在樹中棺木的埃及冥王歐西里斯（Osiris）。在這些例子中的樹木就是神話中常見的死亡母親。無論是樹中的棺木或是亡者被放入棺木中，都被解讀成回歸母親。而被放入樹木中，就是被放入死亡母親之中。在羅馬的阿提斯慶典，杉樹頂端都會掛著阿提斯的畫像，通常只有軀幹肖像。在《轉化的象徵》一書中，榮格引述一篇古老的詩篇，提到基督教的十字已經被視作是可怕的繼母殺了聖子。這就會是我們的第一個聯想，亦即，樹木是母親、是棺木，同時也與永恆少年神之死有關。你會如何解讀這一點？我們得出一個矛盾，因為從象徵性的角度，樹木通常代表個體化的歷程，但是那個相同的象徵物也等同於死亡，等同於一個破壞性的因子。

學員：圖畫中所表現的樹木是巨大的，對於小行星來說它過於巨大，這或許指出母親問題是過於巨大，同時帶有吞噬性的。

　　是的，但是你如何將這一點與個體化歷程相連結？個體化歷程本是個體所依附的內在成長歷程；個體無法從中逃離。如果個體對之說不並拒絕接受它，那麼，既然你不在其中，它就會以與你作對的方式生長。接著，你的內在成長就會殺了你。如果你拒絕成長，

成長就會殺了你，這意謂著假若此人是全然幼稚的，同時也不具其他可能性，自然就不會有太多的事發生。但是假若此人內在有著較大的人格可能性——也就是成長的可能性——那麼就會出現心理的混亂。這就是為什麼我們總會說從某方面來看，精神官能症狀是正向的症狀。它顯示出某件事物想要成長；它顯示出此人在其當前的狀態是不對勁的，同時也顯示出假若成長不被接受，那麼它就會以與你作對的方式進行，以你作為代價，同時造成負向的個體化。亦即個體化的歷程、內在的成熟以及成長，是以無意識的方式進行，讓本該是要帶來療癒的卻反而產生了破壞。這就是死亡之樹、死亡母親之樹以及生命樹在本質上是如何連結在一起的。個體內在成長的可能性本是件帶有危險的事，因為你要不接受它並且勇往直前，要不就會是被它給殺了，這中間沒有其他的選擇。它是個必須被接受的命運。

如果你以負面的角度來看永恆少年，可以說他不想要從母親問題中長大，他不想從少年期中長大，但是成長仍然持續進行，也正是這一點摧毀了他。他是被靈魂中特有的因子所殺的，他原本可以透過那個特定因子從問題中成長的。假若在實際生活中，你必須與這樣的問題征戰，你就會看見人們是如何拒絕成長及拒絕成熟以因應問題，同時也會看見越來越多的破壞性無意識堆積成型。接下來，你必須說：「看在上帝的面子上，針對那個與你作對的事物做點什麼吧，否則你會被迎頭痛擊的。」那一刻可能會到來，但是就如同星星王子在書中所說的，這來得太遲了，因為破壞性的成長吸光了能量。豐碩的成長同時也是個多采多姿幻想生活的意象，是內在創意豐饒的意象。你常會在永恆少年身上看見這樣的豐富幻想，

但是那樣富足的幻想是阻滯的，同時也無法流入生命，因為永恆少年拒絕接受現實本質，他為內在生活築起牆垣。

在現實的狀況下，舉例來說，他在上午十點三十分起床，叼了一支菸閒晃到午餐時間，沉溺於情緒及幻想。下午時分，他打算做些工作，但是首先還是先和朋友出門，接著再與女孩出門，而傍晚時分則是花在生命意義的深談中。接下來，他在子夜一點上床，隔天則是重複前一天的程序。因此，生命的可能性及內在的豐富都被浪費掉了。他們無法進入有意義的事物，而是讓真實人格緩慢蔓生，以致於個體在幻想之雲中漫步。幻想本身是有趣的同時充滿豐富的可能性，充滿著尚未活過的人生。你會感覺這樣的人有著極大的資產及能耐，但是卻沒有發掘出實踐的可能性，如此一來，樹木——那內在的財富——就變成了負面的，最終也殺了那個人。那就是為什麼樹木時常會連接上負面母親的象徵，因為母親情結帶有那個危險性。也正因為如此，個體化可能會變成負面的。

在芬蘭民族史詩《卡勒瓦拉》（Kalevala）中有個平行對應的文本，描述聖子與樹木之間的爭鬥。[3]

有個男子從海中升起，他是來自浪潮的英雄，他既不是巨大群中最大的那一個，也不是矮小類中最小的那一個：他就宛若是男人拇指的大小，女人指幅般的寬度。他的頭盔是銅製的，腳上的靴子則鍍上一層銅衣，手上的長手套也被鍍上了一層銅。

芬蘭吟遊詩人維納莫寧（Väinämöinen）問起來自海上的英雄所為何事，而他回答說：

「如你所見，我是個人——小，但威武的水英雄。我來到此處砍倒橡樹，還要將之切成碎片。」老謀深算的維納莫寧嘲笑說：「何以如此？你沒有半點氣力，你絕對無法將魔法橡樹推倒，甭說要切成碎片。」

但是，那個小人舉起斧頭。

他以斧頭擊向橡樹，還以銳利的刀鋒重擊樹木，一次、兩次及三次。斧頭上飛出火花，同時在他試圖如他所想的砍倒魔法之樹時，橡樹上冒出火焰。第三次擊出時，橡樹就被擊碎了；數以百計的樹枝掉落。樹幹伸展向東方，樹頂向西方，樹葉散落在南方，同時樹枝落向北方……如今橡樹已然傾倒，傲骨的樹幹也被夷為平地，（現在進入重要的部分）太陽再次照耀光輝，親愛的月亮也愉悅的閃耀光芒，雲朵飛的又遠又寬廣，還有一道彩虹跨過天堂。

此處，你得以看見當錯誤的內在蔓生幻想被拉下，同時覺察出那僅僅只是母親情結的那一刻，另一個項度的意識面就出現了——天空得以再次被看見，雲朵能夠飄向遠方，同時太陽及月亮可以閃耀發光。那不是眼界的窄化，因為當拉下那個錯誤的幻想時，就意謂著人類眼界的擴展。我認為那是極為重要的文本，因為當我們鼓勵永恆少年砍倒樹木之時，他總是會抗議說自己不想要這樣窄化的眼界。如果他必須放棄他充滿願望的幻想、他的自我安慰等等，人生還剩下些什麼呢？他就會變成渺小的平庸者，持續不斷的每天到辦公室工作。他無法忍受這樣的窄化！但是那不是真的！假使個體

有勇氣砍下這個錯誤的內在偉大，它會再度回來，並以較佳的形式回來——眼界及生活得到擴展，而不是被窄化。我認為當英雄必須砍下樹木之時，就必須要告訴他這個神話，因為那是他不想要實踐或是不想要相信的。假若他知道當自己放棄了錯誤的內在生活形式時，他的生活會變得多寬廣，那麼他或許就會想要這麼做。

成雙的星球：截然相反的命運

　　小王子的小行星尚未被猴麵包樹摧毀，他想要得到綿羊以吃掉新芽，但是他鄰居的小行星已經被摧毀了。你會如何解讀這個事實？聖修伯里承認這張圖是超出個人意願所為：「我覺得很急迫，是受到激勵而畫出的。」這是一幅描述失落情境的圖畫，沒有任何的希望感。他在那幅圖畫中投入所有的愛及能量，你會如何以心理層面來解讀這個成雙的星球？其中一個尚未失落，但是另一個則已然失落？

學員：其中一個是陰影面之星。

　　是的，可以這麼說。那個讓樹長得過大的懶惰傢伙是小王子的陰影面，這就是為什麼當後者談到前者時是如此的負面，稱他為不砍樹木的懶惰鄰居。而看看如今成了什麼樣子！但是，從心理層面而言，假若神聖孩童的母題成雙，同時又瓦解成為一個神聖孩童及他的陰影面，這對聖修伯里意指為何？

學員：其中的一部分已經被母親情結所吞掉了。

是的，沒錯。它已經被吃掉半個，但是還不至於毫無希望。相反的，它可能會轉為正面的。

學員：假若他能夠了解這一點，會知道那是非常嚴重的警告。他將自己放入圖畫中。

是的，不過我要談的是有些不同的事。首先是個一般的問題，假若母題成雙，成為一個是及一個否時，那會是什麼意思？

學員：意思是有些事已經在意識邊緣了。

沒錯，你可以說成雙本身是個症狀，顯示有些事開始接觸意識邊緣，但是為什麼它會瓦解成為對立兩面？

學員：我們無法感知對立面合而——為一（他們在無意識中的狀態）——因此，當我們同時看見它們，我們將之視為兩個。於是，當它們更接近意識面時，就好像是其中的一部分退回無意識，而另一部分則向前進。

是的。如果事情進展良好的話，就會向前進。你會以什麼方式證明那個理論？你會如何將之套用在內容中？星星王子在他瓦解前以什麼方式同時擁有是及否？這個神聖孩童內在的是與否各為何？

學員：孩童的一面是幼稚的，而另一面則是自性的象徵物。

沒錯，正是如此。你可以說星星王子這個角色是幼稚陰影面或是自性的象徵物。直到目前為止，那個角色都以雙面的方式出現，你絕對沒辦法真的知道該怎麼辨別；到底是該負面的稱它為幼稚陰影面，或者該是正面的稱它為自性。到目前為止，我們都還處在該如何解讀這個孩童角色的難題中：究竟它是幼稚的，或者它是未來的人生？無論在之前或是到目前為止，它都是兩者皆是，而那是最糟糕的難題。我想要簡短的摘要榮格在他的論文〈孩童原型的心理學〉（The Psychology of the Child Archetype）中所提到的：

> 「孩童」原型是……**重生進入新的兒童期**。因此，它同時是開始也是結束，同時是初始也是終結的生物。初始的生物，在人類存在之前就已經存在了，而終結的生物，則在人類不再存在後仍然繼續存在著。從心理層面而言，這意謂著「孩童」原型象徵著人類本質的前意識及後意識。他的前意識本質是最早兒童期的無意識狀態；他的後意識本質則透過死亡之後的生命比喻而帶來可期待性。在這樣的想法之下，心靈整體的自然本性得到全部表現。整體性從來就不是出自於意識心靈羅盤——它同時包括不明確及說不清的無意識範疇……（現在進入真正重要的句子）在人類身上的「永恆孩童」是個無法描述的經驗，具有不一致、阻礙以及神聖的特性（以較詩意及較佳的語言來表達我們所要點出的就是：不一致及阻礙是幼稚陰影面及神聖共有的特性）；一件無法估量之事物，決定了一個人格的終極價值及不值。[4]

清楚可見的，聖修伯里的天分就是他內在的那個神聖孩童。如果他沒有那個全然天真及全然自發的能力，他就不會成為這般的天才或藝術家。那是他的創意根源，同時也是些許近似不值的東西，某件會貶抑其人格的事物，這就是為什麼在我的解讀中，我總是擺盪在正面及負面的評價。它是兩者皆有，但我們並不十分清楚該如何評斷它。我們雖無法論斷但必須要將它僅僅視為矛盾的因子，一件無法估量的事物。此處，可以說無意識試圖要解開這兩個母題。一個毫無疑問就是幼稚陰影面，懶惰而錯過了去對抗母親情結，直到一切都太遲了，另一個，星星王子，就會是自性，某件試圖要流向未來、流向重生的事物，試圖在危機之後找到人生的新可能、找到重生。此處，因為意識面對於**混合之物**過於駑鈍，無意識試圖要獨立顯示兩個面向，好讓意識面得以實踐之。這通常需要先分開兩者，之後才能夠再次被放回在一起，這是因為我們的意識就是傾向將事物分別開來。

「總有一天」與無聊感

在我的第一場演講中，我談到精神官能症所帶來的暫時性人生問題，也就是人們活在**有一天**（尚未，但是有一天）能夠的期待中，這常被連上救世主的情結。瑞士分析師瑞尼・瑪拉末（René Malamud）曾經給我一份人本主義哲學家艾瑞克・弗洛姆（Erich Fromm）的論文，他在文章中詳細談到這個問題。僅擷取一小部分內容如下，他說：

如果某人相信時間，那麼此人就沒有突然改變的可能性，他會持續不斷的期待當「時候到了」一切就會沒事了。假設某人沒能解決衝突，就會期待「時候到了」衝突就會自己解決，完全不需要做出決定。你常會看見那樣的狀況，特別是從個人的自我成就這一點來相信時間。人們會自我安慰，不僅僅是因為沒有真的做些什麼，也是因為沒有為必須做的事情做準備，因為有太多的時間，因此就沒必要匆促進行。我們可以從一個非常有天賦的作家的案例中得到這個機制的說明：這個作家想要寫一本書，認為那會成為世界文學界最重要的一本書，但是他除了對於想寫的內容有些想法，以及幻想這本書會帶來的影響，和告訴朋友們自己還沒有完全完成這本書之外，就什麼也沒再多做。實際的情況是，他連一個句子都還沒有寫出，連一個字都還沒寫下；但是，據他所言，他已經在這件事上投入了七年之久。當這類的人們越是年長後，越會緊抓住**有一天**他們會完成的幻想。當某些人到達一定的年紀，通常是在四十歲出頭，會乍然清醒，開始使用自身的力量，或者會出現像是精神官能症的崩潰，出於「假若沒有那個讓人感到安慰的時間假象時，就無法活著」這個事實。[5]

這段話鮮明的描寫出我試圖要表達的內容。很久以前，英國的分析心理學家貝恩斯在他關於暫時性人生的論文中就寫過這一點，正如我先前所提到的。

書中接下來的部分，我會詳細的閱讀。

喔！小王子！我就這麼一點一滴地開始了解你那悲傷的私密小

生活……長久以來，你從觀看日落的安靜愉悅中找到唯一的娛樂。
我在第四天的早晨得知這些新的細節，當時你這麼告訴我：

「我很喜歡日落。我們一起去看日落吧。」

「不過我們還要等等，」我說。

「等等？等什麼？」

「等日落。我們必須要等到時候到了。」

起初，你似乎顯得非常驚訝。而接著你自己笑了笑。你對我
說：

「我總以為自己還在家！」

是的。每個人都知道在美國的中午時分，太陽就在法國落下。
如果你可以在一分鐘之內飛到法國，你就能看到日落，直接從中午
時分進入日落。可惜，法國太遠了。但是，在你的小小星球上，我
的小王子，你只要將椅子挪個幾步，就可以隨你喜愛的看白晝或是
暮色落下……

「有一天，」你對我這麼說：「我看了四十四次的日落！」

在那之後，你又說：

「你知道的……當一個人很悲傷很悲傷的時候，就會喜愛日
落……」

「所以你當時很悲傷嗎？」我問：「在四十四次日落那天？」
但是小王子沒有回答。

你會如何解讀這部分？

學員：那是否是對於他自身早年死亡的預演？

是的，可以這麼說——以那象徵性的四十四天。那是對他自身死亡的預感，此外，還有什麼？那是個不時想到死亡的浪漫方式，這在早期少年階段是常見的。但是這一點會如何連上其餘的問題？

學員：欠缺實際性。事物持續向後退；他一而再、再而三的看日落。

是的，那是自我中心主義（egotism）的形式，是自戀主義（narcissism）的形式，而那也是當人們的生命不再流動以及當時間不被填滿時，自然會落入的心境，因為當你投入內在或外在的冒險時，你沒有時間看日落。然而，日落可能是忙碌的一天之後，所得到的一個寧靜美好片刻。假若日落讓你感到悲傷，那是因為在日落之前並沒有足夠的冒險。同樣的，我認為那和少年悲劇是有關的。人們，特別是當他們還年輕時，相當可能會受到無聊折磨。我記得自己在十四到十八歲那幾年常常感到無聊，在那之後就從來沒有這種感覺。表面上，那是因為個體必須要在學校裡待很長的時間而不能做喜歡的事。一旦我能夠做我喜歡做的事情，無聊的感覺就消失了。但是，相較於那樣的狀況，此處的無聊感顯得更加深刻。我曾經看過那樣的狀況，那是在年輕人間常見的精神官能症，但奇怪的是，這在他們年紀增長之後就會漸漸減輕。這與他們無法去做自己真心想做的事情，反倒總要去做不想做的事有關。因此，他們不覺得自己是在過生活，無聊感不過就是當個體不能活在生活中的主觀感受。事實上，並沒有真的無聊感。在大學裡，我仍然需要遵循無聊的課程，但是那時的我學會苦中作樂。如果你夠有創意，知道如

何將自己置於現實中，你就能避開無聊感。我們將自身的自發幻想放入現實中，那麼無聊感就永遠消失了。接下來的人生就可以是愉快的或是不愉快的，充滿刺激的或是相反的，但是絕對不會是無聊的。

因此，無聊感就是生命被阻擋的症狀，是個體不知道該如何將個人的內在投入現實中。如果我們知道要如何玩耍，無聊感就消失了。但是，有些孩子及成人不知道該做些什麼，同時也不知道該如何帶出內在資源。在年少期，這不會是太過負面的症狀，因為某方面而言那是此時期的一部分，因為他們仍然無法實現自我。

一般年輕人所受的苦，部分主要來自於，就內在而言，他們已經是相當具有效能及理解力的成年人，但是從外在而言，他們並沒有得到使用這些能力的機會。他們被社會所抑制，造成的結果就是感到無聊。我曾經在學校裡教書，主要對象是十四歲到十八歲之間的學生。常見的許多問題來自於其實他們不僅可以做出理性的判斷，而且內在也是豐富而具有理解力的，但是在外在的情境中，無論是在家中或是學校，他們都被以孩童的方式對待，得不到任何的機會。自然而然的，接下來就是生命受到阻滯，造成了想要與一切作對的無聊抗拒，一種帶著壞心情的貧乏作為。一般來說，如果我們能夠給予他們更多的理解、任務以及更多的責任，讓他們成功提升到更高的層次，那麼一切就會重回正軌。他們是被人為的困在低於他們所屬的層次，以致浮現出沉悶無聊感。

因此我們說：「正因為你感到無聊，也正因為你是懶惰的，你必須做兩倍的工作，但這些都是好差事。」那會終結無聊感！我們都知道，在十六到二十歲之間，自殺是相當常見的，但是在那之

後就比較少見了。那個年紀的人常會有種奇怪的憂愁傷感，他們會感覺自己像是老人一樣。他們的臉上會出現彷彿自己知悉人生的表情，同時也覺得自己非常非常老，既然如此，與他人嬉戲玩樂或與女孩、男孩的玩樂有什麼樂趣可言，他們退縮到爺爺奶奶們的人生態度。這不過只是個症狀，意謂著他們還沒找到生命泉源的線索，因此以這樣的方式載浮載沉。而在這樣的年紀，對於那些與眾不同的少年來說，要找出他們人生的可能性會是更加困難的，於是生命就受到阻滯。顯然的，書中這個悲傷且不時看日出的孩子也有著相同的處境。

玫瑰與阿尼瑪的雙面性

接下來，我們得知在 B-612 小行星上的生活並不像我們想像的那般無聊，因為聖修伯里從小王子那兒聽到，在小行星上有一株玫瑰。有一天，玫瑰的種子劃過天際降落在小行星上，同時還慢慢長成，直到開展出一朵美麗的玫瑰。聖修伯里之所以知道這一點，是因為小王子突然陷入深深的悲傷情緒，同時不斷的問綿羊會不會吃掉玫瑰？如果會的話，那麼他就不能有綿羊，因為綿羊應該要吃掉猴麵包樹而不是吃掉玫瑰！因此，透過這樣的焦慮，小王子間接洩漏了他在小行星上有一株玫瑰的實情，接下來繼續描述玫瑰花的情況：

但是這棵灌木旋即停止生長，同時開始孕育出一朵花。當出現第一朵巨大花苞時小王子就在現場，當下就感受到有某種神奇的事

物勢必會從花苞中出現。但這花兒並不滿足於在碧綠溫室中為她的美豔做準備。她精挑細選身上的色澤，緩緩一片一片的為自己妝點花瓣。她不希望自己像野地裡的罌粟花一樣皺巴巴的出場，只希望當自己現身時，將她的美麗光彩展現的淋漓盡致。喔！是的！她就是如此裝模作樣！於是，她就這麼日復一日的裝扮著。

接著，有天早晨，正好在日出時刻，她突然出場。而且，在如此費心裝扮之後，她邊打哈欠邊說道：

「啊！我才剛起身，請你多包涵，我的花瓣還亂糟糟的⋯⋯」

但是，小王子按耐不住心中的讚賞：

「噢！你真美啊！」

「是嗎？」花兒回應，甜甜的說：「而且我和太陽是同個時辰誕生的⋯⋯」

小王子輕易就猜出她一點也不謙虛──但是她真美──美的扣人心弦！

「我想，該是吃早餐的時候了。」她旋即加上：「如果你能行行好，想想我的需要──」

小王子感到羞愧不已，拿來了一個裝滿活水的噴水壺，就這樣開始照料花朵。

於是，這朵花就開始以她的虛榮心折磨小王子──這一點，如果你了解的話，她是有一些難伺候的。打個比方，有一天，當她提到自己的四根刺時，她對小王子說：

「讓老虎帶著爪子過來吧！」

「我的星球上沒有老虎，」小王子抗議說：「何況老虎是不吃草的。」

「我可不是草。」花兒回應說，帶著甜甜的語調。

「對不起……」

「我才不怕老虎，」她繼續說道：「不過我最怕一縷清風。我猜你應該沒有幫我準備一扇屏風吧？」

「害怕一縷清風——對一棵植物來說，這還真不走運啊。」小王子回應說，同時還自言自語說道：「這朵花是個非常複雜的生物……」

「晚上你得把我放在玻璃罩子裏。你這裡好冷，我來的那個地方那裡——」

不過，她說到一半就打住，她來到這裡的時候還是一顆種子，根本不可能知道其他地方的事情。因為逮住自己說出這樣幼稚的謊言而感到羞愧，她咳了兩三聲，好讓小王子覺得自己做錯事了。

「屏風呢？」

「你在跟我說話的時候，我正要去找——」

接著，她又更用力地咳了咳，就是要他因為覺得對不起她而受苦。

於是小王子儘管出於愛意而對她表示善意，但也因此開始對她有些懷疑。他開始認真看待她隨口說出的話語，也因此讓他變得很不開心。

「我不應該聽信她的話，」有一天，他跟我坦承說道：「我們不應該聽信花朵的話。只要看看她們、聞聞她們的香氣就好了。我的花兒讓整個小行星都香氣四溢，但是我卻不知道要如何好好享受。老虎爪子的事，本來應該是要讓我充滿溫柔憐憫之情，但卻搞得我心煩意亂的。」

他接續傾訴說道：

「事實上是我不懂得要如何了解這一切。我應該根據她的行為來評斷，而不是以她的話語來論斷。她為我的生活帶來芬芳與光芒，我不應該離開她……我早該猜到，在她玩弄的粗劣小把戲背後深藏的情感。花朵是如此言不由衷！可惜我當時太年輕，不懂得要如何愛她……」

可以清楚的看見他在此處暗指自己的女人經驗以及他最初的阿尼瑪投射，對他而言這是何等的困難。他透露了自己不需要為玫瑰的虛榮、情緒、魅力與美麗負責的這個事實。他的妻子名叫「玫瑰」（Rosa），而他是在被浪漫情懷沖昏頭的情況下與她結婚。因為受夠了情緒化的玫瑰，他決定要離開星球。當他看見一群遷徙的野鳥，當下決定抓住其中一隻，讓自己被帶離，這就是他來到地球的方式。因此，我們猛然得知他之所以來到地球，是因為再也無法忍受那朵花。這朵玫瑰的情緒化以及她內在傲慢公主的雙重困境將小王子帶離他的星球。離開當時，玫瑰也有些傷心，但是她並沒有表現出來。書中這麼說：

離開的那個早上，他把他的星球安排的井然有序。他細心的清掃活火山，他擁有兩座活火山，早上熱早餐時很方便。他還有另外一座火山，但是那是座死火山。不過，就如同他所說的：「搞不好！」所以他連死火山也清掃了一番。當這些火山被清掃乾淨，燃燒就會緩慢而穩定，不會突然爆發。火山爆發就像是煙囪裡的火焰。

在我們的地球上，我們顯然是太小了，不可能去清掃火山。因此火山會給我們帶來無止盡的麻煩事。

小王子同時也帶著沮喪拔掉了猴麵包樹上最後的一根小芽。他相信自己不會再回來。但是，在這個最後的早晨，那些他熟悉的活兒，都讓他感到彌足珍貴。而且，當他最後一次為花兒澆水時，他準備將她放在玻璃罩的庇護之下，他覺得自己幾乎要哭出來。

「永別了。」他對花兒說。

但是她沒有回答。

「永別了。」他又再說了一次。

花兒咳了幾聲，並不是因為她受了寒。

「我以前很傻，」她最後說道：「希望你能原諒我。一定要讓自己快樂……」

他很驚訝她沒有責備他，愣在那兒，不知所措，玻璃罩懸在半空中，他不了解眼前的這份安靜甜蜜感。

「我當然愛你，」花兒對他說：「你一點都不知道，這都是我的錯。這都已經不重要了。可是你──你和我一樣的傻，一定要讓自己開心……別管那玻璃罩了，我再也用不著了。」

「可是風──」

「我受的寒其實也沒多糟……夜裡的冷空氣對我有好處，我是一朵花。」

「但是野獸們──」

「事實上，如果我想要認識蝴蝶，我就必須承受眼前的兩三隻毛毛蟲。據說牠們很美麗，而且假若不是有蝴蝶──以及毛毛蟲──有誰會來看我？你遠在天邊……至於大型的野獸──我一點都不覺得害怕。我有爪子。」

此時，她天真地展示身上的四根刺，接著又說：

「不要拖拖拉拉的。既然決定要離開，現在就走！」

因為她不想讓他看見她在哭泣。她是一朵如此驕傲的花兒……

這是對於愛人關係的完美描寫，彼此在關係中相互折磨。雙方都在內心深處受苦，同時也因為過於驕傲而不願意做出和解，或是不知道要如何做出和解──從負面來看，就是阿尼姆斯及阿尼瑪相

互作對。由於欠缺人性感受及欠缺生命經驗，這些年輕人通常不知道要如何承受片刻的困難，而因短暫的口角分開。這是許多早年階段的愛情會落入的命運，這也是針對阿尼瑪典型的虛榮與情緒化的最佳描寫。阿尼瑪女人通常會有一定程度的幼稚情緒化表現，是種不理智的行為，而男性化的男人會特別喜歡這類型的女人。她是他們意識生活的延續與補償，但是在這樣的行為底下有著無法承受的幼稚。玫瑰在此處，以不同的方式表現出與小王子相同的幼稚，因此他們必須分開。

在古代，玫瑰是用在對維納斯女神及神聖孩童愛洛斯（邱比特）的崇拜中。玫瑰也被用在酒神戴奧尼索斯的神祕儀式中，因為戴奧尼索斯也是早夭少年的意象。在母性女神艾西斯（Isis）的崇拜中，維納斯及艾西斯是主要的兩位女神。因此，基督教中的玫瑰象徵意涵被分裂成兩個面向：一方面是聖母瑪利亞及天堂之愛的象徵，另一方面則是俗世情慾的象徵——維納斯的面向。有位中世紀的作家談及花刺曾說到：「因此，愛情的愉悅向來就少不了那帶苦的刺痛感。」基督徒對於古代的象徵性通常會作出這樣的處理：它被一分為二，一部分被描述成魔鬼及負面的，而另一部分則是正面的。但是在古代以及前基督教時期，正面及負面兩者是相當接近的連接在一起，可是在基督教意識的光照下，這兩個面向被分離了。這說明了大部分中世紀書籍中的象徵物都是互為矛盾的：獅子是魔鬼的象徵物，獅子也是聖子的象徵物；玫瑰是聖母瑪利亞的象徵物，玫瑰也是俗世情慾的象徵物；鴿子是聖靈的象徵物，鴿子也是情慾的象徵物等等。

你可以去檢閱所有的象徵物列表，會同時發現截然相反的那一

面。玫瑰有四根刺，但同時也是曼陀羅（Mandala）的形式，因此也是自性的象徵物，也常在神話學的象徵中表現為內在神祕的轉化之處。但是在此處，就如同星星孩子，玫瑰象徵著阿尼瑪未得到發展以及相當幼稚的面向，為了得到成熟發展，這兩者必須被分開。目前他們只表現出對於內在完整性的預期，尚未得到實踐。

　　許多的童話故事都會出現一對孩童受到繼母的迫害。這出現在〈小紅帽〉（Little Red Riding-Hood）、〈小弟弟和小姐姐〉（Little Brother and Little Sister）以及其他的童話中。通常，兩個孩子中的一個會被殺了，同時受到咒語轉化，必須經由另一個孩童得到救贖。古典希臘時期的神話也有這類型的孩童神話。舉例而言，有個故事談到雲彩女神涅裴勒（Nephele）的兩個孩子。故事如此說道，雲彩女士有兩個孩子，名叫弗里克索斯（Phrixus）和赫勒（Helle）。他們受到繼母的迫害，乘著金羊從天上飛離，但是赫勒跌落海中而死，弟弟弗里克索斯則順利逃離。之後那隻羊被犧牲掉，金羊毛被牢牢的繫在樹上。這是金羊毛的原初神話。如今，馬爾他騎士團（Maltese Order）[6]的會員們會身披羊毛，作為圍繞頸項的黃金鍊。被繫在樹上的金羊毛被比作基督的犧牲及被釘在十字架上，這說明了金羊毛被視作基督的象徵物，以及它之所以在馬爾他騎士團中扮演如此特殊角色的緣由。

　　這些成雙成對的孩童母題，像是小弟弟和小姐姐，他們總是有部分被殺了，而部分生命得到回復，這些都是人類內在完整性的意象，其中初始幼稚期的形式必須被切除，好讓自我意識得以成熟發展。兩個部分最後則會以較高的形式再度結合，這也是為什麼玫瑰會趕著小王子離開星球。如果我們將此視為對聖修伯里的個人描

繪，我們可以說他內在的天才（就是小王子）受到他阿尼瑪心情的折磨，而受苦的目的就是要將他人格中過於幼稚的核心成熟化。我們甚至可以用更簡單的方式來說明，假若某人是幼稚的，他就會承受極糟的情緒心境之苦——忽上忽下的——持續的受傷，不過那是正確當為的，因為舉凡此人是幼稚的，就只有一個療癒方式，那就是受苦。當個體受夠了苦難，就會得到發展；沒有其他得以避開問題的方式。幼稚的核心免不了要受到折磨。

學員：如果玫瑰不是試圖對他隱藏她的淚水，而是真的哭泣了，是否會出現兩者都變得成熟的可能性？

是的，如果他們可以談談心中的困擾，同時交換他們的悲傷，而不是以錯誤的自尊將之隱藏起來，那麼他們就可能會一起變得成熟。但是假若你不夠成熟的話，你就無法去談論它。我們一再看見舉凡人們幼稚點被觸碰，就會開始哭泣。長久以來，在分析過程中人們掩藏自己的幼稚點，並不是因為不誠實或是因為壓抑下來，但當最後真相大白時他們會說自己早知道說了會哭，如此一來，說出來又有什麼好處，因為哭泣會使談話結束。正因為知道這一點，他們無時無刻將問題擱置，如此一來就不會有所成長。

那是最大的問題所在，因為痛點必須被掀開，同時也必須受折磨，唯有透過那樣的方式才能夠成熟。更危險的是在當幼稚的那一面被切斷之時，這些人完全不會顯露，但是當你和他們在一起的時候，總感覺他們不十分真誠，而當你能夠與之建立足夠的接觸及談話，你會知道他們從來就沒有表現出真實的自己，有些不太真誠的

部分，接著眼淚就出現了！他們不知道該拿眼淚怎麼辦，因為唯有當他們哭泣時他們才是真心的，想當然地，他們並不想哭泣。那是幼稚主義浮現的一種形式，或是當幼稚陰影面在伴侶身上做出言過其實的情感需求時，會出現的表現。

壓抑並不能解決問題，因為被壓抑的孩子持續在角落中哭泣或生氣。因此，絕對不能將情感分離。個體必須維持接近情感，同時不失去與情感的接觸，一旦失去了就意謂著與自身的真誠人格失去接觸。但是，個體也不能讓情緒流洩出來。我的經驗所得，就是要受折磨並不斷的受苦，直到有一天他突然地長大了。假若有個男人帶著幼稚性的阿尼瑪，他必須經歷極大的麻煩事及失望感。當他經歷夠多後，他就會開始認識女人以及自己，那麼接下來他就真的是在情緒上長大了。但是，假若他**假裝**自己是理性的，同時壓抑住他那像孩子一般的情感，那麼就不會有成長出現。因此，去暴露出自身的孩子氣甚至是較好的表現，如此一來才可能受到折磨，這遠比過於理智及隱藏起來來得好，因為那樣只會卡住罷了。去表現出像是孩子一樣的行為會是較好的表現，同時也會招來身邊人們及環境的迎頭痛擊，如此一來，個體就會受苦，同時原質（prima materia）也會慢慢轉化。那是幼稚陰影面——神聖孩童——投射在個體身上的大問題。

學員：在**靈境研討會**（Visions Seminars）中，榮格也有相同的表述，對於那些有困難靠近自身核心的人們而言，只有當他們受苦時，他們才能真正的經驗自己。當回到經驗真實自我的議題時，對他們而言，任何其他的方式似乎都是不可能的。

是的，因此我認為受苦的根源所在是成人內在的孩童；是那個部分受苦，因為透過個人身上的成人部分，個體可以接受生命的本然面貌，因此不會受太多的苦。兒童期的受苦是最糟糕的狀況——那是真正的受苦——雖然他們可能可以看開細微瑣事，像是在孩童想要繼續玩耍的時候，就得上床睡覺之類的。我們都會記得小時候的悲慘失望感。當你回頭去看時，那些都成為小事一件，但是在小時候，在那個當下，那就是極大的痛苦，因為兒童是整體的，同時在感受反應上也是整體的。因此，即便只是玩具被拿走，就彷彿是整個世界都被摧毀了。感謝上帝，孩童有著補償機制，五分鐘後，小孩就被轉移注意力了，再次開懷大笑，全都忘得一乾二淨。但是在兒童期也會有些可怕的悲劇出現，顯現出內在的孩童是天才的那一部分，而天才的部分就是那個受苦的事物，那個事物無法接受現實或是仍然在成人身上反應的像是個孩子一樣，說著：「我全部都要，如果我得不到，就會是世界末日。一切都失去了。」那就是此人最根本真心的樣子，同時也是受苦的根源。因此，我們可以說此人身上真心的部分，以及他們內在如同孩子一樣的天真是受苦的根源。許多成人將這個部分分離，從而錯過了個體化，因為唯有當個體接受強加於個體身上的苦難時，個體化的歷程才得以繼續下去。

　　似乎聖修伯里的妻子是個有著極端情緒且相對歇斯底里的人，因此兩人吵得很兇，以致於有好一陣子他離開她，同時與另一個教他使用鴉片的女人同居。這一點也相當值得注意，同時也說明了從個人的角度而言，書中所傳達的悲劇，顯示聖修伯里的母親並不喜歡他的妻子，反而極度喜歡那個教他吸鴉片的女人。即便那女子以鴉片毒害她的兒子，他的母親仍喜歡那女子多過於喜歡他的妻子！

如今看來**那**是再清楚不過了。

註釋

1   原註：*Aion: Researches Into the Phenomenology of the Self*, Collected Works of C.G. Jung 9ii, par. 22.

2   原註：此處所指為克魯格醫師解讀史詩《基爾嘉美緒》（*The Epic of Gilgamesh*）所作的講座，講座的內容已出版於一書《基爾嘉美緒的原型重要性：現代的古英雄》（*The Archetypal Significance of Gilgamesh: A Modern Ancient Hero*）。

3   原註：參見 *Essays on a Science of Mythology*, pp. 41f. 由榮格與匈牙利神話學者卡爾・凱倫伊（Carl Kerényi）所著。

4   原註：“The Psychology of the Child Archetype,” *The Archetypes and The Collective Unconscious*, Collected Works of C.G. Jung 9i, pars. 299f.

5   原註：“Zum Gefühl der Ohnmacht”（The Feeling of Being Incapable of Doinng Anything）, p.65.

6   編註：古名「醫院騎士團」，是一個軍事組織，成立於第一次十字軍東征之後，最初的目的是要保護本篤會在耶路撒冷的醫護設施。

情感的價值

書中有個小插曲，提供了我們關於 B-612 小行星的進一步資訊，也就是說小行星上有三座火山，兩座活火山以及一座死火山。每天早上，當小王子起床後，他會清掃這三座火山，因為，他說：「搞不好！」圖畫中的他只清掃其中的一座火山，而另一座火山那兒有個帶手把的鍋子，他正在煮早餐。接著，還有玻璃瓶罩下的花兒，以及死火山上面有一個小小的罩子，因為它不工作。因此，在他的小行星上有四處地標：三座火山以及一朵花。那是個曼陀羅。你會如何解讀這座死火山？我們有時候會說人們就像是火山一樣。

學員：他們有情緒的爆發。

　　是的，那會是某個傾向於爆發情緒的人，某個有暴躁脾氣的人，同時會在任何時刻爆發情緒。因此，如果其中一座火山是死火山，你會如何解讀？

學員：或許意謂著他已經解決了諸多情緒的一角。

　　你真是個樂觀的人！我認為如果他已經有所解決，看起來就不會是這樣的圖像。當一座火山死了，火山內部會形成一層一層的硬殼，因此，行星的火熱核心被物質覆蓋住，同時它的內在活動不再以相同的方式爆發。因此，這對我而言並不像是某事已被解決了，而比較像是表達的可能性以及浮現內在之火的可能性被關上了。小行星的中央之火已經消退在那個特定的角落。在現實世界中，會意謂著什麼？那是相當災難性的畫面。

學員：力比多能量沒了！

是的，沒有方法可以讓能量出來，即便是負面的爆發都不可能。你也可以說當天上的實體火山死去，意謂著中央之火緩慢燃燒殆盡，代表著小行星正處在死亡或是冷卻的過程中，也代表著內部物質的內在轉化歷程減慢了，強度也變弱了。我認為我們必須要搭配著星球的小體積來看待這一點，小行星的小體積讓大象無法立足其上。此處也再次出現虛弱感的重要暗示，某個角落的活力已經用盡，而唯有那個活力，才具有直接反應情緒的能力。在精神症的素材中通常會出現死火山的意象，這意象描繪出精神病發作後的可能狀態。處在精神症狀態的人們會有極高的情緒爆發，在那之後，則會出現人格面具的回歸復原[1]，這些人幾乎就可比擬成是燃盡的火山。他們很理智、適應，同時回到生活中，但是火已經熄了。某件事物已被先前的破壞性爆發所燒盡。如果你針對精神症發作後的個案做治療，你會發現當某些重要的問題被觸及時，沒有任何反應出現。通常，當我們接近某人的關鍵問題，事情就會變得燙手：人們會變得興奮且緊張，同時也開始說謊、臉紅或是變得有侵略性——總會有某種情緒反應。而精神症發作之後的狀態則不是這樣的，因為當我們期待會變得燙手時，就會出現就事論事的反應：「是的，是的，我知道！」就在當我們期待會有真正痛苦的感受時，沒有任何的反應出現。那就是火焰燃盡的直接比喻。所受到的破壞是如此巨大，以致於火焰都消失了。接著，夢境可能會顯示出一座燃盡的火山，這是對於破壞之後的景況的象徵表現。

當我們在表達強烈的情感時，也會小幅度的經驗相同的事物。

你們大概都有過經驗，那種在釋放出強烈情感之後的可怕平靜感：感到疲憊不堪及漠不關心。所有的反應都耗竭一空，個體筋疲力竭。此處呈現的破壞性只是部分的，因為只是四個事物當中的一個，三座火山中的一座，是死掉的。我們或許會拿這些與四個心理功能相比較，那會意謂著其中一個心理功能已經用盡了。花朵可能會是代表情感，如此的話，與之相對的會是思考，那會是那座最大的火山，也是畫得最仔細的那一座。接著，我們必須要找出哪一個是燃盡的。從他的類型中，我認為很有可能是感知功能以及與現實的接觸。然而，我不認為以心理功能來解釋是貼切的。它可能暗指的是另一個問題。

聖修伯里有個心愛的小弟弟，他在六、七歲左右就夭折了，那是他從未走出來的一場巨大震驚，這個孩子在小王子的故事中得到極大程度的映照，我認為聖修伯里在寫這本書時，是有意識地在心裡帶著弟弟。對他而言，來到地球後又再度離開的孩子，是與小弟弟的死亡創傷相關的，他與弟弟感情密切，但是弟弟卻死了。我認為那份震驚可能與他部分人格的燒盡有關，他也沒有真的從中恢復。當現實生活中的孩子死亡那一刻，就好比是他的部分幼稚人格也同時死去了。在那之後，聖修伯里就成了半個人，因此，死去的小弟弟可能就是他陽性面的一部分，是他反應能力的一部分，在那同時也一併死去了。如此一來，小王子就是他內在所生成的外在意象，是聖修伯里內在某件已經死去且切斷的事物的投射。

學員：當弟弟死去時，他幾歲？

聖修伯里死去時正值四十四歲，而他是在 1900 年出生的。我相信他應該比他的弟弟年長兩至三歲，所以他當時必定是八或九歲。他仍然是個孩子，但是已經夠大能完全理解孩童死亡的悲慘，而弟弟可能是因為不利的家庭情境壓力而被壓垮的。從聖修伯里的觀點，他就會是那個因為無法承受外在氛圍而必須要離開地球的人，因為他無法落下進入這個世界。小王子會一直清掃死火山是因為「搞不好」，這一點顯示了微弱的希望感，認為它搞不好會再度活動起來。我認為這一點確認了先前所提到的，關於他內在有著本質的虛弱性或是破壞性的這個想法。在聖修伯里心裡大地的較深處，這必然與他沒能走過中年人生危機一事有所關連，那深處裡有著永恆少年常有的無能感。

帶著星星的屬性而誕生

小王子抓著一群鳥離開 B-612 小行星，同時穿越太空。他並不是直接抵達地球，而是拜訪且探索了六個鄰近的小行星。我認為這並不是非常重要的部分，因此我只簡短的討論這部分。第一個小行星上有個國王，他做出沒有人會遵循的愚蠢且無效命令。為了要保住面子，他找出即將要發生的事，像是太陽何時要下山，然後就下令太陽下山。（我對我的狗做出相同的事情，我的狗從來就不會聽我的命令，因此假若我想要對人展示它是隻如何聽話的狗，我會要牠去做出不管如何牠都會做的事情，同時接著會說；「看看牠是何等的聽話！」）這個國王的做法是相當聰明的。顯然地，聖修伯里在此處是拿權力情結的無效性及那些與實際現實相反的虛偽做作

來開玩笑。你可以說小王子現在所遇見的這六個角色都是陰影面角色，或是讓他得以適應外在現實的內在可能性，我們稍後會進入討論這一點。

下一個小行星上，則是個一心只想得到讚賞的人——他是虛榮心的人格化表現。在第三個小行星上則是個醉鬼，他之所以喝酒是因為他以身為酒鬼為恥辱，同時他想以喝酒來淹沒他的悲哀感。在第四個小行星上則是個商人，什麼都不做就只是數算他的星星硬幣數量；星星對他而言就代表著錢幣，而他整天就在數星星的數量。第五個小行星，在我看來是最有趣的。這個星球非常的小，同時星球上有個點燈人，他每天傍晚都要點亮燈，在早上時再一一撲熄，就跟過去大城市裡的狀況是一樣的。（倫敦當地已經停止提供點燈人的預算——這是很典型的英國作為——最近被發現，雖然許多年來早就沒有街燈需要被點亮，但是仍有預算分配其中！）因為一些不幸的發展，這個小行星變得特別小，同時也轉得特別快，因此當小王子看見點燈人的當時，點燈人每分鐘就要點亮及熄滅街燈。在第六個小行星上的是個地理學家，他告訴小王子有關地球的事情，同時認為小王子應該要拜訪地球。

小王子必須在降落地球之前，先去拜訪好些小行星的想法是有趣的，因為那是原型母題的變異。在受到柏拉圖的（Platonic）思想所影響的某些異教哲學系統中，人們相信靈魂是住在天堂的火花，在出生的那一刻，它必須要降落穿越所有星球的表面，每經過一層就會被注入某些特質。之後，靈魂就會在地球上以人形的方式誕生，過著人間的生活，並帶著它在下降的旅程中從各個星球所接收到的幸運及不幸遺留為性情。這個想法被連接上占星術，因為天

堂中的靈魂之火是超出占星術的，只有從天堂降落到人間的過程中，人類靈魂才會得到它的星座：從金星上會得特定系象的金星屬性，從火星上則會得到那個星球特質的特定系象等等，結果就是當抵達地球之時，每個人都會帶有特定的星座。在死亡的那一刻，靈魂向上回返，交回那些它在降落旅程中所接收的各式特質（有時候被象徵為衣服）。因此，它在天堂之門是赤身裸體的，同時也回復成永恆之光。也因此，死亡之後的靈魂必須要脫去行星的影響。

我們因此可以說靈魂之火是自性的象徵，同時不同行星的特質則是承繼而來的心理及本能屬性，人類帶著這些屬性而誕生，接收到從火星而來的侵略本能以及從金星而來的性本能，帶著它們所有的面向以及其中的心理與靈性特質。接下來，我會提供一些永恆少年的典型夢境素材，其中與前述內容相似的想法，顯現他在降落地球之前，首先要穿越星星區。這也說明了聖修伯里尚未進入自身人格的本體面，也就是尚未進入他的人間屬性，反而是遠離他的身體以及他自身的情緒屬性。從通俗字面上的意義來說，就是這不真的是他自己，反而是在靈性層面，他才比較像是他自己。

也因此可以進一步理解國王、虛榮心的人、酒鬼及商人等角色，我認為這些都以平行方式呈現未來大人的所有可能性。他以相當嘲諷的方式來描述他們每一個，再次取笑成年人的生活。他說其中有個祈求錢財，另一個追求不存在的權利，而第三個則放縱於不切實際的活動，維持著不再有效益的古老價值。國王可說是代表著他人生中可能活過的某些事物，同樣的，那個虛榮心的人也是，因為聖修伯里是個相當有虛榮心的人，許多見過他的記者都可以證實這一點，他們說他有些裝腔作勢——他有一定程度的自我反思虛榮

心。他也可能成為酗酒者，商人我則比較不太能想像，不過也許那也是有可能的。因此，除了點燈人這個例外，不同的小行星住民皆代表著以錯誤的方式變成大人的常見可能性，或是找尋成人經驗的假性樣貌的嘗試。

我認為點燈人是最有趣的一個，因為假若聖修伯里依循家族的傳統，他可能轉變成這種唐吉訶德（Don Quixote）式[2]的人格特質。在法國貴族較高階層中有許多這樣的類型，他們就只是活在法國過往的榮耀中，陷在十八世紀帶著紳士及騎士氣概以及穩固的天主教背景中。從當今生活的角度而言，他們是特別不合拍的。法國詩人拉瓦朗德（Jean de La Varende）是當代的作家，也是聖修伯里的同輩，顯然就是受苦於這樣的命運。他寫下小說來頌揚騎士氣概及貴族的「往日美好時光」。但是，我認為聖修伯里是過於敏感及聰慧的，某方面來說，有著過多的現代人特質而無法接受這種退回形式的生活。正如同他在點燈人身上所顯示的，生活的步調已然過於快速，也不再允許紳士——農民或是貴族——官員的理想型態，於是這樣的角色成為可笑的幻象。這也顯示出詩人所處的位置是何等的困難，因為他無法找到任何既適合他又能讓他實踐自身集體模組的生命形式。較為正面的角色則是地理學家，聖修伯里非常喜歡地理學，那是機師必須嫻熟的事物。地理學家可被描述為是定向的心理功能，是找尋且為地球上的路徑製圖的能力，因此，他比其他角色來得正面。權力、金錢、公眾的讚揚以及酗酒都象徵著聖修伯里無法從這四件事物中造神，或是象徵著他無法崇敬的四項事物。剩下的則是點燈人，他描述此人是「在他們這幾人當中，我唯一可能會交朋友的就是這個人，但是他的星球真的太小了，上面沒有

空間容納兩個人。」那是某件短暫吸引他的事物，但是他也將之拒絕。接下來就出現相對正面的地理學家的這個角色。

初會地球

故事接續下去：

因此，接下來的第七個星球就是地球。

地球可不是個一般的星球！我們可以數算，那裡有 111 個國王（當然也沒把非洲國王給忘了）、7,000 個地理學家、900,000 個商人、7,500,000 個酒鬼、311,000,000 個狂妄自負的人──也就是說，有大約 2,000,000,000 個大人。

此處，他很明白的說出他對於所抵達的星球──地球上的大人們的想法，他首先遇見的是一條蛇。

當小王子抵達地球，他很驚訝半個人都沒看見。就在他正擔心自己是不是走錯地方的時候，有個帶著金黃月光色澤的圓環閃耀過沙地。

「晚安。」小王子有禮貌的說。

「晚安。」蛇說。

「我降落的星球是哪個星球？」小王子問。

「這是地球；這裡是非洲。」蛇回答說。

「啊！難道地球上沒有人？」

「這裡是沙漠！沙漠裡沒有人！地球很大。」蛇說。

小王子在一塊石頭上坐下，同時抬起眼望向天空。

「我在想」他說：「星星在天上閃爍，是不是為了讓人們有朝一日再度找到自己的方向……我的那顆星星，正好就在我們上頭，可是它好遙遠！」

「它真美，」蛇說：「你怎麼會來到地球？」

「我和一朵花鬧翻了。」小王子說。

「啊！」蛇說。

接著，兩者都沉默不語。

「人們都到哪兒去了？」小王子再度開始對話：「沙漠中有些孤單……」

「即便是在人群中，也是孤單的。」蛇說。

小王子凝視著牠好長的一段時間。

「你是隻奇特的動物，」他最後說道：「你沒有一隻手指來得大……」

「但是，我比國王的手指來得更加強而有力。」蛇說。

小王子微笑說：「你一點都不強大，你甚至連腳都沒有，連到處遊走都做不到……」

「我可以帶你去很遠的地方，比船所能前往還要更遠的地方。」蛇說。

他將自己緊密的纏繞在小王子的腳踝上，就像是個黃金鐲子。

「不管誰被我碰到，我都可以讓他們塵歸塵土歸土，回到老地方。」蛇又再說道，「不過你很純真，而且你來自一顆星星……」

小王子沒有回應。

「我為你感到可憐——你在這個由花崗岩所組成的地球上是如此的弱小。」

蛇說：「有一天，如果你過於思念你的星球，我可以幫你，我可以──」

「喔！我明白了。」小王子說：「但是，為什麼你說話總要打啞謎？」

「我解開一切謎題。」蛇說。

然後他們都沉默不語。

你會如何解讀黃金蛇？牠對小王子提出了什麼？

學員：幫忙。

是的，同時是以什麼形式？

學員：死亡。

沒錯。那是想死的誘惑；牠提出的幫助是以自傷的形式來表現的。蛇說牠可以將人們塵歸塵土歸土。牠認為地球對小王子而言是過於困難的，也認為小王子無法承受，但是，這條蛇可以幫忙，意指蛇可以將他送回去。蛇說牠可以解決一切的謎題，因為死亡解決了一切的問題。那是死亡的誘惑；它提供了一個方法來逃開生命，那是針對無解問題的終極解決。這樣的提議是相當清楚明白的：蛇會以牠的毒來殺死小王子，而這也是書中結尾所發生的。在我們進入蛇的這部分特定特質前，也就是死亡的誘惑或是死亡的助益這一特質前，我們應該要先看看牠一般代表著什麼。

蛇的象徵與死亡誘惑

　　如同所有的動物，蛇代表著本能心靈的一部分，遠遠被移除在意識之外的那部分。榮格針對蛇曾經提過：

　　打從最古老的時候，較低等的脊椎動物就是廣受歡迎的集體心靈底層的象徵物，這在生理解剖學中被定位在皮質下中樞、小腦及脊髓。這些器官組成了蛇。因此，蛇的夢境通常會發生在當意識思維從本能基本中偏離的時刻。

　　當蛇夢發生時，那會是個訊號告知我們意識是遠離本能的。它顯示出意識態度不合自然，同時也有著人為的雙重人格特質，某方面來說，這個雙重人格特質顯然是過度適應的，同時也過於著迷外在世界，容易在關鍵時刻落入無望感。在這樣的情況下，榮格繼續說到，我們發現其中總會存在一種祕密的吸引力，向著那已經遺失的內在雙重性，面對這個可以讓自己完整的事物，個體是又愛又怕。這說明了蛇在神話學中的雙重本質。牠激起害怕感，帶來死亡及毒害；牠是光明面的敵人，但同時也是動物形式的救贖者——是理法（Logos）及基督的象徵。當它以後者的形式出現時，它代表著成為意識覺知以及完整的可能性。相對於智性的了解，牠承諾給出立即且屬於內在經驗的智慧：洞察力、祕密的智慧——也就是靈知（gnosis）。

　　在我們的故事當中，蛇有著相同的雙重角色。牠提議要殺了小王子，將他從地球的壓迫中釋放以得到自由，這可以從兩方面來了

解——自殺或是逃離生命的好運。正是這種終極的哲學態度，會提到死亡不是個災難也不是不幸的，而是最終從無法承受的現實中逃離，這可能會被視作是沒什麼大不了的事，然而卻阻礙了個體內在深處的存有。

在古老的神話中，蛇的出現常會結合孩童的母題。舉例而言，雅典人的謎神是艾雷克提歐君王（King Erechteus），他是智慧女神雅典娜（Athene）的兒子，當他還是個孩子的時候，他被放在籃子裡，我們不能往籃子裡面看，因為你會看到被一群蛇圍繞的孩子。我們無法十分確定這故事的真正意涵，但是有人在法國南部發現了兩個靈知派的箱子（可能是從中世紀以來流傳的物件），裡面有著赤身裸體的孩子與蛇群玩耍。因此，兒童之神與蛇神常會被結合在一起。同時，兒童之神可以說是下毒者的原型。

我們都知道古代的邱比特神有著帶有劇毒的箭，靠著這支毒箭，他甚至可以制服 —— 如同詩人們所說的 —— 偉大之神宙斯，如果邱比特將箭射向宙斯，宙斯就會無可救藥的追求凡間女子，雖然他可能不會喜歡這樣的情況。因此，邱比特有這樣的能力對人施毒。許多古代晚期的詩作，所謂的**阿那克里翁詩體**（anakreontika），就以婉約的方式開這個小男孩的玩笑，他帶著他的毒箭，可以如他所願的征服整個世界。如果邱比特對你射出一支箭，你會墜入愛情，至於你是否會喜歡這一點，某個程度來說是依照你自己的反應而定的。如果你的反應是喜歡，你就會開心地說你墜入了愛情。但是，如果你的反應是不喜歡的，那麼你會說自己被下毒了，同時是被迫去做你不喜歡的事，被迫進入一個自我會感覺像是被征服或是中毒的情況。因此，就有著蛇與永恆孩童兩者之間

的連結。

蛇是小王子自身的陰影面，是他的黑暗面。因此，就某方面而言，如果蛇提出要對他下毒，這意謂著對陰影面的整合，但是很不幸的，這發生在自性之中而不是發生在聖修伯里身上。也就是說這一切都發生在無意識當中，同時也將心理的核心再次從現實中移開。實際上應該是聖修伯里要被下毒，那會將他從小王子身上拉開。很可能當他的弟弟過世時，他被告知弟弟現在是天堂的天使，同時弟弟也很開心不需要在這個世界上生活之類的，而聖修伯里比任何人都要來得相信這一點。他收下這個想法，同時理解到死亡只是部分的不幸，那也可能在他身上創造了那份對於生命的超脫以及哲學思維的態度。

這是永恆少年常見的態度，對於生命超脫的態度，這對老年人來說是正常的，但是他卻過早得到這樣的態度——認為現實生活不是人生的全部的那種想法，認為反面也是有實際根據的想法，以及認為生活只是整體存有的一部分的想法。此處，死亡的誘惑抑制了小王子直入人間。在他甚至還沒接觸到地球之前，蛇就上前說：「如果你不喜歡這裡，你知道有個出路。」因此，在他降落至凡間之前，他就已經得到死亡的提議。我遇過的許多人都有相同的困難模式：他們只在「有條件下」生活，這句話的意思是，他們不斷在私底下玩弄自殺的想法。在生活的每一階段，他們會認為自己已嘗試某事或是其他有的沒的，如果事情不成，他們就會自我了斷。永恆少年總會將一把手槍放在口袋裡，同時不斷的玩弄當事情變得太困難時就要逃離生命的想法。這想法的缺點在於，他從來就沒有真的把自己全心全意的投入情境中；總是會有著像是耶穌會修士一樣

的心理保留：「我會投入其中，但是我也保留我身為人的權利，當我無法再忍受這一切時，我會自我了斷。當事物變得超過我所能承受時，我不應該堅持到底繼續下去，如果真的不能忍受，我就應該從中走開。」因此，此人就不會成為完整。假若個體將自己從經驗的整體中切割開來，就是將自身切割成片段，同時維持分裂的狀態，因為唯有當個體將自身完全投入情境中，轉化才會發生。

　　這也可能小幅度呈現在已經接受分析多年的人們身上，這些人在外套口袋裡收著許多的心理保留，但是從來就沒有放在檯面上談，從來就沒有帶進分析的歷程中。因此，此人的分析就總是維持著些微的條件性，而不是真正的「碰觸」。你會納悶為什麼不能再深入一些。當這樣的癥結出現，你會發現在女人身上通常是由阿尼姆斯所造成的，而在男人的身上則是由阿尼瑪所造成的，他們就是將事情排除在外。舉例而言，像是「好吧，這不過就是分析罷了，跟**生活**是兩碼子事。」或是「這是分析的關係，我們必須要把移情放在旁邊，但是這並不真的算數，這跟其他的關係是不同的。」等等的說詞。這些在私底下的超脫想法抑制了整體得到真正的完整性。此人就只是扮演被分析者的角色，同時似乎還相當誠實的經歷整個分析歷程，但是手中有個緊緊握住的祕密，而對某些人來說那事實上就是自殺的想法。直到這個想法透過內在的歷程得到修訂之前，沒有任何事是真正真實的。如果你帶著隨時可能會逃離生命的想法而生活，那麼全然生活的可能性就被搞臭了，因為個體需要帶著全部的感受全然投入其中。

　　蛇是相當聰明的，就在當小王子抵達地球、同時可能會涉入現實的當下，牠就溜出來說：「你清楚看到，在地球上的生活是困難

的，同時也是孤寂的。我有個祕密，我可以幫你從這裡離開。」這段話相當曖昧不明。我認為這個問題中最具毒害的面向，就是當個體沒有注意到自身有這樣的心理保留態度：它「上了身」，個體被它附身了。有時候，我們只能從間接的方式注意到這一點，當我們自問為什麼自己不是全然的活著時：「為什麼我從生活中被切離？為什麼一切總是不真實？」如此一來，你就可以相當確定阿尼姆斯或阿尼瑪以相當聰明的方式，在你與現實之間置入了某件事物。在男人身上，通常會透過母親情結，因為那就像是在他與現實之間的一層膠膜，因此他從來就不曾有過真正的接觸，在當下的時刻中沒有任何一件事是算數的。而在女人的身上，則是阿尼姆斯在她的身後碎碎耳語，某種「不過只是」的評論。

學員：阿尼姆斯在女人身上是如何作為的？

假設你遇見一個讓你感到溫暖的女人，感覺她似乎是有所回應的，但是你一直有種感覺，覺得自己不能真的進入她的情感。那可能是你自身的錯誤，但也許你可以十分確定那不是原因所在。要我去描述男人的這個狀況會是困難的，因為我本身是個女人，因此我並非身在男人追求女人的情境中。但是，可能會有的情況是，有個女人似乎帶著正面的態度來找我分析，她不像是在說謊，她似乎對我有著信任感，因而將全盤的內容都交託到我的手上，可是，自始至終我都有分詭異的感覺，覺得事情不知怎的就是沒辦法兜在一起。接下來，我感覺如果有個悲劇發生，或是這個女人突然自殺，那麼——以象徵性的角度而言——我們就是沒有連上彼此。這樣的

人可能會突然寫封信說，她因為某些原因要中斷分析——因為她要離開，或是因為錢不夠，或是其他虛假的原因——而接著你就被拋下，被拋在全然的不知所措中。

學員：但是妳會怎麼解釋這一點？

那會是父親情結加上阿尼姆斯的附身。我記得有個年輕女孩的案例，我和這個女孩有著良好的關係，但是有一天她前來見我，用了最糟糕的方式攻擊我。在我突破她的心房之後，她就整個癱了下來，最後發現她當時已經打定主意要自殺，同時這是最後的再見爭吵。她想要除掉她心中對我的情感，如此一來，她才能自我了斷。那完全是個晴天霹靂，就在前一天，我們的互動仍然是相當良好的，在我們兩人之間也沒發生什麼不對勁，但是因為某個原因，她覺得受夠了生命中的困境，同時也在私底下下定決心要自殺。可是她認為對我的情感是橫梗在她與自殺之間的事物，因此，她打定主意要對我表現的惡劣，於是我就會覺得受夠了她，接下來，她就可以放心的離開。那就跟被蛇咬一口一樣，是突然刺向她的想法。

學員：但是，對她來說，那會是意識覺知嗎？

我曾經提醒過她，她過去有個夢，夢中提到有個老男人騎著小孩子的紅色腳踏車，四處嘎嘎作響（rattling）。這個老人是個有自殺傾向的醉漢，我因此而得知她有個父親阿尼姆斯的角色被連上幼稚的情緒——孩童的紅色腳踏車——那個老男人就在她的心靈背後

圍繞著她嘎嘎作響。雖然我解讀了這個夢境，同時告知她的內在有件事物就像是那個樣子，但是她當時並不能理解，面無表情的看著我，接著，有一天就爆發了。當有蛇夢出現時，那就是可能會發生的。因此，我們接下來就需要為出乎意料的表現做好準備。

有個做了許多蛇夢的男人，在十五年的婚姻之後，突然間就下定決心要與妻子離婚，甚至連說都沒對妻子說一聲就決定了。他也許會在結婚一年之後做出這樣的事情，但這不會是在十五年之後才做的！在他做下決定的前一週，我才見過他，當時一切無恙，可是就在一週之後，一切都成定局，同時律師也正在處理一切事宜！他與她一起生活了十五年之久，除了有一些阿尼姆斯及阿尼瑪的問題之外，他們的問題並不比其他的案例來得糟糕，一切都良好。但是，那個決定裡就有著他內心的蛇！我不時提醒他，當與蛇有關的想法找上他時，要注意自殺或是其他的可能性。蛇指出臨陣退縮的可能性，同時也可能會做出本能的行動反應。我認為在那個案例中，離婚本身並不是錯誤的，或者至少那是某件必須要嚴肅思考的事情，但是這當中完全不符合人性的是他那突然的抽身。在這之前，這個想法從來就沒有出現過，而接下來的就是他突然下定決心，在二十四小時之內與律師一起規劃這整件事！想當然地，他的妻子無疑會抱怨這是沒人性的作法，因為那真的是這樣。他大可與她一起討論這件事，說他們的婚姻已經成為一種習慣，已經沒有任何意義了，或是類似這樣的說詞，如此才能讓她對這個突如其來的震驚有心理準備，但是他丁點都沒做。

那個想要自殺的女孩，卻做了某些更進一步的事，因為她至少想要一個再會的爭吵。顯然她是更具有關係表現的，不是一走了之

且自殺，而是先試圖破壞我們之間的關係；這是表現關係的舉動。甚至假若某人撥個電話來說：「我準備要自殺，但是我想要跟你說再見。」那都是有人性的作為；人格的其中一部分仍然在蛇的外面。真正纏上她的是在孩童腳踏車上的那個老男人，這說明了我先前所說的，對女人而言，這是與阿尼姆斯有關的，同時在那個女孩的案例中，也是連上父親意象的，那是一個非常負面的意象。老男人顯示出不帶關連性，他自主的四處流竄，而她也表現出相同的作為。我告訴她假若她自殺了，她的魂魄會盤旋在屍首四周，同時會為此感到非常的遺憾！那會是個因為受到心情所鼓動的自殺。

學員：這樣的情況會將生與死的問題帶入意識中，如果要解決這個
　　　問題就必須要實際的執行，是嗎？

　　是的，當那樣的狀況出現，個體就必須意識性地做出決定。我並沒有告訴她別自殺；我要她別匆促行事，同時也不要在情感衝動下做這件事，因為那不是個成熟的決定。她應該要再想一想，如果她真的下定主意自殺，那麼再等個一星期不會怎麼樣的，當她能做出明確的決定的時候，她就可以做這件事。那就會是個理智成熟的決定，而不是在情緒影響下做這件事，並可能在事後感到後悔——如果可能的話！突然決定要自我毀滅這樣的不成熟是錯誤的；一週的延遲會讓她質疑自己是否真的想做這件事。

　　許多人生活在不自主當中，同時也從來沒有對那個問題找出意義所在；那是非常危險的。當你接觸這樣的人們，你會覺察他們在私底下有著持久不變的心理保留。如果你向他們點明這件事，他

們會納悶地搖搖頭，因為那是全然自主的反應。這種人從來都沒有真的存在過，總有些事是閃爍其詞。在那個女孩的案例中，當危機出現，她和我當下就抓到那個在腳踏車上的男人。那男人總是背地裡對她的心理做些什麼，讓每件事都變的不真實。而對男人而言，母親情結就有著完全相同的效果，但是要去抓住這一點也更加困難，因為母親情結在男人的心中並非以意念的方式表現。案例的女孩有著明確的想法要自我了斷，同時認為生命不值得再繼續下去；那是一種反思。但是母親情結的表現方式則是以憂鬱心情的形式來呈現，一種「只不過就是」的心情，是全然模糊且抓不著邊際的事物。特別是有著負向母親情結的人會是這樣的，當事物進展良好的時候（像是他們找到適合自己的女朋友，或是當他們在專業生活中表現成功時），你可能會預期他們應該看起來更快樂些，但是他們反而臉色發白，同時說：「沒錯，但是⋯⋯」。他們無法以文字表達心情，同時會孩子氣的覺得對自己及整個現實始終都不滿意。這是相當困難抓住的事物，同時也是非常具有感染力的。個體因此而變得憂鬱，同時也不能做出反應。就好像是對所有的事情都潑冷水一般。

聖修伯里就是失去耐心、心情不佳的例子。當他心情不好時，他就是整天在公寓裡走上走下，菸一根接著一根的抽，同時就只是覺得心煩，對他自己以及對這個世上的任何事情都覺得煩躁。那就是母親情結在男人身上呈現的樣子，表現在那些謾罵咆哮的心情中，或是表現在了無生趣的抑鬱中。那是個反生命的反應，同時與母親是有關係的。

聖修伯里也有抽鴉片的傾向。正如同課堂中的一個學員對我

提到的，嗑藥者的整體心理往往連上了玩弄死亡，以及從現實與現實的艱苦中逃離的想法。一般而言，嗑藥的人會發許多的蛇夢，夢到毒害自身的毒蛇，因為他們不知道或看不見要如何以其他的方式從分裂的狀況中走出。酒精有時候也與這個問題相關，因為酒精與毒品有著相同的表現。你應該記得我之前曾提到聖修伯里和一個教他抽鴉片的女人之間的關係，同時也提到他的母親特別喜歡這個女人。因此，我們得以看見負向母親及自我毒害的傾向兩者的直接關連。對聖修伯里而言，飛行或是毒品代表著擺脫煩躁憂鬱心情的兩個可能性，但是，他從來都沒能走出這樣的心情。他試圖以毒品或是以再次上路飛行來轉出憂鬱心境，但從來都未曾進入問題的核心；說明白些，他就是因為這個無法克服的深度缺失而出現自殺傾向。

統計學對靈魂的毒害

當小王子繼續前行，他遇見好些讓他大感意外的事物。首先發現的是，數百朵和他的玫瑰一模一樣的玫瑰。

一股深深的悲傷感襲來。他的那朵花曾經告訴他，她是全宇宙唯一的一朵玫瑰花，但是光這個花園裡就有五千朵，每一朵都跟她一樣！

「她鐵定會氣炸了，」他心想：「萬一讓她看到這一切……她會咳個不停，還會假裝自己就要死掉了，以避免自己被取笑。而我則會被迫假裝要去照料她——因為如果我不這麼做，她為了讓我感到難堪，真的會讓自己就這麼死了……。」

接著，他又深思說道：「我以為我很富有，因為我擁有全世界獨一無二的一朵花；事實上，我所擁有的只是一株普通的玫瑰。一朵普通的玫瑰，再加上那三座同膝蓋一般高的火山──其中的一座，說不定還是永遠休眠的……這些並不會讓我成為一個非常偉大的王子……」

　　於是，他在草地上躺下，哭了。

　　你們可能都知悉浪漫主義作家的例子，像是：德國作家霍夫曼（E.T.A. Hoffmann）的作品《金罐》（*The Golden Pot*），瑞士分析師安尼拉‧耶菲（Aniela Jaffé）針對這個作品寫過一篇極佳的論文，或是法國作家傑哈‧德‧內瓦爾（Gerard de Nerval）所寫的小說《奧蕾莉亞》（*Aurelia*）。這些都顯示出這是多大的問題；特別是對浪漫主義的作家們來說，必須去接受阿尼瑪可能同時是女神，但也是個平凡人的矛盾。事實上，傑哈‧德‧內瓦爾就愛上了一個在巴黎的小女工。或許因為他內在帶有一些德國的血統，當他墜入情網時，他就深深的被那無可招架的浪漫感牽著走，那個女孩對他而言就像是女神，她對他的意義就跟碧翠絲（Beatrice）對義大利詩人但丁（Dante Alighieri）的意義是一樣的。他完全被浪漫愛的感覺所淹沒，接著，他內在那個法國人憤世嫉俗的那一面，他內在高盧人的那一面無法承受這一點，因而說她不過就是個──我們這個時代中的平凡女人！（une femme ordinaire de notre siècle）最後他從她的身邊逃開，還做了個充滿悲劇性的夢，他夢到自己走在一個花園裡，花園中有個美麗女子的雕像，雕像從基座倒下還破成兩半。這個夢說的是：如果你是那樣評斷她，你就是把靈魂意象打破成兩

半——成為上面及下面的部分。上面的部分是浪漫主義的女神，而另一部分則只是個平凡女人——任何其他女人都可以達到——而她就成為一個雕像，不再具有活生生的生命力。

在那之後，他經驗了思覺失調症的整體悲劇，最後的結局是他以背帶上吊自盡。故事的悲劇在於他無法忍受這個矛盾，因為對他而言這個女人就是神聖且獨一無二的；他的理智人格必須說她不過就是巴黎市內數以百計的女人中的一個漂亮小女工，而他這個年輕男子愛上了她，在此同時，也有數以百計的其他男人像他一樣！那是身為人的矛盾——我們是三十億個相同樣本中的一個，但我們每一個同時也都是獨一無二的。

以統計學的方式來思考個體化的歷程是最具破壞性的，因為統計學讓每件事都成為相對性。榮格提到一個事實，他認為我們都越來越習慣以統計學的角度來思考自身，相對而言，共產主義反倒是較不危險的。我們相信科學統計數字告訴我們，瑞士每年有多少對伴侶結婚但卻沒房子成家，或是每個城市裡有多少類似的狀況等等。當你閱讀統計數字時，你並不了解這些數字對你的影響是什麼。那是全然具有破壞性的毒藥，而更糟糕的是，統計說的並不是真實的；那是現實的誤導意象。如果我們開始以統計學來思考，我們就與內在獨一無二的思考作對。但是那不僅僅只是思考而以，它同時也是一種感覺模式。如果你在街上來回行走，看著那些愚蠢的臉孔，接著，你看向窗子，看見自己就和其他人一樣愚蠢，甚至比他們更愚蠢。於是，心中浮現個念頭，心想假若一顆原子彈毀了這一切，應該沒有人會覺得遺憾吧？感謝上帝，那些活著的都因此了結了，我自己也了結了！那就是統計學的心情，個體被生命的重複

性及平凡所淹沒。這是不對的，因為統計學是建立在機率上，那只是解釋現實的其中一種方式而已，我們知道，生命裡也有著同樣多的單一性及非規律性。

眼前的這張桌子，它之所以不會飛起來而是維持在它所在的地方，這是因為組成這張桌子的數十億電子，在統計學上都傾向如此表現，但是每個單一的電子本身都可以組成其他的事物。又或者假設我們將一隻獅子放在房間內，然後每次只讓一個人進入房間內，你會發現每個人的表現都不一樣。其中一個可能會楞在那兒大叫：「噢！」另一個可能會衝出房外，第三個可能一點也不感到害怕或是會有延遲的反應，之後還會說他完全不相信這一切。這會是相當具有啟發性的測試，因為每一個人都會有獨特且表現各異的反應。但是，假若你現在帶一隻獅子進入這間房間，我敢打賭每個人都會退到房間的後方，因為那時那個獨一無二的反應會佔上風。這說明了為什麼統計學只是半對的，它給的是個全然錯誤的圖像，因為統計學只給出平均機率。當我們走過樹林，我們踩過好些螞蟻及蝸牛，他們就都被踩死了，但是假使我們可以為每一隻螞蟻或蝸牛寫下它們的生命史，我們會看見它的死亡是在一個生命的特定時刻當中有意義的結束。

這就是美國小說家桑頓・懷爾德（Thornton Wilder）在他的小說《聖路易之橋》（*The Bridge of San Luis Rey*）一書中所提出的基本哲學問題。這座橋在某個時刻坍塌，有五個人因此溺斃——你在每天的報紙上都會讀到這類的事情，但是桑頓・懷爾德提問這是否就只是湊巧。他試圖彰顯這五個當中的每個人，都在他們各自的生命中因為特定的內在發展，而在橋坍塌的時候正好被溺斃，這個終曲

正好發生在每個人的生命中最有意義的那一刻。但是統計學家會說這樣的事有很高的機率會發生，因為每天會有兩百人通過這座橋，因此無論橋什麼時後坍塌，都會有大約五個人被溺斃，而他們只是湊巧在那裡。那是對於現實的錯誤觀點，但是我們都徹頭徹尾受到統計學的毒害，這是我們必須要面對的事。舉例來說，傑哈‧德‧內瓦爾不能面對「自己所深愛的女人是絕對獨一無二的」這個問題，因為他的統計學推理告訴自己，她不過就是數以千計中的一個——這一點某方面來說也許是真實的，但是這只是半對的，而一半的真實遠比絕對的謊言來的更糟糕。這就是導致永恆少年這麼困難的原因，這也說明了為什麼他不想進辦公室去做一些平凡的工作，或是不想要與女人在一起，因為他總是朝向內在玩弄上千種的生命可能性，同時無法做到就只是選擇一種。對他而言，那似乎就是統計學中平均數的情境。去認知到自己是千萬人中的一個，以及認知到當中並沒有丁點特別的事物，這是智性化的洞察，與此相對的則是感受的功能。

介於獨一無二的情感與統計學的思考之間的征戰，通常也就是唯智論與允許生命中自有情感之間的征戰，因為情感是針對「對我而言」何者重要的評估，自身的重要性就是抗衡力。如果你帶有真實的情感，你可以明確的說這是個平凡的女人（因為假若你看見她走在街上，跟其他的女人沒有什麼不同），但是對**我**來說她就是最有價值的。亦即，自我打定主意要為之辯護，同時在不否認其他面向之下為自己的情感挺身而出：「沒錯，從統計學的觀點來說那或許是這樣的，但是在我的人生中自有特定的價值，而對**我**而言，這個女人就有**這個**價值。」要能如此作為，需要的是對於自身情感的

忠誠表現。否則，個體會因為統計學的思維而被分裂為二，這就是為什麼智性的人會傾向於認同共產主義那樣的思維方式，他們將自己從情感的功能中切割出來。情感的功能建立了你的人生、你的關係，同時也加深感受是獨一無二的事實，還給了它們一個確切的價值。

當統計學的思維方式找上了人們，就意謂著他們沒有感受，或是有著虛弱的感受，又或者是他們傾向於背叛自己的感受。不為自己的情感挺身而出的男人，在愛洛斯那方面可說是虛弱不振的，因為他沒辦法接下自身的情感並表現支持：「那是我想要過的生活，因為那是我所感受的。」相較於女人，這一點公認對男人而言是相對困難的，而當我們說男人在愛洛斯方面是虛弱不振時也是在指這一點。舉個例子，假若你對一個母親說她的孩子一點都不獨特，到處都有這樣的臭小孩，她會回答說，對**她**而言他們都是獨一無二的，因為他們是她的孩子。女人是比較可能會抱持個人的態度。

男人則**必須**不帶個人性而做出客觀的思考，而且如果他是個現代且統計型的，那麼情感就變成是與之作對的毒害。這對軍旅生涯的男性以及大筆一揮就決定許多人生死命運的男人來說，特別為真。位處高階的軍官必須決定這個營要被送到哪個地方，在知道有些人可能會活著回來以及有些人必須被犧牲的情況下，為了要能夠有所作為，他必須要將情感分離。假若他在這個時刻帶著個人的情感來思考，同時帶著感受想到自己要將這些軍人送往死途，他就無法做下決定。相同的情況也適用於外科醫師，假若他要施行手術，就必定不能反思及想起這是某某人。他必須施行技術性的操刀，一舉一動都可能是攸關生死，這就是為什麼多數的外科醫師不替

自己的家人施行手術。經驗證實最好別這樣做，我知道有許多的意外就是因此而生（對於從來沒有犯錯的外科醫師來說，這是挺難為情的，但是一旦操刀的對象是妻子或女兒的話，他就可能會出意外）。因此，手術最好是交由他最放心的同事來執行。

　　要能夠從情感中分離出來，是男人生命中不可少的一個部分，因為他必須有個冷酷的客觀科學觀點。但是，如果他沒有與阿尼瑪建立關連，並且試圖去處理愛洛斯的問題，那麼他就是將靈魂一分為二。那就是為什麼相較於女人，在榮格心理學裡，男人通常會有著更多的麻煩事。因為我輩對於接納無意識的堅持，要求男人就必須接納情感及關係——也就是接納愛洛斯原則——這對男人而言，是讓他們厭惡的；那就好比是從今以後他就要照顧小孩，對他來說那感覺就像是——違反自然天性的。但是，假若男人希望自己能有進一步的發展——就如同當今的女人必須透過變得更客觀及少些個人化來學習分享男人的世界——男人必須做出相反的表現，去更嚴肅的看待情感及愛洛斯的問題。我們必須整合另一面——也就是那尚未得到發展的部分——這是人類發展過程中不可避免的，假使我們不這麼做，它就會在我們的意志決定之外找上我們。事實上，當男人越是能夠嚴肅對待愛洛斯問題時，他就越不會顯得柔弱，雖然他可能會覺得是相反的。假若他越是讓自己變得堅強，也越不認真看待情感問題，他就會不由自主的變柔弱。通常來說，具有柔弱傾向的永恆少年，只有在能認真看待他的情感時，才會得到較佳的機會，同時也才不會落入統計思維的陷阱——假若他不會突然覺得：「我的天啊！數以百計的、數以千計的！而我也只是其中之一！」

獨一無二的馴服

故事順著邏輯接續下去。小王子所遇見的下一個生物是一隻狐狸，牠要小王子馴服牠。

狐狸接著出場。

「早安。」狐狸說。

「早安。」小王子有禮貌的回應，當他轉身時，什麼也沒看見。

「我在這裡，」有個聲音說道：「在蘋果樹下。」

「你是誰？」小王子問，並說：「你好漂亮。」

「我是一隻狐狸。」狐狸說。

「過來跟我玩。」小王子提議：「我好難過。」

「我不能跟你玩，」狐狸說：「我還沒有被馴服。」

「啊！真抱歉！」小王子說。

但是，他想了想，又說：「那是什麼意思——馴服？」

「你不是生活在這裡的人，」狐狸說：「你在找什麼？」

「我在找人，」小王子說：「馴服是什麼意思？」

「找人啊，」狐狸說：「他們有槍，他們還打獵。真讓人討厭！他們也養雞，這是他們唯一的興致所在，你在找雞嗎？」

「不，」小王子說：「我在找朋友。」

此處，我們清楚看見聖修伯里很明白什麼是投射！

「那是什麼意思——你說的馴服？」

「那是常被人們遺忘的事情，」狐狸說：「意思是要建立關係。」

「建立關係？」

「正是如此，」狐狸說：「對我而言，你就只是和千百個小男孩沒有兩樣的其中一個小男孩。」

接著，他要告訴你該如何跳脫統計學的思維。

「同時我不需要你，而你，你也不需要我。對你來說，我就只是和千百隻狐狸沒有兩樣的其中一隻狐狸。但是，假若你馴服了我，我們就會彼此需要。對我來說，你就會是全世界獨一無二的。對你來說，我也會是全世界獨一無二的⋯⋯」

「我想我有點懂了，」小王子說：「有一朵花⋯⋯我想她已經馴服了我⋯⋯」

「那是有可能的，」狐狸說：「地球上無奇不有。」

「但是那不是在地球上！」小王子說。

狐狸看起來挺困惑的，同時也滿是好奇。

「在另一個星球上？」

「沒錯。」

「那個星球上有獵人嗎？」

「沒有。」

「啊！有意思！那裡有雞嗎？」

「沒有。」

「天下沒有十全十美的。」狐狸歎息說道。

但是，狐狸又將話題拉回。

「我的生活很單調乏味。」他說：「我抓雞；人們獵我。所有的雞都是一樣的，而所有的人也都是一樣的。結果就是，搞的我有些無聊。可是，如果你馴服了我，就會像是太陽光芒照耀在我的生活中，我會聽出來有個腳步聲是不同於其他的腳步聲。其他的腳步聲會讓我快速的躲回地底下。你的腳步聲會像是音樂一樣呼喚我從洞裡出來。接著，你看：你看到下面那邊的田地嗎？我不吃麵包，對我來說麥子一點用處也沒有。小麥田對我沒有任何意義可言，真悲哀啊。但是，你有著金黃色的頭髮，當你馴服了我，這會是多麼美好的一件事！麥子，也是金黃色的，會讓我想起你，而且，我也會愛上聆聽小麥田裡的風聲……」

狐狸凝視著小王子很長的一段時間。

「請你——馴服我！」他說。

「我想要——我很想，」小王子回答：「可是我沒有太多的時間。」

稍後，他說：

「我該怎麼做，才能馴服你？」

「你必須要非常有耐心，」狐狸回答：「首先，你要在離我稍遠的地方坐下——就像是那樣——在草叢間。我從眼角偷偷看著你，而你什麼都別說。話語是誤解的根源，但是你會坐的離我更進一些，一天接著一天……」

於是，他們變成親密的好朋友，而當小王子要離開的時刻到來，狐狸說出自己的祕密，如他先前所承諾的。

「現在，我要告訴你我的祕密，很簡單：人只有用心看才能看清一切；最重要的事物是眼睛看不見的。」

「最重要的事物是眼睛看不見的。」小王子重複了一遍，這樣他才能確定自己記住了。

「正是你花在玫瑰身上的時間，才讓你的玫瑰變得如此重要。」

「正是我花在玫瑰身上的時間——」小王子又說了一遍，這樣他才能確保自己記住了。

「人們早已忘了這個真理，」狐狸說：「但是你必定不能忘記這一點，你對於你所馴服的事物有責任，永遠都有，對你的玫瑰的責任……」

「我對我的玫瑰有責任，」小王子重複說道，這樣他才能確保他會記得。

可以說是狐狸教導了小王子此時此刻的重要價值，以及與之相伴的情感價值。情感，賦予此時此刻價值所在，如果沒有情感，個體就沒有與此時此刻情境之間的關係，而隨著情感而來的則是責任，透過責任感，個體得以成形。此處，我們也再次出現常見的動物幫手的這個母題，動物教導人們如何成為一個人，或者該說是，教導人們個體化的歷程。

匈牙利籍神話學研究者凱雷尼教授（Károly Kerényi）[3]在他的論文〈初始世代的初始孩童〉（The Primordial Child in Primordial Times）中提及一首韃靼人的詩篇，內容如下：

很久很久以前，曾經……

有個孤兒，

是上帝的創造物，

是造物主（Pajana）[4] 的成品。

無物果腹，

無衣蔽體，

如是生活。

無女婚配。

一隻狐狸上前，

狐狸對少年說：

「你如何才得以成為人？」。

男孩說：

「我也不知道要如何成為人！」

接著，誠然如同故事中的狐狸，這隻狐狸教導孤兒如何成為人。因此，我們可以說就如同蛇一樣，狐狸代表著男人自身的本能力量，雖然是以動物的方式表現，但事實上那是屬於人性的。在神話學以及在中世紀的寓言中，狐狸扮演著相當矛盾的角色。舉例來說，飛利浦・米契里尼（Filippo Picinelli）[5] 在《象徵世界》（*Mundus Symbolicus*）一書中提到：「狐狸代表狡猾的殘酷性；他是個壞透了的馬屁精，他代表情慾。他是極度小心謹慎的，同時也拐彎抹角行事。」羅馬教皇大貴鈞利（Gregory the Great）[6] 說：狐狸是不真誠的動物，牠們總是走邪道，因此牠們代表狡猾欺詐的惡魔。」這一點與在德國南部、奧地利及瑞士等地所認知的事實一

　　　　　　永恆少年：以榮格觀點探討拒絕長大

致，當地認為狐狸應該是巫婆的魂魄。在我們這裡的故事提到，據說當巫婆外出，她的軀體會像是半死般躺在床上，而她的魂魄以狐狸的形貌外出搞破壞。有許多的故事會提到獵人遇見狐狸而帶來風暴，那些才剛被帶回來的乾草都被吹散——或是發生其它類似的事情，又或者是在雪崩區附近出現了一隻狐狸，雪就整個坍塌了，於是，獵人開槍射擊，但是只射傷了狐狸。第二天早上，當獵人走過村落時，他看見一個跛行的老婦人或是手臂纏著繃帶的老婦人，接著他說：「啊哈！那就是那隻狐狸！」

奇怪的是，在中國及日本也有相同的信仰，認為狐狸是巫婆的魂魄或是瘋女人的現形，同時還認為狐狸是女人內在心理問題及瘋癲的根源。有個德國的精神科醫師名叫貝爾茲（Baelz），1910 年代時他身處東京，他曾經見過這類的狐狸案例，並在沒有我先前提到的神話學知識情況下，將他的經驗描述下來。當時的狀況是，有個精神症發作的日本鄉下女人被帶過來，她在正常的狀況下是全然愚昧無知的——一個身材走樣的蠢女人，接著，她發了「狐狸瘋」（fox fit），整個人就變的完全不同。她說胸口感到一陣疼痛，接著她身體感覺要叫出聲來，於是，她就像狐狸一樣發出叫聲。誠如貝爾茲所說的，她接著進入恍惚的狀態，也變的充滿洞察力。她說出病房內每個精神科醫師的私生活、他們的婚姻問題以及其他的一切。她就是個靈媒，在那個時候，她是充滿機智及聰明才智的，同時也相當狡詐。過了一些時候，她變的疲倦且臉色發白，又再叫了幾聲，接著就深深地睡著了。當她醒來之後，她又再度變回那個蠢婦人，拿她沒轍。那是一個雙重人格的典型案例：她既是狐狸巫婆，也是愚蠢的鄉下人。將她與我們國家中對於狐狸是巫婆魂魄的

這個信仰放在一起，會是相當有趣的故事。

在中世紀的象徵主義中，狐狸不僅僅有負面的意義，同時也是酒神戴奧尼索斯的神獸，在酒神的眾多稱號中，有個別名是巴薩瑞俄斯（Bassareus，亦即狐狸皮），這是連上「狐狸」這個字的。在基督教的寓言中，這樣的想法也得到延續。正如同米契里尼所提到的：「狐狸是信仰及先見之明的象徵物，因為狐狸以牠的聽覺來查探事物，因此基督徒只能靠他的雙耳來知覺神聖的神祕性，而不是以他的雙眼來洞察事物。」此處，狐狸是知悉不可見之物的那一個，這是有趣的一點，因為在我們的故事中（題外話，我不認為聖修伯里會如同米契里尼一樣去閱讀怪誕的事物），狐狸也說：「只有那些心所能見卻不為外在所見的，才是真實的事物。」狐狸相信的不是外顯可見的，而是情感所知的——這是與統計學的現實相反的。

假若小王子了解狐狸所說的，如果他是真的理解了，而不只是機械化的重複話語，卻其實沒有聽進去，那會在他身上發生什麼事呢？他的確突然間就理解了何以在他星球上的玫瑰是有意義的，因為他說：「我浪費了許多的時間，那就是為什麼她對我來說是獨一無二的！而那也是為什麼我必須對她負責，同時也不把她看作只是多數中的一個。」這份覺悟看起來好似他理解了狐狸所說的，但是還少了些什麼？

學員：他想回到星球上。

那分理解幫他在稍後回到玫瑰那兒，又或者是去選擇死亡。

但是，他沒注意到的是，他在小行星上有個朋友，那朵玫瑰，同時他在下面這裡也有個朋友，這隻狐狸！假若他是真的理解了，他不會就只是打定主意要回到玫瑰那兒，而是會落入心理衝突，同時問自己該怎麼做才好？狐狸就在地球這裡，而那份友誼必須要持續下去，否則就是毫無意義的，但是如今狐狸讓他理解了他對玫瑰有責任。這也再一次成為致命場景！他不應該下結論說自己必須回到玫瑰那兒；他應該落入心理衝突，因為如今他在兩個星球上都有朋友。但是，他甚至完全沒有察覺到，透過狐狸他已然落入心理衝突！他得到的唯一結論就是他必須回到玫瑰那兒。

因此，狐狸的教導，本來應該會是某件將他綁在地球上的事物，但是在他身上的作用卻是完全相反的：這讓他從地球上得到釋放，同時也讓他渴望回到他的星球。這也顯示出死亡的拉力在聖修伯里身上是何等的深刻及致命。如果他理解到自己必須對這裡的狐狸說好，同時也要對那兒的玫瑰說好，這就會意謂著衝突。接著會如何呢？於是他就會落入成人的心理階段，在成人的階段中，個體始終處在心理衝突中，對於那邊遙不可知的人物有責任，也就是對於無意識是有責任的，同時，也對於這一邊的人性真實有責任。

舉個例子，如果男人同時對於阿尼瑪及他正在交往或婚配的女子都是有責任的，他就落入典型的生命雙重情境，此人始終會有著真實的衝突以及雙向的拉力，同時也會拉扯在這一邊的生活以及內在或是另一邊的生活，那就會是分領悟或是受難，這是人生的基本真實，亦即，人生是雙重的，也負有雙重的責任。生命本身就是個衝突，因為它總意謂著雙邊傾向的衝撞。那是生命的組成成分，但是那樣的領會全然避開了小王子，或者可說是小王子逃開了那樣的

領會，這是故事中另一個小小的但卻致命的轉折，點出了悲劇性的結局。

註釋

1 原註：*Two Essays on Analytical Psychology*, CW 7, pars. 254ff, 471ff.

2 編註：出自西班牙作家塞萬提斯（Miguel de Cervantes）的作品《唐吉訶德》（*Don Quijote de la Mancha*），此處指理想化而不顧現實的。

3 譯註：匈牙利籍哲學家也是希臘神話現代研究的創始者，他以科學的觀點解讀希臘神話的人物，這與榮格的策略一致，兩人都致力於建立神話的科學性。本篇文章出自他於榮格合著的 *The Science of Mythology: Essays on the Myth of the Divine Child and the Mysteries of Eleusis* 一書的第 29 頁。

4 譯註：Pajana 是西伯利亞北部蒙古語族的造物主。

5 譯註：為義大利米蘭天主教奧思定會（Augustinian）修士，專研哲學與神學，他相信上帝所創造的世界可被解讀為一本象徵的書籍，其論述集結成書，名為《象徵世界》（*Mundus Symbolicus*）。

6 譯註：於西元六世紀生於羅馬，生於羅馬官員世家，於 34 歲開始在聖安德烈修道院修道，50 歲時經眾教會遴選為教皇，他是以修道士資格擔任教皇的第一人。

死亡

上一講中，我們結束在針對狐狸問題的討論，當狐狸教導小王子建立連結的情感功能時，也改變了他統計學的思維（因為情感能讓個人自身的情境及自身的關係變得獨一無二，並能打破統計學思維的魔咒，統計思維是與個人相對）。接著，小王子立刻打定主意要回到玫瑰那兒，完全沒有想到自己現在也和狐狸建立了某些連結。之後，他對聖修伯里說：

　　「你必須回頭去處理你的引擎問題。我會在這裡等你，明天傍晚你再過來……」

　　「但是我放心不下。我想起了狐狸。如果我們讓自己被馴服了，就得冒著遲早會掉淚的風險……」

　　清楚看到了吧，在離開狐狸時，他只感受到些微的悲傷。他沒有想到，正如我在上一講所提到的，自己**會**落入心理衝突，同時也沒想到要嚴肅對待那分衝突感，去問問自己現在到底是與誰建立了連結。他做出的決定是要回到玫瑰及遠處的那一方。

　　接著出現的則是書中最詩意的情節之一。聖修伯里喝光了水並進入沙漠找水，小王子跟著他一同找尋，突然發現一口想像的井，井中之水讓他滿心喜悅的打起精神——那是**海市蜃樓**（fata morgana）。兩人走了又走，小王子一直說某個地方會有水。接著，他們就看見一個有水源的地方，聖修伯里懷疑這一切是否是真的，因為凡是沙漠中有井水之地就應該會有城鎮，但是眼前的這個地方有井水卻沒有城鎮，因此他十分懷疑。但是，小王子朝水井直奔而去，同時試圖轉動轆轤，兩人打算從這個幻想水井打兩勺水上

來喝。在聖修伯里的另一本小說《風沙星辰》（*Terre des Hommes*）一書中，他是這麼描述水的：

> 水啊！你既沒有顏色也沒有味道。你無法被明確定義。人們暢飲你卻對你無所知。你以喜樂滲透了我們，我們卻無法以感官感受加以解釋。透過你賜福於我們，心中有的枯竭得以重新流動。你所成就的是地球上最大的寶藏。不受任何的混雜，不容任何的變質。你是暗黑的神聖經驗，但你給的是無窮無盡的單純喜悅。

書中的情節又回到當他與技師普烈沃斯特一起失事失聯當時。兩人在沙地中走了又走，也同樣經驗了**海市蜃樓**，最後，如同我先前所提到的，在最後一刻，他們遇見了沙漠住民貝都因人，兩人喝了貝都因人壺中的水而得救。當時他可能就有著他在《風沙星辰》中所描述的經驗，而在書中此處，他又再度經驗之。這是他最刻骨銘心的經驗之一，也因此重複出現在他的著作裡。

由小王子所代表的神聖孩童，是自性的象徵，他同時也是生命的源頭。就像是許多神話中的救星或是孩童之神，他擁有根源。你會如何解釋這一點？為什麼生命根源的母題，生命之泉，是如此常見的與神聖孩童相結合？這其中的實際連結是什麼？

學員：他擁有新生的力量，同時也是自性的象徵。

是的，但是，從務實的角度而言，那是如何在生命中起作用？何以孩童代表著生命之流以及新生的可能性？

學員：因為孩童擁有純真的觀點。

沒錯，因為孩童有著對生命的純真觀點，如果你還記得自己的兒時經驗，孩童期是深刻且充滿活力的時刻。孩童，只要不是有精神官能症狀的，他們對於事物都有著持續不斷的興致。不論孩童是否遭遇受苦經驗，通常來說，這些經驗不會是遠離生命之苦——只有當孩童完全受到父母的精神官能症狀荼毒時才會如此。否則，孩童會是滿有活力的，這也說明了人們回想自己的童年時，會渴望再度擁有那個純真的活力，這份活力在他們成為大人時就遺失了。孩童是內在的可能性，是新生的可能性，但是那要如何帶入大人的真實生活？舉個例子，當成人夢見男孩或是女孩時，那會意謂著什麼？務實上而言，那會代表什麼意義？

學員：新的冒險或是新的關係。

或許該說是新的關係。簡單的說，就是給予那些依然純真的功能新冒險。這是與劣勢功能相關的，透過那些仍然處在幼稚狀態且全然天真的劣勢功能，將為個體帶來新生。因此，當已然耗竭的優勢功能進入終點時，孩童傳達了新的觀點及新的生命經驗。它給了我們童年階段所丟掉的純真樂趣。這也就是為什麼我們必須學會再次玩耍，但是玩耍必須是關於第四或是劣勢功能。舉例而言，如果一個智性化的人開始去從事智性相關的玩樂，這是沒有幫助的。假若一個思考型的人引述《聖經》中的話語說，除非你變得像是孩子一般，否則你不可能進入天堂之國，於是他就到棋社下棋，這樣做

是一點也不會有幫助的，因為那只是重複投入主要功能。人們會受到很大的誘惑要如此做，接受要玩樂的點子、去做一些不必認真看待的事情，但是事實上最後還是待在主要功能的領域中玩樂。我常會見到情感功能已然耗竭的情感型人們，若要他們去做一些沒有目的的事情，一些好玩的事情，他們會提出想去幼兒園工作之類的想法。但是，這些作為都是不具意義的，因為那仍然會是在情感那一面，那只是一半接受一半逃避的作為。

劣勢功能的魔力

真正的困難在於直接轉入劣勢功能，同時在其中玩樂。如此一來，自我就要放棄控制力。如果你真的接觸你的劣勢功能，那麼便是由**它**來決定怎麼玩樂，不是由**你**來決定。劣勢功能，就如同一個倔強的孩子，它會堅持去玩這個或那個，雖然你可能會評斷說那不太適合也不太好。舉個直覺型的例子，某人的劣勢功能可能想要玩黏土，可是他住在飯店裡，他會希望玩一些比較乾淨的東西，因為黏土會把飯店房間弄髒了！但是你不能對劣勢功能下令！如果你是個直覺型的人，而你的劣勢功能想玩石頭或是玩黏土，那麼你就需要努力去找到一個可以玩石頭或黏土的地方。那正是困難所在；自我總會有千百個理由抗議，拒絕轉向劣勢的那一面，那會是很難實際安排的事物。

劣勢功能真是個麻煩的東西，就像是小孩子一樣，因為你不能就只是把它放在箱子裡，等到適合的時候才拿出來。它是個活生生的主體，帶著它的要求，而它對自我來說是件麻煩的事，因為

自我想要照自己的方式行事。給敵人一些東西好收買打發這樣的半讓步，是大部分的人們在覺察自己必須轉向劣勢功能時會嘗試做的事，這也讓我聯想到希臘人無論到哪兒都會在口袋裡裝滿蜜餅。每當他們看見深淵鴻溝之類的情況，他們會迅速的投下一塊蜜餅，因為假若我們能對黑暗力量投出一些東西，他們就會放過我們，這是藉由丟出犧牲品來求自保的行為。舉另一個例子，當希臘的英雄降落冥界時，他們總是會拿蜜餅丟向地獄三頭犬刻耳柏洛斯（Cerberus）[1]，好讓牠沉沉入睡，於是他們就可以趁機從旁溜入。那樣做有時候是有效的，但是對主要的衝突而言是沒效的。你沒法透過丟給他們某些事物來取悅這些要求。但是，假若你接受這些羞辱的經驗，讓自我屈服於劣勢功能或是人格幼稚部分的要求，那麼神聖的孩童就會變成生命的來源。如此一來，生命就會有新的面向，而個體也會發現新的經驗。一切都會改變。同時，孩童自然是結合的象徵，也能將分離或是解離的部分人格再帶回在一起，這也是與成為純真的特質有關的。如果我相信我的純真反應，那麼我就是完整的；因為我是全然處在情境中，也是全然活在生命中。但是大部分的人不敢這麼做，因為如此一來會讓自己過多的暴露在外面。然而我們需要的就是那一份勇氣，同時也多少需要有些狡猾，如此一來，我們才不會將自己暴露在那些不能理解的人們面前。我們不僅僅需要幼稚，同時也要放聰明些。

當你開始與劣勢功能玩樂時，你就接觸到一種獨一無二感，那是在這所有的嘗試底層的事物！在樹木人格測驗（tree test）或是在羅夏克墨漬測驗（Rorschach test）中，當你要人們做出心中出現的反應時，他們會立刻解放自己，因為玩樂是真誠的，同時也是獨

一無二的。這就是為什麼兒童治療師會讓孩童遊戲，不到兩分鐘，他們就會將全盤問題表露無遺，因為在那樣的狀況下，他們才是真實的自己。我都會建議情感型的人去從自身的夢境中抓取醒目的母題，一個神聖的母題，同時試著對那個母題做真正的思考，這不是要他們去查閱榮格書籍的象徵索引，而是真的試圖去發現自己對象徵物的想法。常有的狀況是，他們會突然變得充滿熱忱，同時還冒出最讓人感到驚訝的想法——有時候，對思考型的人而言是相當純真的想法。

我注意到當情感型的人開始思考時，他們的作為像極了早期的希臘哲學家，例如前蘇格拉底時期的哲學家。他們得出的想法就好比是赫拉克利圖斯（Heraclitus）[2] 或是德謨克里圖斯（Democritus）[3] 會有的想法，同時也與早期的希臘人一樣會受到這些想法的熱情所點燃。假若你去閱讀恩培多克勒（Empedocles）[4] 或是赫拉克利圖斯的作品，會看見這些人的思維方式就有永恆少年的影子，這也說明了我之所以如此深愛他們的原因。對現今的我們而言，那些想法就像是神話的思維，而不是科學性的思維。舉例而言，如果我們根據現代理論來看德謨克里圖斯的原子理論，會覺得那是非常天真的想法，但是其理論帶有整體感及熱忱，同時也會讓人有種終於得以一窺全貌的感覺。顯然地，其中的內容是充斥著自性象徵的投射，因此我們閱讀時常會入迷。這當中還帶著彷彿春天降臨的感覺；早期的希臘哲學就像是開滿花的哲學之春，因此當情感型的人向下進入自身的思考功能時，他就進入這樣的經驗。當這樣的狀況發生時，思考型的人就必須退一步，避免回應說「這些事早在兩千年前就知道了！」相同的情況也適用在思考型的人們身

上，如果你曾經讓這類型的人們帶出純真的真實情感，而不是帶出某些有規律組織的事物。通常思考型的人是思想家，他甚至會將他的情感都安排得妥妥當當的，因為他沒有與自身的真實情感好好相處，也因為那些情感是未經調適的，他通常對情感會有著假性的適應。

想要進入劣勢功能的核心童心，就要擦掉我們用來遮住劣勢功能的假性適應。情感型的人們，通常都是帶著滿滿的學院理論，同時將那些想像為自己的想法。但事實上並不是如此；那些都是假性思維的適應，為的是要遮掩他的真實思維，這是非常不成熟且天真的。相同的狀況也適用於思考型的人們，他們有著異常天真的情感，會說：「我愛你，我恨你。」如果他到處對人這麼說，或是說：「我受不了你。」你可以想見他會是個多大的絆腳石！就算能起作用也不會超過兩分鐘！就算是在學校裡，你也不能告訴老師你受不了他！我自己本身是思考型的人，我喜愛某些老師同時也痛恨其他老師，我從來就無法充分掩飾我的情感，也總是將我的感覺表現出來，雖然我很清楚稍微掩飾我有多討厭某個老師會是比較得體的作法。但是我的情感總是十分的明顯。

一旦你成為大人，你就會將這些反應藏起來，同時得到一種假性的情感適應。思考型的人總是會表現得十分和藹可親，同時也顯得似乎有著平衡的情感反應，但是你千萬不能相信那一點！那只是假性的適應，因為他是如此的痛苦難耐、無助幼稚，因此絕對不能顯示出來。但是如果必須要直入其中，就必須要將思考或是情感中的天真感再次挖掘出來，同時要將假性適應的外殼給剝開。

直覺型的人通常和身體之間沒有建立關係，同時也可能會穿得

又糟又髒。但因為這在社會上不適宜，因此他們學會了清洗，同時學會穿上好衣服。雖然他們可能穿得相當得體，但當中並沒有個人風格。如果他們去挖掘自己真實的感知能力，他們的品味會是有藝術性的同時是怪異的，極大的可能會是失序的。一旦當直覺型的人深入自身的感知能力時，他們就無法再買現成的衣服；一切都必須為他們量身訂做。他們也無法吃飯店裡的食物；他們要不是需要一個專屬的廚子，就是得自己煮，同時他們吃的東西也必定是要非常特別的。這一點發現給他們帶來許多的困擾，而更糟糕的是，無論是從金錢或是時間的角度來說，這都是種累贅而昂貴的花費。你可以有裁縫師及廚師，但是那不是真正真誠的；或者你可以下探劣勢功能，但是那是最可怕的時間賊，因為這個過程是相當緩慢的。

我們都知道我們很難在原始國家催促人們。假設你去埃及旅遊，若你在上午九點訂車，並期待自己在十點的時候可以越過尼羅河（Nile）或是能去到樂蜀西岸的帝王谷（Kings' Tombs），相信這不會是個好主意。每個曾經到東方旅遊過的人都會知道，我們的時間會被推遲兩到三個小時，同時那兒的人也絕不會像歐洲人一樣的準時。但是一旦你開始適應了，生活就會好多了，因為你會因此得到各式各樣的體驗：你的車子可能半路拋錨了，但這也帶來許多樂趣，還有原本應該要去帝王谷的，結果卻去了沙漠區，雖然怨聲載道，但那也是人生！你不能將劣勢功能加以組織規律，那會是極為耗費心力的事情，同時也相當耗時，而這就是為什麼它在我們生活中是如此的惱人，因為它讓我們變成如此沒有效能，假若我們試圖要恣意行事。我們必須給出整個週日及整個下午，但是什麼也幹不成——除了讓劣勢功能甦醒過來之外。但是那正是重點所在。當

情感型的人開始思考這個世界上對他沒有用處的事物，像是既不是為了考試也不是為了讀書之類的事，就會帶出他的思維。假若他能思考那些本身就讓他充滿興致的事物，就會是他得以前進的方法，因為我們不可能將劣勢的樂趣與功利動機相連在一起。

嬉戲的本質在於它本身是沒有意義的，同時也沒有用處可言。我會要情感型的人從「心」去學習這個嘗試需要的是什麼，而不是試圖去思考，因為他沒有辦法去思考的。他必須做出假性的適應，當一個思考型的人進入他必須要有得體表現的情境時——像是他要去參加葬禮——那麼他就絕對不能將個人情感帶出。他必須要表現得體，同時去做常規的事，像是帶花前往及致哀等；那是正確的假性適應。如果思考型的人要進入他的真實情感，就必須找到一個他可以遊玩的情境，那麼接下來的狀況就會全然不同。因此，第一件該做的事就是帶離適應的場境，同時將假性適應留給必須要如此表現的情境。我認為在個體能創造出聖境（temenos）前，亦即一個神聖的領地、一個我們可以悠游其中的隱密場境之前，沒有人可以真的發展劣勢功能。首要之事就是去找到魯賓遜漂流記的遊戲場，同時唯有當你將所有的旁觀者擺脫之後，你才可以開始！作為一個孩童，我們需要一個地方及時間是不受成人觀眾干擾的。

我，無力動彈

回到書中的內容——在他們發現水井而帶出喜悅高潮之後——緊接著出現的就是悲劇的結局。小王子要聖修伯里為他的綿羊畫上口套，如此一來綿羊就不會吃了星球上的玫瑰，從這一點也讓聖修

伯里猜出小王子打算離開地球。聖修伯里繼續修理飛機引擎，同時也順利完成修繕工作，就在他聽見小王子安排要和某人夜間會面的那個傍晚，他匆匆前去查探小王子到底是和誰會面談話。

在井邊有個古老的斷垣殘壁。隔天晚上，當我修完引擎回來時，我遠遠的看見小王子坐在石牆上，兩條腿懸在半空中擺盪著。同時，我聽到他說：

「難道你忘記了，不是這裡。」

另一個聲音必然回應了他，因為他接續回應說道：

「沒錯，沒錯！就是這一天，但不是這裡。」

我持續走向牆邊，沒看見也沒聽見任何人。但是，小王子再度回答說：

「沒錯。你會在沙地上看見我的腳印是從哪裡開始的。你什麼都不需要做，只要去那裡等我。我今天晚上會去那兒。」

我離那面牆二十呎遠，但是我仍然什麼也沒看見。

在一陣沉默之後，小王子再度說：

「你有好的毒藥？你保證不會讓我受苦太久？」

我停下腳步，整顆心都被撕裂了，但是我仍然不明白。

「現在，你讓開，」小王子說：「我要下去了。」

我垂下眼望去，就在牆角邊——我嚇得跳了起來。在我眼前，正對著小王子的，正是那不消三十秒就能讓你結束生命的那種黃蛇。我趕緊在口袋裡翻找出手槍，向前衝過去。但是因為我的腳步聲，這條蛇就像是乾涸的水柱一般輕鬆地鑽進沙地，同時還不慌不忙的消失在石塊中，發出了金屬般的沙沙聲響。

我及時抵達牆邊，一把將小傢伙接在懷中；他的臉色慘白，像雪一般。

　　「這是怎麼一回事？」我大聲問：「你竟然和蛇聊天？」

　　我解開了他脖子上總是圍著的金黃色圍巾。我拿水潤濕他的太陽穴，同時也讓他喝了一些水。此時，我什麼也不敢問。他認真地看著我，還伸出雙臂環繞在我的頸項間。我感覺到他的心跳，聲音微弱的就像是被槍擊中垂死的小鳥……

　　「我很高興你解決了引擎的問題，」他說：「現在你可以回家了──」

　　「你怎麼知道的？」

　　我正準備來這裡告訴他，原本不抱希望的修理工作搞定了。

　　他沒有回答我的問題，反而接著說：

　　「我，也是，今天要回家……」

　　接著，令人感傷的──

　　「但是比你家更遠……也更困難……」

　　我清楚的感覺有某些不尋常的事情正在發生。我將他緊緊抱在懷中，彷彿他是個小小孩；但是我覺得他就像直直的墜入深淵，但我卻沒能拉住他……

　　他的表情好嚴肅，深深的看向遠方。

　　「我有你畫給我的綿羊，還有裝綿羊的箱子，而且還有口套……」

　　接著，他給了一個苦澀的微笑。

　　我等了好久，他才慢慢地回神。

　　「親愛的小傢伙，」我對他說：「你剛才嚇壞了吧……」

他當然是害怕的，這一點是無庸置疑的。但是他淺淺的笑了笑，

「今天晚上我應該會更害怕……」

我再度因為意識到某些無可挽回的事而僵住了。

當聖修伯里衝向小王子、將他抱在懷裡同時指責他時，小王子顫抖著身子，但是聖修伯里覺得自己沒有辦法將小王子留住，一切為時已晚，沒有什麼可挽回的。這種無能為力的經驗，沒有辦法將某人從死亡中拯救回來，透過失去弟弟的經驗深深烙印在他的身上。我查了他弟弟死亡當時的年紀，原先以為是在他六或七歲的時候，但是事實上是更晚些，毫無疑問的他是有意識的經歷了弟弟的死亡，同時那份經驗也帶來深刻的震撼。在他的小說創作中，當他描述某人的死亡，他總會描述為可怕的無力感。你愣在那裡，感覺那個人慢慢的從你手中溜走，從你身邊飄離，可是你是完全的無助也無能為力。你沒法將他們留住，此處描述的就是同樣的經驗，因為他明白小王子之所以安排與蛇會面，為的是讓這個沙中之毒殺了自己，但是聖修伯里覺得自己什麼都做不了。

原本應該是被聖修伯里安慰，或是原本應該受到幫助的小王子，反倒是試圖安慰他，他說：

「每個人都有星星……但是每個人的星星都不一樣。有些人是旅行者，星星就是指引。對其他人而言，星星不過就是天空中的點點光亮。另外一些人是學者，星星就成了探索的問題。對我的商人朋友來說，星星是財富。但是所有的星星都是沉默不語。你會擁有

與眾不同的星星——」

「你到底想說什麼？」

「我會活在其中的一顆星星上。我會在其中的一顆星星上開懷的笑。於是，那就會像是所有的星星都在開懷的笑，當你在夜晚時分望向天空⋯⋯你——只有你——能有會笑的星星！」

他又再度的笑了笑。

「同時，當你的悲傷得到撫慰（時間會撫慰所有的悲傷），你會因為曾經認識我而感到安心。你永遠都會是我的朋友。你會想要與我一起笑。有時候，你會打開窗子，不為什麼，就只因為你覺得開心⋯⋯當你的朋友看見你對天空發笑，會大吃一驚！於是，你會對他們說：『是啊，星星總能逗我笑！』他們會以為你瘋了。我在你身上開得小玩笑就會把你害慘了⋯⋯」

接著，他又笑了笑。

「彷彿，我給你的不是星星，而是會笑的小鈴鐺⋯⋯」

他又再次笑了笑。但旋即變得嚴肅起來：

「今天晚上——你知道的⋯⋯不要來這裡。」

「我不要離開你。」我說。

「我會看起來很痛苦，我會看起來有點像是死掉了。會像是那樣，不要來這裡看這一幕。這不值得你⋯⋯」

「我不要離開你。」

但是他看起來挺擔憂的。

「我告訴你——這也是因為蛇的緣故。別讓蛇咬了你。蛇——牠們是惡毒的生物。這條蛇可能會因為一時興起就咬了你一口⋯⋯」

「我不要離開你。」

不過，有個念頭讓他感到放心些：

「牠沒有第二口的毒液來咬你，這倒也是真的。」

雖然聖修伯里承諾不會離開小王子，但是他錯過了與小王子一起上路的時間。故事繼續下去：

那個晚上我並沒有看見他上路。他一聲不響的離開了。當我好不容易追上他時，他踩著急促且堅定的步伐一路前行。他只對我說：

「啊！你來了……」

接著，他牽起我的手，但是他仍然感到擔憂。

「你不應該來的。你會很難受，我會看起來像是要死了的樣子；但是那不是真的……」

我一言不發。

「你了解的……路途太遠了。我沒辦法帶著這副身體，它太重了。」

我不發一語。

「其實就像是剝落的老殼。犯不著為老殼感到傷心……」

我沒有回答。

他有些覺得氣餒，但是他又再嘗試了一次：

「你知道的，一切都會很美好。我，也是，會望向星星。所有的星星都是裝了生鏽轆轤的水井。所有的星星都會倒水給我喝……」

我什麼都沒說。

「那會是很好玩的！你會有五億個小鈴鐺，而我會有五億個沁人清泉⋯⋯」

他也不作聲，因為他哭了⋯⋯

「就是這裡，讓我自己過去。」

接著他坐了下來，因為他感到害怕。他又再次說：

「你知道的——我的花兒⋯⋯我對她有責任。何況她是如此的柔弱！她是如此的純真！她有四根刺，但一點用處也沒有，一點也不能保護她不受世界的威脅⋯⋯」

我也坐了下來，因為我再也站不住了。

「現在——就這樣了⋯⋯」

他仍帶著些許遲疑，接著起身，向前走了一步，而我，無力動彈。

聖修伯里坐下，接著小王子突然起身並向前一步——現在進入決定性的句子：「**我，無力動彈。**」聖修伯里一點也做不了什麼，他維持坐著不動。

那兒什麼也沒有，只有一道黃色閃光在他腳踝附近閃了一下。他動也不動的站了片刻，沒有叫出聲，就像是一棵樹一樣，輕輕倒下。因為是在沙地的緣故，一點聲響都沒有。

一會兒之後，聖修伯里驚恐地想起自己忘記畫綿羊口套上的背帶，如此一來，小王子就不能將口套給綿羊套上，從今以後，每次

當他抬頭望向星星，他就會倍感折磨，不知道綿羊是不是已將玫瑰給吃了。接著，在最後的一張圖之後，他說：

對我而言，這就是世界上最美好也最傷感的一幅景致……這裡就是小王子曾經出現在地球，後來又消失的地方。

請你仔細的看看這幅景緻，要是有一天你到非洲的沙漠，你才能確定自己可以認出它。同時，如果你來到這兒，請你別匆忙走過，就在星星的正下方稍微等等。接下來，如果有個小傢伙帶著笑臉出現，他有著金黃色的頭髮，而且他拒絕回答你的問題，你會猜到他是誰。如果這真的發生了，請你行行好，寫封信給我告訴我他回來了。

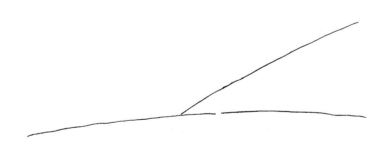

我們必須要花些時間來討論這個部分，因為其中的內容充滿象徵性。首先，小王子和不免一死的凡人一樣，必須被殺了才能回到他的星星。他說對這段旅途而言，自己的軀體太過沉重了。這是個相當奇怪的母題，因為假若你把小王子想作是內在的角色，一個心理的內在角色，且是聖修伯里內在的自性象徵，那麼他的軀體必然不需要被剝奪。他已經在心理的場域，也可以在任何他想要的時刻回去——可以來到地球，也可以再度回到星星上。他因為抓住鳥群的一隻鳥而下到地球，同時在那個時候他就已經擁有一定程度的軀體。他不能越過空氣飛行或是從空氣中墜落進入地球，而是需要鳥兒的幫忙。奇怪的是，他沒有再想到這個念頭，而我想要強調的一點是，他包含了心靈**及**身體，這顯示了些什麼？

學員：他已經進入人類的場域。

是的。某方面來說，他已經化身成人。他不是原先那個在遠方國度、在無意識界的無意識內涵物。它已經化身進入人類的範疇；可以說，它已經變成生理上的真實，簡言之，這也顯示他是幼稚陰影面及自性的混和象徵物。那是不純淨的象徵物。小王子是個帶著參雜成分的象徵物，也就是說，它是已經得到化身的幼稚陰影面，同時也是自性的象徵物，這部分是尚未得到化身的。作為自性的象徵物，它既處在未知的國度也是永恆的，同時那兒也沒有所謂的死亡一事；有的只是在這個場域中現形及消滅——就如同來到我們身上的自性經驗，接著我們又再度失去它。如果我們從自性的角度來說，這意謂著它有時候會接觸到人類意識的範疇，但接著又消失。

但是從它有身體的這一點來看，它已經化身進入我們之中，在我們的範疇內。那意謂著它已經變成我們可聽可見的，它已經變成我們的一部分，而接下來要面對的問題就顯得困難。蛇殺了陰影面，因為蛇只能毒害身體，同時也因此將自性的象徵從錯誤的軀體中再度得到釋放。另一個可能性則是化身會持續下去，而接著小王子的象徵會得到進化，進入更成人的不同層次，但是就在這個卡在中間的情境下，進展的歷程突然間被蛇毒所打斷。

聖修伯里以相當具藝術性的方式來描述這個巧合。就在他能夠修復引擎並且回到人類世界及回到他的同伴身邊那一刻，就在那一刻，小王子下定決心要離開。聖修伯里出發前往人類世界，另一個則出發前往未知的國度。打從最初這個故事就是混和著正確及錯誤的象徵性，我們並不知道此刻這兩人的啟程是否真的是正面的發展。但可以說，如今，在經歷了自性及未知的經驗之後，聖修伯里可以回到在這個世界上的正常適應表現，而自性的象徵物，原本就只在這個關鍵時刻與他相遇，如今可以回到它原先所在之處。那將會是這個悲劇時刻的正面表現，但不知怎的，我們感覺這將會是負面的，至少在聖修伯里身上是負面的。在他個人的生命中，他並沒有回到對這個世界的適應，而是在沒多久之後就跟隨小王子前往那不可知之地。因此，我們可以說啟程並未真的開展或該說是沒有得到透徹執行；他們並沒有被分割開來。屬於人類的部分，也就是聖修伯里，追隨另一個前行，因此小王子的啟程也預示了聖修伯里的死亡。這一點與聖修伯里並沒有接受啟程的事實是一致的，正如你在最後的話語中所看見的：

接下來，如果有個小傢伙帶著笑臉出現，他有著金黃色的頭髮，而且他拒絕回答你的問題，你會猜到他是誰。如果這真的發生了，請你行行好，寫封信給我告訴我他回來了。

　　聖修伯里並沒有放棄。他無法接受啟程，雖然小王子非常可能不會再回來。他並沒有犧牲掉這份關係，那是另一個致命的線索，如果個體在經歷這樣的經驗之後沒有將之犧牲，就會因為希望能夠再次發現它，而有持續不斷的拉力將他拉向死亡及無意識界。
　　那是非常典型的危險經驗。這屬於永恆少年的精神官能症狀，因為他通常是如此的接近無意識，而有著被無意識經驗所淹沒的感受，而這傳遞了生命的正向感受給他。但是他接下來沒法對之放手。他就是坐在那兒等待，希望那個經驗得以重返，當個體越是坐在那兒等待，就越不可能再度趨近意識界，因為正是這些經驗的本質讓自性以新的形式不斷再次出現。自性的經驗並不會自我重複，但是通常在個體不再尋找它們時，那些啟程的時刻會再度浮現。它完全轉向，同時突然間以不同的樣貌再次出現在你面前。因為它是生命，是生命本身的新生，同時也是生命之流，它**不能**自我重複。那對它的本質而言會是個矛盾。因此，假若你曾經有過自性的經驗，唯一能夠不中毒同時不走入歧途的方式，就是放著不管，轉身——轉向下一個職責，同時試圖去忘了它。自我越是抓緊它要它回來，個體越是會因自身的欲望而將之驅趕離開。正面的愛意或是情感經驗就會是個例子。舉凡人們對他人有正面的愛意經驗或是情感經驗，就會對對方作出幼稚的要求，總想要延續這份經驗，強迫它以相同的方式再次發生。他們會說：「我們再去一次那趟乘船

旅行，那個如魔法一般的週末假日是如此的美麗。」你可以十分確定，那會是趟糟糕的失敗之旅。如果只為了要證明這是**行不通的**，你大可試試。這絕對不可行，它總會顯示出自我不能以大人的方式來經歷自性的經驗，被喚醒的只會是某些幼稚的貪婪。正面的經驗叫喚出這個幼稚的態度——這份態度應該是要被保存起來的**寶藏**！如果你如此反應，你就永遠將它驅離，而它也絕不會再回來。你越是渴望擁有，而且你越是找尋它，你就越會落入意識欲望的窄化狀態，同時也會益加感到無望。

同理也適用於藝術家的工作，透過無意識的啟發，他創造出某件極為傑出且美麗的事物，接著還想要以相同的風格繼續下去。儘管那曾經是項成就，同時作品也獲得青睞，讓他感覺自己終於做到了，也覺得某件有價值的事物從自己身上創造出來。當他想要將之複製，以相同的方式再次繪畫或再次寫作，但是它已經消逝！第二次、第三次及第四次的稿件變得什麼都不是——神聖的本質消失了——心境早已如同潑出去的水，無法再次收回。常見的情況會是，當年輕人創造出某樣風行一時的事物，緊接著就貧瘠了好長的一段時間，因為他們無法再回去了；當自我的貪婪進入後，就是**神童**（Wunderkinder）的倒台日，在這之後那個充滿天分的傑出神童就變得空泛無創造力，因為他們無法走出這個困境。唯一能做的就是**轉身**，同時半刻也不回頭。但是聖修伯里在此時回頭看了：「告訴我，寫封信給我告知他回來了。」彷彿他不斷的希望再次捕捉這個經驗。那是致命的。

負傷與療癒

　　蛇咬在小王子的腳踝處，顯然這是會被蛇咬之處。但這也是個神話的母題，我們都知道希臘第一勇士阿基里斯（Achille）的罩門，他唯一可能會被傷害的地方就是腳踝，還有許多其他的救世主也都是在腳踝處受傷。舉例來說，凱雷尼教授在他的論文〈療癒英雄〉（Heros Iatros）中就談到希臘英雄菲羅克特圖斯（Philoctetes），在那篇論文中，他收錄了所有關於療癒神魔的希臘文獻：包括諸如醫神阿斯克勒庇俄斯（Asclepius）及人馬凱龍（Chiron）等等，根據某些特定的版本，這所有的救世主都是負傷的，同時也因此都是帶有療癒力量的。個體必須負傷才能成為療癒者，這是普世神話母題的在地意象，這一點在羅馬尼亞的宗教史學家米爾恰‧伊利亞德（Mircea Eliade）關於巫醫及薩滿啟引禮的書籍中有所描述。沒有先得到受傷的經驗，就沒能成為巫醫或薩滿，受啟引者或許是被切開的，同時有某種魔法石被插入他的身體中，或是會有一支長茅射入他的頸項等等。通常這樣的經驗是帶著狂喜的感受（ecstatics）──被星星或是鬼魅魍魎撞上或是被剖開──在他們成為療癒者之前，他們總是要被刺穿或是被剖開，因為那是他們能夠得到療癒他人能力的方法。你會如何以心理的角度來解讀這一點？

學員：他會因此而了解苦難的歷程，負傷並得到療癒。

　　是的，但是許多人都有受苦的經驗但卻沒有得到療癒。如果只

是依受苦的經驗而定，那每個人都能成為療癒者，因為我們每個人都在受苦。如果是那樣的話，每個人都能成為薩滿。

學員：經由走出苦難，同時也負傷。

　　沒錯，舉個例子，極地附近的人認為一般人及療癒者所受苦難的差別，在於療癒者找到方法去克服苦難，同時在沒有專家的幫助下走出困境。他能夠克服自身的苦難；他以創意的方式從中走出，那意謂著他發現自身的療癒能力，這一點是獨特的。米爾恰・伊利亞德曾經提過一個非常成功的獵鹿者，他是部落裡食物的主要供應者，也因此成為部落裡的重要人物，但是他從沒想過要成為薩滿。然而，在一場神經症之後，他沒法再次外出打獵，而接下來他發現只要自己像是薩滿一樣的擊鼓時，他的疾病就都消失了。當他開始透過擊鼓而「成為薩滿」，叫喚鬼魂同時給出療癒，就一切都沒問題了。但是當他得到治癒之後，他覺得自己已經做了夠久的薩滿，就回頭去打獵，接著疾病就又再度纏上身。最後他只能悻悻然地接受自己成為一個療癒者，因為這是唯一能夠讓他合宜適應的方式。雖然這有違他對自己的期待及意願，但獵鹿的行為只能永久結束。這份描述很驚人的表達出人們受到精神症創傷之後，必須要找尋自身的療癒，同時也被迫進入療癒他人的行為。自然而然地，一開始當他受疾病之苦時，會有個薩滿嘗試要治療他，但是沒有任何一個薩滿能夠治療他，他必須靠自己來治癒自己，他必須要成為薩滿，接著他才能得到療癒。因此，所謂的療癒英雄就是那個能夠以創意的方式找到出路的，那是個沒有人知道的方法，同時也不依循既有

的法則。一般的人們在生病時會依循通常的法則，但是薩滿不能透過通常的療癒法則而得到醫治。他必須要找到獨一無二的方式——亦即適用於他的唯一方式。能夠做到這一點的創意人格，接下來就變成了療癒者，同時也會得到他同伴的認可成為療癒者。

我認為那是針對這個母題所作出最令人信服且最簡單的解釋。但是你也可以用不同的角度來檢視這個母題，而這也導入我們的故事內容。當自性及自我相互接觸後，誰是受傷的那一個？當他們兩者在一起之後，雙邊都是受傷的，因為接觸自我對自性而言帶來部分的破壞，相同的，當接觸自性之後，自我也受到部分的損害。這兩者無法在沒有破壞的狀況下彼此接觸。對自性而言，你可以說它受到的一個破壞方式是，相對於成為**潛在的整合可能性**，它變成了**部分的真實**；它變成個體內在的部分真實性——透過此人的實踐行動及話語成為真實。那是對自性本身及其可能性的限制。然而，自我也是受到傷害的，因為有某件更巨大的事物突破進入它的生命中。我們通常會想到「那個」部分，這就是為什麼榮格會說，與個體化歷程的接觸意謂著極大的苦難。它帶來了巨大的傷害，因為，簡單的說，我們被剝奪了按照個人意願來安排生命的能力。

如果我們將無意識及個體化的歷程嚴肅看待，我們就不再能規劃自身的生命。舉個例子，假設我們認為自己應該前去某地，可是夢境告訴你別去那裡，我們因此必須放棄這個念頭。有時候這不成問題，但有時候這樣的決定卻是讓人相當討厭的。被剝奪了一個晚上不出門，或是被剝奪了一段旅行不是那麼糟糕的，但是會有更嚴重的情形，例如當我們極度想要某事物，但這件事卻突然間遭到無意識的否決，我們會感到心都碎了，同時覺得被折磨虐待，覺得自

　　　　　　　　永恆少年：以榮格觀點探討拒絕長大 ├────

己卡在陷阱裡或是被監禁了，又或者覺得被釘上十字架上。你的整個心及心思都想要做某件事情，但是無意識做出了否決，在這樣的時刻，因為與自性的交會，很自然的會有受苦的深刻經驗，但是自性也同樣是受苦的，因為它突然陷入常人生活的實踐。

在自性經驗及受苦的連結下，榮格提到次經（Apocrypha）的約翰／使徒行傳（Acts of John）中基督的言論：基督站在一群載歌載舞的使徒中間，同時說道：「我要受的正是人類所受的苦。」這是最簡單的說明。如果它沒有與人類接觸，神聖的角色就毫無受苦可言。它渴望經驗人類的苦難——不僅僅渴望人類所受的苦，事實上還要造就苦難。人類若不是因為與某些更偉大的事物相連結上，是不會受苦的，或者人類會承受如同動物一樣的受苦方式：他會接受命運並且隨命運而死。如果你屈從於一切發生在你身上的，就如同動物所經歷的，你並不會有深刻的受苦感，而是以一種無言的方式受苦。動物接受一切發生的事物：如果在一場意外中失掉一條腿，牠們就以三條腿蹣跚行走；如果牠們的眼睛瞎了，他們就在沒有眼睛的狀況下繼續生活，同時也可能會餓肚子。這是大自然界中會發生的，但是，人類對於發生在自己身上的事物是**有感的**。對於受苦一事，他有著較大的能耐，因為他是更加意識覺知的。如果他的腿被切除，或是如果他瞎了，感受會是更強烈也更深刻的，因為有更多的自我涉入其中，同時也有較多的能力來反抗命運。如果你曾經與經歷過可怕命運的人們工作，你就會明白何謂了不起的反抗力。這樣的人會說：「我無法接受！我就是沒有辦法！為什麼這些會發生在我身上？毫無轉圜餘地可言，但是我就是無法接受！」動物並不會展現如此深刻的受苦感，牠就是繼續下去直到死掉的那

一天，即便牠的後腿瘸了，牠依然如常行動，但通常的下場就是被吃了──這是個帶著憐憫的迅速結束。對人類而言，則是比較糟糕的，因為隨著現代醫藥的進展，人類沒有這麼快速的死去，我們因醫院而得到保全，但是緊接著而來的問題是：這到底有何意義？我為什麼要繼續存活下來？在這樣例子之下的苦難，就變得更深刻、更恐怖，同時也成為真正的宗教問題。

因此，我們對於真實且深刻的苦難是更加開放的，而這也涉及到我們內在有個部分認為事實不該如此；如果那是我生命中的一部分，同時是不可避免的，那麼我就必須要知道這一切意義何在。如果我能知道其中的意義所在，我就能接受苦難，但如果我不明白，那我就無法接受。我見過有些人可以將所發生的一切完全都接受，同時也沉著自若，只要他們可以看見其中的意義。雖然苦難持續，但是他們內在有個靜謐之島，因為他們清楚自己為什麼受苦，也因此感到釋懷。但是要能夠發掘受苦的原因，我們必須依循自身個體化歷程的特有形式，每個人的原因都是獨一的，而每個人也都是不同的（並沒有所謂的通論意義），因此，每個人都要去找到那個獨有的意義。這也說明了為什麼當你在找尋個人受苦意義的同時，你也在找尋你的人生意義。你所找尋的是個人生命中更偉大的模式，這也指出負傷療癒者之所以眾所皆知的是自性的原型之一，也是療癒過程的真正根本。

學員：你是否同意一旦苦難被接受後，就能夠成為與自性交流的媒介？

那要看他是否以對的方式接受，如果是以放棄的方式接受，那是沒有效的。有許多人會接受他們所受的苦，可是這當中卻染了一層放棄感。他們是忍受苦難，但這並不會帶來幫助。必須是正面接受才行，我認為只有當你接受之後，你才會了解其中的意義。這通常會表現在經歷無止盡的掙扎之後，接續而來的恩典時刻，在那一刻，個體突然間可以接受這一切，同時意義也得以降臨。我們甚至無法區辨到底是哪一個先出現的。有時候是意義先出現，接著是接受，但也可能是當個體下定決心要接受的那一刻，意義就清楚顯現，這是很奇怪的交織在一起的。

學員：基督徒認為受苦是有價值的，但你是否認為這通常有過多的放棄在其中？

　　那正是我試圖要對你們描述的狀況，如果他們有著鮮活的信仰，那麼他們會在沒有放棄的狀況下接受苦難，因為他們已經有所了悟，如果是這樣的話就沒問題。但是假若你有的是一種狹隘的信仰，像是你**試圖去**相信並說：「我必須相信，因為基督在十字架上受難。我必須要接受這個苦難。」這是被教導的相信——那一點忙也幫不上。此人就只是對自己的意識說教，因為那並非經驗所得，因此是沒有幫助的。

學員：那是了無生趣的，生命是後退的。

　　從感受的經驗來看，沒錯，情緒的參與是向後退的。那麼這又

代表著什麼意義？你所謂的生命向後退，指的是哪一方面？

學員：當小王子及聖修伯里在一起時，某件真實的事物是有可能發生的。

沒錯，但是我想要了解的是生命是從哪個部分向後退？起初，有相當高彩度的圖畫，其中有一張是聖修伯里所謂的「急迫圖像」，畫猴麵包樹的那一張，他說是自己畫得比較好的一張，同時也是比較多色彩的那一張。而結尾處這一張——幾乎是沒有顏色的。

學員：是他在那一刻的縮影圖，一張曼陀羅圖。

不對，我認為那一張是在離開之後所留下的孤寂感的描繪，這張圖顯示出兩座沙丘的交會點，那兒有一顆星星，所要傳達的想法是小王子回到那顆星星上。那是一幅孤寂感以及被遺留的孤寂感的圖像，但是這張圖真正讓人感到糟糕的是什麼？在小王子離開後感到孤寂或是失去生命感是正常的，那是自然本性。

學員：那是一座沙漠，同時沒有生命，沒有丁點東西生長在其中。

是的，但那是圖像會帶出的感覺。當神聖感離開了，那正是個體會有的感受。我認為這圖表達出他的失望感，其中的悲傷感及空虛感是正確的，但是令人可議的則是失望感並沒有顯得較深刻。那

是一張對於失望感及孤寂感的空泛描繪，同時也是一張顯得有所欠缺的繪畫。看了之後你必須要想一想才會有感覺，你沒有辦法立刻得到其中的感覺。試著去畫一張當你被眾神遺棄時的心中所感；試著去畫出那個感受，我希望你能了解我所說的，你會發現自己的想像會比這張圖來得更加鮮明。要描繪出沙漠的孤寂感需要費些藝術性的努力——但是畢竟聖修伯里是個藝術家，他畫的卻是一片寬廣的、開闊的地面。同時去感受其中的氛圍，它的虛無感，天空中只有一顆星星，帶著它冷冷的光線照向地面的悲傷及冷淡感。我們都曾經看過帶著失落感及絕望感的圖畫，這些圖畫會讓人揪心，你會感受到所有的失落、絕望及空虛，但是在這張圖中你並沒有這樣的感覺。你必須要去想像他到底試圖要表達什麼，接著你得到一個想法認為那必定是孤寂感，但是它並沒有給你帶來震撼的一擊，或是給你揪心的感覺，因為其中沒有色彩。為什麼不將它畫得一片灰？如果那是一片悲傷的灰色，你或許會對它有所感受。為什麼不將天空表現為罩在頭頂的那一片寬廣冷澀蒼穹，當你看著這張圖時，會有一股寒意襲來嗎？此處，你既不覺得悲傷也不覺得寒冷。你必須要靠著自己的思維來取代那個感受反應，這圖中少了些東西。

學員：那就只是一片死寂。

　　是的，一片死寂——甚至不是失望感！它甚至沒有表達出悲傷感。

學員：但書中的描述卻是充滿著感傷之情！

是的，文字的描述是如此，但是圖畫並非如此。雖然書中的描寫是充滿感傷的，但卻是非常幼稚的，就只是希望能夠再度得到：「請捎來隻字片語。」這暗示著明信片，是最便宜的書信方式，就只是公開的請求幫忙——彷彿是在廣播電台的尋人廣播——要求通知旁邊的警察局。除了是貪心的孩子想要拿回他的玩具以及相當貧乏的表達之外，那是個非常沒有力量的好聚好散。

學員：也許他並沒有理解到它是神。否則他絕不會要求他人以那樣的方式捎來消息！

說的好！如果去傳遞出——「如果你發現我的神！」將會是絕對吸引世人的。

學員：我們可以看見他的想法及情緒間的不一致。

沒錯，此處我們又再一次面對死火山的議題。當情緒的強度不足時，會是危險的。當人們在這樣的悲劇情境中，典型的反應就只是說：「喔，沒錯，是的！」有時候那是虛假的，是輕描淡寫的。他們假裝沒有情緒，但是接著你會在冰冷的雙手以及其他症狀中得知情緒就在那兒，如果是這樣的話就不成問題，因為那不過就是假裝。但是，如果他們真的沒有情緒——當火山已經燒盡了——那麼就是危險的。

學員：我認為聖修伯里是相當直覺型的，而他認為那是個必須要結

束的事件，正如他在沙漠中失事。整本書從頭到尾，你會感覺到這個經驗原本就只會持續一小段時間，接著就會結束了，圖畫中所呈現的平坦加上其中的經驗感受，並沒有讓人有失望感，因為他知道這是必須要結束的，而對此他無能為力。

這是在智性上的過多著墨。我認為你說的是相當正確的，但那是個病態的反應。假設有個你深愛的人因為無藥可治的疾病而死去，你的理智同樣也是知道的！它知道這個經驗終究要結束，關係必須要結束，醫師也早就警告過你了，病人只能再活三週，但這並不表示你就沒有其它的反應。即便你知道關係無可避免的必須要結束，這並不會終止你的感受，正是如此！我們很清楚聖修伯里在沙漠中與小王子的經驗勢必要結束；這是勢必該如此的經驗，但是那也正是如同聖修伯里的其他人格特質一樣的虛弱處。那些將自己從自身的感受及情緒層切割開來的人，為的是要避免受苦，或者是因為他們無能感受以及無能受苦，他們將一切代之以反思；他們就只是說：「好吧，這必須要結束，讓我們就事論事吧。」如果你真可以如此做到，其中必然有些不對勁。如果你可以因為理智告訴你必需要結束而擦掉你的經驗，那就只會是智性的論點。理智找到論據來將經驗抹除，但是假若一個人真能做到如此，那將會是病態的跡象，那是不正常的。正常的人可以因為理智而了解關係必須要結束，但是他們的傷感是同樣存在的。感受如同理智一般都有其分量。

學員：聖修伯里自始至終就在為這一天做準備，始終是跨在邊緣
　　　的，但是正因為他一直為此而作準備，在結束的當下就幾
　　　乎是帶著幽默感的，因為「那不過就是另一個需要走過的經
　　　驗，而且這一切終究會有結束的一天。」這一點基本上表現
　　　出他的整個人生狀態。

　　是的，缺少的正是深刻的感受性，時常意識到人生的短暫性，
以及在步入結局之前總是準備好要結束的那種感覺，這是永恆少年
典型會有的表現。舉例來說，當他與女孩交往時，他心知肚明結局
會是失望及分離，因此，他並沒有將自己全心的交付給這個經驗，
相反的，他總是準備好要說再見。如果只就理性來考量，他是正確
的，但是如此一來，他就從沒有真正的活過，理性在他的人生中佔
了太大的部分。他並不允許非理性地不預作準備退場，因為這將會
帶來失望感，這顯示出欠缺坦然大方的態度。為什麼不說：「當
然會有失望感，因為所有的人生經驗都是短暫的，同時也可能會以
失望結束，但是讓我們不要先預期失望感，無論如何，讓我們以全
心的愛將自己交託給情境。」其中一個並不會排除另一個。我們不
需要當個只相信快樂但接著就從雲端跌落的傻瓜，而假若我們總是
在一開始的時候就因為預期中的苦難而退卻，那就會是種病態的
反應方式，這是許多精神官能症患者所為。他們試圖訓練自己總是
以期待受苦的方式來不受苦。有人說：「我總是會事先想到苦難的
來到，就好像是我已經訓練好來對抗苦難，我總是在幻想中預期苦
難。」但那是典型的病態表現，同時也全面阻礙你真正的生活。我
們需要的是一份雙重的態度：知道事情可能會如何轉變，但也仍

永恆少年：以榮格觀點探討拒絕長大

然將自己全心投入經驗，否則就沒有生命可言。理智會事先加以組織，以保護個體免於苦難——天真的不讓個體有完整的經驗——在個體未預期會出現的時候。在那樣的情況下，過多的理智及意識將奪走生命——這正是永恆少年會有的表現。他不想要將自己交給生命，而是試圖以他的理智將之隔絕，那正是病態所在。

學員：當我們想到荷蘭印象派畫家梵谷（Vincent Willem van Gogh）的畫作，即便是最憂鬱的作品都是充滿能量、力量以及情緒的。

　　是的，對照於此，即便是悲傷感也是全然被經驗的，同時即便是失去的一切也都是全然被經驗的。我們會思考如果這樣的人可以受苦，那會有多麼大的生命力！如果他們不能快樂，至少讓他們不快樂，真正有那麼一次去感受到不快樂，那麼他們就會真正成為一個人。但是永恆少年甚至不能感到不快樂！他甚至沒有那份寬容及勇氣來將自己暴露在可能會不快樂的情境中。就像是個膽小鬼，他築好了逃跑的路——他預期失望，為的是不遭受苦難的打擊，但那是對生命的拒絕。

學員：我們是否可以說被封住的情感傾向於會自主表述，因為我認為不管如何情感都必須要得到表達，被拒絕的感受必須要存在？

　　此處我並沒有看見這一點，除了玫瑰所自發表述的喜怒無常之

外。

學員：是否是因為火山已經燃盡，裡面什麼都沒有了？

　　我認為他內在沒有任何東西，但是你在玫瑰喜怒無常的爆發中可以看到裡面有好些感受。她是全心處在她所表現的情境中，當她吹噓自誇的時候，她是全心全意的吹噓自誇；而當她生氣的時候，她也是全心全意的生氣；當她是傲慢自大的時候，她也是全然的傲慢自大，因此，她的表現是帶著某些程度的完整性。她就處在當下那一刻的的心情中，我們可以說那至少是某件讓人感到值得的事物。那顯然是聖修伯里的妻子的情況，她有著極大的自發性，甚至達到讓人震驚的程度——她將自己丟入瞬間的反應中。

學員：我比較從負面來思考這一點，穿透整本書的是輕微的傷感。

　　是的，那向來指出欠缺感受，因為多愁善感代替了真正的感受。那是這張圖畫的另一個面向。

遭遺忘的口套

　　你會如何解讀小王子想要給綿羊套上口套以預防綿羊吃掉玫瑰這一點？我們看見他心中的盤算：他想要一隻綿羊來吃掉猴麵包樹上的嫩芽，想當然的，如果他就只是讓綿羊自由自在待在星球上，綿羊勢必無法區辨玫瑰與嫩芽，因此牠會吃掉一切。於是，小

王子可能計畫要將玫瑰罩在玻璃罩底下,讓綿羊吃掉所有的猴麵包樹上的嫩芽;接下來就是給綿羊套上口套,並且將玫瑰的玻璃罩拿開,他打算以這樣天真的方式讓綿羊及玫瑰分別開來!因此他需要口套,也因為圖畫是他世界裡的創意表現形式,他要聖修伯里畫出口套,好讓他可以與綿羊的圖畫一起放入盒子裡,如此一來,就可以防止玫瑰被吃掉。但是因為分離的心煩意亂而忘記了口套的韁繩,當聖修伯里在最後突然想起時,他說:「如今,看看我做的好事?」他認為自己會被不確定綿羊是否吃掉了玫瑰的想法折磨一輩子。對於這個問題他不會有答案,但卻是自此以後會不斷折磨他的想法。你會如何解讀這一點?

學員:他的動物性那一面並未得到同化,有可能會變成具有摧毀性的危險。

是的,但很重要的是要記得,你所面對處理的是這個人世及不可知的世界。你記得當我們談論到綿羊時,我提到這可能會是個造成致命意外的小錯誤,就好像是在機場草坪上有綿羊,而飛機降落在其中一隻身上,導致失事。我們已經談過綿羊代表眾人,代表眾人的靈魂。綿羊的負面特質是它那集體性的本能組成。過去,綿羊群中總會有幾隻山羊,當狼群展開攻擊,山羊不會倉皇失措,如此一來綿羊就可能得到逃脫的機會,假若大公羊是領頭羊,牠會驚慌失措,而整個羊群也會跟著驚慌失措。因此,為了補償綿羊的愚蠢,必須保有山羊在羊群中,但是野狼也學會先宰了山羊,接著讓羊群驚慌失措。假若綿羊是那個藉由集體性來破壞個體化歷程的集

體事物，那麼它吃掉玫瑰也不是讓人訝異的。

心理層面而言，身為曼陀羅的意象，玫瑰也是個體化歷程的核心本質，但是書中讓人感到恐懼的是玫瑰是在另一方，也就是在不可知的世界中被摧毀了。在我們的世界，綿羊並不全然是負面的，永恆少年的確需要對集體的適應性。他通常總會帶著錯誤形式的個人主義，同時也無法充分適應集體性，舉例來說，多數的永恆少年會對軍中服役感到畏懼，因為他們不想成為綿羊。但有時候成為一隻綿羊以及適應集體性反倒能給他們帶來許多好處。但是在本書的例子則顯示集體性被延伸到不該有任何綿羊的星星上。這是一個悲劇性的安排：當個體過於極端的抗拒適應，接著，此人反倒會從背後及內在被集體制約；如果你假裝得比自己該有的更加來得具有個人性，同時因為自認是特別的而避開適應──帶著精神官能症的全面虛榮感而自認是獨一無二的，同時以為自己被全世界的人誤解，因而感到如此的孤單，認為這一切都是因為其他人極度欠缺敏感性，同時他們都是愚蠢到家的綿羊，可是卻覺得自己是如此脆弱的靈魂──如果你有這些錯誤的自負感，同時也因為這些自負感而不去適應人性，那麼你就正好會成為那個事實上完全不帶個別性的人。

當我在談論永恆少年時，我提過許多人會說他們見過很多這類的人，他們可以回想起一卡車的這類人士，這顯示事實上永恆少年並非獨有原創的！實際上他是集體存在的類型──永恆少年的集體類型，除此之外無他。也就是說，他越是扮演王子的角色，懷著自己是獨一無二的想法，他就越會成為一般的精神官能症類型──這是我們可以從臨床的角度來描述的類型，同時也能夠以這樣型態

的描述來含括幾乎整個人格面向。正因為永恆少年玩弄錯誤的自負感，他從內在被集體化，帶出的結果就是沒有任何一個反應會是真的個人化的，或是真正特別的，而不過就只是個原型。這說明了為什麼有時候當我們面對永恆少年時，我們可以對他說：「那個、那個，還有那個不就是你的哲理嗎？你不就是在那裡、那裡，還有那裡招惹麻煩事的嗎？還有這不剛好就是你跟女人的情況嗎？」接著，他就會回答說：「天啊！你怎麼會知道這些？你怎麼這麼了解我？」

如果你和原型是相同的，我可以描述你的所有反應，因為原型本是個明確的反應模組。我們可以預先知道永恆少年會長什麼樣子以及他會有什麼感受，他就僅僅只是永恆少年神的原型，也因此，他身上就帶有這個神的所有特質：他對於死亡有著懷舊的渴望，他認為自己是特別的，他是在強悍的綿羊群中那個唯一敏感的。他和帶有侵略性及破壞性的陰影面之間會出現問題，他不想要活出那個部分，同時通常會將那個部分投射出去等等。但事實上他並沒有任何特別之處，此人越是認同於少年神，就越不會具有個體性，即便他自己覺得是特別的。如果人們真的有思覺失調症狀、真的發瘋了，同時也真的認為自己就是耶穌基督，那麼他們就都會說著相同的事物。

榮格工作的精神病院裡曾經有兩個耶穌基督。他將這兩人放在一起，同時對兩人介紹彼此：「這是米勒先生，他認為自己是耶穌基督，而這是麥爾先生，他也認為自己是耶穌基督。」接著，他離開病房並且留下兩人獨自待在病房裡，沒多久之後，他發現其中一個坐在角落裡用手指敲打桌面，而另一個則站著在窗邊拍打。他問

兩人是否分辨出誰才是真的耶穌基督，兩人同時轉向他說：「他完全就是個自大狂！」兩人在對方的身上都看得清清楚楚的！當焦點是去看對方的問題時，就能做出正確的診斷。

註釋

1　編註：希臘神話中看守冥界入口的三頭惡犬，有著蛇的尾巴，嗜甜食。

2　編註：古希臘哲學家，是第一位以簡樸語言討論對立統一之人，也是促使哲學由外部世界的討論轉向內心世界的研究的哲學家，他的名句之一是「人不能兩次踏入同一條河流」。

3　編註：古希臘自然派哲學家，是「原子論」的創始者，認為世間萬物都是由原子與空虛組成。

4　編註：古希臘哲學家，認為萬物由水、土、火、氣構成，並因「愛」而聚合，因「衝突」而分裂，並且恆常於兩者間變動。

一個年輕人的經歷
（上）

為了進一步解讀《小王子》一書，我接著要進入一些務實的素材。我無法稱這素材為案例資料，因為你會看見，我和這個永恆少年的接觸是十分怪異的；我們不能稱這個為治療。

　　這是一個年輕人的案例，當我第一次見到這個人時，他正值三十一歲。他來自中歐的某個國家，父親曾開了一個小花店並當過設計師，但在男孩六歲時就舉槍自盡了，事發當時他並不知情。父親的婚姻顯然是相當不美滿的，男孩記得父母常有爭執。年輕人的母親將男孩獨力帶大，同時也在父親過世後繼續經營花店。男孩自己希望成為一個畫家。事實上我認為他在這方面是相當有天分的，從大約十八歲開始，他就受盡監禁恐懼之苦，他幾乎無法進入任何城鎮，因為一旦他看見警察，就會因為驚恐而逃跑，一心覺得自己會被逮捕並鋃鐺入獄。這讓他的生活陷入極度的艱苦；他總是逃開，在角落裡躲躲藏藏，就彷彿自己是個遭受迫害的罪犯。他同時也相當恐懼夜晚，每個黃昏對他來說都是個痛苦的經驗。在傍晚時分即將來到的時候，他會感到恐懼，而在夜晚時他也無法入睡，躺在床上整夜醒著也讓他感到恐懼不已。他同時也有自慰的習慣，可以說這是自然的行為表現。另一個恐懼則在較後期才出現，他無法穿越邊境或是任何有邊界的地方，對於居住在歐洲的人來說，假若你無法跨越邊境會是相當惱人的！我第一次得知他時，他就正處在這樣的困擾中。

　　當時我在國外某地講述與榮格相關的主題，之後我接到一張他寄來的明信片，信中提到想和我討論演講中所提到的某些事，並也提到出於個人的某些問題，他會在某日某時抵達。但是在那之後什麼也沒發生。我為他預留了時間，但是沒人出現！後來，我又收

到另一封明信片，沒有任何道歉，就只是說：「又是我，我會在某日某時前來。」同樣的，人也沒有出現！我後來才得知他總是在抵達瑞士邊境時沒能越過，於是就打道回府。因為他不想要在書信中解釋這一點，所以他就只是選擇不出現。之後，我收到第三封明信片，同樣也沒有道歉之語，也同樣的說他會前來，但是這一次我決定不再為他預留時間。接著，一個年輕人就突然出現在我的門前並相當有禮貌地解釋說，他先前寫了兩封明信片，之所以沒出現是因為他感到害怕而不敢前來。對於這份恐懼感，他自己給的解釋是，有一次他在接近邊界的某地畫圖，他當時並沒有覺察到自己實際上已經在邊界上，因而被邊境警察逮捕。警察要盤查他的護照，他因為沒有帶而被關了起來，不過也只是警察撥電話到他國家盤查身分那兩三小時，在那之後，他就在連聲道歉中被釋放了。他說這個經驗並不真的讓他感到害怕或是難過，之後他也對我承認，自己在很早以前就對越過邊界感到恐懼，因此我們不能將這個被盤查的經驗過於認真看待；這個意外事件只是增強了先前已經存在的恐懼感。他同時模糊地說，自己曾經有過電擊治療的經驗，也曾經待過精神病院，但是我從來沒能得到任何的細節，因為他不想談論那些事情。某方面來說，你或許可以說這是精神症發作後的案例。他嘗試過好些佛洛伊德式分析，但總是在二或三次會談之後就逃開了。他對那個部分的經驗不置可否，就只是就事論事提到這一點。只要我試圖多問一些，他就什麼都不回應。

當他出現在我家時，身上帶著帳篷，事實上他因為沒有錢而想要住在我家附近，同時向我諮詢。他身材十分高大，有著金色的頭髮以及藍色的眼睛，看起來就像是美麗的少年太陽神。他身上穿

著尚·考克多的漁夫大衣及風帽，一身的衣著有如天境般的幽藍色調，挺適合他的。我在一個午後與他談了幾小時，同時也得到那些我前面告訴你的資料。接下來，他就拿出帳篷，就這麼搭營睡在附近的草地上，可是在夜晚時分——當時是夏季——出現了一陣雷陣雨，夜晚及暴風雨讓他如此害怕，以致於最後他衝進旅館裡，也花掉了他僅有的一點錢。隔天，他離開了，而我也沒有再見過他。

在那唯一一次的短暫會面中，我對他說了一些關於永恆少年的事情，同時也列出了他的問題所在，對此，他一點也不感到喜悅。我甚至並不期待會再次聽到他的消息，心想他就會像是我生命中的流星一般，出現後就消失無蹤。但是在兩星期之後，我收到一封信，他在信中提到我所說的內容讓他感到十分不悅，同時他也對我感到生氣以及失望，他費力來見我卻得到如此糟糕的結局。接著，他提到自己又重新再想過一切也得到結論，畢竟我所說的並不全然是錯誤的，除此之外，發生了一件事證明我所說的是正確的。他接下來告訴我一個故事，我稍後會說明這個故事。他詢問是否可以三不五時寫信給我，同時也問我是否會回信。這個狀況持續有一年之久，在這段時間，我們相互交換了三封信件。書信往來後來就終止了。這是大約十年前的事情，而我對於結束通信一無所知，直到大約五年前，我遇見一個認識這個年輕人的人，這人告訴我這個年輕人當時一切都很好，同時他也從事繪畫。在那之後，我聽說他結婚了，之後則因為癌症在四十五歲那年過世。

第一封信中的夢

在他的第一封信結尾，他以相當具有挑戰性的方式寫下他離開之後沒多久做的一個夢，他說自己無法從夢境中看出什麼端倪，想聽聽我會針對這個夢說些什麼，夢境內容如下：

我在山峰，與一個女孩沿著山脊而走，我不認識這個女孩。兩個男人從下方跳上來對我展開攻擊。在與他們激戰一番之後，我被抓住了，也被丟入下面的峽谷。我當時不知所措，但是我被一棵孤寂的冷杉接住，因此沒有跌落峽谷底。

簡單說，這個夢境顯示出永恆少年的問題，他以及他的態度都過於高高在上。他總是想要得到每個經驗的精華，他是風流公子哥唐璜一族的類型，同時也與好些女孩在一起，他通常和女孩一起生活兩或三星期之後就會從她們身邊走開。一旦事情變得有些過於個人且過於束縛、或是過分需要相互承諾，他就會抽身走開。他並不清楚或是沒有覺察這是個讓人不滿意的行為方式，認為每個人都是這樣表現的，同時也認為那是男人的生活方式。某方面而言，他對此是完全無知的。人們一起生活的山谷，人們擠在一起的地方，但同時也是讓人們根植的地方，這些都是他不清楚的問題。舉例來說，他從來沒有處理過關於錢財的問題。他從母親那兒得到一些錢，同時也以此為生，我必須很含蓄的說，他是藉由住在帳篷來省錢的，但是他從來沒想過要自己去賺錢，儘管他已經三十一歲了。當我向他建議說，事實上與女人的性關係可能也會是人性的關係，

其中帶有感覺及某些承諾，他驚訝的瞪著我，因為這樣的事情是他從來就沒想過的。他不喜歡這個想法，不過至少是相當天真的。這部分就會是山巒的高峰；如果你沿著山脊走，無論你走哪個方向，都必須向下走——你無法往上走得更高，四個方向都帶領你向下——這一點相當清楚的顯示他的情況。他是處在心理的情境，在這個情境下，他要不是陷在那裡，就是以某種方式從他所處的高度下行，那正是我給他的回信內容。然而，以書信的方式去分析某個你毫無所知的人的夢境是相當危險的，因此我維持模糊的做一般解讀，像是：「你過於高高在上。持續那樣子只會意謂著在某個地方因為某個原因你必須要下來。」而我讓他自己去做出實際的應用，因為我並不知道他有哪些可能性。

他之所以害怕夜晚，是因為當他在黑夜躺著時，總會幻想有個巨大的原始男人站在他的床邊瞪著他看。他說那個人就像是個拳擊手，而且他就站在那裡直直的對他看，這讓他感到害怕不已。此人顯然代表他那被分開的陽性面，他看起來並不是十分帶有陰性特質的，但是，他相當的緊張焦慮，同時也不從事任何的體能運動。這個人很明顯的是代表他身上所欠缺的本能陽性部分。這是永恆少年常見的陰影面，因為母親情結通常與生理陽性及自發性分別開來。在這個案例中，陰影面是相對無害的，而我也認為未來的展望不會太糟，因為這樣的類型並不會非常的危險，然而，如果是一個真正殘忍的流氓型的話，就會是相當危險的陰影面。

母親的阿尼姆斯會傾向於切割開生理的自發性。陽性的自發性是母親想要隔開或是摧毀的，而她的兒子則會本能的與之征戰。我曾經有個案例會是這一點的絕佳說明。我的鄰居中有個女人，她有

個四歲的小男孩，男孩得到一個灑水壺做為聖誕禮物。因為正值冬季，他自然是無法使用這個灑水壺。當他拿到這個水壺時，母親交代他不能在客廳使用。男孩可能壓根兒就不會想到這一點，但是如今，當然的，當母親一外出，他就拿出水壺對著地毯灑水。母親氣壞了，咆嘯怒吼，還將男孩痛打一頓，吵鬧聲傳開。我因為聽到吵鬧聲決定介入干涉。男孩用盡力氣大聲尖叫，當我問這個母親到底發生了什麼事，她告訴我這一切，我忍不住笑個不停。我對她說正是她把這個點子植入男孩腦袋的，因此他沒辦法等到春天到來。她說：「或許沒辦法等，但是這個行為必須被制止，否則當他十六歲時，他會看到女孩就吻。」她當時就是這樣回答的！男孩只是顯示了一點點的自發性、獨立性以及不聽話——他希望享受生命，同時依己意做事——而母親一覺察到在男孩身上的這個小男人，就立刻覺得必須加以輾碎。顯然的，這裡也有噴水壺的象徵意涵——很明顯的象徵意義——這會引導他在十六歲時在黑夜親吻女孩。母親的幻想已經在期待這一刻；她感到這個小男人已經起身，同時也開始自發行動——而她無法承受這一點。

此處，你得以看見母親的阿尼姆斯是如何突襲這些事件，就好像是穿著髒鞋子進來、吐痰、說髒話，或是年輕男孩在某一階段會以貶抑的方式談論女人，那種一副彷彿只有天知道女人是何物的態度——個體因為受到吸引而必須鄙視之。這樣的情況是帶有原始性的——我們甚至可以說是類人猿的——是陽性面的表現。男孩內在的自然天性就是有些野性，有一些欠缺社會適應，雖然個體在某些程度上必須反抗這樣的行為，但是有些部分是要被允許存在的。帶有健康本能的母親就只會聳聳肩說：「唉，男孩就是不受控制。」

之類的話語。但是，她會放過男孩們同時試圖忽視他們的行為，雖然也會咒罵幾句，因為這的確是惱人的。但是，這個母親揭露出幻想的內容，她在小男孩的反應中感受到未來獨立性的芽。這說明了當母親「吞掉」兒子，她就是以她的阿尼姆斯大大的摧毀了生理陽性面的表現，陽性面表現在把自己弄得髒兮兮的、撒野的、具有侵略性的以及用力甩上門。但是事實上這些表現也強化了男孩有活著的感覺。

也許當你年少的時候，你曾經經歷過酒神節的狂歡嘉年華會（Bacchanalian），你感覺自己在世界的頂端，同時充滿活力感，覺得自己可以將整個世界都摧毀。這樣充滿活力的感覺是健康的年輕人典型會有的。它讓人感覺活著，同時也滿有魄力，而那正是吞噬性母親最痛恨的一點。她痛恨這出現在兒子身上，因為那是一種會將兒子從她身邊帶走的生命驅力，這是無意識的反應，始終都是如此。它會讓兒子忘了她這個母親，而這也是為什麼我們常會在這類兒子身上發現，像是被大卸八塊的大猩猩、高大強壯的拳擊手或是罪犯的陰影面角色，這些角色代表著被拘禁的陽性特質，它同時也補償了自我的虛弱性。

雙重性、依附與死亡

在個案的夢境中，上場的陰影面人物有兩人。兩個男人衝向做夢者並與之扭打。通常而言，正如我先前提過的，當夢境中的人物以雙重角色出現時就意謂著它已經相當接近意識的範疇。這個案例還包括另一個意涵，亦即，陰影面具有雙重面向，其一是危險的，

另一個則是正面的，例如可能是退行或是前進的，但在我們的案例中則是再明顯不過了。舉個例子，陰影面的人物可能會以同性別的誘惑進入做夢者生活中；他可能會輕易受到強壯的同性男子吸引。事實上，我們之後也發現，個案的確有那樣類型的朋友，雖然兩人並沒有發生任何同性戀事件，但是當中的魅誘是相當引人遐想的。因此，我們可以說無意識中的拳擊手陰影面得到雙重的激發。這可能會是某件與他混合在一起的事物，一旦與之混合就會提升他的意識面並且強化所欠缺的陽性面，否則就可能會仍然留存在外在，同時被投射向外，如此一來他可能會變成同性戀，同時以向外投射的方式追著這個陰影面而跑。因此，這個被分割的內容可能摧毀他，也可能會以錯誤的方式得到實踐，又或者可能真的幫上他。我們也可以從他的行為表現中看見這個雙重的陰影面所帶有的模稜兩可：這兩個男人將他從山邊拋下，如果那兒不是正好有棵冷杉他就會摔死。如果陰影面突然攻擊自我意識，那就會是永恆少年突然死亡或是飛機失事等事件。這個陰影面可以拯救他也可以摧毀他。我曾經有過後者的案例。

　　我記得一個年輕人的案例，他完全被他的母親給吞噬了，同時也幾乎是半個女孩。他是個藝術家，糟糕嚴重的缺乏現實感。當他的雙親過世之後，他的財務陷入困境，有個憤世嫉俗但務實的堂兄弟出現，建議與他陰謀詐騙保險公司。這年輕人從沒工作過，也從沒面對過現實，就這麼被困住了。接著，這個堂兄弟告訴他每個人都這麼做，還說只要他簽下文件就能得到保險金。他依樣而做，但是並不清楚從道德角度而言自己到底做了什麼。不久之後，他就鋃鐺入獄了。那個憤世嫉俗且現實的堂兄弟得以置身事外，但是永恆

少年男孩卻因為意圖詐騙保險公司而吃牢飯。

另一個媽寶男孩的案例則表現陰影面所製造的意外事件，這男孩一直以來都被守護在一個塑膠罩裡，與生命全然隔離。他人生中首次離家，就是前往大城市。因為從來沒有經歷過任何形式的自由，無論是性愛的自由或是其他的，在家時總需要表現出分寸及規矩，因此他在大城市裡有好一陣子都是完全的狂野不羈。他前往自然之友木屋會（Nature Freunde）——那是一個由一群崇尚自由生活、住在木屋中的年輕人所組成的親共產主義團體——在那個團體裡，他飲酒過度也完全的狂放不羈，每晚都和不同的女孩在一起。他直接轉換到陰影面。除了因為緊張及狂熱而過分行事之外，他所做的可以說沒有太大的問題。我只見過他一次，接下來他就精疲力竭，同時健康也徹底下滑。我警告過他，告訴他我並不介意他過去做了什麼，但是他不應該過度行事，同時也說他會毀了自己的健康，給自己帶來很大的風險。他帶著嘲弄的表情看著我，彷彿我就是個叨念的姨媽，這是我從他身上得到的回應。三週之後，他撥電話給我，說自己染了小兒麻痺症，接下來一輩子都得瘸著。我很確定他那糟糕的健康狀況必然也加重了這個超糟糕的疾病結果。那就是陰影面在實際的生活面向中會如何衝擊著永恆少年：他要不是死於飛機失事，就是死於山難，或是死於車禍，又或是鋃鐺入獄——許多的案例都是半無辜的。這些都是墜落山谷或被丟入深淵這畫面的意涵。因此，我們可以看見陰影面有著雙重面向：它包含著必須的生命活力及陽性面，但也包括可能的破壞力——某種可能真的會摧毀意識面的事物。

在這個男孩的夢境中，兩個陰影面人物（他對這兩者並沒有多

作聯想）將他扔下。他必須要往下並進入深層，這對他來說可能會是對的表現，也可能會是錯的表現。如果他走得過頭了，那就會是錯的，但若是如同此處所出現的救援力量，結果就會是好的。在這個夢境中，你可以再次看見我對小王子的素材所提到過的，永恆少年的素材中常會奇特的呈現雙重性：療癒性以及破壞性因子是彼此接近的，我們幾乎可以從雙線的方式來解讀所有的內容。樂觀主義者可能會說永恆少年過於高高在上，我們要感謝上帝陰影面抓住他同時將他帶入較低的層次，而且夢境中有樹的存在，那是成長的象徵，那也是他前行的必然方式。但是樹可以是成長也同樣可以是死亡。我們可以說永恆少年是過於高高在上的，而一個模稜兩可的陰影面讓他無力對抗，同時也透過非自願性的方式被丟下，而不是依循自身的自由意志。這**看起來**像是個意外。事實上，這個年輕人，當我與他會面時以及當他做這個夢的當下，是處在極大的死亡危險中。他可能在任何時刻就死了，因此，我給這個夢一半一半的解讀，這在陰影面的雙重人物中也可見一般。我們無法明指事情接下來會如何進展，但是我們確定知道的是會有減損，也會有解決的方案，說明白點就是，他並沒有整個從山坡上跌落，那可能會讓他喪命，而是在半途被某物擋了一把——一棵孤立的冷杉就立在他跌落之處，也因此接住了他。

我們都知道，小亞細亞及敘利亞等地有好些對母親的敬拜，他們的信仰中心是母神賽貝里（Cybele），在後期時代，她被視為等同於愛神阿芙羅黛蒂（Aphrodite）。在某些神話版本中，她的兒子是她的愛人，有些版本也說她的神聖愛人正是美少年阿提斯。當阿提斯受到精靈的吸引而失去對母神的興趣，出於忌妒之情，賽貝里

將阿提斯引入瘋狂的狀況，結果阿提斯把自己閹割了，阿提斯在一棵冷杉樹下閹割自己。根據其他的故事版本所言，阿提斯也受到戰神阿雷斯（Ares）的迫害，阿雷斯是母神賽貝里的愛人。可以說是母神那帶有侵略性的阿尼姆斯殺了或是閹了少年神。在羅馬以及在小亞西亞的好些城邦中都會有春之祭，掛著阿提斯畫像的冷杉木會被帶入街頭巷弄，通常畫像只會出現他的上半身，被掛在樹頂上。另外也有其他神話的版本，根據這些版本內容，在阿提斯死去之後他自己就化身成為一棵冷杉木。這所有的神話內容都自然連結上太陽神神話中少年將死的循環，而對神的敬拜則表現在對少年神的悼念以及春之祭。此處，最大的問題出在樹，阿提斯是懸掛在母性樹之上，而耶穌基督則是被懸掛在生命之樹或是死亡之樹，兩者都描繪出相同的想法。

我們可以說阿提斯最後退回到人類存在之前的樣式，他變成了樹神，是樹木中的植物精神，他從樹而長成，也就是說，他的生命只來自於母親情結或是來自於他與集體無意識之間的連結，而他本身內在並沒有生命系統存在，他就像是住在樹上的寄生物。這是我們要嚴肅思考的事物，有許多的媽寶年輕人個案，如果你試圖要強力將他們與母親情結拉開，會是不明智的做法，因為他們可能因此而死去，他們只能存活在與母性樹的寄生連結中。如果你把他們視為一個獨立的生命系統放在地球上，就像是樹上的果實一般，他們就無法生存下來。他們並沒有成為獨立個體的生命力——這一點也顯示出我們必須不帶偏見的小心接近處理這個問題。如果這些人與年長的女性有著過從甚密的交往，許多人會說他不過就是和他的母親交往罷了，同時還說他必須被丟回生活。但是我們絕對不能聽

從這樣的一般見識，這只會帶來絕對的破壞；我們應跟從夢境及無意識的素材，因為只有那些素材能夠顯示從母性樹中分離出來的可能。如果得出的答案是否定的，我們就只是為此人的死亡情境而工作。

被懸掛在樹上的少年是個模稜兩可的人物。你可以正面的解讀這個夢境，並說這棵樹是生命的象徵，樹木本身是有根的事物，在地面上成長並有著一席之地。從這個角度而言，透過與陰影面之間的衝突，這個年輕人被迫扎根，要在生命中有一席之地，同時也開始進入成長或是成熟。但是如果你從負面解讀，從樹（母親）作為棺木及死亡的角度而言，透過與陰影面的衝撞，這個年輕人被丟回死亡母親的象徵，同時回到生命的根源，也就是說，被丟回母親內──在這個案例中就是被丟回死亡。某方面而言，永恆少年是樹木的反面，因為他是飛翔及漫遊的生命體。他總是拒絕待在當下，同時他也總是為了生命而與此時此刻戰鬥，這就是為什麼他避免與女人建立連結。女人對男人來說代表著與大地的束縛，特別是當女人想要有小孩時，而建立家庭會將他與大地永遠綁在一起。對到處飛翔的鳥兒來說、對永恆少年來說，女人是樹的原則。當他接納生命的這個部分時，他就接受了生命裡如其所是的情境，而這也是他不斷躲避的情境。樹清楚的顯示出被綁住了，無可避免的意謂著失去了個體漫遊的自由度。永恆少年及樹的象徵被歸在一起，樹木將他固定住，將他綁在大地上，若不是被綁在棺木中就是被綁在生活中。

女孩與夢

在我見到這個做夢者的那個午後，他以相當粗淺的方式告訴我他的外在生活，沒有涉及任何與無意識的關連性，而接下來在會談中他指出曾經在母國的某個城市，所有的症狀都突然消失了。他抱怨自己害怕夜晚，抱怨自己有邊境及對警察的恐懼，以及因為這個緣由生活是如何地難受，可是當他待在這個特定地點時，他完全沒有症狀出現：他不自慰，他對監禁的害怕感消失了，而他也對警察不再有恐懼感。接著他以相當傷心的表情看著我，同時說在三週之後一切又都回來了——甚至變得更糟。我回應說我們應該要仔細地看看那三週，同時也說當某人短暫的失去症狀總會是有趣的，因為這意謂著在那短暫的時刻，此人必定是處在一切都正常的情境，而這是相當重要的。因此，我問他當時做了些什麼，他首先描述的是那個城鎮的氛圍對他的幫助，但是接著得知他當時是與一個女孩一起住在那兒，在三週之後，他離開那個女孩前往其他地方。我問他是否一點都不好奇，同時也問他是否從未聯想過當他與那個女孩在一起的時候，他的症狀都消失了。這樣的想法從未出現在他心中。我問他為什麼會離開，他回答說他就只是離開了。在進一步的詢問之後，我從他那而得知下面的故事，正是我先前所提到的那個故事。

他還是個男孩時就認識這個女孩。女孩是他家附近一個富有鄰居的女兒，而他總是站在遠處欣賞她。她是個內傾的女孩，讓人敬而遠之。他總是把她視為可以欣賞但永遠得不到的美麗女孩。當他二十歲時，他結交了一個強烈陽剛類型的男性友人，他是一個雕

刻家，這男人某方面代表著惡夢中的那個男人。兩人始終保持聯絡。有個傍晚，兩人在雕刻工作室裡談論這個女孩，並論及是否能成功勾引這女孩。這個雕刻家是個風流公子哥唐璜一族，深信自己可以成功做到——只要他知道如何設下局，他就能得到任何女人。但是這個做夢者說是不可能的，在幾杯黃湯下肚後，他們帶著醉意打賭。做夢者接著就安排了一場會面。他居中幫忙介紹，而不知怎地這女孩就落入所設的局，雕刻家也成功的與她有了一夜之情。女孩在無意識中必然多少知道自己落入詭計。她清楚當她與雕刻家在一起時，他並不愛她，同時這一切都只是一場冷酷邪惡的騙局，因此，在那一晚之後，她心懷恐懼的逃開，同時也完全避開這兩個男人。

這個年輕人因為雕刻家成功得到女孩這件事感到恐慌，不僅僅只是因為他輸了賭注，更因為他不清楚自己為何有這樣的反應，同時也不想對此多做思考。他不再聯繫那個女孩，直到他又再次遇到她，之後兩人在一起三週。那正是他沒有症狀的時間點，但症狀在他離開女孩之後又再度復發。

在我們會談的那個午後，我試圖解釋自己是如何看待這個情況，也就是說，事實上是他想要這個女孩，他對女孩感到興趣，但是他沒有勇氣或是沒有男子氣魄向對方表白，因此他讓陰影面朋友去做本來自己該做的事。那是何其明顯的投射，他沒能自己實踐這一點，如果那個陰影面朋友成功得到那女孩，他自己就什麼都得不到了！他極為認同那個雕刻家，以致於在投下賭注的那一刻，因為受到幾杯黃湯的影響，感覺上彷彿是自己要去得到那女孩。接著，當雕刻家對他展示勝利的成果，他這才驚覺自己是完全出局了，另

一個傢伙勝出，而他也拱手讓另一人活出他那被分離的陰影面。我認為那是針對驚嚇感的簡單解釋。接下來──他再次回到無意識巡遊──他再次遇見女孩，同時不再受症狀之苦，但是也同樣不去想這到底意謂著什麼。

我認為這女孩是他人生中非常重要的一個因子，因為當他跟她在一起的時候，他曾經可以正常的感到開心，但是當我提出自己的想法時，他把我看作是媒婆或是巫婆一般，因此我必須後退一些，並說明我並不想要推他進入與女孩的關係，而是認為如果他持續與女孩維持接觸，或是嘗試想像關係的可能性，不會是個糟糕的主意。但是即便我是那樣的小心謹慎，我的建議都讓他感到氣憤，同時也導致他的離開。他後來寫信告訴我，正是那部分的午後對談，了結了我和他之間的關係──外加他也沒錢了這個事實。

他帶著傷心回到他的工作室，同時認為完全不值得來見我一面，也覺得自己浪費了錢。但是在兩星期之後，他心想也許這當中可能是有些什麼，他決定寫信給那女孩提議再次見面──除此之外，就什麼都沒有了。女孩那時候住在另一個城鎮，他在傍晚時寫好這封信，但是並沒有寄出，因為他需要稍微再多想想這件事。第二天早上，當他打開他的信箱時，裡面有一封信是她寄來的！她之前從來就沒有寫過信給他，而且她是如此的內傾，以致於她從來就沒有主動做過任何事情，因此，此舉給他帶來極大的震驚。於是，就在前一天晚上，他打定主意要寫信給她，但是並沒有寄出信，而就在隔天早上，接到她寄給他的信件。雙方都在信件中點出相同的事情──兩人應該要再見一次面。正好隔週就是國定假日，兩人何不花些時間見個面？事實上，女孩在信上寫下的內容就正好是他信

中所寫下的。這是典型的共時性事件。當然他當時對於共時性完全無所知，但是那卻打中了他，同時也讓他恍然大悟，對此深感信服，就在他想到或許我並不是完全錯誤的那一刻，他原諒了我，同時也寫信告訴我整件事情的經過。如果這個共時性事件沒有發生，他不會重新與我聯繫，因為他對於我所說的深感厭惡。

兩人在夏日見了面，進行一趟單車之旅。他們在樹林外停下，一起躺在草地上。他將頭枕在她的臂彎，而奇怪的是，當他真的躺在她的臂彎，他小睡了一會兒，還做了接下來的原型大夢：

他站在懸崖邊。（他在信件中畫了張圖，圖畫顯示他站在懸崖邊向下看著底下的山谷——相當近似於在大峽谷的畫面，兩邊都有平台。）他往下看：山谷的兩側有著白色的懸崖，山谷的底部則是有著天穹及滿天的星星；不是水或大地，而是天穹及星星。他緩慢地爬下山谷，雙腿滑動就彷彿是在踩單車，目的是讓他更緩慢地下降（他在作夢之前，踩單車好一陣子，因此，當他在夢境中也踩單車時，部分是因為物理刺激的持續表現，但是其中還有更深入的意義）並得以維持平衡。他有些痛苦的感受，也有些害怕接下來要發生的事情，但是他仍然能夠控制情況。他感覺有某事物就在他身邊，但是這感覺是非常模糊的；也許是一隻狗。突然間下方有股爆發，從下迸發湧上極大的光束。光亮之處相當平坦，他覺得自己被吸進去了，但是他在空中持續向下跌落。接著，出現了轉變，一切都消失不見，他下方的不再是天穹，而是有著四邊格狀的圖形，就像是你在飛機上會看見的地貌，有長方型的田地，但沒有樹木。接著又出現另一個轉變，他又再度回到先前同樣的地貌，但山谷下方

有著不流動的河水。水面是灰黑骯髒的，同時也不能提供反射。他醒來之後告訴自己：「我不害怕，但是這個水面是母親的象徵，我不想要掉落在它上面。（他曾有過佛洛伊德式的分析，因此知道自己有母親情結，不過只是很狹隘的佛洛伊德式文字感覺。）山谷底下就像是冰一般，可是無法像鏡子一樣反射。」（他重複說了這段話兩次。）他有一點害怕。突然地，光亮感又再度出現在山谷底部，光亮是圓形的，但是邊緣則有些模糊。爆發的光點就像是肥皂泡泡一樣，而在光點裡他看見一個骷髏，同時心想：「真有趣！死亡在這一切中的意義是什麼？此處死亡的意義為何？」他並不真的感到害怕，但是持續在同一個地點緩慢落下（這意謂著他一方面掉落，但同時也沒有掉落；這是夢境本身的自相矛盾。）接著，一切消失，取代的是山谷底下的亞麻油布地板，它是黃色的，帶著棕色的斑點。（首先是帶著星星的明亮天空，如今則是帶有棕色斑點的黃色亞麻油布地板。）原本巨大的地貌完全消失，他問自己深谷底下的那塊亞麻油布地板是要做什麼用的？（這真是超現實主義的。）他很清楚看清這一切，他對於亞麻油布地板的這個點子感到有些好笑。

他在他的信件中接著說，他不喜歡亞麻油布地板，他認為亞麻油布地板既冰冷又無美感，很難對之作出聯想，他沒有自己寫下來的我無從得知，因此必須從他相當表淺的信件中找出些端倪，但這就是他對於亞麻油布地板所提到的全部內容。

簡單來說，這個夢境包括永恆少年必須向下進入生命的問題所在。通常在夢境中的景象，特別是那些帶著許多細節及愛意而精鍊

呈現本質的景象，就如同這個例子所呈現的，可說是靈魂的景致，這個畫面鏡映出做夢者的心靈面向。我們可以在浪漫時期的畫作中看見這一點，所畫出的意象表現出畫家的天生氣質——暴風雨即將來臨、傍晚時分的寧靜或是充滿威脅的黑暗森林。這些典型的景象有著吸引力，同時也鏡映特定的情緒或是傳達特定的心理氛圍。因此，當夢中出現對於景象的精鍊描述，總會被視為是對心理情境的描述。與山峰夢境相同的，他再次來到刀鋒邊緣，來到終點。他無法以他現在前進的方式繼續向前行，這就是為什麼他在我的居所附近短暫下榻——真的就像是一隻鳥棲息在樹上，一閃而過又飛走了。他感覺到自己已經步上末路，同時也不能像從前一樣繼續下去。他的心靈一分為二，很深刻的分裂。但是從臨床的觀點而言，很重要的是去注意到這並不是典型的思覺失調症的樣貌。思覺失調症患者所創造的景象會有好些分裂出現：其中會有分散的峽谷，顯示意識現實的土地是分崩的。某方面來看，這個年輕人的案例並不是精神病症，因為其中只有一道分裂——地面並沒有四分五裂。我常會在強迫型的精神官能症患者身上看見這類型的分裂，這些案例通常會被診斷為邊緣型的精神症。你常會在他身上發現相當深刻的分裂，可是只有一道分裂處，那自然是更有希望感的，因為只有一個問題存在。在這個案例中，你可以說在他的邊境與國境恐懼之後，有著大問題，但是他的整體架構尚不至於溶解消散。

我沒有針對這個男人的恐懼症象徵意涵作出評論，因為我認為那已經很清楚了：警察將他關入監牢中，再加上國境這一點，當他需要越過邊境進入另一個國家之時，他就投射出想法認為自己要落入心靈的空洞中。監獄的恐懼症也是很明顯的一個。他就像是一

隻鳥——他從來沒有被固定在任何地方；他從來沒有停留在任何地方，不論是與女孩在一起時，或是在他的專業以及其他事物上。他甚至從未停留在同一個城鎮，而是帶著他的帳篷四處為家。因此，監獄是母親情結的負面象徵物（無論如何，他始終都坐在監獄裡），或是我們可以預期那正是他所需要的，因為他必須被關入監獄中，被關入現實的監獄裡。但是，如果他從現實的監獄中逃開，他就會落入母親情結的監獄裡，因此，不管如何都會是個監獄，無論他轉向哪一方。他只有兩個監獄選項，若不是他精神官能症的那一個，就是現實裡的那一個；因此，他就陷在惡魔與茫茫大海的兩難之間。那正是他的命運，整體來說，那也是永恆少年的命運所在。他情願自己決定選擇哪個監獄：到底是他的母親情結與他的精神官能症狀，或是被陷在塵世現實中不過如此的故事裡。

如今，他面臨著內在分裂的情境。他緩慢的落下，正當此時，為了要減緩落下的速度，他以雙腿做出踩單車的動作，這當中可能也有性的暗示，但是那可能也是生理的刺激，因為他先前踩了好幾小時的單車。除此之外，從他繼續前進的感覺來看，裡面也有一些正面的事物。他不只是被動的沉入情境——他自己也維持住一定量的運動——他落下的速度因此也減緩了。那是非常重要的一點，因為當個體落入內在的分裂——無論是憂鬱感或是內在的意外事件——如果自我情結可以維持一定量的活動性，能夠維持動作，危險就較低。當人們落入精神症發作時，總會表現出這類的本能行為。他們做出最後一個嘗試來拯救自己——我在許多案例中都看過這類的狀況——他們狂熱嘗試寫下所有的幻想內容，他們日以繼夜寫了又寫，直到他們突然卡住為止，這似乎是相當瘋狂的，但是那

真的是最後的一項嘗試，藉此保住一定量的主動性，持續與自我情結一起努力，同時也對無意識素材所帶來的淹沒感做些什麼，透過安置在紙張上來將之分別開來。當自我情結陷溺以致於無法呼吸之時，仍然有著本能的需求掙扎求生。

　　如果我們可以鼓勵這部分的發展，有時候就能夠與這個危險的時刻橋接，只要自我能維持住一定量的主動性，它就不會全盤的沉入無意識中，陷入了無生氣之境。如果我們將之與真實情境連結上，那麼這個男人與這個女孩的單車之旅就成為了不起的舉動。他並不是被動等待惡運找上他，就這麼一次，他在中途遇見這份關係，並且透過在情感層次與這個女孩接觸顯現一些主動性。正是這份進展讓他不至於全面落入分裂之處。在整個夢境中，他重複說自己不感到害怕，或是說他只有一點點害怕，當這樣的堅持出現時，總意謂著人們**是**害怕的。他必須不斷宣稱自己**不**害怕這個事實，顯示他對於落入分裂處極度恐懼，但是藉由自我的暗示性，他試圖保持冷靜。

　　相較於先前他被陰影面丟入山谷，同時湊巧被拯救的夢境來說，這是很大的進展。這一次，他維持住好些程度的自我動作，那也讓墜落的速度減緩下來。我們因此得知：不過於唐突地將陷入這樣心理狀態的人推向現實，是多麼重要，因為唐突推向現實可能會激發陰影面將之丟下。那就彷彿是一架飛機，飛得過高且用盡了燃油，為了避免墜機而必須慢慢降落地面。這是處理這類案例時最大的困難——一方面要協助他們趨近現實面，而另一方面又不過於推他們進入現實面，因為會有墜機的危險。夢境非常細緻的顯示個體如何能夠慢慢的降落，就像是降落傘傘兵，但同時也顯示出這個男

人有著如此嚴重的分裂，因此需要相當小心的對待。

　　墜落與降落就意謂著我先前在談到有小兒麻痺症的那個年輕人，或是那個最後鋃鐺入獄的年輕人時所提到的。這也可能會完全導向內在發展，而非外顯可見或是生理外顯的。其後，因為沒能成為聰明的永恆少年，這樣的男人會突然變成憤世嫉俗且讓人大感失望的老男人。他的聰慧轉成憤世嫉俗，從他的年紀來看他也已經過老了，對任何事都不再相信也沒有興致，因為完全地幻滅而失去所有創意及**生命原動力**（élan vital），也失去了與精神面的所有聯繫。接下來，金錢、企圖心以及與同事間的掙扎變得重要，與年少浪漫情懷有關的其他事情都消失一空。常見的還包括在這樣的男人臉上會看見苦怨的表情。接下來我要提供一個可以清楚說明這種情況的夢境。

永恆少年的中年危機

　　有個風流公子哥唐璜一族的浪漫年輕人，他帶著正面的母親情結結了婚也事業有成。他決定與妻子及孩子回到父母居住的城市。想當然的，必然會發生的就是妻子與婆婆之間常見的口角衝突。這男人與妻子間有著良好的性關係，但是沒有太多人與人的情感聯繫，他也並不真的了解妻子。同時他對於自己的母親有著極大的幻想，因著他的正面母親情結，他將母親理想化，正如同他將妻子理想化一般。當他很不幸的落入這兩個女人之間的戰爭，他難以自拔的對兩個女人的爭執行為表現，像是謊言欺瞞、誹謗中傷以及情緒的暴走等等感到失望，兩個女人都會將他拉到身旁，並對他說

對方的惡毒話——這是女人在這樣的情況中通常會使用的武器。講白些，他就是從雲端跌落，還將先前的一切一筆勾銷，他把自己淹沒在工作中，忽視那兩隻相互打架且把他的生活變成煉獄一般的貓兒。除了有時候對其中的一個咆嘯幾聲之外，他很少表明自己的立場。當我再次見到他時，我對於他的改變感到萬分驚訝。他看上去是個極度失望且臉色蒼白的老男人，帶著悲苦的表情。我問起他在工作上的進展，他回說進展良好但他有許多事要談，接著就對我坦白全盤的故事。他在意識上並不覺得失望，他認為那就是生活，同時他對情況的處理也是相當不錯的，只是他並沒有覺察到那些事件對他的情感所造成的震驚。接著，他告訴我接下來的純粹原型夢境：

他來到一個怪異的城鎮，城裡有個王子愛上了一個美麗的女子，但是這女子成為電影明星並離開了，如今王子與第二個女子定情。雖然，令人懷疑他是否同樣愛她，看起來他仍然愛著電影明星。他曾經給電影明星一個道別的禮物，為她量身訂做的珠寶——一顆淚珠形的巨大鑽石。接著，做夢者突然站在這個怪異的城鎮街道上，他看見王子與第二個女子一起走開，他的手環抱著她。許多的車子奔馳而過，做夢者心想這一對男女可能會被撞上，但是他們卻安全穿越街道。接著，兩人走入城鎮貧民區裡的漆黑後巷。一個黑色身影的男人從旁邊建築物中跳出，意圖攻擊王子，但是此時故事出現轉折，做夢者發現自己俯臥在人行道上，他被擊昏了但是沒有死，心裡想著出手攻擊的人是否仍然在附近，或者是否會有救兵出現。

此處，你看見王子是永恆少年的原型，而做夢者已經不再認同於王子。他已經走出對於王子的認同，同時也不再是永恆少年；如今王子已成為他內在的一個自主的角色。也許在十年前，他就是那個王子，典型的永恆少年，但是如今他已走入現實，已經卸下對那個原型的認同。然而，它仍然鮮活地活在他的心靈，獨立於自我之外。當自我不再認同，這個先前結合了幼稚陰影面及自性的角色就變成了自性的象徵物。他的聯想是王子愛上了一個美麗的女子，而如今這女子變成美國的電影明星，同時完全就變成廉價的外傾型。

這是正常的發展歷程，部分的阿尼瑪引誘男人進入生活——那是將他引入婚姻、引入職業生涯，以及引入對生活的投入、建立家庭、買個大房子等等。可以這麼說，當他帶著想要活著的那一部分，他得以對生活有所著迷。那不是問題，但是卻也遺落了他內在的浪漫王子，王子沒有辦法跟隨進入這部分的生命。因此，王子選擇另一個女人作未婚妻，這意謂著如今另一部分的阿尼瑪——或許不是源自於外的而是源自於內的面向——將自身與自性連接在一起。

通常，在阿尼瑪的發展歷程中，也許是在學校的時候，少年們有著傾慕的女朋友，但是彼此還不能婚配，因為他們還不到那樣的年紀。後來，他們會與另一類型的女人結婚，接著會在人生的後段——像是在四十到五十歲之間——這個讓人傾慕的阿尼瑪意象會再度出現，同時常會扮演著象徵性的內在角色來導向自性。阿尼瑪的這個面向接下了但丁作品中碧翠絲的角色，也就是說，那個引領進入內在祕密的人。另一部分的阿尼瑪會被投射到真實的女人身上，就會是引誘男人進入婚姻及進入生命的那個人。因此，你可

以說是帶著阿尼瑪的母親意象那一面引領進入向外的婚姻，也因此會進入對於外在生命的投入，但是內在仍然留著朝向於內的相同意象，之後則會成為實踐內在生命的導引。這個有著失望感的男人的新未婚妻就會是阿尼瑪的這個內源面，但是她是難以名狀的，仍然模糊不清的，而他也還未了解她的可能意涵。

王子給了那個離開的電影明星一個淚珠形的鑽石。這顯然是他對於她離去的悲傷，同時也暗示他仍然極為看重她，並因為她的離去而悲痛傷心。或許他仍然緊緊抓住她，彷彿她並沒有離開。雖然這男人表現出深沉的傷心及苦澀失望感，但他並沒有覺察到自己是如何受到過往人生的失望感所打擊，以及沒有意識到如今自己步入這個星球上平凡的生活，甚至可說是過度平凡而人性的部分，對自己會是何等背叛的感受。某方面而言，他內在的王子仍然渴望那個已經失去的**生命力**，那個過去曾經引誘他進入生命而如今已然褪去的力量。接下來，王子必須穿越街道，這意謂著當他連接上這個阿尼瑪的新樣貌，一個內在的樣貌，他幾乎就像是被車輛給輾過一般。

在我們的當代文明中，仍然保存認可年輕男人離開父母，走向遠方去開展自己的家庭這樣的**世界觀**。在我們提到的案例中，母親對此抗拒，但是集體的態度卻認可這樣的發展。然而，當男人轉入內在生命，外在生活的步調就會與之作對，因為它要求男人應該繼續建立他的職涯、賺更多的錢，同時得到更高的職位，努力成為上司和超級老闆。然而，這個做夢者正值人生的中年期，他應該要放棄外在並且轉向生命的另一個領域。但他在這一點上是得不到支持的，反而受到外在生活的速度及要求所脅迫。在現實情況下，做夢

者正處在過度工作的情況。他顯然相當有成就，但是對他來說，去看見自己是個帶著苦楚面容的老男人這一點，是困難的。

王子並沒有被機械性的速度感所毀滅（亦即做夢者的職業是由夢境中的交通所表現的。）他有勇氣走入城市後巷的黑暗區，這一點意謂著進入劣勢、不足以及人類的悲慘，也就是進入劣勢功能中——進入貧窮及塵土中，那裡的狗從垃圾桶裡找吃的、野貓雜交，還有女人閒聊八卦等等。後院代表著在大城市中被隱藏的生活——是關於被遺棄的無意識的絕佳描寫。這就宛若是童話故事中的王子必須進入生命的這個黑暗面，而在這一刻，幫派的陰影面對原型王子發動攻擊。

這顯示出做夢者心靈內在的巨大危險，也就是他會憤世嫉俗地丟掉私底下對意義感的渴望的這個危險。事實上，他已經開始如此做了。他的憤世嫉俗感開始攻擊他的內在王子，而他也處在放棄內在理想性及真理追尋，或者是放棄過去曾經以為是生命目的及意義的事物。接下來，他突然進入王子的情境，同時無助的趴在地上。我當時對他說，他正處在糟糕的「低落」、憂鬱狀態。他因為驚訝於這樣的想法而沉默了長達五分鐘之久。我說：「是這樣的，你就躺在地上，被情況擊倒，同時也不知道該怎麼做。你感到無助，同時也最好明白自己的無助，因為接下來你就可能對這個狀況做些什麼，你或許可以起身、呼叫求救，或是找人將你抬起之類的。」這段話立刻就點醒了他，使他看清這一點。這個夢真正想要他理解的是：直到他能看見自己對於情況的發展是如何感到深深的失望及憂鬱前，什麼都不會發生。

這是永恆少年典型會有的中年情境及危機，通常是發生在他從

永恆少年的精神官能症狀中抽身，之後就會面臨這第二個難題。總是如此，當你覺得自己已經解決了問題，其實還得等著看！另一個問題立刻又從角落裡出現，因此，這個男人抽身沒有超過兩年，生命之輪又再度受到無意識轉動，而他也再度要重新評估全盤情況，同時做出相反的作為。當他聽完這個解讀時，他顯得相當生氣，但是這也點醒了他。在夢中我們看見墜落及跌落的風險：如果你成功的跌落下來，這就不是故事的結局，你必然會再一次的站起來。跌落只是生命的自然韻律，那個輝煌燦爛的光點就宛若是星星從天際墜落泥地，但是接下來它必定要從爛泥中升起。

接著我們進入年輕男子另一個夢境中不尋常的主題——星星在下方的主題。然而，這是個相當複雜的主題，我寧願在下一講中再討論。你可以先簡單地把這看成是平面的地球意象，而不是古老意象中的球體形狀。人們曾經以為地球就像是圓形的鬆餅或是類似那個形狀的事物，當裡面有個裂縫，你可以從裡面看見下面的星星。從這個夢境你得到一個結論，亦即，做夢者有個平面的世界，他的現實不是圓的，而是平的，這一點是真實的。他的心靈中沒有立體的向度，也沒有對立面，這一點可以從他走入與走出情境的方式，以及走進與走出與女孩的關係中看見，他絲毫都不想花費時間對此多想一想。自然而然地，他的生活欠缺衝突或是對立，就只是平泛的。

一個年輕人的經歷
（中）

下方的星星

　　在上一講我們停在下方的星星這個母題上，他往下看向下方的山谷，看見那兒的許多東西都被轉化，而他首先注意到的是星星。我先前提過他的意識世界不是圓的而是平的。先說一個與此共時性的事件，前幾天我在報紙上讀到某位議會委員說仍然有些英國人認為世界是平的。這位委員收到一封信提到有個由二十四人組成的社團仍然相信這一點！從報紙上的照片中可以看見那些人的世界絕對是（was）平的。我們也可以說做夢者的世界也是平的：他的人格不是圓的，同時他的意識界就像是集體無意識深淵上的一層薄冰。他尚未建立自身扎根現實的基礎，這也可以被稱為是他個人自我弱點的圖片。在這個平坦的世界中心有個巨大的分裂，他得以看見下方的星星，就彷彿是可以看穿下方的蒼穹一般。

　　有段著名的煉金名言如此說道：

上有天堂，
下有天堂，
星辰在上，
星辰在下，
凡是在上的
也是在下的，
了悟於此
歡喜得之。[1]

有人提醒我這段話，但我們並不清楚話語的出處——只知道這段話出自古老的赫密斯（Hermetic）寫作——但是我們必須試圖找出它的意涵。一般而言，星辰可以被解讀為集體無意識的原型，是心靈中黑暗蒼穹的核心。我們將之視為光亮，視作單一的光源，同時它們也常被解讀為神祇或是原型的內涵物。舉例而言，萬軍之主（The Lord of Sabaoth）正是上帝耶和華（The Lord of Hosts，亦即所屬的天境軍團），因為人們認為星辰是他的軍隊，是上帝的將士，同時也是由上帝領著這個天境軍團。

接下來則是將星辰視為個別神祇的理論，他們依循秩序而聚合成型，這也代表著集體無意識內涵的祕密秩序。在神祕學裡也有許多與眼睛或是星辰相關的母題，舉例來說，阿哥斯（Argos）龍身上就帶著千百雙眼睛，那些眼睛有時也被投射在天空。黃道帶（Zodiac）被認為是一條巨蛇，牠如同衛尾蛇（Uroboros）一般含著自己的尾巴，同時也是由星辰覆蓋著。在靈知派（Gnostic）的文本中，最古老的衛尾蛇圖像就是一條蛇吞食自身的尾巴，蛇頭的部分有星辰點綴著，其他的部分則是黑色的，因而描寫出無意識整體的雙面本質，帶著黑暗的邪惡面以及由星辰所表現的光明面。我們也可以在煉金術的文本「馬爾西安法典」（Codex Marcianus）中看見相同的表達，書中有張圖表現出「自身整全」（whole in one）。

衛尾蛇的尾巴是帶有物質性且危險的結尾處，同時也常是毒之所在（這與真實的蛇是相反的）。頭的部位是光明及靈性面，這部分被投射到天上，因為衛尾蛇總是出現在人類知識的邊緣處。舉例來說，古代人們相信天空的球體本身就是這條巨大的衛尾蛇，上頭聚合形成黃道帶的星座。在平面世界中，海洋環繞著地表，所形成

的圖形就是環狀的蛇咬住自身的尾巴。而在古老的地圖中，銜尾蛇代表著最外圈的圓環，每當人類達到意識領域的盡頭，就會投射出那樣類型的蛇。當他達到能說出自己並不知道在這以外有著什麼的那一刻，就會有上方帶著星辰的蛇圖出現。我們得以知道許多的星辰母題是與無意識相關的，特別是與集體無意識有關。

為什麼煉金術師說：

上有天堂，
下有天堂，
星辰在上，
星辰在下，
凡是在上的
也是在下的，
了悟於此
歡喜得之？

如果我們天真的看這段話，我們會發現這必定與集體無意識的雙面性有關，在我們上方的也是在我們下方的，彷彿是以兩種形式在圍繞著我們。針對夢境及神祕素材的解讀，人們一再犯下的錯誤在於將在上方的認同為意識面，而在下方的則被視為無意識面，**下意識**（Unterbewusstsein）這個詞——也就是所謂在意識之下的——暗示著意識是在上的事物。如果在夢境中，某人走下樓，就被視為進入無意識，而走上樓則被看作是走入意識。那是表淺的胡扯。如果我們去看世界神話地圖，我們可以看見上方的是神祕的範疇，

是人類無法到達的區域，那兒住著天神。在希臘則有奧林匹斯山（Mount Olympus），裡面有在上方及在下方的天神們。蘇美及巴比倫有個神話是關於有個人試圖與老鷹一起飛上天境，但是他無法超越在上方的特定障礙。他被天神擊落，而在他試圖進入下方的天神之境時，也遭遇相同的困難及阻礙。

以空間的術語來說，如果我們是客觀的，我們必須承認無論是在我們上方或是在我們下方都有無意識的領域。這個雙重性也適用於房子的象徵意涵上。地窖通常代表某種形式的無意識，是驅力所在，是本能所在；在無數的夢境裡地窖中會有煤炭，同時也會有火，或是在地窖中有可怕的動物或是有竊賊闖入。但是，相同的事物也會出現在閣樓上。舉例來說，有個瘋子，他因為無法承受無意識，而表現出「鐘樓裡有蝙蝠」或是「閣樓裡有鼠輩」般的癡狂行止。異教徒通常會在閣樓上撥響鍊條，同時會在我們的頭頂來回走動。因此，在閣樓上，裡面有著黑暗及滿滿的蜘蛛網，而人們是有一點瘋狂的，那裡正如同是在地窖一樣，有著同樣的無意識範疇。或許人們會時常夢到竊賊從屋頂上闖入，或是有魔鬼坐在上頭，還有磁磚剝離等等。

因此，我們必須以不同的觀點來看在上的以及在下的，同時檢視無意識力量在上的表現及無意識力量在下的表現，看兩者之間是否有質地的差異。雖然會有例外的狀況，但我們通常可以說在上的是與陽性相關——像是次序，光明，以及有時候會是靈性的——而在下的則是與陰性相關的——孕育、黑暗（不是邪惡的；在原初神話的對立位置並沒有道德暗示）、混亂的，同時是動物的範疇。在上的範疇是與鳥兒及天使相連結的——與有翅膀的存有在一起意謂

著是與靈性世界相關的。舉例來說，假若在夢境中有事物從下方而來，你可能會預期那將會以情緒的形式、以無法入睡的生理症狀，或是以交感神經系統的情感混亂形式出現，又或是它會以共時性的形式與外在世界的事件同時出現。如果從無意識而來的侵入是來自上方的，它可能會以對共產主義或是納粹主義的熱情來呈現，「上方的」無意識以集體意念的方式爆發進入系統中。如果它是被界定為正面的，那麼它就會被稱為是聖靈；如果它被視作是負面的，那麼就會有長著翅膀的魔鬼、在鐘樓上的蝙蝠，以及其他帶著翅膀的有害生物——也就是說，是破壞性的意念。無論是建設性的或是破壞性的，這樣的意念有著它們自身的強烈集體能量。動態的表現是屬於無意識的「上方」那一面，而情緒的本能表現則是其「下方」那一面。

埃及的神話是前述公式的例外，因為在埃及的神話中有特定面向是倒轉的：因此，就性的象徵而言，在上的天境是陰性的，而在下的大地則是陽性的。這可能與埃及對於生命是倒轉的概念有關：主要的價值是在死亡之後的生命，而極少的價值被投入在此生的生命中。舉例來說，讓人大感驚訝的金字塔是為了與死後的生命連結而建立的，直到信仰混合期（Syncretistic Period）的最後階段，除了國王的宮殿外，在世上生存的人們沒有任何像樣的房子。相對於埃及人的思維被視為是具體且真實的，實際的生命形式則被視為是抽象的，也因此是陽性的。當我們去學習埃及的宗教，我們會震懾於其思維的具體性。舉例來說，永恆不朽的思維必須具體透過針對屍體的化學處理來實踐，為的是將之永久保存。我們將永恆不朽視為象徵性的概念，但是對埃及人來說並非如此（如同在原始法術中

的概念），而木乃伊的準備則是為了建立永恆不朽。這一點顯示了思維的具體性。對古老埃及人而言，大地是陽性的，而在其中的精神及意念則是具體的。雖然這些概念是獨立於埃及，但是我們在其他文明中也能看見這類的倒轉意念蹤跡。因此，舉凡在上的及在下的出現時，我們必須要以質的方式來思考，同時也仔細的研究其脈絡，而不單單就只是將在上的認同為意識的，同時將在下的認同為無意識的。

在〈論心靈的本質〉（On the Nature of the Psyche）這篇論文中，榮格將心靈比作光譜，其中一頭是紅外線，而另一頭是紫外線 [2]，他以這個明喻來解釋心靈及身體的關連——原型及本能的關連。我們的意識就像是一道光波，其中有個核心代表著自我，是一種可以在光譜上轉換移位的光域。紅外線的那一頭會是當事物變成心身的，同時最終也會結束在生理的反應上。在紅外線的這一頭，心靈多少是連接上（我們尚不清楚實際上是如何連上的）生理的歷程，因此，心靈的活動逐漸失去或是緩慢進入某種生理歷程——從心身的反應，進入身體的反應，終結於身體表現。在另一端，紫外線那一頭則會是個原型。從內而看，我們並不知道身體本身是什麼——或者從外而看也是如此——我們只能用一定程度的想像理解。此處就有個大哉問：也就是關於生命有機體的奧祕。在紫外端所表現的正是前述相同事物的奧祕表徵，以意念、情緒、幻想等方式得到落實，而這是根源所在。

正如同你所知道的，心靈中所浮現的動態幻想及意念源起本是未知的，但我們將這類的幻想描述為原型活動。或許這兩端就是以某種形式連接在一起的，雖然我們不知道是如何連上的，但很可

能他們就是同一現實的兩個面向。在一端有著的是身體，而另一段有的則是突然捉住人類心智的意念及表徵。一般而言，我們的意識是在兩端來回移轉的。從身體歷程可知生理行為是受到本能所指導的，舉幾個最常見的例子：像是性的本能，是生理面向的身體荷爾蒙表現；自我防衛的本能，是自主的戰鬥姿態；逃跑的本能，是自我保全的部分本能，在特定的生活情境中會自主接手，像是從危險中跑開或是在接觸燃燒的物體時會有抽離的反射行為——這些都是我們會稱為本能的身體性不自覺動作。

本能與原型之間的差異如下：本能是透過生理的行為所表現的，在所有的人類身上都是相同的表現，然而原型則是以精神形式而落實表現，在所有的人類身上也都是相同的。因此，**靈長類**（*homo sapiens*）以相同的方式交配，也大致以相同的方式死亡、逃跑以及直立站立，這些在全世界都是相同的。但是有某些行為模式將我們與其他動物區隔開來。**靈長類**傾向於有著同類的情緒，同類的意念思維，以及相同形式的宗教反應，世界各地的夢境神話母題都是相同的就是最佳的例子。因此，一端是本能，而另一端則是與本能連結的對應內在經驗。

榮格並沒有提出明確的論述，但是他說他從沒見過有任何的原型系象（archetypal constellation）是沒有對應的本能性的。以**合體**（*coniunction*）的原型來說，它出現在世界起源的所有神話裡——男性天神及女性天神交配並創造了世界，或是以永恆的擁抱結合在一起，就如同是濕婆（Shiva）及太初之母沙克提（Shakti）。它出現於靈魂與上帝結合所帶來的陽性與陰性**合體**神祕經驗，同時存在於多數的宗教象徵中。與之對應的生理本能就會是性本能。而以戰

鬥形式而做的自我保全，則是連結上原型意念中的陰影面或敵人，是危險的對手，可能會是出現在夢境中的攻擊者，或是個體必須逃離的人物。當它表現在生理面向時就會是攻擊或是逃跑的本能，這是我們天生就有的。

因此，似乎──到目前為止，我們尚未遇見任何的例外──亦即，每個原型的內含物都有某種本能形式的對應面。這是觀看事物的一種方式，也就是說，本能是我們從外所看見的事物，而表徵──意念、夢境、幻想及意象──則是我們從內觀察所得的。如果我們從外而觀察人類（就像是將所有的行動都攝影下來），我們就得到紅外線的面向。當今的人類學專注於人類相較於其他動物的表現；如何交配，如何建立住所，如何戰鬥及如何存活等等。有些作家試圖以客觀的角度描寫人類，彷彿我們就只是相較於大象、老虎及其他生物中的一種物種。透過這種方式，我們得到人類本能行為的科學精確攝影，但是如果我們從內而追蹤同樣的事物，這正是分析師所做的，我們觀察人類內在所湧現的事物──意念及表徵──於是就有從內而生的人類解剖攝影，是內省的圖像，由此我們發現了原型的範疇。這兩者或許是相同的，以一種未知的方式，亦即從外觀察及從內觀察到的是同一個現實。當我們採用神話學所表現的方式，其中人類意識及無意識處在兩極之間──在上的天堂以及在下的冥界──我們可以拿它與心靈的科學模式比較，同時稱光譜的紅外線端是「上有天堂」而另一端則是「下有天堂」。

欠缺情感，沒有踏實的活過

　　做夢者處在意識的中域，透過斷裂處，他可以看見下方的天堂，夢境中出現的運動是要讓他沉入下方。我們也要記得小王子是如何必須下降到人間，並在降落的過程中去研究或是抗拒某些特質。通常，永恆少年會過於陷入原型表徵的範疇。透過他的母親情結，他通常會受到母親情結的俘虜，這意謂著他過於低估生活經驗，也就是紅外線的範疇，去想到牛排和去吃牛排是完全兩碼子的事：牛排及淋上法式醬汁的畫面會是令人愉悅的，但是一旦吃了牛排，你就會有全然不同的經驗感受，**合體**的原型也是相同的道理。去幻想一場愛戀同時試圖去想像那個經驗的每個細節是一回事，但是實際上談一場戀愛的鮮活經驗則又是另一回事。

　　永恆少年通常傾向於避開與踏實感的當下接觸。他並沒有進入在下的天堂，這是他看輕的部分，同時也看輕生命本能的落實。這說明了為什麼小王子遇見地球上的狐狸同時需要一隻綿羊，但正如我們所知道的，下方天堂的情境並未實際落實。然而，這只是個通論，永恆少年有時候也的確能活出好些本能生活，但是可以說是他自己阻隔了心理的落實。他自主的活出他的經驗，活出一個分裂的陰影面關係。在那樣的情況下，原型想像中偉大的愛及**合體**等想法仍然是癡心幻想──有一天，他會遇見一個女人帶給他完美的愛、完美的溫暖，以及完美和諧的持久關係等等──這顯然就是母親意象的假象。在此同時，他並不棄絕性的接觸，因為那會讓他過於沮喪，因此，他會與二十或三十個女人建立關係，正如同我們先前提到的案例，可是他不讓自己受到女人們的影響，他並沒有真正經歷

關係。你可以說這樣的人是帶著錯誤形式的天真無知，以致於彷彿從來就沒活過一樣，他們雖然活著，卻沒有進入活著的狀態。他們心裡有所保留，一方面對自己說這不是我要的**那個**，但是另一方面又同時需要女人。於是，他們有生理上的結合，但是在心理上卻是不當一回事，或是內在的幻想面不把它當一回事，又或者是在此人自身的感受上是不把它當回事的。如果這都不被嚴肅看待、如果個體不讓經驗碰觸心靈，那麼他就彷彿是從來都沒活過一般。

我曾經分析過一個職業妓女，她就完全像是個老奴僕，她的夢境總會呈現未經玷汙的小女孩或女人意象，她們從來沒有過任何的性經驗。這一點也不假！她將自己從實際生活中隔絕開來。她就只想要金錢，**她**並不在當中──因為她既不承認接觸的樂趣，也不承認她對於接觸的嫌惡感。她作出的理智決定是她需要錢，至於其他的則去你媽的下地獄吧。因此，某方面來說她的確就是沒有碰觸過生命。雖然她呈現相當嚴重的心理症狀，但是她並不覺得痛苦。分析所帶來的結果之一，就是讓她驚覺到自身的悲慘狀況，這是她先前所沒能看見的。一切都是透過理智決定來應付，而她從未承認某些男人讓她感到噁心，但其他男人則讓她感到被吸引，因為那將會打亂她的生意。因此，雖然她是個情緒化的女人，她並不允許自己去感受所發生的一切，因為假若如此做，她勢必會因為對某些男人的拒絕而少賺了許多錢。

相同的狀況有時候也發生在永恆少年身上。雖然他活在本能的那一邊，但卻是以切割的方式達到的。他設下人為的情感障礙，將實際所過的與真實自我區分開來。這就是在下方的星辰沒有得到落實的例子，因此，夢境告知要拿取並享受之。假若你是以幻想面活

出生命，生命就是不完整的；生命必須從本能的層次活出，那意謂著真正去接受生命，讓自己被經驗所衝擊，同時也不以有條件的方式來活出生命，或是限制生命。心裡對生命有所保留也意謂著從未活出生命，這說明了為什麼永恆少年有時候會隔絕於下方的星辰，以及為什麼給做夢著的解決方案就是去沉入這個世界。

學員：貝恩醫師曾經提到他的朋友針對巴黎的妓女作過一項心理研究。他發現，毫無例外的，她們全都有核心的父親情結，同時她們也都給自己設下了條件；某方面來說，她們是「被切割」的，像是：男人不應該親吻她的嘴唇之類的條件，她們有的就是這種保留態度。

沒錯，她們同樣是去隔絕感受以及正在發生的一切情緒經驗。在那樣的情況下，你會有最具冒險的生活，但是這一切都不算數。

因此，我認為在下方的星辰就意謂著本能的或是原型模式的鮮活經驗，在個體能夠認識自己或是覺察事物為何之前，必須要先活過。

學員：常見的是，你所提到的這類男人，他們被朋友認定為是永恆少年，有很大的部分是因為他們的能力而遭嫉，相對於將自身從生命中切割開來的作為，他們帶著巨大的活力將自己投入生命，因此，顯得像是活出成功的人生。我們可以說那其實是陰影面，同時也知道他們是真正隔絕的，但是他們是如何能做到在表面上看來是如此的充滿活力？

他們可以演戲。許多人都是生命的演員，而去演戲不過就意謂著去扮演角色。那些人，就我所知，甚至對自己也是在扮演角色，如此才能說服自己有活著的感覺。然後，他們會進入分析，去告解事實上自己並不快樂。其他人可能會認為他們是成功的，但是他們自己並不這麼認為。要判斷這一點是很簡單的：是否感覺自己是活著的？那些不覺得自己是活著的，通常會描述自己彷彿是在演戲，甚至是對自己演戲。

學員：或者可說是試著穿戲服！

沒錯，同時人們會為之著迷，除非他們有些心理學的理解，同時能夠看進他們雙眼中的真實表情。如此一來，人們就可以區辨出有些事不對勁，即便這些人看起來是相當有成就的。

學員：如果個體固著在紫外線端，同時也有許多另一端的經驗，那麼我猜紫外線端對紅外線端來說會是過於美麗的。即便此人有十九個經驗，對他來說也只會是骯髒且痛苦的經驗，因此就總會想要找尋紫外線端的經驗？

沒錯，完全正確，那是很好的說明。如果個體以分裂的方式活出一端，那麼其中的一端就不能與另一端溝通。簡單的說就是，你有了經驗，但是這個經驗卻不具有意義，舉凡個體不覺得有意義的經驗就什麼都不是。唯有當經驗連上情緒意義的覺知時，才會成為真實，一旦少了那一點，個體就只會覺得無趣。我認識一個活在陰

影面的人，他雖然有許多的感情關係，但是他是如此的不在關係經驗中，以致於當他在從事性行為時，他會看錶好知道自己還有多少時間！那顯然對他是沒有任何意義的，否則他就是純粹的自戀，因為他所經驗的就只是他身為男性的角色。

學員：對於願意與這樣的男人進入關係的女人來說，有可能存在哪些問題？

通常而言，她也是與阿尼姆斯作出相同的「切割」。在那個妓女的例子中，她認為假若自己是透過在辦公室打字來賺取生活費，她就必須在辦公室裡從早上九點工作到下午六點，周復一周持續如此的生活，同時也不能做其他事情。因為她很散漫也很孩子氣，對她而言這樣的生活方式是不容接受的。她的阿尼姆斯說那樣的生活會無止盡的持續，這是阿尼姆斯的一號意見，阿尼姆斯認為就算她在辦公室工作，她找到的男朋友也會是一個樣的。她的阿尼姆斯邏輯在於，假若她在辦公室裡工作，她就必須屈從於約束──這是她所痛恨的──同時也絕對不會有任何戀情發生。我們不清楚為什麼其中一個可能性要排除另一個可能性，但是她的阿尼姆斯就是這麼認為的，亦即在五十歲的時候，她就會變成一個又老又醜的女人，依然在辦公室裡打字！她想要有活著的感覺，同時她不想過辦公室的生活，但是她需要錢吃飯，也無法負擔與她選擇的男人過著自由自在的生活，因此，阿尼姆斯說她應該要把兩件事放在一起，同時甭管她的道德成見。在她這個案例中，她就是因此放棄了自己，因為她並不信任非理性。她以一個移民者的身分落腳於紐約，一眼見

到這個巨大的城市，她感覺自己會在城市裡迷失。無論對自己或是對生命她都沒有信任感，既不信任自己的人格，也不信任上帝。因此，她盤算這全部的一切，同時認為自己應該當個妓女。在女人的例子當中，這正是阿尼姆斯在操弄，他總是個善於排除**第三個可能性**（*tertium quod non datur*）[3]的專業悲觀主義者。阿尼姆斯對女人說只有這些可能性；他說事情只能如此這般而為，也因此阻斷了生命本身可以創造事物的任何可能性。

學員：意思是當女人與她的本能有著良好的關係時，就不會落入這樣的男人嗎？

　　是的，我認為那是正確的，或是她可能會從非現實的層次開展一段關係，但是接著就會試圖將男人拉入明確的或是有意義的關係裡。我給的說明並不十分貼切，因為在這個例子中是男人主動出擊的。事實上在有著過多情史的女性案例中顯示的，就是進入一個阿尼姆斯說了算的情況。但是接下來她遇見一個真心愛她的男人，相較於其他曾經在一起的男人們，這個男人顯得更加可靠。他是敏感的，同時常會覺得當她與他上床時，她總是心不在焉或是沒能與他的感受同步。他接收到她的性自主性，同時對此感到厭惡。他因而厭惡她，因為這讓他覺得受傷。他說她總是如此，對待他就跟她對待其他愛人是一樣的——他對於這些愛人感到妒忌，感覺自己就是他們其中的一個。他對於心理學一無所知，因此表現的笨拙且惡劣，他稱她是「下賤」的女人等等，這其實是不公平的，因為她根本就不是那樣的人，只不過是她的感受被隔絕了。但是，透過他的

強烈情緒化及本能反應，再加上他是個成熟的男人，有著豐富的經驗，還有極佳的生理自我控制力，他能夠將她的感受帶回——這自然會是相當困難的任務。通常男人在性方面是如此衝動，以致於他不能將自己拉回控制，但是這個男人說他不會繼續這麼下去，除非兩人可以處在相同的感受層次。她做了個夢，夢中地面上有個骯髒的毒泥坑，他潛入坑中還帶出一把金鑰匙給她。我們可以說他真的拯救了她的感受，因為他是愛她的，同時也並非在利用她。他要她成為一個帶著感受的完整個體，同時當她的感受不能運作時，他會感到憤怒不滿。透過他的憤怒不滿以及兩人許多的爭吵及問題，他培養出她的感受人格。

為生命做出選擇

我們大可繼續討論並且將這個問題無止盡擴展，因為這就是整個夢境的關鍵所在。在我先前針對邪惡的演講中，我所談到的俄羅斯童話故事裡的母題，就說明了這個狀況。這個故事中的沙皇在一個晚宴上說，他的兒子們中沒有任何一個是真男人，因此三個兒子要求得到沙皇的祝福出發去找尋成為真男人的方法。每個兒子都從馬廄裡帶走一匹馬上路，而三個兒子都走到相同的路標那兒，標示牌上寫著：「凡是走上右邊的，會有足夠的糧食但是他的馬會挨餓，凡是走向左邊的會有足夠的糧草給馬兒但是他自己會餓肚子，而直直走向前方的那個則會死掉。」第一位會被奪走本能的經驗，因此他的馬會餓肚子，走向那個方向的那個王子在山上找到一條銅蛇。當他將蛇帶回家時，父親狂怒不已並因為兒子帶回危險邪惡的

事物，而將他打入大牢；也就是說他只找到石化的生命，同時也落回傳統精神的牢籠——亦即他的父親。另一位走向左方，找到一個賣淫女子，女子有張機械床還邀他上床。她從床上自行跳出後按了按鈕，床就整個翻轉過去，而王子也落入關有許多其他男人的地窖——全都在黑暗中等待。這是走向左邊的命運！

接下來，就是偉大的伊凡上場，他是俄羅斯童話故事的英雄。當他抵達標示牌後就開始哭泣，還說一個必須走向死亡的可憐傢伙既不會被尊重也不會帶來榮耀，但是他在馬身上施了一鞭就繼續向前行。接著，他的馬死了又復活，他則找到了個巫婆還戰勝了她，並找到公主、返家成為沙皇等等。他有個童話故事中正常會出現的成功生涯。他選擇留在衝突中，儘管這看起來像是自我的死亡，因為自我意識會想知道前方有著什麼。假若這個抵達紐約的女子，當時有力量以及心理勇氣去接受無論她做什麼都只有面對悲慘的事實，同時也接受眼前看不見一絲絲光線及生命；假若她可以面對道德的死亡，但同時仍然能夠維持自我，那麼童話故事中個體化的道路就會開啟。但是她沒能做到，在她的例子當中她選擇走向左方的道路，其他人則選擇了右邊的道路。

因此，人類的意識必須在兩極的拉力中受折磨：如果你更多一些跌落任何一端，你就會死。生命的本質意謂著磨難。對理智的自我而言，這似乎就是死亡，而這正是這個俄羅斯母題最漂亮且最清晰的表現。第三個兒子選擇了對自我而言似乎是步向死途的選擇，但事實上，正如故事所說的，他選擇了生命之道。另外的兩個，想賣弄聰明因而選擇了相對較不邪惡的那條路——其中一個往右邊的道路，另一個往左邊的道路——他們沒有力量及膽量去面對不可

知，也因此將情境理智化。顯然的對人類而言要去面對不可知——不在事前就知道會出現什麼，然而卻能夠在黑暗中維持穩定——是最困難的一件事。人類自遠古以來的害怕以及恐懼似乎總是那些不可知的事物。當原始人第一次見到飛機或是車輛，他會拔腿逃開，因為所有的不可知都無可避免的會是恐怖的！那是古老的行為模式，而在分析的場境中也是相同的道理。當人們面對一個無法以內在推理看見接下來會發生什麼的情況時，他們就會驚惶失措。那是很痛苦難受的經驗，但是那不會造成太大的影響，只要他們沒有倉皇做出決定——轉向左邊或是轉進右邊——並因此落入無意識中，因為他們無法承受對於前方是什麼一無所知的張力。

如果永恆少年過於走入右邊或是左邊，那不會是太糟糕的，因為有時候個體必須先發現銅蛇，同時落入妓女的地窖中，唯有在那之後才能認清持續朝死亡之路前行才會是較好的選擇。但事實上永恆少年做了比這還糟糕的事情：他們兩邊都不願意冒險，卻只在兩端小小的冒險，如此一來才能維持在安全的那一邊。他投注了一些在其中一匹馬上，但是也在另一匹馬上投下了一些，而這正是自我破壞的行徑。這比在任何一邊投注過多都來的糟糕，因為這會得到惡果，而個體必須維持清醒才能從中脫身。心理對立面所帶出的自然交互作用修正了偏頗的狀況，生命會強迫個體進入中庸之道。但是為了要避免受苦，永恆少年玩弄低劣的手段，也自食惡果。他一方面對惡龍丟出麵包，但是心裡又同時留在另外一邊，因而將自己一分為二。他對自己有著錯誤的自我印象，因此抑制了生命的歷程並且落入進退兩難，因為在他們身上即便是對立面的交互作用也受到阻滯，這正是他虛弱人格所玩弄的伎倆，為的是讓他逃離受苦之

境。

　被這個年輕人比作是媒婆或巫婆的我，試圖推他進入與女人的關係，這個女人是他過往風流公子哥所拋棄的風流韻事。但是當他打算寫信表達想再次見面時，就發生了共時性事件：她寫了一封類似於他所寫的信，這封信他並沒有寄出。接著，這是第一次，他從與這個女人之間的關係中感受到些許的意義。在這個奇怪的事件之後，他有個無法擺脫的天真想法，認為這個女人必定代表著某件超出兩人之外的過去事物，同時也認為這份關係必定有些意義在其中。因此，這是他第一次接受某件未知的事物。如果不是有這個共時性的事件，我在他心理所投入的疑問將不會有任何幫忙，但是正如實際上所發生的，因為觸及某個經驗，讓他對生命的態度轉為奇妙而充滿神祕性。他因而與這個女人共同有趟單車之旅，帶著一份不同的態度，不再是要對一切感到清楚知悉。這是他第一次因為關係而感到困惑，而當他枕著她的臂彎而睡時，清楚可見無意識所創造出來的意象。這就彷彿是下有天堂——這份性經驗的意義所在——在他眼前黎明破曉，也解釋了為什麼當他做出騎單車的動作時，他慢慢的跌入下方的天堂。

大地與骷髏

　夢境的下一個主題是在下方的天堂中爆發光亮，這或許意謂著突然的覺醒以及從下而來的啟發。如果我們將之與中世紀的神祕經驗相比較，這會是個相當有趣的母題，中世紀神祕經驗提及對於從上而來的光亮經驗。這裡有的是從下而來的光亮經驗，是出自於

對生命的未知性及未知無意識的接受。這可能與煉金術師說「上有天堂，下有天堂」時是相同的光線，但卻是來自於子夜的太陽而不是來自於上方的太陽。當阿普列烏斯（Apuleius）被引入女神艾西斯（Isis）的神祕崇拜中，他描述自己是如何不為天堂的太陽所照亮，而是被子夜的太陽所照亮，這是當他降下冥界時親眼所見的。意謂著那不會是藉由智性努力或是專注練習、瑜珈或是《神操》（*Exercitia Spiritualia*）[4] 所能達到的經驗，而是對自性的經驗，這是個體只能透過接受無意識、接受生命的不可知，以及接受活出個人衝突的困難而得的。

當做夢者更往下進入，突然間下方的天堂就凝固了，看起來彷彿就像是從飛機上往下看到的大地景致，是帶著四邊形的田野樣貌。那是個相當正面的圖像，因為如今分裂之處已準備要閉合。然而，其中仍然有層次的差異，因為在上面的地面與下面的地面之間，有著相當突兀的層次改變，就像是在夢境中的心理地理常會出現的狀況，其中有兩個層次，但是中間沒有連接的階梯。這樣的做夢者可能會在智性及本能之間轉換生活方式，中間沒有任何的橋接，但是那並不會顯現非常危險的情況，因為這是年輕人的案例中常會出現的情況，他們尚未在兩者間找到諧和的關係。這個做夢者的心靈傷口正在療癒中，地面的層次也在提升中。他明瞭透過接受，就這麼一次去一個未知的情境並且冒險進入其中，會是他第一次觸碰了人類的真實，觸碰你我生活的大地。你會如何解讀這一點？他可能可以看見下方的樹林或是單純的就只是地面，但他看見的是田野。

學員：人與大地之間的關係。

　　是的，那是耕耘大地，必須有勞力投注在其上，同時也在不同的個體間分配，當然也帶著缺點，有著許多牆垣、籬笆及道路，以及所有對於進入其中以及尊重財產的各種規約與掌制。那是文明的大地，同時也暗示著在其中工作，因此讓我們想到榮格所說的，工作就是對永恆少年分裂與困境的部分療癒；就是去耕作大地，無論是在哪兒。我記得榮格有一次對一位永恆少年這麼說：「你做什麼工作不重要，重點在於有這麼一次你是全心全意帶著意識做某件事，不管什麼都好。」這個男子堅持只要自己能找到對的事情，他就會去工作，但是他就是找不到對的事情。榮格當時的回答是：「沒關係，去找塊地，在上面耕作，同時在上面種些東西。無論是做生意、教學或是任何其他的，就這麼一次讓自己走向前方的那塊田地。」

　　如果想要的話，每個人都有一片現實的田地可耕耘。幼稚的招數會說：「只要對了，我就會工作。」這是永恆少年的許多自我妄想之一，透過這樣的說詞他就可以繼續待在母親的身邊，這也是永恆少年對於神祇的自大認同——我們都知道祂們是不工作的，除了火神赫淮斯托斯（Hephaestus）之外，祂因此受到其他神的鄙視，因為在希臘神話中沒有必須工作的神。田地也暗示著限制，那是與現實接觸的不利點，因為在那樣的情況下個體受到限制、被約束。個體進入悲慘的人類情境，雙手被束縛，同時也不能去隨心所欲行事，這是特別讓永恆少年感到不愉快的事物。在工作中，我們面臨自身的限制，既是智性上的也是生理上的，相較與躺在床上幻想自

己可能會做什麼，實際上去從事生產總是比較悲慘，前提是如果我們真能躺在床上幻想的話！幻想是遠較於真實的生產來得美麗的！

接下來，夢中出現一個自主的轉換，山谷突然間被停滯且冰凍的水面所取代。做夢者認定那是母親情結，那是他不想落入的境地，那也是危險的，同時，先前看起來像是光線的爆發，如今則轉變為彷彿裡面有著骷髏的肥皂泡泡。他所沉入的同一個世界，如今展現出全然破壞的面向，而且夢中沒有出現任何事物來合理化這樣的改變。如果當做夢者在夢中做出或是想到某件事，在那之後整個地景轉成負面的，我們可以說其中有錯誤的想法才導致這個結果。如果在下沉的過程，做夢者想到自己並不喜歡如此狹隘的現實而接著出現改變，那麼這個夢就會是容易解讀的，因為當個體拒絕大地，大地就變成永恆停滯的，同時也會被母親情結纏上身，而最後結局就是死亡。這會是個廉價且簡單的夢境解讀方式，但是此處的事物是相當神祕難解的，因為他繼續——你可能會認為這是合情合理的——朝向山谷的底部及地面前去，同時顯然的，先前原本看起來相當正面的事物變得有些詭異——停滯結凍的水面以及有著骷髏的肥皂泡泡。我並不假設自己了解每個面向，只是要告訴你我對這一點的想法。

讓我們從停滯結凍的水面開始，這暗示著現實中的停滯感，生命之泉並未流動。冰，暗示著在寒冷中凍結了，這個男人顯然是相當冷酷的，如果他不是冷酷的話，就不會對女友做出那樣的行徑。他的內在感受若不是完全不存在，就是受到家庭情況的破壞，又或許因為他是如此與母親緊緊相繫，以致於他對於其他人都沒有任何感受。你應該還記得，我只見過他一次，因此我無法說他的感受到

底是哪一個——到底是與母親緊緊綁在一起，或是他就只是一條沒有感情的冷血魚；但是很明確的是他的行為顯示出他的冷酷。他將下方的地面與母親情結聯想在一起，那是他不想落入的。正是那個部分，讓我認為我們步入問題的正軌。通常來說，肥皂泡泡就好像是幻覺一般，是會被戳破的，它有著極大的容量，以及當太陽光照射在上面時所形成的奇妙且美麗的表面，但那是個空洞的空間，一旦它與真實實體接觸後就會消失成空。因此，肥皂泡泡通常代表幻覺，小孩子們喜愛用口水吹泡泡，很可能其中也伴隨著喜樂幻想。想像在天空中建造城堡或是在西班牙建造城堡，這就好像是內在劇場，在這之中你就是強壯有力的雄鹿或是美麗的女子。那一切的美好白日夢都會是泡泡，都可能會被搓破。此處出現在下方的有些事物意謂著停滯、冷酷、幻覺及死亡，而這一切顯然不是做夢者的錯誤，除了當他看見停滯凍結的水時，他說那是母親情結，那是他不想落入的境地。

我認為那給了我們一把鑰匙，我們不能忘記這個男子曾經有過佛洛伊德式的分析。那在人類身上會帶來什麼影響？那製造了面對生命的智性態度，奪去了生命的神祕性：我們對生命的一切都清楚得很，假使某人是不清楚生命的，至少穿著白袍坐在躺椅後方的醫師會清楚。佛洛伊德式分析用伊底帕斯情結（Oedipus Complex）之類的概念來對你解釋一切，同時夢境也不再帶有神祕性；他們是再清楚不過了！所有長型的物體都是陽具，其他的則是陰性，剩下的則帶些性涵義。如果你稍微懂一點生理解剖學，你就全都知道了；你需要的就只是去下意義。因此，夢的解析變得異常單調及簡單。佛洛伊德甚至曾經對榮格抱怨說自己不再做夢的工作了，因為

那太單調乏味了！當然！他因為知道什麼會出現，就玩弄魔術師的法術，先將一隻兔子丟入帽子裡，而接下來就是把兔子拉出來！那就是佛洛伊德的釋夢：我們清楚這會導向哪兒，說明白些就是導向伊底帕斯情境，你首先把它放進帽子裡，接著則像個得勝者一樣把它再拿出來。那是智性的伎倆，總是用同樣的伎倆，同時也落入單一的慣性。你的心智不再對目前仍無所知但卻可能存在的事實保持開放，或者你可能會夢到某些對你來說仍然未知的事物。自我因此被意識的幻覺所填滿，說明白些，那就只是一切都了然於心，生命也因此完全停滯的問題。

帶著母親情結的特定類型男性會受到佛洛伊德心理學的吸引，因為佛洛伊德心理學對個體所帶來的效應近似於母親情結所帶來的；亦即，那是另一個監牢，但這次你是受困於智性所知的情境中。佛洛伊德系統有個缺口，但是卻不為創始人所認可，他創立了這個全知的系統，除了生理面向之外，其中還留了生物化學的缺口，但是卻沒有開口導向宗教或是哲學的面向。所有的一切都得到精準的定義，也因此佛洛伊德分析對有嚴重母親情節的受害者有著吸引力，讓他帶著焦慮及狹隘的態度，因為那給了他另一個保護的籠子。要學習其中的語言並不難，當個體有了大約六個月的佛洛伊德式分析之後就能全盤了解了。假若你曾有病患有過這樣的經歷，他會帶著事前想好且劣質的釋夢給你，你對於夢境內容感到不解，同時試圖思索它可能的意涵，但是他會打斷你，同時問你那是否又是伊底帕斯情境。這樣的人完全就處在自己的世界中，因此生命無法流動。佛洛伊德式分析是全然不帶感覺的，而這一點我們可以從醫師不被允許對病人有任何的個人感受，以及藉由披上白袍與坐在

個案背後來避開病患這兩項事實中看見；任何的個人感受或是感情反應都是令人懷疑的。[5]如果病患的感受功能已被破壞，其中的分裂會變得更糟糕。

我們的做夢者，就像是聰明的猴子一般，已經同化了佛洛伊德式的觀點，同時以之作為風流韻事的藉口。我並不是要指責他的佛洛伊德分析師；我認為那是他自己的伎倆。我並不是很確定，但是每次當他對女孩感到過度親近時，他就認定那又是母親情結，因此他就轉身離開，他的佛洛伊德式思維幫助他繼續風流公子哥兒的行徑。其中讓人覺得最可惡的是，這樣的思維是有些真實性的！自然地，風流公子類型在不同女人身上找尋的伴侶（歌德很適切的描述為「情人眼裡出西施」[6]）就是母親情結，因此發生風流韻事，接下來就是從中抽身，因為很合理的那又是母親情結作祟。這真的是逃離的絕佳藉口！這些第一眼的鍾情的確是出自於母親情結；也就是說，是出於阿尼瑪的操弄，這些也的確得到證實是個假象。我有很長的一段時間都未曾見過當男人帶著感情與女人接觸時，不會因為特定的假象或是失望感而受折磨，也沒見過有男人自始至終都沒有理解到俗世生活的無常變換及墮落腐敗。

因此，我想要以更哲學的觀點來看待這個夢境。假若你冒險進入生活、進入現實中，而不是維持待在外面以避免受苦，你會發現塵世及女人就好比是豐饒的大地，能夠讓你在上頭耕耘，同時也會發現生命亦是死亡；假若你將自己交付給真實，你會得到幻滅，同時最終會遇見死亡。[7]如果你接受生命，你就會是真的從深刻感受中接受死亡，而那是永恆少年所不想要的。他不想要接受生命的有限性，這也說明了為什麼他不想進入真實，因為導向的終點是對

於自身弱點及死亡的理解。他認同於永恆不滅，同時也不接受生命的攣生兄弟——死亡，但是藉由進入生命，他就勢必要同化這個難逃一死的兄弟。因此，你可以說這個夢境包含了某種生命的哲學思維，這並不會讓東方人感到訝異。沒有任何印度人會對這一點感到驚訝，他會說：「沒錯，假若你進入生命，假若你愛上女人，那麼你就是擁抱著一份假象，而每一個假象都會將自己展現為摩耶幻相（Maya），那是世上最大的假象，而終點就會是死亡。」

所有曾經讀過東方神話學或是東方哲學的人都不會因為這一點而感到驚訝，但是令人驚訝的是，在現代歐洲的年輕人夢境中會帶出這般深刻的哲學。這個想法就攤在他面前：生命及與女人的交會，意謂著與真實結合在一起；去工作意謂著與塵世交會——與幻滅、停滯感及死亡交會。這對於質疑是否該生活或是不生活的人而言會是個誠實的答案。我們不應該忘記這個年輕人在他小時候，因為父親的自殺而在十分驚嚇的狀況遇見死亡。他的父親在他六歲的時候舉槍自盡，而也因為住在小鎮裡，這個孩子勢必聽到一些八卦閒談，也很有可能的他偷看到棺木裡父親的遺體。如果倖免於聽見外面的閒言閒語，也很有可能會聽到廚房女僕發表的意見。在他還是個敏感小男孩的時候，就已經以震驚的方式遇見死亡，因此死亡已經在他的經驗底下。我們必須記住這一點，因為有可能因為這一點而造成他對於進入生命躊躇不定。無意識在那一刻並沒有在這個現實上敷上止痛傷膏或是給他安慰，而只是將這個簡單的事實呈現給他：生命就是死亡，同時，假若你接受生命並且進入其中，正如同你現在試圖要對這女人所做的，你就是步向自己的死亡。死亡就是生命的目的所在。

從治療的觀點而言，這一點讓我感到相當著迷，因為分析就是去看被分析者的部分生命，同時帶著好些樂觀努力去影響其他的部分，亦即個體應該要走入生活或是應該相信生命的意義等等。但是，看看無意識在此處所做的！它以絕對二元的真實震驚了做夢者。如果他想要接受，就必須不抱任何幻覺，因為這就是它本來的樣子。如今他可以在誠實的基準上對此接受或拒絕，如果他情願自我了斷，那也會是個誠實的解決方式。

接著，做夢者再次離開這個女孩，儘管兩人中間發生了這一切，接下來他在一個大城市裡落入俄羅斯妓女之手，她的主要恩客都是黑人。這些黑人痛恨這個年輕人，因為他是唯一的一個白人恩客，同時他們有好幾次都試圖要殺了他。俄羅斯妓女是他母親情結中大地之母的那個面向——而他做夢當時所依偎的女孩並不是，因為她是個敏感內傾的女孩而不是一個俗世的女人。在俄羅斯女人那兒，他的確落入了母親情結的死水，同時也幾乎與死亡交手。他的母親情結讓他拋棄了與這個女孩的關係——這份關係會是困難的，但卻是人性的——接著也落入情結之中。

註釋

1　原註："The Psychology of the Transference," *The Practice of Psychotherapy*, CW 16, par. 384.

2　原註：*The structure and Dynamics of Psyche*, CW 8, pars. 343ff.

3　原註："The Psychology of the Child Archetype," *The Archetypes and the Collective Unconscious*, CW 9, esp. pars.285ff.

4　譯註：《神操》（*Exercitia Spiritualia*）一書，由十六世紀的西班牙修士 Saint Ignatius of Loyala 所作，完成於 1522-1524 年間，書中內容導引基督教士靈修及禱告，以四周主題式的方式進行，目的在於讓修士辨明上帝在個人生命的意旨，導引個人對於遵循耶穌的承諾。

5　原註：此處，我所指的是嚴格定義的佛洛伊德學派；如今已經有其他修正後的學派，但是我

所指的是最原初的治療態度。

6　譯註：原文為 seeing Helen in every woman，出自於歌德的《浮士德》一書，當梅菲斯特試圖要浮士德喝下愛情水時所說的一段話：「在喝完藥水後，他在每個女人身上都會看見海倫」。當浮士德喝下藥水後，看見鏡中反射出在街上走過的瑪格麗特時，就對自己說了一聲「海倫」。其後佛洛伊德也曾經在給榮格的信件中引用這句話來說明無意識的錯覺投射機制。

7　原註：聽說在那之後，做夢者於人屆中年時死去。

一個年輕人的經歷
（下）

我們在這個男子的夢境中段停下，停在當他依偎在女孩身上，此時他緩慢的落入大地的分裂處。他首先看見下方天堂的群星，接著是一束光線的爆發，在那之後則是一片田野，就如同我們從飛機上所看見的景象，而接下來的則是一池灰暗骯髒的死水，像是結了冰卻不能反射鏡映。他在半睡半醒中告訴自己，他不害怕，可是水是母親的象徵物，而他不想落入其中。接下來，在山谷的底層，再一次出現了一道環狀光線，邊圈是有些模糊的，並像肥皂泡泡一樣的爆開。在這個光點處，他看見骷髏並心想這真奇怪，到底死亡跟這一切有什麼關係？他重複說自己並不害怕，同時繼續緩慢的落向同樣的地點。接著，夢境告訴我們，一切都消失了，被有著棕色斑點的黃色亞麻油布地板所取代。整個地貌完全失去原先巨大的景致，而做夢者正納悶著為什麼山谷底下會有亞麻油布，還說那是超現實的。這一切場景都清晰可見，同時他也相當明確的看見一切。他稍稍的取笑了亞麻油布，而他在附有夢境內容的信件中另外提到：「我不喜歡亞麻油布，它總是冷冰冰的，而且一點美感也沒有。我不喜歡。」顯然他對於亞麻油布有著極強烈的感受。

失去羽翼，落入死亡

我們已經討論過骷髏的問題，也提過當做夢者說自己落入這個水池就是落入有著骷髏的山谷；他將落入自身的死亡以及事物的死寂面向。我在上一講中提到，他是在這個女孩的陪伴下做了這個夢，但他最後還是離開了女孩，並與一位俄羅斯妓女有段情史，而且這位妓女的好些黑人恩客有好幾次試圖要殺了這個年輕人。因

此，我們可以說他的確落入了一池骯髒的池水，同時也的確是冒了死亡及全然死寂的大風險。那個俄羅斯的妓女是個樸實的胖女人，顯然就是個母親的角色，因此儘管他不想要落入這樣的情境——根據這個夢境所得——他之後的確進入這個階段，同時完全失去了他的翅膀。他對於自己與女孩接觸後會被帶往的地點感到害怕，那正是為什麼他害怕持續這段關係。也因為這個原因，他總是迅速地從女人身邊離開，感到每個女人的背後都有這樣的一池水域會將他吸下去。落入死亡並不總是以這樣具體的方式呈現，雖然這的確會發生，而許多的永恆少年在三十歲到四十五歲中間會因為這個理由而死去，但是還有另一個方式會讓他們落入這類的事物。

在永恆少年失去了少年的狂喜及浪漫氣勢（élan）之後，會有物極必反（enantiodromia）的危險，因而陷入一種對女人、生命、常態工作及金錢全然憤世嫉俗的態度。許多的男人會在突然間落入帶著失望感的憤世嫉俗態度。他們失去了所有理想以及浪漫衝動，同時自然也失去了創意，將年少的幻想全數抹滅。他們接著變成心胸狹窄、務實且小心眼的人，就只想要有家庭、金錢及事業。所有其他的事物都被看作是浪漫的愚蠢想法——他曾經想要以及年輕時曾經做過的，現在都必須被抹去。這就好像是希臘神話中飛得過高、雙翼遭太陽溶化的伊卡洛斯（Icarus），因落入泥地而讓生命停止。這是因為虛弱的意識面無法設想並承受現實困難的可能性，也無法經歷試金石的真實試煉而不犧牲個人的理想。這樣的男人採取輕鬆容易的方式，然後說理想性不過就是將生命複雜化，因此必須被抹去；這是極危險的。

如你所知，這個夢境在感受面上是相當虛弱的，而山谷底部

的冷冰映照了他本質上冷淡的態度以及欠缺的感受。正是情感的功能才得以帶給生命色彩及價值。在這個案例中，當男孩的父親自殺時，必然對男孩的情感帶來巨大的震撼，而生命在那之後就變得冰冷死寂。如果你和這樣的人談話，他們會說人類始終不變的就是骯髒齷齪，而從今以後他們就是持續過著每天早上起床吃早餐的日子。

在上一講中我提過有個男人落入這樣的狀態，他接著夢到自己必須要跟著一個王子。在那個夢境中，永恆少年再次出現，同時想被跟蹤，但是他是以與自我分離的角色出現的。在認同於王子之後，男人跌落路上的泥地，在那之後，他們就一分為二。接著王子再度出現，仍然愛著那個他給了一個淚滴型寶石的新娘，而這個男人必須跟著王子及新娘，但是卻被陰影人物所擊倒。因此，我們可以說為了避免這樣的死寂感，就必須一再的面對陰影面。當你對永恆少年的原型產生認同時，接著就必須面對陰影面，好讓自己能夠下到地面。但是當你認同於陰影面時，永恆少年的原型則必須再次得到面對，目的是與之建立連結，因為唯有面對對立面才能導入下一步。我看過許多案例，他們的失望感並不與思維及靈性面相關，但是卻影響了這些男人的婚姻態度。

當這類型的伊卡洛斯失去羽翼且落入母親或是物質的死寂面向時，有一些相當獨立的男人會無法下定決心結婚，因為他們覺得婚姻會成為牢獄，這是母親情結及永恆少年典型會有的想法。在結婚之後，正如同榮格曾經對這類男人做過的描述：「他蜷曲在小籃子裡，就像是一隻聽話的小狗，同時就動也不動了。」他們再也不動了，他們不敢去看其他的女人，而他們通常會和吞噬母親型的女

人結婚（即便她在年輕時可能會有著美貌的偽裝），如果她原先不是這樣的類型，他們會以如同乖男孩及乖兒子的方式強迫她進入這樣的角色。接著，婚姻就變成一種習慣成性的溫暖及慵懶牢獄，他們會以聲聲的嘆息來忍受這一切。這樣的男人在專業領域會持續表現出高效能，同時變得相當具有企圖心，因為在家裡的每件事都是無趣的——那是小狗的籃子，性的問題被停擺了，同樣的，食物的問題也是如此。所有的企圖心及權力都投入職業表現中，然而在愛洛斯這一方面則是完全停擺，不再有任何的事物進入那部分，因為婚姻是他們陷入的最後陷阱。這是永恆少年會落入死水的另一個方式——若不是在心理的那一面放棄了創意性，就會是在愛洛斯這一方面放棄任何一份具有區辨性的情感關係，同時蜷曲在習慣性的常規中。

我們也談到有關骷髏的部分，這自然可被視為死亡問題的表徵。當中的一個問題是，假若永恆少年進入生命，接著就必須面對個人死亡及腐敗世界的事實。他必須接受自身的死亡事實。那是古老神話母題的變異版，在離開天堂這個本是母性子宮的原型之後，男人就落入對於不完整性、腐敗性及死亡的體悟。從這個骷髏中，這個對於死亡的體悟中，這個夢接著說，光線再度爆發，顯示出在這樣的體悟下仍然有更多光線會出現。也就是說，假若做夢者能夠思考並且接受生命的事實，就會得到光亮。在那之後的景象就完全改變了，同時失去了原先的巨大比例，如今眼前有的是山谷底部的亞麻油布。首先，做夢者朝下看向分裂處，同時看見下方的星群，接著出現的是帶有明亮星兒的天空，而在那之後則是黃色的亞麻油布，原本明亮的星星變成棕色的斑點。他看著相同的圖像，但是色

彩上的呈現就像是物極必反，原是明亮的如今是黑暗的，反之亦然。這一點，他說是超現實的。對於亞麻油布我並沒有擴大解讀，除了他不喜歡亞麻油布的冷淡感及不帶美感之外，因此，我們必須要加上自身的素材，雖然這樣做可能會是武斷的。

亞麻油布地板

我們或許可以說亞麻油布是中產階級家庭及貧窮人家的典型地板樣式，那是廉價的，同時也給人一種飄出菜味的廉價小公寓噁心氛圍。如今，這是第一次，地面上不是覆蓋著自然景致，反而是渺小的人造物。這一點也符合失去巨大的比重以及一切都被平坦化的景象；星兒變成了暗沉的斑點，而先前原本棕色的大地則變成了黃色的亞麻油布。這裡再次點出落入平庸的危險，連結上地板是人工且人造的事實。因為自然會提供補償歷程，所以總能避免死寂感，就如同我上次所提到的那個男人的案例，這男人陷在停滯不前的狀態，而他的無意識就帶出關於王子的夢境。那個夢將他再次喚醒，同時對他展示生命仍然是充滿興致的，而他因為蟄伏在婚姻及事業的景況而掉出生命的韻律之外，因此，是因為失去自然本性而落入死寂的停滯感中。

然而，正如同我們上一講所提到的，如今這個圖像顯示出正面的部分，因為先前心靈中有著可怕及危險的分裂，但是當大地於下方出現時，至少分裂的狀況減輕了。如今這個男人並未落入無底的空間，真是這樣的話會意謂著落入瘋狂（他當時正處在發瘋及自殺的危險中）。如今下方是個地板，雖然那裡仍然維持著兩個層級。

假若巨大的比例消失了，並且當中有些被升級了，那就會意謂著即便他真的落入平庸，那個巨大的對立面以及——對他的虛弱人格而言——在他心靈中過大的張力已平緩，而對立兩極也更加接近彼此。然而，群星是集體心靈中原型情結被照亮的那一面，如今卻已轉為暗沉的斑點。

假設我們從這個案例轉向思考所謂的正常人的狀況，這個情結的原型是如何顯現在他們身上的？他們可能會說，生命本是相當清晰的，除了有些微不同意的部分之外，例如那些暗沉的斑點——那些情結！事實上，當榮格發現無意識的情結時，他的確就是發現那些黑暗點，言下之意就是意識範疇的坑洞。藉由聯想實驗，他發現了意識域是緊密連在一起的，亦即，他發現我們能夠清楚且正確的將意識事物聯想在一起，除了當我們碰觸情結時，而接著那個情結點就會出現坑洞。假若在聯想實驗中碰觸到情結，就不會有任何聯想。因此，那是對於無意識的正常觀點，亦即，除了那些我們不同意的討厭黑點外，一切事物都是清楚明白的，在那些黑點之後的則是原型。一旦當有強烈的物極必反性出現時，個體總能覺知這一點。在精神症的發作之後，假若此人經歷了我們所稱作的人格面具的退行復原[1]，他們會將原先被照亮及啟發的經驗（當個體落入集體無意識時，那些太過明亮的覺知根源）稱作是必須要避開的暗沉斑點。這是相當不健康的情況，但是這常會發生在當你以藥物將人們從精神症發作中拉出後，他們傾向於僅僅只是將整個集體無意識的經驗推開，包括推開其中的興奮感及啟發，並且稱那些是他們不想再聽到的黑暗點。這是在自我過於虛弱而無法承受對立面、且無法看見事物雙重面向的案例上，典型會有的補償性作為；言下之

意，原型具有啟明根源所在的那一面，但在此同時，個體必須將自己的雙腳穩穩站在這個世界上。從這個夢境看來，彷彿做夢者有著落入對立面的危險，可能變得全然平庸，但是當我針對這個夢境回信給他時，我提到這是他必須走過的一個階段，同時提到在他落入其中之後，他必須信任無意識帶領他進入下一步；我告訴他在目前的時刻，這是他必須降落的地點，同時這是個無法被中止的歷程；我告訴他會落入完全的平庸，同時也會抹去他先前的理想性——成為失去羽翼的天使。

學員： 我們是否可說，至少在這樣的地板上他是能夠行走的，而那是他在天空中無法辦到的。

沒錯，正是這樣，同時他也可以在田野行走，這是首先出現在夢境的，之後出現的則是骷髏，同樣地，他在那兒是無法行走的，接下來則是亞麻油布地面，那是他能行走的狀態。因此，實際上有兩個改變：先有肥沃的大地，接著是死亡，然後接下來是某件他能立足其上的事物。我認為很可惜的是，這個夢沒有在出現田野時就停止，因為那將會是對問題的全面解決，但是他沒能將真實視為某件他可以形塑或是在其上工作的事物，他的本性過於被動。他需要某件能夠讓他立足其上的事物，但他沒能轉向對於現實的陽性態度，去接受假若事情不是他所喜歡的那樣，就改變它並在上頭銘刻下自己的想法。要他帶著創意的陽性姿態拿起陶土，依據自身的想法捏塑，是他做不到的事情。他維持被動並接受現實，但是接著現實必須要能支持他並且成為能讓他立足其上的事物。不過，與之前

的狀況相較，這已是比較好的了，先前他可能會落入無底的深淵，如今他的腳底下有塊地板，但是從這個夢境來說，我認為他仍然沒有找到他的陽性面，仍然依賴著母性基礎和形式。至於他尚未找到陽性面這一點是個多大的問題，將會顯現在下一個夢境中。

學員：黃色的地板可能意謂著直覺嗎？

對直覺型的人來說，現實總會成為問題，同時也會是個體在生命中將面對的打擊。黃色與直覺有關，但是我不太能將這塊地板與直覺套在一起，除非他顯然是個相當直覺型的人，但那可能意謂著至少他現在已經找到基本的主要功能。只是因為他是如此未得到發展，甚至還沒有發展出優勢及劣勢的功能。自我的情結是虛弱無力的，同時也欠缺已發展的意識面，也因此他的直覺功能成為他僅以依靠的某項事物。直覺的對立面會是現實（這是透過感知功能而連上的），而直覺總是與現實不合。對直覺型的人來說，塵世的現實是副巨大的十字架。

學員：個體是否必須活過其中的一個面向才能進入另一個面向？我認為如果他得到可以讓他立足的亞麻油布，他也可能會找到星星，因為其中的一個取代另一個，同時顏色也相互取代？

沒錯，我認為對他而言，意識誕生的第一步就是去發展優勢功能，而在那之後，在許多許多年之後，他就有可能會碰觸到另一面。實際上來說，這意謂著當我們面對這類未發展的人時，必須聚

焦在不將他們帶近劣勢功能，而是首先去發展主要功能，這在正常的情況下會發生在十歲到二十歲之間。他仍然需要達到那樣的發展，亦即，去發展主要的功能，而在那之後，他可以繼續前往劣勢功能發展，也就是去面對惱人的現實因子背後的問題。

被動罪惡感

他寫給我的下一個夢境提到，他被警方**圍攻**（razzia，是種襲擊或是圍捕，警方藉此來捉人），他並沒有試圖要逃跑，因為他認為自己的無辜會得到平反。他被關在房間中，一會兒之後，他打開門同時看見守衛是個女人，他問她既然自己是無辜的，她是否會讓他離開，而她回答說：「是的，當然應該要讓你離開，因為你是無辜的，但是在這之前有些問題必須要問一問。」接下來，牆後傳來呻吟聲，他同時理解到問一問的過程伴隨著拷打虐待。實際上，人們就被揍在鼻竇上，他因為怕極了生理的疼痛，結果就醒了。

他沒有提供任何與夢境有關的聯想，但是這個夢清楚的指出他對牢籠與警察的恐懼情結。你應該還記得他無法越過瑞士邊境，因為他以為自己會被關入監牢裡，每當他看見警察就會逃跑。當我們去連結女性守衛這一點時，你應該記得他是個畫家，同時他曾經畫過一個未知女子的肖像，一個想像的女子，在他給我的信件中是如此寫道。他在這幅畫上工作了整整四年的時間，對他而言畫像是如此生動且重要，以致於他必須拿塊布將畫像遮住，特別是在晚上的時候，因為他總害怕那副畫像會活過來並威脅他。他因為這個原因而沒辦法睡在畫像所在的同一個房間中，因此，他會在畫完畫像後

迅速將畫像蓋住，有時候好幾個星期都不去看那幅畫像，因為那張圖對他來說就是活生生的事物。這是說明阿尼瑪的絕佳例子。畫像本身並沒有提醒他任何一個實際存在的女性，那是阿尼瑪的表徵，是內在女性的意象表徵，對他而言，那圖像變得如此鮮活生動，以致於他對之感到恐懼不已，那正是古老的畢瑪龍（Pygmalion）[2] 母題。

接著，我們應該進入這個怪異的警察與監獄情結，這是這個年輕人現實生活中的恐懼症。夢境本身是相當重要的，因為它連結上我希望在演講結束時能達到的重點，亦即，我們所處理的問題不僅僅是個人的問題，同時也是我們這個時代的問題：警察國家——那是個絕對的系統，對數以千計的人們施虐，這一點也越來越成為當代的大問題。奇特的是，主要的施虐者都是永恆少年，同時他們也建立了暴君式及帶有謀殺特性的警察系統，因此，永恆少年與警察兩者的心境有著祕密的連結，相互激發彼此。納粹主義及共產主義就是由這類型的人所建立的，真正的暴君、虐待行為的組織者與壓抑個體性的人，通常被發現都是源自於未處理母親情結的男性，那正是俘虜他們的所在，而正是因為這個被俘虜的狀態而產生這樣的情結，讓人們盲目陷入如此蠻橫的行徑。

因為做夢者是位在街道上，我們可以說他是在集體中，此刻，在現實中，他與集體並沒有關係，因為他是個孤立、寂寞且全然反社會的人。他與他的感受並沒有連結上，同時也沒有真的朋友——只有他將女孩拱手奉上的那個男人，但是兩人並沒有強烈的情感連結。因此他是在集體中走失了，是大街上的一位無名男子，而那正是他被警察系統逮到之處。任何帶著虛弱人格，並且尚未在個體性

上工作過的人，都是受到雙方面的威脅，不僅是被集體意識（外在集體性）所掃過。帶著虛弱自我情結的人，會在傳說中的女海妖錫拉（Scylla）與卡力狄斯（Charybdis）間陷入兩難——在魔鬼與深藍海之間游移——要不是陷於集體無意識，就是陷入某種形式的因循常規（很有可能就是集體的活動），其中的一個會抓住他。因此，認同於面具人格或是認同於集體活動就很可能成為虛弱人格的症狀，以致於他們像是發了瘋似的且落入集體的無意識。那些不過都是相同事物的變異面貌，這說明了為什麼這些集體且絕對主義的運動帶領者，通常從自我的角度而言都是相當虛弱的。

　　我記得有位醫師曾經告訴我，在上一場戰爭初期，當時他還是個頗負盛名的腸胃醫學專家，他有個胃潰瘍的病人就是納粹的高級官員。他成功的治癒了這個男人，因此在納粹圈中有著優秀胃科醫師的盛名，在整個戰爭期間，有相當多的高階納粹官員會來找他做私人診療，而在《醫者的信仰》（ *religio medici* ）[3] 信念下，他當然無法拒絕接受這些病人。他說自己看見這些集中營的施虐者，那些所謂的英雄，在脫去漂亮的制服及襯衣，露出因日曬及運動所造成的棕褐色軀體——同時也看見底層因緊張且歇斯底里所造成的胃部問題後，他大感驚訝。這些假面英雄不過就是個弱者——被媽媽寵壞了的男孩，並且有相當大程度不須理會他們的生理病痛，而必須告訴他們問題純粹就是心因性的，完全就是個癔症[4]。對那個醫師而言，那真的是開了眼界——雖然這不是他原先所預期的，但對我們來說那很有道理。假若他們對於開出的療方或是處方稍有不同意，就不會嘗試。甚至，如果他直接點到他們的問題所在，許多人就會開始哭泣。他告訴我說，一旦那些俊美的英雄將人格面具拿下

後，他感覺自己彷彿是在面對一個歇斯底里的女人。如果你去看那些再度在各地畫起納粹標誌的「英雄」面貌，你就會看見同樣類型的人。

做夢者認為他可以逃開，因為他是無辜的，因此他仍然有著司法國家常見的老派想法，就如同在瑞士的情況，那裡只有在犯法之後才會被逮捕。我們不需要對警察感到害怕，因為如果我們沒做錯事，我們就可以躲開。但夢境的結局讓我們相當清楚看見對錯的問題與這件事一點關係也沒有。他可以逃開，但是他仍然會被警察虐待折磨，因此，努力伸張自己的無辜是沒有幫助的。你會如何解讀他認為自己是無辜的想法？如果你記得我先前所提到關於他的事蹟、關於那個穿著天藍色外套，有著細緻美貌的金髮年輕人，如果你去問他的人生中到底做了什麼錯事，可以說他實際上是什麼也沒做錯過，除了他什麼也都**沒做**這一點！他是因為沒有罪過而成為有罪的。**他沒有活過！**假若你真的活過，你就不得不成為罪人：假若你吃了，那其他人就不能得到那份食物。我們將雙眼矇住而看不見數以千計的動物被屠宰，為的就是讓我們得以生活。要生活就要實行殺戮，當我越是深刻的過生活，我越是犯下更多的過失。

生命是連結上罪惡感的，但他因為沒有活過而沒有累積太多被激發的罪惡感，可是他累積了大量的被動罪惡感。想一想那些被他所拋開的女孩們。沒錯，他沒有對她們大呼小叫或是使她們非婚生子。他沒有做過所有那些更有男子氣慨的男人可能會做的事，但是他就只是透過消失的無影無蹤來讓女人們失望，這與做錯事的男人是同樣殘酷且不道德的。他所犯的罪在於他沒活過，他是典型的這種男人。因為他的母親情結，他對於生命有著過度美好及高高在上

的態度,他認為透過高高在上,就可以保持純粹及純真的假象。他並沒有理解自己在私底下其實是在累積髒汙,因此這個夢相當清楚的告訴他,他無法僥倖躲過那個假象。生命會抓住他,他不能繼續當個媽媽身邊從來都沒做過錯事的無辜小男孩,即便他想要繼續這樣子也無法逃開,因為它同樣會抓住他。因此,他事實上是被集體力量以負面形式所抓住。你可以說警察代表著他的陽性面;正因為他沒有活出陽性面,所以它與他相對而生,舉凡個體內在所具有卻沒被活出的事物,都會發展成與個體作對的。因此,做夢者現在就被這些施虐者及警察所追逐,同時也發現真正的魔鬼就是那個他一直以來所畫的阿尼瑪人物,她是幕後的施虐者,這個阿尼瑪人物顯然就是他母親意象的變異圖像。它一方面還不是阿尼瑪,就**原初的概念**(sensu strictiori)來說;它一方面又是阿尼瑪,卻是與母親意象認同結合的阿尼瑪,因此,母親的意象是在幕後的魔鬼。你們是否想到任何的神話變異形象是那個拷打質問的母親意象?

學員:人面獅身史芬克斯(Sphinx)[5]

沒錯,那自然是大母神的意象,它對那些想維持無辜狀態的人們拷打質問,而伊底帕斯太想要維持無辜;他從家中逃離,為的是避免實現他會殺了父親及與母親結婚的神諭,而因為從中逃離、因為試圖要躲開罪惡感,他反而直直走入這個命運。在這個夢境中出現了現代版的伊底帕斯母題:這個男人也認為自己可以從命運中逃開,但他同樣落入史芬克斯之手,被問及那個不可能回答的問題。

永恆少年:以榮格觀點探討拒絕長大

智性主義之害

　　關於史芬克斯提出謎題的母題——或是此處所呈現的，在他被毒打的時候，那個如同史芬克斯般的女人所問的——都提及了普世且原型的核心問題，而我認為這部分一直還沒得到足夠充分的討論。這與我所謂的假哲學有關，是一種由母親情結所誘發的錯誤智性主義。我們可以在俄羅斯童話故事〈處子沙皇〉（The Virgin Czar）中得到最佳例證，我在前一講中有談過。故事是關於沙皇的三個兒子在沙皇要求下出遠門，你應該還記得，兩個年長的哥哥走上左方及右方的道路，前往左方的那個被妓女捉住，而另一個最後被父親抓起來（其中一個落入性驅力的牢籠，而另一個則是退行回到傳統的牢籠。）

　　而英雄，如你所記得的，儘管被警告會步上死亡之途，仍然直直向前行。他的馬經歷了死亡及復活，但是英雄始終得以活著。接著，他前往大巫婆芭芭雅嘎（Baba Yaga）那兒，巫婆正在梳理絲線，雙眼同時監看田地上的野鵝，還用她的鼻子撥弄火爐上的煤灰，同時，巫婆住在一個立在雞腳上會旋轉的小屋內，屋頂上有著雞冠。首先，英雄說了魔法咒語讓小屋停下來，接著他進入小屋，同時發現老巫婆正在撥弄火爐上的煤灰。大巫婆轉身說：「孩子，你是自願來的，還是非自願來的？」她真正要說的是，你是否因為自由意志而走上追尋之路？這三個男孩其實是因為接受父親晚宴上的挑戰——父親說目前為止他的三個孩子沒有任何一個足夠匹配他有的成就，因此從這方面而言，他們的確是非自願啟程。衝動驅力出自於過往傳統，同時被帶向未來。但另一方面來說，這也是自願

的決定，特別是最小的兒子，因為他被取笑為無法上路，被說哪兒都到不了，應該選擇待在家裡坐在火爐旁。因此雖然我們可以說他的確是自願上路，但這個問題本身是有些不對勁的。儘管如此，我要先給你們答案，因為答案顯示出這個問題該如何處理。他以威脅的話語回應芭芭雅嘎：「妳不應該問英雄這樣的問題，老巫婆。我肚子很餓想吃飯，所以妳動作快點！」──這相當粗俗也相當有趣！可以想見，他相當清楚知道，巫婆並不想要知道答案，也清楚這個問題是設計好要讓他難堪的伎倆，假若他真回答了，就會意謂著愚蠢的陷入困境中。這不過就是岔開的伎倆──是完全不需要討論的。

自由意志的問題是目前為止都尚未得到解決的哲學問題。自由意志是個主觀的感受，就智性及哲學的角度而言，利弊兼有，同時你也不能驗證任何一邊的說詞。如果你問自己是否因為必須做或是想要做而做某事，你永遠都不會找到答案。你總是可以說，感覺上彷彿是自己想要做的，但或許那只是無意識的情結讓你有這樣的感覺。因此，你如何能夠說明白到底是哪一個？這是一種主觀的感受，但是對自我而言，能感覺某種程度的自由是極為重要的。那是唯有個人才能清楚的心情及感受問題。如果你不相信有某些程度的自由意志，同時不能相信有屬於自我的自發性，你就跛腳了，因為接下來你就必須探究所有的動機。你可以進入過往並更深入的去看無意識，但是你永遠都無法從中走出來。而那就是母親情結的蜘蛛精伎倆，是她試圖抓住英雄的方式。她想要他呆坐著，同時去問自己是否真的想要如此；是否那只是與父親作對？──假若他真的如此去做，是否他真的就只是落入父親的建議，或是他不過就是愛

現？我們可以確定的是，他會一直坐在那裡，於是巫婆會把他收進自己的口袋。這就是大母神情結的伎倆。

有些永恆少年透過實體飛機從母親身邊逃開；他們從大地之母與現實中飛離。其他的人則以「思想飛機」做出相同的事情——帶著某種哲學的理論或是智性的系統起飛上天。我先前沒有特別去想這件事，但是讓我驚訝的是，拉丁族群特別會將母親情結與強壯但貧瘠的智性主義，用一種怪異的形式結合在一起，他們傾向以銳利的智性和毫無創意的方式討論天堂與人間，以及天知道的其他事情。那或許是男人為了要拯救他的陽性面所做出的最後嘗試，但那不過就意謂著這些年輕人因為無法承受母親而逃入智性領域，因為在那兒，他們的母親——特別當她是樸實型的女人並且當她的阿尼姆斯是愚蠢型的女人時——是無法上達那個領域的。他們可以從她的裙底下溜出並進入智性的範疇，因為那是她無法跟進的地方。因此，那就是最初想要藉由進入書籍或是哲學討論的範疇，以逃離母親力量及阿尼姆斯壓力的方法，他們以為母親無法了解，於是也就不盡然是有破壞性的。這樣的男人因此就有了一個屬於他自己的小世界——他與其他男人一起討論事物，同時因為這是女人無法了解的而感到愉悅。於是，他從陰性面逃離，但同時也失去了他的俗世陽性面，將它留在母親的掌控中。他的精神陽性面得到拯救，但是卻犧牲了他的陽具——他的俗世陽性面以及他的創意。而行動的活力，那個去捏陶的陽性特質、那個能捉住及形塑現實的部分，就被他遺留在後頭，因為那些是過於困難的；他因此躲入哲學的範疇。這樣的人情願選擇哲學、形而上學及神學，都是全然欠缺生命力的一門無血生意。在他們的哲學底下並沒有真正的問題，因為他們並

沒有真心提問。對他們而言，這只是文字及概念的遊戲，欠缺讓人信服的特質。我們無法以這樣的「哲學」事物使人信服，沒有任何人會想要聽信。

伪哲學的智性主義是充滿企圖心的，因為正如我先前所提到的，這是試圖逃離被母親型人物主導掌控的方式，但是這只是以智性的方式為之，同時也只有智性得到保存，那就是我們在伊底帕斯神話中所看見的悲劇。故事中伊底帕斯因為陷入問題而犯錯，他並沒有對史芬克斯的提問產生質疑，及表示如果她再問一次就要一拳揍扁她。與此相反的，他給了一個極佳的智性回答。這個劇碼很微妙的以史芬克斯自我了斷的劇情繼續下去。伊底帕斯對自己讚揚了一番，同時直直走入母親情結的中心，走入毀滅及悲劇，這一切正是因為他洋洋自喜的以為，自己透過回答問題而走出了難題。

我認為，佛洛伊德式心理學對這個神話的看法及概念是大錯特錯的，想要理解伊底帕斯神話就不能不對希臘文明以及其整體情境的背景知識有所了解。試想蘇格拉底及柏拉圖主義者，他們是在陽性精神的運作下探索哲學及純粹心智的領域，可是當柏拉圖試圖要將想法導入現實時，從當時發生在他身上的事件，就能讓我們看出他們對現實的逃避，以及他們並沒有真的發現能形塑現實的哲學。那是全盤失敗的嘗試。他們發掘出純粹的哲學，但是卻是無法經現實試煉的哲學。同樣的狀況也出現在希臘人所創始的基礎物理及化學，但是在那之後，埃及人及羅馬人將這些概念轉為實驗科學，因為希臘人無法將他們的想法帶入化學實驗中得到驗證。他們的科學仍然停留在純粹臆測，即便這些想法看起來都很漂亮，但也正因此而出現了希臘小城邦無止盡的分裂，以及希臘文明的悲劇性衰敗，

因為當他們對上有著陽性特質及軍隊式自律的國家——羅馬人——希臘人就輸了。因此，雖然他們是地中海世界的偉大哲學孕育者，但無法以具有創意的方式追隨自身的哲思，因為他們從來就沒搞懂史芬克斯的謎題。他們認為智性的答案就是解決之道——這是讓他們自食其果的假象。事實上，伊底帕斯神話是隸屬於這個文化所處的發展階段的神話，同時也是屬於有著同樣問題的年輕人的神話。這說明了為什麼它是個通論的神話。

俄羅斯老巫婆芭芭雅嘎所問的問題——她在錯誤的時刻所提出的哲學問題——顯示出這是存在吞噬母親身上的阿尼姆斯的伎倆。接著，當男人獨自一人時，母親情結在男人身上施下這個伎倆，為的是在正好需要行動的時間點提出哲學性的問題。我們常會在真實人生中看見這樣的伎倆。舉個例子，有個年輕人想去滑雪或是想跟朋友一起前往某地，他身上有著飽滿的年輕**活力**，這些活力將個體從巢穴帶開，迫切想要與同年齡的人在一起。他和朋友滿心期待要駕船沿著萊茵河前往荷蘭，男孩告訴母親他的打算，那就只是年輕人的充沛活力表現，但是母親卻開始擔憂男孩的離去。唯有當母親不是緊緊抓住男孩時，男孩才得以以其自然天性活出生命且學習生命。但是如果他當真如此做的話，她會說：「你非得要這麼做嗎？我不認為這是件好事。我不想攔住你去做這件事，雖然我認為你去做些像是運動之類的事會是不錯的，但我不認為你現在應該去做這件事。」「現在這個時候」永遠都不會是對的時候，每件事都必須先仔細思考——那是吞噬母親的阿尼姆斯最喜歡用的伎倆，每件事都必須先討論討論。原則上，她說，她對此不反對，但是你提的**這件事**似乎有點危險性。你**真的**想要這麼做嗎？而如果他是帶些膽怯

的，他心中就會開始忖度，接著，他就不再感到自信也開始懷疑，最後在星期假日他待在家裡，朋友們則自行出發了。他的陽性面再次被擊敗，沒能回應說自己才不管是對是錯，就是想要這麼做！採取行動的當下，不該是讓你討論的時刻。

就這方面而言，我對於成長在父母有分析背景的世代，有著相當負面的觀感——無論是佛洛伊德學派、榮格派或是其他的學派——因為當今的母親阿尼姆斯甚至會使用心理學來將兒子搞殘廢，例如：「我不確定從心理學角度而言，讓你去滑雪是否是正確的決定。」或是其他的說詞。在這些第二代中，即便心理學都是危險的；那些父母沒有心理學背景的孩子常常是比較幸運的，他們得以開啟新事物，而那些心智已被心理學所毀壞的父母們的孩子則不是這樣的。相同的情況也適用於當分析師想要留住病患時，每當被分析者想要採取行動時，分析師會說我們應該先看看夢境怎麼說，看看這從心理上而言是否是正確的。假設沒有母親或分析師這些人物來扮演這個角色，永恆少年的陰影面通常也會做出相同的事情，每當他想要採取行動時，他會認為在仔細思考過這件事之前不該行動。這可被稱為是精神官能症哲思，是在需要行動的時刻所出現的不當哲思。這正是史芬克斯謎題的神話，以及芭芭雅嘎惡魔問題的童話背後傳達的伎倆。正是母親的阿尼姆斯說：「喔！沒錯，你的確應該去的，但是我要先問幾個問題！」無論他回答或是不回答問題的那個當下，他都是受折磨的。

被閹割的尊嚴與勇氣

　　但是，夢境中也有正面及有希望的那一面，因為當男人受折磨時，他是被揍在鼻竇上。這個年輕人的母語帶有拉丁文根源，他清楚**鼻竇**在拉丁文裡的意涵：曲線、海邊的海灣或是任何其他類型的曲線，特別是指女性的曲線，說的更明白些，就是胸部。因此，當他被揍在鼻竇上，他就是被揍在潛藏的陰性面上。醫師們以及在座的你們可能都知道，鼻竇是我們身上會受感染的腔室，它是個中空的空間，而「鼻竇」一詞本身也以隱微的方式指出陰性面及頭顱之內的部分。它指出這個頭腦的活動、這個偽哲學且假的智性主義，事實上有著陰性特質。身為這樣的哲學家也意謂著會有潛藏的陰性面，同時不過就是母親惡魔將男人引入此境，那是她對他使出痛擊之所在。在真實生活中，我們看見母親是如何盡一切可能來閹割兒子：把他們留在家裡，再把他們變成女人，最後還到處抱怨他們是同性戀，或是抱怨兒子年過四十三卻還沒結婚，還說只要他結婚的話，她不知道會有多麼的開心；甚至說看著兒子憂鬱地坐在家中是多麼讓人心煩，以及她為兒子受了多少苦，還有只要兒子不再處在那樣糟糕的狀態，家中的一切會有多美好。但是假若有個女孩出現，她接著就會跳到另一個頻道，因為永遠都不會是**對的**女孩；她可以保證那個有問題的女孩從來就沒讓兒子開心過，因此這兩人必須要停止交往。這母親是在兩邊玩弄。她先將兒子閹割，接著就永遠攻擊那個缺點，不斷的批評且抱怨。這是從個人層次中會看見的狀況，但相同的事物也適用於當我們考量原型情結時，因為唯有在破壞性情結所在之處才有可能發現療癒。

在這個案例中，我們可以將這樣的折磨視為無意識心靈中不具意義的精神官能表現。在他做這個夢的時間點，實際上他極度受到症狀的折磨，因為對監禁的恐懼感，他哪兒也去不了。受母親情結的磨難所帶出的症狀，也是個題問，如果他可以了解到這一點，就能問它想要從他身上得到什麼：在那背後的麻煩事是什麼？接著，他就能找到答案。折磨有著雙重面向：如果他能理解這是命運加諸在他身上的問題，那麼他就能解決它，可是假若他只是從問題中逃開，那就會是母親情結加諸在他身上的永恆折磨。決定權在他身上。很不幸的，夢境結束在：「我因為害怕生理上的疼痛，所以就醒了。」這的確顯示出此乃基本難題之一。

這是關於男人過度落入母親情結的難題，一個相當簡單但普遍的難題：他沒有辦法忍受物理上的疼痛。通常，那會是母親意圖吞噬兒子的起始點，當他還年幼的時候，隨著她持續性大驚小怪的照顧——在痛處敷上膏藥——要他別跟那些粗魯的男孩一起玩等等。當他在外被揍了之後回到家，她會說要去跟其他男孩的家長們理論，讓她們聽聽自己兒子們所做的壞事，而不是要自己的兒子別當個孬種，要做出回擊。因此，她將他變成生理上的膽小鬼，而那也成了一切的基礎，因為孬種在生命中沒有立足之地。我曾認識一個五十歲的男人，他不願與女人交往，因為他說如果他和女人一起到酒吧，當有個醉鬼對他挑釁時，他就不得不打架，可是那是他絕對做不來的事情。

學員：可是，想想羅馬共和國凱薩大帝（Julius Caesar）的例子！他是如此害怕生理疼痛，但是我們不能說他是個膽小鬼！

不是的，他從來就沒有對恐懼屈服！對事物敏感是另一回事。有些人對於疼痛有較敏銳的覺知，問題在於你是否對之屈服。說個法國人及英國人的故事，在第一次世界大戰時，這兩人一起在壕溝裡，法國人緊張的菸一根接著一根抽，並且走上走下，英國人則安靜的坐著還語帶嘲弄的對法國人說：「你覺得害怕嗎？你覺得緊張嗎？」法國人說：「假若你像我一樣害怕，你老早就一溜煙的逃跑了。」這並不是害怕或不害怕的問題，有些遲鈍的人什麼都感覺不到，他們有點欠缺敏感性並且真的沒有被傷得太糟，但是其他人可能對痛的感覺更深刻，而問題的重點在於，個體是否有足夠的耐力來承受。凱薩大帝必然是與他的軍團一起面對痛苦，雖然他對此感到痛恨及害怕。我會說那是真的英雄表現。正如法國人對英國人所暗示的，不覺得害怕根本就不是英雄的行徑。英國人不過就是沒有想像力，所以才會顯得沉靜。有許多人看似極度勇敢，事實上不過就是因為他們不夠敏感，無法想像可能會發生的狀況。高度緊張且具有想像力的人自然會承受更多感覺，而勇敢或不勇敢的關鍵在於，個體是否可以承受或至少不會失去個人的戰鬥態度、不失去個人的自我防衛感以及榮譽感。

這是相當深刻的本能表現，不僅存在男性身上，也存在於動物領域，因為許多物種的雄性個體是無法在沒有代價的情況下失去自尊及榮譽感。這是陽性面的本質核心，失去了它就意謂著以更深刻的方式被閹割。在慈鯛科（cichlidae）魚類，雄魚無法與身形大過於牠的雌魚交配，因為這些魚的視力不好，加上雄魚與雌魚之間並沒有太大的差別，當牠們游向彼此，雄魚第一眼注意到的會是對方身形比自己來得大，這給了牠警訊，提醒牠可能會出現打鬥而嚇得

失色，接著，當牠更接近些時，才發現那是一條雌魚，但是牠已經無力與之交配。當雌魚遇見一條身形較大的雄魚時，可能也會受到驚嚇，但是她仍然可以如常與之交配。結論是，正如動物學家所指出的，在雄魚身上，性與侵略性可以被結合在一起，但是性與害怕感卻是不能結合在一起的。而在雌魚的例子，性與害怕感是可以被結合在一起的，但是性與侵略性是不能在一起的；簡單來說，這就是阿尼姆斯與阿尼瑪問題。

在大自然的其他領域，假若特定的雄性動物失去牠們的自尊，牠們就會死亡。動物文學之父西頓（Ernest Thompson Seton）曾寫過一個美麗的故事，是關於狼群中的一隻特優領頭狼以及偷牛賊狼。這頭領頭狼相當不容易的才被抓到，而因為牠是如此出名，因此並沒有被當下宰殺，而是被五花大綁帶回家。起初，這頭狼顯得極具野性、雙眼狂躁，但是接著，突然地，出乎希頓意料之外的，當牠被綁在希頓的馬匹上由他照看這頭狼時，他看見這頭動物的雙眼變得十分沉靜，彷彿是看向遠方，頓時就放鬆了。因為還沒有商議出該怎麼處置牠，牠就被綁在院子裡，政府當局也給這頭狼提供了極高的價碼，但是第二天，這頭狼在沒有任何外顯原因之下就死了。牠是因為羞辱而死的，這是相當常見的事，特別是在雄性動物的例子中。

同樣的事情也發生在原始雄性社會中。在上一場戰爭期間，有人編輯了統計數字來探討：比較原始的或是受到較高教育的人，到底誰會有較佳的監禁承受能力？結果發現當人們越是原始，出於絕望而自殺的比率就越高。這些統計資料是由紅十字會所編輯整理的，我是從我的姊妹那兒得到這份資料，她在紅十字會社群工

作。顯然在最原始的社群中，有著最高的自殺率，他們就是完全失控了。當時美國的一個集中營裡有受到妥善對待的日本戰犯，這些戰犯中大多數的自殺都是出自絕望感。同時我們也都知道原始的非洲人不能被監禁超過三天以上。舉個例子，非洲叢林的布希曼人（Bushmen）就完全不能受到監禁，無論他們得到如何妥善的對待，當他們被監禁之後他們就逐漸凋零。他們會失去希望感，因為心理因素而死亡。

因此，關鍵核心在於讓人類保有自由自尊及榮耀感，如此一來就會有一定程度的侵略性及防衛自我的能力。那是屬於雄性的生命力，一旦那被母親摧毀，他就輕易成為母親阿尼姆斯的獵物。她以羞辱的方式懲罰兒子，奪去他的自尊。另外一個可以達到這個目的的邪惡方法，就是透過嘲笑。我曾經認識一位母親，她以她的三寸不爛之舌將兒子變得失能，每次當兒子想要伸張他的陽性面並且展現進取心時，她就會做出小小的譏諷，這些說詞滅了他的**活力**，並讓他顯得荒誕可笑。當年輕人展現英雄行徑準備上路時，不應該受到大人的譏諷，而是需要得到尊重，因為這意謂著陽性面的成長。當男孩們嬉鬧著假扮成幫派分子及印地安人時，他們看起來是可笑的，但是我們應該要認知伸張個人自尊及感受自由獨立的必要性。那是至關重要的，該強調的重點不應該是其中的荒誕可笑。因此，在許多的原始社群中，男性努力維持獨立性及陽性面，當男性戴上動物面具以及在背後接上尾巴而繞圈行走時，女人是不能直視的。在多數原始部落的男性成年禮中，女人是被排除在外的，因為她們輕易就做出這一類譏諷的言論，一切就因此一敗塗地。男人清楚知道在那些象徵性的陽性表現中，外表看上去他們是可笑的，也因為

這個原因，他們將女人排除在外。女人也有女人自己的神祕儀式，當女孩第一次嘗試化妝及束髮，若被兄弟譏諷會是很糟糕的經驗。他們嘲笑她帶著嬌羞第一次嘗試陰性面表現，也因此，通常女孩們情願在學校的團體中做出這種嘗試，因為她們看起來也是可笑的，所以才會將自己躲起來，不讓男孩們看見。

學員：鼻竇不也與鼻子相關？如此一來，鼻竇是否也與生命氣息相關？當鼻竇出問題時，鼻子不就被塞住了嗎？被揍在鼻竇上，是否也意謂著被揍在生命氣息上？

不，我不認為在被揍了之後，個體就再也不能呼吸了。不過鼻竇本身是個腔室，它在醫學上的功能我仍然不太確定。它是某個過去殘留下來的器官，像是闌尾之類的，也許在場的梅姆克醫師（Dr. Mehmke）可以回答這個問題，就我所知，鼻竇的功能相當稀少。

學員：我認為鼻竇的功能就是被感染！

因此鼻竇必定就像闌尾一樣，是個相當不具意義的器官，本身不具功能。我認為這反而讓它更具意義性，也為未來的解讀提供支持，因為在夢境中的女人並不是揍在生命氣息上，而是一拳打在某件完全不需要的事物上。這讓夢境的意義超出純粹負面。換句話說，假若他沒有這樣的腔室、假若他身上沒有這個不需要的陰性面弱點，她就不能折磨他。亦即，如果他是陽性的、強壯的，同時也

　　　　　　　　永恆少年：以榮格觀點探討拒絕長大　├──────

沒有因為感染而變虛弱，她就什麼也做不了。他陽性面的欠缺，表現在他覺得自己是無辜的，因而像個孩子般的哭泣，還哭得煞有其事！與其說他是無辜的，倒不如說他是被激怒到想要解放自己！但是，他卻有著這樣的被動反應，希望無辜會拯救他——彷彿以為那在我們的世界是會有幫助的！根據基督教的教導，邪惡並不存在，假若個體是無辜的，一切都會沒事！但是如此錯誤的解讀基督教義，讓我們全都變的幼稚，也奪去我們對生命的健全本能態度。我們全都想要成為無辜的羔羊，我們自然就顯得無助。這一點讓我們連上聖修伯里的綿羊問題、綿羊心態以及幼稚主義的想法，甚至還有特定的錯誤基督教態度，這些都認為只要個人是無辜的就什麼都不會發生，因為守護天使必然會照看你。但是現實與這樣的教導是相抵觸的，因為無論是在這個世界或是在大自然中，無辜感並沒有幫上忙，它只是敞開大門歡迎大野狼。

　　對於這個案例，我沒有更多想要說明的，因此接下來將進入永恆少年問題鏡映表現在德國的案例，我們要去檢視德國作家布魯諾・高茨（Bruno Goetz）的作品《無空間王國》（*Das Reich ohne Raum*，英譯 *The Kingdom Without Space*），這本書的初版發行於1919年，再版於1925年。有趣的是，這本書是在1933年納粹運動肇始之前，在西方世界沉浸於希特勒的病態想法之前所創作及出版的。布魯諾・高茨必定對於即將到來的一切有著寓言般的天賦，而正如我們接下來會看見的，他的作品意圖從永恆少年的角度來解讀整個納粹問題。格茨在他的書中預測整個納粹運動，甚至也預測了德國現在所發生的一切。我相信透過這本書，我們應該能切入我想要表達的重點，亦即，永恆少年問題的宗教及時空面向。

註釋

1　原註：*Two Essays on Analytical Psychology*, CW 7, pars. 471ff

2　譯註：畢瑪龍是位頗富才華的雕刻家，因為對於女神維納斯的崇拜，而決定以雕刻來表達對於維納斯的敬意及愛意，他將情感投入於雕像中，雕像完成後已然成為他的愛人，還將雕像命名為「Galatea」（沉睡的愛人），後來因為愛神維納斯及邱比特的幫助，得以讓雕像成為真人。其後這個詞在心理學上被引用為自我應驗效應。

3　譯註：此處引用英國托馬斯‧布朗爵士（Thomas Browne）在 1642 年發表的《醫者的信仰》（*Religio Medici*）一書書名以說明在自然人性中找尋真理的態度。事實上，榮格在他的著作中曾多次引用 religio medici 一詞，當他引用這個詞語時，他常會以 it was a real Religio Medici 來表明對於不可知及非理性心理狀態的正視態度。

4　編註：精神因素造成的病症，患者呈焦慮與各種感覺過敏症狀，並常自覺有病，也缺乏行動與情緒的控制能力。

5　編註：源於古埃及神話中長有翅膀的怪物，通常為雄性。

第二部

《無空間王國》
布魯諾・高茨

對新王國的期盼

《無空間王國》（*The Kingdom Without Space*）一書由德國作家布魯諾・高茨（Bruno Goetz）創作，他於 1885 年出生在拉脫維亞的古城里加（Riga），這本著作是一篇小說，而全書內容從兩首詩作開始，摘錄如下：

我們所知悉的，被摧毀了，成了一片廢墟，
暗黑死亡的巨大力量交織圍繞四周，
我們帶著熾熱的精神努力奮鬥著，
當我們上了如夢一般的賊船後。

遠離你我的家園及母國，
我們在未明的波濤中航向前方，
我們在狂妄的笑聲中冒險前行，
宛如維京人一般，尋訪那片未發現的海岸。

當黑夜恐懼降臨，汝為吾等唱出
他方家園的歌曲，
鬼魅魍魎消失在如絲薄霧中。

世界隨著舞蹈與音韻而消融，
群星將遲來的幸運擴散四方，
光彩隨之照入無空間王國。

　　接著出現的是獻給「佛」（Fo）的第二首詩，在稍後的內容中

你會看見他正是這本小說裡的永恆少年：

當暗沉的雲朵
不從天際中撤離
不從世界中撤離
太陽就被藏了起來，

從那深處顯現
一股新光臨近，
在睡夢中我們知道
你就在那兒。

喔　那臨近的光照
來自你雙眼深處，
從你的雙唇流出
細水長流的愛意。

越過天境之海的浪濤
從肢翼散發的光輝
引領我們
進入熾盛的膽識。

永恆少年，
在群星樂音的環繞下，

賜予慰藉、

閃耀、自由與美麗。

男人與女人

起舞於榮光中，

進入深處

為的是一睹你的容顏。

永入光明

你那白色形貌召喚著

一波波的浪潮，

我們永遠都不老。

　　正如我在上一講所提到的，這本書的第二版於 1925 年發行。我沒能找到本書的初版，但是這個版本的書末提到，這一版的內容才是沒有缺漏的完整發行版。初版發行當時，作者人並不在，可能因為作者對於內容感到過於震驚或是因為一些其他愚蠢的緣由，出版社拿掉了部分的章節——我稍後會說明是哪些章節被拿掉——因此，初版發行的內容是不完整的。這本書在當時被誤解成是一份政治文宣手冊。當作者返回後，他堅持此書必須完整重印。當他在書末提及這本書的兩個版本時，他說自己從來就沒打算要將這本書視為政治文宣。[1]

　　我們不能忽略這本書是出版於第一次世界大戰之後，正值德國處在巨大崩裂的時間點，國內有著大量的失業以及各式戰後的苦

難。就在這個時刻，有個病態的做夢者，一個名叫席克爾格魯貝（Schickelgruber）的士兵（後來以希特勒之名為人所知）帶著他的瘋狂政治計畫，嘗試組織一個年輕人的團體。格茨的書是在納粹掌控德國政權之前的十四年就出版，當時希特勒的團體就已經在祕密運作。那是一個最絕望、最沒有目標以及最沒有方向性的時間點，某種程度來說，這段時間相當接近我們現在所經歷的狀況。因為這本書的初版在 1919 年出現，同時因為作者勢必也花了些時間創作，我們可以假定這本書是在第一次世界大戰期間所著，而第一首詩中所暗示的毀壞就是那段時間的災難。作者於詩中所提到的夢，是如此充滿熱情的追尋，是那個帶領他們遠行越過大海、進入新土地以及進入未知的恐懼之夢，接著他談及人們為全新的國家以及這個新興的萌生而高歌，顯現在眼前的正是「無空間王國」。

　　書中的第二首詩，以相同的母題從天空被雲朵遮蔽而開始。雖然太陽消失了，但是有一股新光從深處升起，那些仍在沉睡當中的人們，感受到一份不可見的同在感，詩中描寫為「永恆少年，在群星樂音的環繞下」。作者清楚表達永恆少年是無空間王國的統治者，個體必須進入死亡才得以看見，那些男男女女，欣喜狂舞進入死亡，為的是看見他那全然超脫的形式。因此，他明顯地誘惑人們從這個世界進入另一個世界，同時引誘他們進入死境。

梅爾希奧

　　書中的第一章，標題是〈白馬山〉（Schimmerlberg，英文為 White Horse Mountain），其中提到一個小型的大學城——白馬

山大學——當地的居民清楚記得有個老船長青檸舍（Wilhelm van Lindenhuis，這是在北德國帶著荷蘭色彩的名字，這個名字是由**青檸**〔linde〕及**房舍**〔huis〕兩個字組合的，意思是青檸色房子）。

關於他的驟死有許多傳言。首先，他那個性溫和、愁眉苦臉且病懨懨的妻子早先過世了，在那之後，人們注意到他不再於傍晚時分外出散步，但是當他們看見屋內的光線以及窗櫺中他那消瘦且深鎖的額頭，人們認為他必定就只是一陣子的不適應，同時也應該會沒事的，因此，就不再為此擔憂煩惱。然而在一個傍晚，兩個不知名的年輕人現身，這兩個年輕人戴著皮革鴨舌帽以及穿著作者所謂的「風雨領」，也就是能在壞天氣時提供擋風避雨的立領。兩個年輕人按了船長家的門鈴，而船長也親自開了門。路過的人說當時船長看見這兩個男孩顯得有些退縮，彷彿大感訝異，但是接著他讓年輕人進入屋內，在一刻鐘左右，年輕人就又再度離開了屋子。

第二天早上，郵差按門鈴送信時，沒有人前來應門。中午時分，又無法將信寄達。傍晚時，也沒人應門。因此，郵差通知鄰居。當大門被強行破壞後，他們發現這個老人死在沙發扶手椅上。他顯然是死於心臟病發作，走得相當平靜。在整理房子時，在他的兒子——也就是在梅爾希奧（Melchior）——的書桌上，發現了一個荊棘冠及象牙製的十字架。這些物品上並沒有沾染灰塵，勢必是在最近才被放在那兒的，相較之下屋內其他的物件都蓋上一層厚厚的塵埃。居民做了許多努力，試圖通知梅爾希奧（故事中的英雄）父親的死訊：發了電報及書信到羅馬給他，但是全都被退回，同時對於他的蹤跡也無從知悉。許多年過去了，人們的精力也轉移到其

他的事情上，因此也不再去想老船長以及他那怪異的兒子。只有當人們經過老船長的空房子時，他們才會想起梅爾希奧到底在哪兒，以及他是否知悉父親的死訊，還有他為什麼半點都不關心自己所繼承的財產。人們說他向來是個怪異的年輕人，關於他的陳年往事也都被挖掘出來。

當他大約十五歲左右，他有兩個好朋友——分別是奧圖（Otto von Lobe）以及翰琦（Heinrich Wunderlich），奧圖是個清瘦溫和、金髮貴氣的男孩，而翰琦則是個強大壯碩、勇敢大膽且有著棕褐色膚色的年輕人。這三個男孩成為好朋友，還一起組織了一個神祕社團。他們閱讀許多關於煉金術及中世紀末期歐洲密教團體薔薇十字會（Rosicrucian）的文本，同時也開始從事煉金術的實驗，試圖找到能讓自己改變形貌的方劑。在多次嘗試之後，他們相信自己已經成功製造出方劑，但是三個人都想第一個試用。因為無法達成協議，他們召集了神祕社團的所有成員齊聚一方。其他成員對於方劑所帶來的浪漫想像及震驚更感興趣，遠勝於細節的討論，於是這些細節就留給三個年輕人決定，而他們對於方劑所帶有的毒性卻一無所知。最後三人以抽籤決定，由奧圖中選。接著，他們整夜痛飲狂歡，在歡飲中，他們的幻想隨著未來的各式可能以及各式舉動而飛揚，宛若魔法師一般，他們的外貌將得以改變，同時一個全新的世代將應運而生，人類將得到轉化。越來越狂喜的他們，在清晨時分跑下海邊，同時面向東方。當第一道曙光出現的那一刻，奧圖起身撕掉身上的衣服，站在晨光中欣喜狂笑，同時慢慢地喝下方劑。不消幾分鐘之後，他就死了。在那之後，經過嚴謹的調查，梅爾希奧被學校開除，但他拒絕發表任何聲明，其他人也都受到嚴厲的處

分。翰琦，那個強壯且膚色黝黑的男孩是團體裡的第三個，在這個事件之後則做出重大轉變，他拋掉所有不尋常的消遣活動，以尖銳且極端的表現成了憤世嫉俗且固守傳統的人。他研讀醫學，同時退隱到一個小村莊裡當個一般內科醫生，他在那兒過著實際且憤世嫉俗的務實生活，不願意跟任何幻想事物沾上一點邊。

此處所描寫的就如同先前講座中所提到的——墜落的伊卡洛斯，在創意幻想的趾高氣昂之後，如今一股腦的跌落平凡。

奧圖死了，而三人組中的第三個成員梅爾希奧被學校退學，他回到家裡，有好幾個月都將自己關在房間裡。他的父親，對於魔法、薔薇十字會的文本以及煉金術等都相當有興趣，他原諒了兒子。他的母親每每想起這個悲劇總是哭哭啼啼的，但是她對兒子也沒有多說什麼。事實上，他的父親相當開心，認為他的兒子是在探尋自己本身也有興趣的問題，同時也認定兒子必定會有所進展。

起初，梅爾希奧會在房間裡憂鬱地坐上好幾個小時，因此三餐都被送到房門口。後來，他慢慢開始重拾自信，也開始與父親有科學上的對話，雖然父親對於魔法這類事物感到興趣，但父親並不相信人類有透過化學轉化的可能性。他認為即便這是可能做到的，也不具意義，無法看見這件事在現實上的重要性。但是，那正是兒子的熱情所在，純粹就只是興趣、不帶任何目的。兒子認為透過將個體的原初型態燃燒成灰燼，而讓生理人類轉為透明是可能做到的——套一句他可能會用的話語，就是轉變成星星鏡子。他的父親則更有興趣於天文學，梅爾希奧認為父親的腦袋不清楚，因此兩人

逐漸有越來越多的爭執。儘管他們興趣相近，但是他們並不同意彼此的觀點，慢慢的也就相互疏遠了，一段時間之後，也就不再與對方談話。

之後，梅爾希奧開始接觸當地博物館長的十五歲女兒漢娜‧卡森（Henriette Karlsen）。她很美麗，身材纖細苗條，有著帶點白皙及琥珀色的雙眼及柔軟的雙手，手指貴氣修長。事實上，梅爾希奧整天都關在黑暗的房內坐著。有一次他瞥見漢娜從街上走過，隔天，他第一次走出房門，兩人就在博物館裡見面。她走向他，牽起他的雙手，雙眼凝視著他良久，一句話都沒有說，眼中滿是淚水，梅爾希奧轉頭慌張地跑回家。在那之後，他每天都到博物館見她，但是在這段期間，漢娜顯得日益蒼白且哀戚。有一天，在機緣巧合下，年邁的館長無意中聽到梅爾希奧告訴漢娜，打從他小時候開始每天晚上都會有一張臉孔從窗子外向內看。當他還是小男孩時，他會在傍晚時分聽到窗子上的敲擊聲響，當他抬頭去看時，會看見一個棕褐色臉孔的小男孩，有著和他一模一樣的雙眼，從窗外向內看著他，一旦他向前跑去，這個影像就消失不見，接著，他會坐在那兒哭上好幾個小時。這些影像隨著時間而逐漸消褪，但是當他和朋友們製作死亡方劑當時，也就是那個他們以為能帶出轉化的煉金藥水，他又再次看見那個男孩，不過這一次男孩身邊多了其他男孩，全都帶著嘲諷的表情望向窗內。打從奧圖的死亡悲劇之後，他們又都消失不見了。

「感謝上帝，」漢娜回說，當他對她說起此事時。

梅爾希奧因為這個回答而狂怒不已，質問她怎麼能夠說出這樣的話，因為打從男孩們消失之後，他就孤單一人，沒有人能幫他。

奧圖之所以會死，是因為他們過於急促，同時對於方劑也沒有足夠的信心，而翰琦則是背叛了他們，還有他的父親什麼都不懂，如今落得他孤單一人。漢娜回說假若梅爾希奧愛她，他就必須承諾要忘掉一切，同時假若男孩召喚他，他絕對不能跟隨他們。

陷入絕望的梅爾希奧說自己怎麼都做不出那樣的承諾，質問她怎能夠對他要求這樣的事情。沒有任何一件事比跟隨他們走並解開他們的謎題更讓他想做，他牽起漢娜的手，要她和他在一起。

「我絕不！」漢娜語調中帶著莫大的恐懼，哭喊著說：「你要像殺了奧圖一樣殺了我嗎？」

在那之後梅爾希奧更感氣憤，同時罵她是個膽小鬼，並憤怒的衝出房間，完全不理會沮喪的館長，就回家去了。

就在那一天，他要求父親將他送到另一個城鎮就學，父親同意了。打從那天起，梅爾希奧就只是偶爾回家待個幾天，在進入大學之後，他就完全離家。鎮上的人們聽說他當時在研究化學，那是他擅長的學科，最後也在牛津大學拿到博士學位。漢娜在他得到學位那一年，因為結核病而過世，因此，那個原先不想死的、那個以為男孩們代表著拉向死亡的力量而拒絕與梅爾希奧聯絡的，沒多久之後就死掉了。梅爾希奧在母親過世的前一年，回到席克爾格魯貝（Schickelgruber）待了三天，在那之後，他再度離開，前往印度及中國旅行了很長的一段時間。接下來，報紙上突然提到席克爾格魯貝大學的知名教授庫克斯（Cux）徵求一名助理，同時還收了梅爾希奧為化學研究助理，因此梅爾希奧就要回到鎮上了，大家自然都很好奇想見見這個男人，這個有著如此怪異謠傳的男人。

當他回到鎮上時，他的正常表現讓人大失所望。他的個性冷

酷且怪異，依然帶著灰色雙眼，但是除了那奇特的外表之外，他似乎相當和藹可親，同時讓人留下深刻印象。人們很開心知道他結了婚，同時也深深著迷於他那異國風情的妻子。

第一天見面時，庫克斯教授告知梅爾希奧關於父親死亡當天離奇出現的兩個男孩，男孩們留下荊棘冠及象牙十字架。當教授提到兩個男孩時，梅爾希奧似乎有那麼一刻感到震驚，但是很快地就回過神，假裝對男孩們一概不知情。他只回應說父親有時候會有些奇怪的想法，可能因為這個原因而與他不知情的人有所聯繫，還說自己對於這件事一概不知。

接著，梅爾希奧接手重整父親的房子。他，特別是他的妻子，也開始了在鎮上的活躍社交生活。整個小鎮的人會到他家聚會，部分是出於好奇心，但也為了其他的原因，這些原因我們稍後會看見。每天傍晚，家中都會有大型的宴會，但是梅爾希奧總會早早退席，回到他的研究室工作，一直待到深夜。

醜聞事件逐漸爆發，梅爾希奧對於科學實驗開始顯得粗心，同時也越來越投入妻子的社交生活，他因為在社交生活上的投入而展現出不同於以往的特質。人們對於他談及政府及教會機構時的嘲諷態度感到憤慨不已。總的來說，人們因為他對學生逐日漸增的影響力而感到煩擾不安，他意圖煽動反科學，他感染學生們以激進的懷疑論來反對基礎科學知識、科學成果以及教會機構。他說科學是現代形式的假象知識，還說科學中的確知與信仰中的確知是同樣的少，因為科學也是種信仰。起初人們認為庫克斯教授會對此加以制止，但慢慢的人們發現他完全就拜倒在年輕助手的魅力之下。最後兩人都被迫停止講課，教授始終支持梅爾希奧對於科學的觀點，聲

稱他說的一切都是正確的，還質問什麼是科學？質問在化學及科學中到底有些什麼？什麼都沒有！人們原先認為這只是個玩笑話，但是後來發現這個老男人私底下與一個年輕的舞孃結婚。大家都搖頭說那就是特定圈子的致命影響。最後大家都離開了梅爾希奧的圈子，只有少數幾人仍然維持真心對待他。

這個社交圈持續每周一次在梅爾希奧家中會面，他們舉辦怪異狂歡宴會，雖然報導有些誇大，但據說宴會中有著不道德的駭人氛圍。讓人們大感驚訝的是，思想開明的聖母教堂路德教派牧師席為哈尼斯（Silverharnisk，銀色韁繩）先生同樣也加入這個社交圈，但是他以自己在研究現代靈魂的失序與失根來合理化自己的加入！正如你會猜到的，真正的原因是完全另一回事。

梅爾希奧也變得越來越古怪，完全從家中的狂歡宴會中退下來。十一月時，有人在他家附近看見一群怪異的男孩穿著引人注意的服裝，鎮上的人們接著想起梅爾希奧父親死亡當時那令人大感好奇的狀況，以及博物館老館長曾經提過的關於梅爾希奧在漢娜十六歲那年兩人的對話。人們開始相信這當中必定有著難以解釋的祕密，鎮上的惱怒感及緊張感也逐漸加遽中。

馮‧斯比德與佛

第二章的標題是〈會面〉。

梅爾希奧心情壞極了，坐在板凳上，看著大雨一直下。他沒辦法打定主意回家，因為他敢保證妻子又故意忘記幫他的書房開暖

氣，為的就是要強迫他參加宴會，因此，他寧願在外頭受凍。

心中的冷漠感隨著耳邊傳來的碎石子路腳步聲而消退，他大感驚訝的看見一個穿著高領，頭戴皮製鴨舌帽的男孩沿著市區公園的無樹葉小徑閒晃。當這個男孩走得更接近些，梅爾希奧看見他那小巧棕褐色的面容，帶點堅決及羞澀的感覺，還有一對灰色的眼睛，專注凝視前方。男孩走過梅爾希奧身旁，在經過的當下，短暫的看了他一眼，給了個微笑之後就消失在眼前。梅爾希奧輕輕的叫了一聲，瞬間沒來由地發抖。接著，在小徑的另一頭出現了一個身材高大的男人，帶著不確定的眼神望向四周，走了幾步後又停了下來，再一次的看看四周。

在這男人發現他之前，男孩突然衝向梅爾希奧，在他耳邊低語要他牽起男孩的左手，還要他馬上戴上手套，同時不要顯露出吃驚的表情，也不對任何人提起任何事。男孩的聲音透露出驚恐，同時他的雙眼露出興奮之情，而他那美麗的雙唇因話語中的驚恐而顫抖著，梅爾希奧不自主的抓起伸向他的那隻手。就在那一刻，男孩消失不見，彷彿融入空氣中一般，而梅爾希奧食指上則出現了一只寬版銀戒指。想起男孩語帶驚恐的請求，梅爾希奧拿出手套並戴上手套。接著，一陣難以言喻的巨大喜悅感襲來，他以為長久以來一心期望的某件事就要發生了。他的憂鬱感全消，同時帶著滿滿的自信望向男孩想避開的高大男子。

當這個陌生男子看見梅爾希奧時，他停下腳步同時顯得有些猶豫不定。他臉上的鬍子刮得乾乾淨淨的，也修剪得整整齊齊的，但是臉上帶著些許蒼白，整張臉的線條結束在帶著滿滿活力的尖下巴。他的嘴唇薄又大，鼻子小又彎，他的雙頰凹陷，眼睛就像是明

亮透明的寶石。當他舉起帽子，梅爾希奧發現他有著一片寬大的前額以及一頭美麗的細髮。

「請問，」陌生人說：「你是否看到一個男孩經過這裡？」

「我什麼人都沒看到。」梅爾希奧心不在焉的回答。

「是嗎？」陌生人說：「抱歉打擾了！」他就在梅爾希奧旁邊的板凳上坐下：「我有點累了，為了找尋我的學生，我已經四處跑了一整天。」

「他長得什麼樣子？」梅爾希奧問，儘管他自己忍不住笑了笑。

陌生人顯得相當懷疑，並說：「所以你的確是看過他的，不是嗎？他是否有對你說些什麼？他有……？」

「我什麼人都沒見過，」梅爾希奧打斷說：「我已經告訴過你了。」

「從你剛剛的問題中，我以為你記起了某些事。」陌生人說：「所以，你沒有看見過他！真是太可惜了！請原諒我不斷詢問你，但是我心中甚是擔憂。」

梅爾希奧依然帶著不信任感看著這個坐在他身旁的高大男子。看似不為所動的這個男人，臉上的表情似乎每一秒都在改變。有時候就像是個老人的表情，有時候又閃著童顏微笑，又有些時候他的表情顯得嚴厲同時帶著威脅感，雙眼閃爍著一道冷光，就像是能洞察人心一般。

他起身說道：「容我再打擾一次，我有個請求，雖然我不知道為什麼，但是我有個感覺那個男孩終究還是會遇見你。我很清楚他必定會對你說話，千萬別聽信他所說的，那都不是真的。如果他

要你牽起他的手也千萬別這麼做，那會給你帶來麻煩。我鄭重警告你！如果你看見他，請你行行好告訴我一聲，千萬別拒絕這麼做。」

梅爾希奧並沒有回答。

「我的名字是烏里希・馮・斯比德（Ulrich von Spät）。」（Spät 一詞意指「先前」）陌生人繼續說：「我會住在格蘭大酒店（Grand Hotel），我正好經過這裡。你想必認為我一定是瘋了，但我也無法對你解釋事情的全盤經過，請你相信我，同時依照我所告訴你的去做。這男孩有著細瘦的棕色臉龐，有對冷靜沉著的灰色眼睛，一頭烏黑長髮，身上穿著高領外套，同時還戴著皮製的鴨舌帽，你一定能認出他來，他的外貌一定會讓你留下印象……」

此刻，梅爾希奧若有所思地低下頭，但是什麼也沒說。馮・斯比德先生稍微等了一下，接著看著梅爾希奧並歎了一口氣。他朝梅爾希奧伸出手時說道：「那麼，就讓我們保持希望吧！後會有期！」

梅爾希奧看著眼前的這個男人，突然感到一陣極大的溫暖、同情以及一份深刻的內在連結。他忘了男孩的警告，脫下手套並且親切地與馮・斯比德握手，此時後者瞥見了戒指。他的雙眼有那麼一瞬間亮了起來，但是他將自己的興奮感藏了起來，同時也靜靜的離開。

梅爾希奧恍然想起手指上的戒指，感覺自己背叛了男孩，當他想到陌生人可能沒注意到戒指時，他才稍稍冷靜下來，但是仍然無法原諒自己的粗心大意。

「這可能意謂著什麼？」他心想：「我失去了對自己的控制，

發生在我身上的事情就彷彿是一場夢一般。那個陌生人是誰？他在我身上施了什麼力量讓我突然愛上他，以致於我完全忘了他真實的樣貌？他是我的敵人！」

第三章的標題是〈佛〉──男孩的名字。

在回家的路上，梅爾希奧感覺自己就彷彿是煙消雲散了，街道、牆垣、房舍以及他身旁的一切是如此高大且陌生。這些似乎是由空氣建造的，感覺就好像是他能穿過一切事物。在他面前，它們就如同簾幕一般分隔開來，而當他走過之後，它們又像雲霧一樣的闔上。所有的事物都改變了，過去曾經存在的那些熟悉建築物如今早已不存在，但突然間又再度出現，這已經不再是他先前走過的同一個城鎮。

人們似乎也改變了，與人們短暫的眼神交會就彷彿是看著鏡子當中自己的眼睛。微笑、招手對他來說就像是個暗示、招呼或是了然於心的跡象。

在接近車站的地方，有個大雨傘下坐著一個胖老婦人在賣蘋果。他走向她買了幾個蘋果放進自己的口袋裡，讓老婦人大感吃驚的是，他出手輕撫老婦人滿臉皺紋的雙頰。「沒錯、沒錯」他興奮微笑說道：「我們認識彼此，我們是老朋友了，看到我手指上的戒指嗎？你以前從沒見過，對嗎？沒有人能見到這只戒指，這也意謂著我要離開了，要去很遠很遠的地方，你知道當某人想要離開去遠方時會是怎樣的情況，突然間，時候到了就必須要離開。」

婦人似乎不瞭解這一切，同時顯得不自在。

「我懂，」他繼續說：「我不需要告訴你這一切，我們是如此熟識，我們認識很久了，打從我們小時候……」

這個婦人變得越來越緊張，不時四處張望，最後，在稍事鎮定之後她打斷梅爾希奧說：「你不覺得你對老婦人這樣說話是件丟臉的事嗎？」

「妳不認識我嗎？」梅爾希奧問道：「為什麼？這麼突然，妳難道不想認識我嗎？每當我在旅途中，妳總會坐在某個角落，當我離開某地或是抵達某地時，我總會見到妳，妳難道不記得自己曾經坐在義大利熱那亞（Genoa）車站，當時肩上還帶著一隻鮮豔的鸚鵡，而當我抵達車站的時候，我還跟妳買了些柳橙？還有在維也納的時候？在聖彼得堡的時候？在斯德哥爾摩的時候？還有其他上百個城市都是如此！妳總會出現，同時在我抵達的那一刻帶著妳的水果對我表示歡迎，也目送我離開。」

「你必定是搞錯了，這位先生。」婦人帶著猜疑說：「我從來就沒有離開過這裡。」

梅爾希奧凝視著她的雙眼同時搖搖頭，最後低聲說道：「我懂了，妳很小心謹慎！妳不想被別人聽到，陌生人就在這裡——我們的敵人。我主動對妳說話是太過粗心大意了，我們可能被監視著。可我是如此開心見到妳。如今我知道自己即將遠行。」

就在這一刻，他看見有個男孩走過蘋果婦人的攤子，這男孩突然望向他，同時還將手指放在唇邊以示警告，接著旋即繞過角落。那不可能是那個消失的男孩，因為這個男孩個子較小，膚色更深，也更大膽。只有那對灰色雙眼是相似的。

梅爾希奧對婦人點頭再見並迅速離開。「那個警告我的人是

誰？」他心想：「他身上所穿的衣服跟消失的那位一樣，我到底是走進了什麼樣的圈子？在我四周迷惑我的又是什麼？我曾經在夢中看過這一切景象。街道上有著許多讓人信賴的面孔，那些眨眼、點頭及招呼，那兩個男孩、那個陌生人等等——但是我記不起來，還有那個蘋果婦人……我為什麼會對她說那些話？那真的是很愚蠢的行為！她又怎會認識我呢？老婦人坐在每個火車站。然而，那是相同的面孔、相同的頭髮、相同的皺紋以及相同的聲音……」

當他走近家門前，梅爾希奧在薄暮中看見好些個男孩，男孩們看見他之後就一哄而散，躲在屋子角落後方，滿是好奇的向外偷看。

「這真的是越來越讓人感到困惑。」他心想：「現在，他們有一大群人！」

他家一樓的窗子全都被點亮了，屋中傳出笑聲、模糊的說話聲及音樂聲，在這許多的低語聲響中，他誤以為自己聽到馮・斯比德先生那清亮的聲音，但他想到自己從來就沒告訴過馮・斯比德自己的名字或是告知自己住在哪裡，那麼他是如何找到這裡的？梅爾希奧心想，自己一定是搞錯了。

為了不讓人發現，他從後門進入家中，同時直接走進書房，裡面又冷又暗。他點亮燈，穿著潮濕的外套就躺進沙發躺椅上。那只戒指，鬆鬆的套在手指上，掉落在地面，他驚訝的抬頭看。

那個先前消失的男孩此時就站在躺椅旁看著他，臉上帶著笑意：「你覺得冷吧！」他說：「讓我來生火。」他將爐子的火升起，接著將他的外套及帽子丟在一旁，站在梅爾希奧身旁。

「我知道我會找到你的，梅爾希奧。」他說：「從你的雙眼就

知道你會幫我的。雖然你自己還不清楚，但是你和我們是一國的。我很感謝你，我們全都感謝你。」

「你是誰？你們全都是什麼人？」梅爾希奧問：「我不清楚到底發生了什麼，那個陌生人是誰？你怎麼知道我的名字？」

「我認識你很久了。人們叫我佛（Fo），我不能告訴你我真正的名字。我們沒有任何一個可以說出來。我們給自己起小名，如此一來我們才能彼此說話。至於我們是誰？當你和我們在一起的時候你就會知道。你只要大聲喊出你想要離開，我們就會來接你，但是請你務必要留意那個陌生人！他是我們最大的敵人！他看到你手指上的戒指，勢必會想要抓住你。他有個祕密可以讓自己變得非常強大。有一次我就落在他那強大力量之下，當時必須使些伎倆蒙騙他才得以脫身，當你加入我們之後，我會把一切都告訴你。因為你依舊生活在其他人當中，所以我什麼都不能告訴你。如今——謝謝你，同時請你讓我離開。其他人正等著我。」

梅爾希奧聽到窗邊的聲響，同時看見許多臉孔就壓在窗邊，從黑暗中望向明亮的房內。

「我不會讓你離開，」梅爾希奧大叫：「直到你告訴我這一切。我怎麼知道當我呼喚時你就會前來？如果我不知道你是誰，我又要如何跟隨你？當我對陌生人的祕密一無所知時，我要如何對抗他？」

「我們到底是誰，只能透過生活而不是透過言語來得知。如果你的心驅策你，你就會跟隨我們。當被呼喚時，我們總會出現。我們也不知道陌生人的祕密，如果我們真知道的話，他就不會對我們有控制力。我回答了你的問題，現在就請你讓我離開。」

「你想要從我身邊逃開。」梅爾希奧說：「但是我知道要如何用那個戒指來阻止你。」

「戒指不會幫你的，梅爾希奧。」男孩說，同時笑道：「它將你的生活轉為神祕、疑惑及改變。但是你沒法逃開。如果你想要留著這只戒指，鎮上的狀況就會一直如同你今天回家路上一樣。你會無法解釋這一切，你會將朋友視為敵人，同時將敵人視作朋友，因為你會無法理解要如何區辨兩者。跟著我們，你就會得到自由。當你想要我們的時候，你只要呼喚我們。在那之前，就讓我離開，把窗子打開。」

梅爾希奧仍然不為所動。接著，他二話不說的起身，凝視著佛很長的一段時間，同時為他打開窗子。男孩跳出窗外，而外面的男孩們立刻將他團團圍住，他們牽起彼此的手，在男孩群中升起了火焰，火焰分散成火花，他們就都消失不見了。

你可以看見這個故事相當充滿暗示性！這就像是美國浪漫主義小說家艾倫坡（Edgar Allen Poe）的故事，同時也或許受到奧地利作家庫賓（Alfred Kubin）的幻想小說《另一端》（*The Other Side*）及德國浪漫主義作家霍夫曼的影響。這是那種講述平凡現實突然消融在另一端的神祕事件小說，套我們的術語來說，就是無意識穿透且溶解了意識世界，打從那兒及那時候開始，一切都有可能發生。

芙哈女士（Volkhardt）剛提醒了我一件事，不僅僅是庫賓，奧地利幻想小說家麥林可（Gustav Meyrinck）當時也在慕尼黑從事寫作。麥林可也對煉金實驗感到興趣，他也在布拉格貧民區買了一間老舊的實驗室，因為他讀了一份煉金文本，其中提到歷經久遠的人

類排泄物裡存有哲人石的神祕物質。他將這物質拿來熬煮（他在一封信中作了描述），結果那物質就在他面前爆炸了！他同時也與鬼魂有所聯繫及對話。當時那裡有一群人都經歷過無意識，或是試圖從超心理學的面向來描寫無意識的經驗。對他們而言，無意識是精神的世界，而他們試圖以超心理學及魔法的方式與之接觸。他們落回薔薇十字會、共濟會（Freemason）以及其他的傳統中，透過這些傳統，他們試圖獲取對於不可知世界的些許知識。在沒有心理學的核心概念下，那是他們趨近無意識的唯一方式。作者布魯諾・高茨就是這種類型的人，也屬於這段時期。

城鎮名叫「白馬山」這一點也頗具意義，因為白馬有著廣為人知的特質，有時候也會是古代沃登神（Wortan）的人格化表現，祂要不是騎在八腳白馬斯雷普尼爾（Sleipnir）上出現，就是被這個神馬所取代。你們當中有讀過庫賓的《另一端》的人會知道，那匹瘋了的白馬奔馳過被摧毀的世界就有著相似的角色。沃登神雖然退隱山中，但是祂會在末日時再度出現，同時重建祂那永恆幸福的帝國。

故事裡的英雄姓 Lindenhuis，意謂著「青檸舍」，古時候在多數的小型德國城鎮或是村落中，通常鎮中心都會有顆檸檬樹。那是陰性面的象徵物，同時也被奉獻給自然女神，像是阿爾卑斯紡織女神佩奇塔（Perchta）或是日耳曼白色夫人荷達（Hulda）、荷莉（Holle，外加祂的其他名字）等。人們認為未出生的孩子的靈魂就住在樹下的樹葉裡，同時那也是村子中心的神祕樹，整體生命聚合在樹的周圍，就如同是美國印地安儀式中會看見的中心柱。老青檸舍，也就是父親，他是海上隊長，故事中所有出現的人名都受到

德國北部及荷蘭方言的些微曲解，為的是讓我們注意到書中所關注的是德國北部鄉間與海外的接觸。同時，篇首的詩文中有著遠方航海人們的暗示，充滿內心的躁動及對於超越永恆的渴望，以僅存的維京精神而得到人格化表現，這是典型的日耳曼人。我們要在稍後才能解讀書中的細節，因為到目前為止，對於象牙十字架以及荊棘冠的兩個暗示，我們仍然沒有丁點線索。這兩者的解釋在稍後的章節中才會出現。

故事中英雄的流言蜚語則包含著非常典型的特徵。舉例來說，裡面有三個男孩：奧圖，是貴氣的類型，他獻身於死亡，同時也被描寫為是嬌嫩的，而翰琦則被描寫為是生氣盎然的，這兩個人顯然是與梅爾希奧相對的陰影面人物：一個是強烈自殺傾向及敏感與藝術特質的人格化表現，而翰琦則是梅爾希奧人格中充滿活力的一面，他被拉向生活的適應，也因此切斷了所有的年少浪漫渴望。奧圖因為喝了煉金方劑而死，翰琦因為過於震驚而變得憤世嫉俗且實際。我們可以說部分的梅爾希奧死去了，而他的另一部分則以憤世嫉俗的傾向回應。自我情結，是由梅爾希奧所表現的，就處在這兩者之間。如同我們先前所聽到的內容，他在震驚之餘退縮回自己的房間，同時進入深沉的憂鬱內傾；而奧圖，他內在真正的永恆少年，死去了。我們都知道自殺在十五歲到二十歲這段時間是常見的，因為那是死亡拉力強烈的一段時期，通常而言，那是與永恆少年的問題有關的——是這些問題最為迫切的一段關鍵時間。

孤單的孩子與無意識

梅爾希奧描述自己還是小男孩的時候，是如何總是在窗子上看見自己的雙面人物，這意謂著什麼？我將這個段落一五一十的讀給你聽：

當父親在海上或是被某事耽擱了，而母親過於專注在研讀《聖經》時，他自己一人總覺得失落及悲傷。接著，他聽見窗子上的敲擊聲，同時看見那張蒼白棕褐色的臉，有著一雙近似於自己的眼睛，那總會讓他帶著苦澀而落淚。他的母親從來就不清楚這些事，但是他曾經告訴過父親，父親只是笑笑的什麼都沒回應。

你自然可以說那是梅爾希奧的早年經驗，預示了後面即將發生的一切，但是我認為，我們應該要以另一個廣為人知的事實來擴大解讀這一點，亦即，在早期階段處於孤單的孩童身上，都傾向於發展出雙重的人格特質，他們以之自我娛樂。這個雙面人格是無意識人格的甦醒，因為孤寂感而被喚起。典型的描述是，他是個孤單的孩子，當他悲傷地發現自己的孤單感那一刻，這個心願就浮現了。有些孩童發想並人格化這樣的雙面角色，還與之一起玩耍好幾個小時。通常早期少年的這類幻想人物在後期會重新出現在夢境中，同時也真的變成整體無意識的人格化表現。那是當陰影面、阿尼瑪及自性依舊是同一個時的狀態，那是整個人格的另一面。

我們都傾向於從榮格心理學的各式分類來解讀無意識，因而會去爭辯這第一個幽靈意象是否為自性或是陰影面，但是我們絕不

能忘記這些概念只有在特定的心理情境時才是有效的。當人類首次遇見無意識的自主形式時，無論是在兒時經驗或是在分析初始的狀況中，都並沒有所謂的陰影面、阿尼瑪或是自性的問題。我們在與無意識交遇的那一刻所經歷的首次經驗，我們通常會稱之為與**另一端**的交會經驗。在那些早期階段，它會以各式不同的形式得到人格化表現，而在分析過程中，不去介紹那些正式的概念也是恰當的作法，為的是讓此人首先就只是去經驗自我以及普世的另一邊。在一段時間之後，當我們能夠辨識出截然異於所知人格部分的存在，認知出在我們的內在屋子裡有另一個居民，接著我們就能慢慢辨別出處在黑暗無意識當中的人物，宛若是次等人，我們也可能將此人命名為陰影面；如果有異性伴侶的人物，我們就可能將之命名為阿尼瑪，目的是要將秩序帶入另一邊。但是它自身，作為一份真實的存在，實際上就是人格未知部分的產物。無論是在世界的哪個角落，你都會發現，與無意識的第一次會面通常都是與這樣的人格化表現或是雙面表現的會面，當中陰影面、自性及阿尼瑪（如果是男人的例子）是一體的。

波斯也有相同的教導，提到在死亡之後，有德之人將會遇見一個和他一模一樣的少年（因為在死亡那一刻，他再次化身成雍容華貴的身形）或是一個十五歲的少女（亦即，阿尼瑪）。如果他問那人是誰，他會說「我是你本身。」如果這男人是有德的，那麼所遇見的那人就會是明亮華麗的。透過活出德行，帶著正確的宗教態度，他在不可知的彼岸發展出雙面的另一半，當死亡的那一刻，那另一半就得以帶入重聚。這個波斯的神話也持續存活於近古代的特定靈知派及摩尼教派（Manichaean）的傳統中。這個雙面人物倒底

是以明亮的少年或是少女出現，並無太大的差異，因為那對死者而言都是相同的，亦即：「我就是你，你的另一半。」

這是極為原初的原型意念。許多的原始社會認為，每個人在進入這個世界時都只是一半的，另一半則是胎盤，亦即，那部分的人格並沒有進入我們這個世界，也因此必須透過儀式將之埋葬，或是將之風乾包裹後戴在頸項上，那是讓雙面的另一半得以駐紮的魔法物質（也就是那超越性的雙面，那另一個人格），也具有同樣的信念認為在死後兩者會再次合而為一。甚至有個神話提到，第一個人類在天堂是完整的，可是當他轉世來到這個世界時他就只剩一半，因此這第一個人，從神話上而言，就等同於我們的亞當，他被稱為是「一半的人」。因此，我們可以說任何人類的外形都只是一半的：另一半待在彼岸不可知的死亡之地，而個體在死亡之後將與另一半再次結合。我們並不知道這最終的意義為何，因為那是原型的表徵，我們無法以智性的方式探討其中的意義。但是，在它所帶有的各式意義中，它映照出一份基本的認識，讓我們明白意識的成長，開始於少年早期階段，同時逐日增長，但都只是整體人格的一半；當個體越是變得意識化就越是失去自身的另一半，也就是無意識。可以說，它映照出人類分裂成為意識的及無意識的兩部分人格，是透過早期的少年經驗而得的。

我曾經在《蘇黎世新聞》（*Neue Zürcher Zeitung*）中讀到一個匈牙利官員講的故事，這故事說明了我前述的想法。第一次世界大戰前，他出生於匈牙利貴族家庭，是個孤單的獨生子，沒有人和他一起玩耍，因此他發想出另一個兄弟，還稱他為小史，他把小史想像成是一個強悍的紅髮小男孩。在他的想像世界中，這個小男孩會

做出所有他希望做到或是想要做的惡作劇，但是他自己卻沒有勇氣去做到。在他的幻想世界中，他活著的主要目的在於想像他的小史會做出什麼事。但當他開始上學，同時結交到真正的同伴後，這個人物就消退且被遺忘了。接下來，他說（我只是將故事重述）自己在第一次世界大戰時中槍受傷，他昏厥過去，一段時間之後才甦醒過來，血流不止且身體不停的發抖，狀況相當危急。就在此時他看見有個人彎身面對他，是個約莫三十歲的紅髮男子，他心想這是某個前來救他的人，他低聲喃喃說：「你是誰？」對方輕聲回答：「小史！」後來他只記得自己待在醫院裡得到照料並慢慢恢復健康。他很疑惑當時自己是否經歷幻覺——是否自己把某些事物投射到那個把他帶進醫院的人身上，而那個人或許是個黑髮的紅十字會人員。他試圖追查這件事，問了醫院裡的醫生及工作人員自己是如何被送到醫院的，但是沒有人知道！護士只知道他被帶進病房區，而且他被發現躺在院區的一個擔架上，可是沒人知道到底是誰把他帶到醫院的，同時也沒能釐清真相！他說自己不想套理論來說明這一切，但那些就是事實的經過。對此我有個合理的解釋：正如先前所提到的兒時故事，小史是他身上那個正常且較有活力的部分，是他的劣勢人格，那個敢於做出所有他不敢為之事的紅髮小子。他本身是個非常內傾且敏感的男孩，而我認為在戰爭的情況下，很有可能在半昏迷的狀況，他把自己拖到醫院，同時幾乎就是被內在本能人格，小史，所拯救的。接著他在醫院院區內倒下，他所受的傷並非太糟，那是我認為唯一可能的解釋。另一個可能的解釋是，醫院內的某個男人將他抬起，而他在半昏迷的情況下，將小史投射在那人身上。但沒人知道到底真相為何！

這主要是說明孤單的孩子相當常見的，會在無意識的另一半找尋同伴，也從而經驗到無意識；但通常而言，在這個年紀，這些陰影面人物以及另一面是被投射到其他孩童身上，由這些孩童承接「他者」的角色。這也顯示了某種程度的解離問題，人格的解離，而接下來就會以極度誇張且浪漫的方式再次出現，就如同小說中奧圖因為煉金方劑而死，當時男孩們在學校所經歷的一切，讓這些男孩著迷的想法是：在物質形體下的人類個體可以被轉化同時去物質化，接著還能像梅爾希奧後來對父親所說的那樣，變成星星鏡子。因此，那個充滿魅力的煉金轉化點子在男孩們的心底縈繞著，而當他們試圖要將點子帶入現實時，意外就發生了。此處我們清楚看見這個雙面人物——永恆少年——是與自性及對自性的實踐有關的，正如同當它表現在煉金過程時，是真正**誘人的**（fascinosum）。在小說中你得以看見這兩個動力是如何得到設定，亦即，由奧圖所表現的死亡拉力，以及由翰琦所人格化表現的那股朝向現實的憤世嫉俗拉力。在進入小說後續發展前，這是我們目前所能做出的解讀。

虛弱的愛洛斯

下個事件則發生在當梅爾希奧退縮關在自己的黑暗房間時，那是他與陰性原則的初次見面。他因為遭到學校退學處分，同時也震驚於奧圖之死，而把自己關在房間裡，此時他發現了那個女孩漢娜，她後來因為結核病而過世。你應該還記得他與她的爭吵，因為她不想跟隨他進入死境。她認為他時常見到的那些男孩們，以及他心中的男孩畫面都代表著死亡拉力的浪漫感，她並不想跟隨他一

起步向死亡，因此對他提出警告，而這也是造成兩人關係破裂的主因。她後來仍然死了。我可以先預告這個故事的發展，故事中的英雄從來就沒有以真實的方式與女人結合。婚姻並不代表什麼，因為在他們的婚姻中並沒有關係存在，有的只是雙邊全然的恨意及失望感，那是完全失敗的。因此，此處就有著與《小王子》相同的問題，因為與阿尼瑪的接觸並沒有產生作用，只是小說的情境有些不同。你還記得小王子同樣也是和玫瑰吵架，同時把玫瑰留在那個星球上。在《小王子》一書中，阿尼瑪的角色並非如此貴氣，同時也不是欠缺活力的，相反的，玫瑰是幼稚頑皮的，同時也很難相處。然而，小說裡的這個女孩則是貴氣的「病美人」，是個相當具有吸引力的阿尼瑪類型。但是你會如何從心理層面來解讀這一點？男人的初戀總是帶有極大的意義，相較於真實的存在，初戀的女孩有很大的可能會是阿尼瑪，通常那樣的戀情不會以婚姻作結局。很大的可能性是阿尼瑪的魅力會連結上故事裡的母親——亦即，她是個坐著讀《聖經》的悲苦女人——顯然地，漢娜是母親意象的複製品。有時候男人會有各式不同的阿尼瑪，而其中的一個就會像是那樣的類型，但是男人還會有其他的類型可作為補償。然而，假若那是主導的類型，你會做出什麼結論？那又預告了什麼？

學員：他的活力是微弱的。

　　不見得是他的活力，而是他感受的那一面，他的愛洛斯是虛弱的。他本身並不見得是虛弱的，因為翰琦是活力的類型，後來變成憤世嫉俗的現實主義者，因此，這可能意謂著自我仍然有可能變得

相當具有現實感。假若你遇見某個年紀在十八到二十歲之間、內在帶著這樣的阿尼瑪的人時，你心中會有哪些猜想？當你在他五十歲時再見到他，他看起來可能會是如何？我認為他很可能會變成同性戀或是仍然維持單身，那是相當有可能的兩個發展，因為對於陰性面以及對於情感的關係——與愛洛斯的關係——是虛弱的，同時也很可能會死去，亦即，逐漸消失。相較於在同志圈，我在那些打定主意要當單身漢的圈子裡見過更多這樣類型的案例。

我曾經認識一個男人，他三次與將死的女孩定情，但是他從來就不瞭解這與自身大有關係。在第三個女孩的葬禮之後，他認為自己就只是受到命運的迫害，同時也就此放棄了。當我認識他的時候，他已然是個老單身漢——是個非常好的男人。他從來就沒有意識到是阿尼瑪系象（anima-constellation）讓他選擇這類女人，亦即，他有個真實的本能去挑到難逃死劫的女人。總是在他定情且打算要結婚的時候，女孩就死了，其中一個女孩因為結核病而死，另一個則是因為意外事件，第三個我不記得是怎麼死的。這個老男人最為人注目的就是他那超乎尋常的敏感性，但是這份敏感性卻被他的怪異行徑及粗鄙談吐所掩蓋。他看起來是髒兮兮的，滿身煙味，同時住在宛如洞穴一般的公寓裡。公寓裡有著華麗的裝飾，但是所有的東西都被煙灰及菸蒂覆蓋。只要稍提到女傭就會讓他大發雷霆，他會大聲咆嘯是女人——特別是女傭——打亂了一切。他相當具有藝術性，同時也有許多美麗的收藏品，他嫻熟於藝術，對藝術的情感及了解遠超出我認識的其他人。他是那種有著靈性高度教養及幽默風趣的單身漢。

你可以清楚看見他的阿尼瑪是如此的敏感，以致於他從沒能

夠接近女人、與女人交往或甚至是與男性結交；他的情感細緻，同時相當容易受傷。唯一能夠讓他生存下來的方式，就是避免與其他人有任何的親密接觸。他那極佳的幽默感是他的救星，他總是笑看自己的敏感性，以帶有諷刺意味的評論來掩蓋之，這是許多敏感類型的人慣用的伎倆。他取笑自己，目的是維持保護殼的完整性，這是對將死女孩有特別偏好的男人會有的慣常表現。另一個可能性則是，他們會與同性別的人建立關係，成為同性戀，如此一來就能夠強加一層特殊的距離感，同時讓關係顯得脆弱，也得以逃開熱情的糾纏，同時逃開得去實踐婚姻關係中他不認同且會讓他受傷的現實面。與《小王子》的相似處在於，此處永恆少年的問題也再次連結上虛弱阿尼瑪人物以及虛弱愛洛斯的問題，而與另一性別之間的關係就成為了問題。

但是有個奇怪的矛盾點，那個叫漢娜的女孩，那個在他遇見妻子之前的唯一一個阿尼瑪，她想要制止他追隨來自不可知冥界的浪漫拉力，可是她自己卻死了。你會如何解讀這一點？某方面而言，她做了對的事情，因為她對他提出警告，也試圖將他拉回這一邊以及這一邊的人生，但是接著她卻走了。

學員：他將生病的阿尼瑪投射在她身上。

沒錯，當她對此表示抗議，阿尼瑪的投射就掉落了。如果她加入他的浪漫計畫，她就會是實踐了阿尼瑪的角色，但是經由喚醒他離開那些計畫，她拒絕去承接那個角色。故事中並沒有解釋**為什麼**，但是在那一刻，阿尼瑪投射就掉落了，因為如果他要繼續那個

　　　　　　　　永恆少年：以榮格觀點探討拒絕長大

投射，她就必須與那個死亡的拉力合作。此外，梅爾希奧之所以選擇她，是因為她是個將死之人，顯然的女孩自己並不清楚這一點，同時在意識上也沒有受到死亡的吸引。這也顯示出典型的由年輕人指出特定虛弱點的傾向，他就是這種類型的人，一旦當投射掉落之後，關係就不再繼續——這是另一個愛洛斯虛弱的徵象。

理解自己的投射

有些人注意到對方不是他們心中所假設的樣貌時，自然會好奇想要發掘更多。他們會好奇自己為什麼會受到那樣的女人吸引，但當對方被證明不是心中所想時，就變得完全不具吸引力了。他們會試圖去找出到底發生了什麼，以及為什麼吸引力會消退。透過那樣的方式，就有可能理解自己的投射。可是假若一感到失望就玩完了，那麼就會一直留在投射中。假若某人感到失望，那正是讓關係繼續下去的時刻，至少再繼續一陣子，目的是去發現到底發生了什麼。這就是榮格得以在自己身上發現阿尼瑪的方法。當他再次在某個女人身上感到失望，他會追問自己為什麼心中會有其他的期待——是什麼讓他期待某些不同的事物？透過去追問這樣的問題，同時理解到心中的期待無法套用在外在的人物，他因而發現了內在的意象。

因此，當一段關係——不單單只是異性的關係——讓你感到失望時，去問自己這類問題總會是有幫助的：我為什麼之前沒有看見這一點？我到底在期待什麼？為什麼我對這個人有不同的想像——其中的錯誤出在哪裡？因為錯誤本身也是真實的事物，如果我們可

以這樣做，就能堅持在關係中並收回心中的假象。當個體能做到這點，且努力在真實的層次建立關係，如此一來，假象就可以被視為某件我們可以檢視的有趣事物。但是那些帶著虛弱情感的人們，傾向於在對方讓他們失望的當下就立即斷了關係。他們就只是轉身走開，因為那不再有趣，當然他們也不會去問自己為什麼會有錯誤的期待，以及為什麼會感到受傷之類。

學員：但是對方身上不也是有某些事物勾住了投射？

是的，但是唯有在失望感之後仍然繼續下去，接下來才可能會發現它。起先，我們以為自己了解對方，因為當我投射時，我會有份強烈的感覺覺得自己深刻了解。在最初會面的那一刻，我們並不需要談話：你對於彼此的一切都完全了解——那全部都是投射——那是一份合一的美好感覺，同時也感覺已經認識彼此多年。接著，對方突然有出乎意外的行為表現，同時失望感升起。個體從雲間墜落並感到「不是這樣的！」接著如果你繼續下去，必須要做兩件事，因為此刻將是雙重的戰爭：你必須要發現自己為什麼會有這樣的假象，以及如果對方不是你所期望的，那他／她到底是誰？他／她真正是誰？這是個長期的工作，當你能夠做到這步時——亦即當你找到你的假象根源，並能不帶投射的去看對方看起來是如何時——如此一來，你就可以自問，為什麼你的假象會選擇勾上**那個**人？那是非常不容易的，因為有時候那個勾很大，而有時候因為對方身上可能只有少數特質符合那個投射，所以勾很小，因此，那可能或多或少是假象。各種程度都有可能。

顯然地，梅爾希奧是那種當投射掉落就立刻離開的類型，一旦對方未表現出預期的行為時，他就立馬離開。他甚至說漢娜是膽小鬼：他就只是對她羞辱一番後離開。主觀上而言，這顯示出他那虛弱且將死的愛洛斯。小說甚至沒有提到他在事後感到歉意，或是他因為不幸福的愛或是失望感而受苦。其他在那個年紀與女孩有過這些傻經驗的男孩，都會坐下來寫出無止盡的汙辱信件去指控她是個膽小鬼以及什麼都不懂等等。他們會將問題接續下去，但如此一來也才會顯示出連結感。那會是個嘗試，即便是奠基於錯誤及投射而表現出來的，也會指出對另一個人的強烈興趣。但是，此處完全沒有提到那樣的事情——就只是將一切抹去，就像是小王子，不過他是以相當不同的方式表現，因為後者離開了星球及玫瑰，雖然玫瑰感到遺憾並說：「是的，是的，去吧，去吧！」出於尊嚴，她將他送走。但假若某人將他的關係如此迅速的抹去，你可以確定的是他也會同樣迅速的將自己抹去。那是自殺型的人。

此處有著虛弱的阿尼瑪，那是無意識內典型的自殺傾向。某方面而言，關鍵在於個體如何能在事前發現自殺的傾向。我遇過兩種類型；其中之一並不是真的想自殺，但是卻可能在暴怒中了結自己——一種意外型的自殺。有些暴躁的人（真正的謀殺型）會突然暴怒，而這份怒意可能也會對上自己，他們可能因為失誤而殺了自己。他們失去理智——假使他們能倖存，他們會感到相當的抱歉！那並非真心的自殺傾向，而是一種轉而向內的攻擊。亦即攻擊性並未得到整合，可能會突然轉向自己——就像是蠍子的刺一般！但是梅爾希奧是屬於真正自殺型的，這樣的人在私底下帶著智性冷漠以抹除四周的一切，同時也抹除自己。他們從來沒有真的相信過自己

或是他們身邊的人——從沒有真正的關係存在，這也是貫穿這整本書的事物——沒有連結感。那是打從一開始就存在的致命事物。

父子衝突

在這之後出現的是梅爾希奧與父親之間的爭執，這一點相當重要。梅爾希奧仍然執著於追求人格轉化，而他的父親雖是個占星學家、魔法師，也對祕術感到興趣，然而並非出於對人格轉化的相信，而是出於好奇心或是出於偽科學的神祕志業。那是父親與兒子的情緒碰撞點，接著他們都將彼此抹去。這是另一個斷絕的反應模式，它之所以重要是因為指出了主要的問題所在——男孩，佛與仇敵烏里希·馮·斯比德。起初，烏里希·馮·斯比德假裝是佛的導師，他想要抓住佛並讓梅爾希奧不受佛的影響。另一方面，男孩對於烏里希·馮·斯比德感到害怕並且總是躲開他，佛也試圖將梅爾希奧帶入他的影響範圍之下，你會看見兩人的戰鬥持續下去。梅爾希奧有一刻真的愛上烏里希·馮·斯比德；就是當他脫下手套與他握手的那一刻，也因此洩漏了他帶著戒指一事。其他時候，他則痛恨且想要避開他。我們應該要針對這一點深入討論。「先人」（late）烏里希暗示了他是長者的事實，同時相對於男孩，他也有著父親的角色。他假裝自己是精神導師、教師或是父親，因此這個衝突顯然是我們先前看見的父子衝突的進一步發展。如果兒子相信人格的轉化——固然是以最不真實且幻想的方式，但他仍然相信之——而父親也有興趣於魔法及祕術，卻並非出自相同的原因，此處，是哪兩個世界碰撞在一起了？

學員：兩個世代。

是的，父親拒絕轉化而想要維持既有的狀態，然而兒子卻想要更新。假若你將此比擬為煉金術中的人格轉化，接下來會是什麼？

學員：物質及靈性的分開。在抹除父親的那一刻，他也抹除了物質的那一面。梅爾希奧是帶著意識在精神層面尋找，但此時物質面就成了陰影面。

是的，但那是非常隱微的。某方面而言，父親是物質面——或者你會說他是哪個？

學員：他兩者皆是，因為他是智慧老人，同時也是魔法師。

如你所見，某方面而言他兩者皆是！一方面他研讀書籍，他是精神面——他以心智的方式來探究這個世界——私底下帶著物質主義。另一方面，你可以說佛的原型是精神的原型。它是**生命原動力**（élan vital），是精神的元素，但同時也是物質主義的，因為男孩們想要以真正的毒藥來將人格轉化，那就是物質主義。因此，這兩個角色的內在，精神及物質都分開了，當其中一個採取物質主義的取向，另一方就會以精神態度破壞之。當對方採取了物質主義的趨向，佛接著就會抓取精神態度。因此我同意你所說的，精神及物質已經以錯誤的方式分裂了——但是雙方都是如此！那欠缺的是什麼？如果精神及物質分裂了，那是缺少了誰？

學員：阿尼瑪。

是的。心靈，它正介在兩者中間。這說明了為什麼在對立的兩個位置，在敵對的兩個位置，有著心與物的分離，其中沒有**愛的牽絆**（*vinculum amoris*）來連結兩者，因為少了阿尼瑪。因此，父親表面上有精神層面的興趣，但私底下帶著物質主義的背景，兒子則是有化學物質主義的興趣並帶著精神背景，兩相衝撞且都無法瞭解彼此。

在真實的生活中，我們現在也都集體帶著相同的問題，你可以想想人智學（anthroposophy）這類的運動。舉例而言，洛杉磯那兒有個由曼利‧霍爾（Manley Hall）[2] 所創立的新流派，會員將之比作新薔薇十字會，當中有著對於魔法、共濟會象徵主義、薔薇十字會象徵主義、占星學及祕術等興趣的復甦。這些運動的跟隨者都反對心理學，他們希望將不可知界稱為鬼魂界，或是宣稱阿尼姆斯的幻影是來自不可知界的天使，而他們將這些因子，這些我們試圖以心理學的方式來命名的因子，賦予古老傳統書籍中所擷取的舊名字。在瑞士巴賽爾（Basel）有個男子名叫尤利烏斯‧施瓦本（Julius Schwabe），他是當地象徵主義年度會議（Congresses on Symbolism）的發起人，他邀請人們在會議中報告象徵主義，同時也有來自各校的教授與會。例如：有些人談論西藏醫學。有一次他邀請我去談論榮格心理學，身為會議主席的他在演講結束時，以神祕學的術語來作結論，同時也以不可知界的古老記號 X 來掩蓋演講中所談到的種種，像是無意識被稱為「超越性的精神世界」等等。

這是真實存在的馮・斯比德，因為他所做的每個解釋都是向後退的拉力，這些解釋退回到中古世紀，甚至蘇美及巴比倫時代的魔法概念。又或者講者會使用十六世紀的概念以及中世紀煉金術士帕拉塞蘇斯（Paracelsus）的概念，使它們都洽當的混在一起！這是過去概念的絕妙**大雜燴**，從他們的脈絡抽取出名詞來套在我們所謂的無意識現象上。如此一來一切都得到解釋，並能用舊名稱清楚的說明白，亦即，把舊名稱貼在現象上。但是，躲在背後的則是極大的權力態度。例如：施瓦本會說：「那麼，佛的例子就是**小娃兒赫密斯，是墨丘利寶寶**，是年少的墨丘利。」我們接著就感覺已經點到重點了！那就是馮・斯比德！外在及內在的領域以這樣的方式分裂開來，精神及物質亦如此，還有其他的因子亦是。

　　舉例來說，如果有個男人對他的阿尼瑪有義務，同時對他所結交的女人或是結婚的女人也有義務，那麼他就落入典型的生命雙重情境中，在那之中他總會面對一個真實的衝突，一種雙重的義務，使他在生命的外在及內在義務間拉扯。那就是受難於十字架的體認，或是生命的根本真相！生命是雙重的——它有雙重的義務，它本身就是個衝突——因為它總是意謂著碰撞、衝突或是雙重傾向，但那也是生命之所以為生命！那份體認卻完全不為馮・斯比德所覺察，或者是他躲開了那份體認！他甚至沒有想到這一點，這同樣是個微小但致命的故事轉折處，點出了故事的悲劇結局。

註釋

1　　編註：1926年一位德國作家漢斯・格林（Hans Grimm）出版了書名相似的《沒有空間的人》（*Volk Ohne Raum*）一書，書名被引用為國家主義政治宣傳口號。

2   譯註：出生於加拿大並於美國受教育的神祕主義學家。他在洛杉磯創建了哲學研究社群
    （Philosophical Research Society），致力於真理之追求。其最廣為人所知的著作為 *The Secret*
    Teaching of All Ages，被認為是最廣泛完整的密教百科全書。

權力欲

在上一講中，我試圖作了馮・斯比德先生的概略介紹，他是這本小說裡的大謎團。他與年幼男孩之間的衝突，是超越個人層次的，且這個衝突在梅爾希奧及父親的個人層次上早就已經開始了。梅爾希奧在找尋黑魔法中的轉化方劑，而他的父親則是出於好奇心、或是對這類知識的欲望而研究魔法（雖然我們並不覺得他是在找尋某種獨特新意）。父親與兒子有了口角，同時因為口角而分裂。如今，衝突展現在更廣泛的範疇，介於宛如父親的保護者與給了梅爾希奧戒指的離家男孩之間，馮・斯比德先生暗示自己在追捕男孩，為的是將男孩帶入他的權力之下。在我們更深入擴大解讀這些人物角色前，我要先提供這本書的下面章節。

你還記得先前提到當梅爾希奧回到家，突然間男孩出現並警告他要小心馮・斯比德，男孩說：「你和我們是一國的，加入我們，同時千萬不要落入馮・斯比德的圈套。他有個祕密，那個祕密的力量會讓我們喪失活力。」梅爾希奧追問那個祕密是什麼，男孩回答如果他們知道的話，他們就自由了，但是他們並不知道答案。接著，他拿走了給梅爾希奧的戒指，還說那只會將他拉入全然混亂的迷惑中，在一陣閃光後他就消失在窗前。

失序的宴會

下一章從有人敲門開始，但是梅爾希奧並沒有應聲。

門被輕輕的打開，他的妻子蘇菲探進頭來。她看起來嬌小雅緻，頂著一頭黑髮及碧眼看著梅爾希奧，她那不顯輪廓的性感雙唇

些微顫抖著。

「你又這樣了，」她說：「自己一個人待在寒冷的房間裡。你不下來嗎？我們有個相當有趣的聚會。」

「你知道我不想跟那些人有任何瓜葛。」他冷冷地回答：「你為什麼不給我的房間開暖氣？」（他知道那是迫使他加入聚會的伎倆。）

「對不起，我忘了。」蘇菲說道。

「每當你有人作伴時，你總會忘記，」他回答：「你總要我去見那些會扯我後腿的人，我沒時間理他們。」

「你也沒時間理我，」蘇菲說：「我可以帶著人性和那些人自在聊天，但那讓你覺得悶。」

「沒錯，總是針對相同的事情嚼舌根，的確讓我覺得無趣，」梅爾希奧說：「你總是千篇一律的抱怨相同的事情。」

妻子的臉上飄過不悅的表情，但是她控制住自己的情緒，同時輕聲回答：「我喜歡在熟悉的事物裡感受我自己，但是你受不了這些。你總是要讓我及其他人感到不安全，你總是要將我們腳下的地基拿掉。見過你的人，他們都是蠢蛋，你不可能與他們有任何嚴肅的對話；他們總是討論廢話。」

「沒錯，你不了解我，」梅爾希奧說：「你總是如此篤定。我只能說你所謂的安全感全都是假象，那些人先前有的安全感也全都是自欺欺人。芝麻小事都能讓他們感到不舒服，因為不論在上頭或是在下頭什麼都沒有。唯有那些曾經經歷過全盤崩潰且混亂的人，才有資格談論安全感。我不相信一切所謂的堅固、完形、永恆或是安全感。」

蘇菲不耐煩地說：「好了，我們的客人在等著。趕快過來！今天全亂了，因為有個人帶來了比你還要糟的混亂局面，來了個新人，他的言談很奇怪，同時他還假裝自己只要下令，就會有一群魔鬼兵團聽命於他。」

　　梅爾希奧微笑接著說道：「他談到鬼魅？你與其相信靈性世界，倒不如該相信鬼魅。這個鬼魅戲子是何方神聖？」

　　「是我的舊識，」蘇菲說道：「從我的家鄉來的。小時候我們還一起玩耍，但是大家都要聽命於他，我們從來就沒能照我們想要的方式來玩。他個子小且瘦弱，但是沒有人敢跟他單挑。我很小就離家了，也沒再聽過他的消息。如今，十五年之後，他居然出現了，所以我邀請他留下來喝杯茶。」

　　「他叫什麼名字？」

　　「烏里希·馮·斯比德！」

　　於是，我們發現馮·斯比德是梅爾希奧妻子年輕時的一個朋友。

　　他說：「喔，沒錯，他住在格蘭酒店，對嗎？」

　　「你怎麼知道？你認識他？」

　　「喔！我幾個小時之前在偶然的機會下見過他，他現在竟然以認識妳當藉口潛入我們的宴會。」他同時也感到相當興奮。

　　蘇菲語帶嘲諷地說：「現在，你突然變得活躍了，你現在感到有興趣了。我知道了，為了讓你有興趣，我只要去找些瘋子來參加宴會就可以了。」

梅爾希奧打斷她說：「走吧！我們去參加聚會。」

當他們接近宴會房時，他們聽到馮・斯比德先生說：「各位先生及女士們，你們取笑我剛剛所說的一切，我可以向你們保證，我可以像是童話活過來一般的展示給你們看，我可以將你們每一個都關進我手上拿的這個小瓶子。」

當梅爾希奧打開門，同時與妻子一起進入會場，房間裡正有一陣笑鬧聲。他們立刻圍上來，他注意到他們全都看起來相當興奮且狂熱，他心想這是否與馮・斯比德先生有關。

「喂！老頭子！」那個肥胖庸俗的藝術評論家翰里希（Heinrich Trumpelsteg）大聲叫喚著，拍拍他的肩頭說：「你來的正是時候，你那知名的朋友正要跟我們展示一些伎倆。」

但是梅爾希奧的老闆，庫克斯教授，戴著金邊的眼鏡現身且介紹他的妻子，她是一個舞者，且是個看起來像男孩一樣的年輕女孩，臉上打著綠色的蜜粉，還帶著紫色艷唇。梅爾希奧對這一群人大感驚訝，而庫克斯教授不太圓滑地說：「看看我的妻子！看看她有多漂亮，單單就只看這雙腿！」他將她的裙子掀至膝蓋上，還說：「這進一步的景象更是迷人！」

大家都因為這個笑話而笑開懷，庫克斯是所有人中笑得最大聲的，而女人們都掀起她們的裙子展示她們的小腿，每個人都說自己有的是最漂亮的一雙腿，因此翰里希說：「好了，女士們，我建議來一場選美會。脫下你們的衣服同時展示你們全部的美貌，我們會決定誰是最美的那一個。就像是希臘人一樣，我們什麼都不要，只要美麗，美麗！」

「好耶！」一陣歡呼聲，同時手臂、大腿、衣物一陣混亂四

起，不消幾分鐘，所有的女人都赤身裸體站著。梅爾希奧望向他的妻子，看見她也什麼都沒穿，還用嘲諷的眼神看著他。

「天知道這裡發生了什麼？」梅爾希奧心想：「就像是瘋人院一樣。必定是馮‧斯比德先生帶出了這個怪異的景象。我心中所想的對人們而言也是那樣的嗎？」（他總想藉由摧毀人們那虛假的資產階級確定感來讓他們變的不確定，但是此時他自問是否這就是他帶出的結果。）

庫克斯夫人在房內赤身裸體翩翩起舞，擁抱每個人，所有的女人都起而效尤，彼此間又打又抓又咬又親的，男人們則奮力鼓掌。梅爾希奧轉身走近馮‧斯比德先生，對方也走向他並伸出手：「我們比原先預期的更早見面。」他說：「多麼湊巧你竟是我年少時朋友的丈夫！」

「我不相信機緣巧合，」梅爾希奧回答，回敬了個眼神給馮‧斯比德：「不管如何，是我們促成了這個機緣巧合。」

他想起那是很老套的說話方式，在那一刻，只有他自己及馮‧斯比德先生才知道真正意指為何。

就在那時，翰里希走上前還聽到最後一個字，他說：「哲學萬歲！」喊的如此大聲以致於其他人都安靜下來細聽。

「機緣巧合！機緣巧合！」他繼續說：「對於如同你一般的魔法師而言，自然是沒有所謂的機緣巧合。我們創造了機緣巧合！馮‧斯比德先生對鬼魅兵團下令。」他又再度哈哈大笑。

接著，席為哈尼斯牧師，眼珠子咕溜一轉，他前來研究現代靈魂的失序狀況，說道：「是的，馮‧斯比德先生，就讓我們都相信你所說的一切，不要就只是空談！我們是當今受啟蒙的人，我們只

聽信於事實！給我事實！馮·斯比德先生！」

其他的人同聲大聲叫道：「沒錯，給我事實！」

「給我事實！」學校的舒爾茲教授（Schulze）加入說道：「只有事實能讓我們相信；我們只相信事實，如同我們所生活的這個偉大時代所教導我們的！」

「說的好！」大家齊聲叫喊。

翰里希不再能克制自己，他跳上桌面，同時揮動那像猿猴一樣的手臂，大叫：「但是，藝術，各位先生女士們，你們忘記了藝術！」他接著做了很長的一段結論，同時在結尾的時候說他們不想要事實。「事實是殘忍無情的，我們要的是假象！讓我們成為精神武士！」（在假象的觀點下，我們被從現實中帶離。）

所有的人都附和說：「讓我們成為假象武士！」同時一陣鼓掌叫好。即便是蘇菲，安靜地站在角落裡，她也開始變的興奮，拍打她那裸露的大腿，加入大家的笑鬧中。

梅爾希奧及馮·斯比德先生相視而笑。梅爾希奧覺得自己彷彿與這整個景象隔著一層薄紗，尖叫聲及吵鬧聲似乎不再是如此巨大，所有的一切似乎都在遠方，也更顯得奇異古怪。唯一讓他感覺靠近且密切連結的只有馮·斯比德先生。

下一章事物開始沉靜下來，而人們也稍稍清醒些，但是接著氣氛變的緊張起來，同時人們也開始相互交頭接耳。馮·斯比德先生先離開房間，稍後又再度回來，打開門的同時帶著半閉的雙眼，四周圍繞著泛著藍光的薄霧，從中顯現出他那顆白色的頭。他的一隻手上拿著一個奇妙的小瓶子，另一隻手上則拿著一把閃亮的刀子，他似乎沒有注意到任何人，同時踩著僵硬的舞步走了兩階到房間的

對角，原先落在梅爾希奧身上的不友善表情如今被導向他身上。

當他經過人群時，藝術評論家翰里希與庫克斯教授及舞者相視嘆氣，三人走出群體，同時他們的手上還拿著某樣東西，小心翼翼地跟在他後面。此時，馮‧斯比德先生走到窗邊，將他的小瓶子放在旁邊的小桌子上並轉身，他那慘白的臉看起來就彷彿是夢遊者的臉。

翰里希手上突然出現了一把手槍，他氣憤嘶啞著，結結巴巴的說：「住手！住手！你打算要將我們全都殺了！這不是玩笑！」

馮‧斯比德先生迅速地把食指放在瓶子上，滴入一滴血，就在那一刻，翰里希小的像拇指一樣，就坐在玻璃監獄裡。庫克斯夫人嚇壞了，迅速地持刀跳向馮‧斯比德，後著也再度迅速地將他的食指放在瓶子上，拿刀在手上劃過同時滴入另一滴血，庫克斯夫人立刻就被轉化了，同時也進入瓶子裡。

起初，每個人都因為震驚而呆住，接著而來的則是大家的一陣笑鬧聲，除了庫克斯教授之外，他就像是一隻受傷的野獸一樣大聲咆哮，大叫道：「將我妻子還來，否則我要叫警察了！」但是他不敢走近馮‧斯比德。

「叫警察！叫警察！」其他人大叫：「電話在哪裡？」

學校校長舒爾茲教授從一群人走到另一群人中耳語：「看在上帝的份上，不要惹惱他！他可以將我們全都放在瓶子裡，即便是警察也是一樣，那我們到時候該怎麼辦？到時我們會更不知所措！大家保持安靜！」

大家因為恐懼而僵住，沒有人知道該做什麼，但是蘇菲偷偷溜到丈夫的身邊，拉起他的手求他要馮‧斯比德放了那些被囚禁的

永恆少年：以榮格觀點探討拒絕長大

人。她試圖忍住眼淚，同時說：「我為什麼要承受這些？你想要從我這得到什麼？梅爾希奧？」

梅爾希奧看也不看就只是回答說：「我想要妳什麼？什麼都不想要！妳老早就作出了決定。我們彼此之間什麼關係都沒有了。」蘇菲倒坐在地，緊抓著雙手。

牧師席為哈尼斯接著說道：「親愛的基督弟兄，這是上帝的審判。我們因著自身的驕傲而懷疑祂的全能力量，如今我們都將被懲罰。讓我們全都跪下，或許在祂那無法穿透的良善之下，祂會將我們從撒旦圈中解放出來。讓我們一起禱告！」

他們全都跪下，但是馮．斯比德先生從桌上拿起小瓶子，同時舉起小瓶子。大家撲上前觀看，他們全都可以看見翰里希，全身赤裸，在瓶子裡要對庫克斯夫人毛手毛腳，以及他們兩人是如何團團起舞，越來越接近彼此，直到最後，兩人沉浸在熱情的擁抱中。

當牧師看見這畫面，禱告詞卡在喉間，眼睛幾乎就要掉出來了。大家團團壓住馮．斯比德先生，為的是要看見瓶子裡發生了什麼。接著，有些人開始輕輕發笑，沒多久之後，一股不受控制的笑聲就爆發出來，他們都跌落在彼此的懷抱中、輕吻、起舞，笑到不可支，大家又再一次去看瓶中這一對置身事外的愛人，同時也再一次爆笑開來。

只有庫克斯教授處在強烈的怒意中，還試圖要攻擊馮．斯比德先生，但是其他人將他拉住，接著還用繩子把他五花大綁在椅子上，好制止他的行動。馮．斯比德先生將小瓶子放在桌面上，同時鼓掌。一陣白煙在房內升起，七個白衣侍女出現，在他面前行禮如儀，地面上則升起舞樂聲。馮．斯比德先生牽起其中一個女孩的

手，他也首次張開雙眼，雙眼中散發出銀色光芒。當他的雙眼完全打開後，他站在那兒，有著七個分身，與七個侍女一起跳舞。舞蹈結束後，他閉上雙眼，又再變回一個人。

在那之後，房間的牆面上悄悄的開啟了一扇門，在另一個房間中有張桌子，上面滿是食物及飲料，每個人都接收到邀請，這聲音對梅爾希奧來說是熟悉的，聲音要他們進入房間內吃些東西。

在房門口站著的是車站賣蘋果的老婦人，她朝客人們丟出蘋果。

裸體的女人們與男人們兩兩成對，邊說邊笑。蘇菲溜到梅爾希奧身旁，而馮・斯比德先生則與其中一個白衣侍女一起，庫克斯教授則被遺忘了。桌上滿滿都是美味可口的食物及葡萄美酒，蘋果老婦人則一一招待賓客。當她將葡萄酒倒入梅爾希奧的酒杯時，她輕聲說：「你能夠立刻認出我，真是個聰明的男孩，但是你還不夠聰明。小心點！我會給你祝福，但是你必須聽話！」

「我應該要對誰小心？」梅爾希奧輕聲問。

「這一點必須靠你自己來發現，」老婦人低語：「我什麼都不能透露！」

梅爾希奧抓住她的手，同時說他不會讓她離開，要她多告訴他些事情——她必須將一切全盤告訴他。但是老婦人以超乎常人的力量將手抽回，並說：

指上的戒指，

窗上的臉孔，

十字交會，

風吹向南方。

再過不久就是時候，

他們在等著！他們在等著！

梅爾希奧在心裡重複默念，接著有一股巨大的渴望及躁動湧上心頭，他的喉嚨因為強忍住淚水而糾結。他試圖要控制自己，同時望向四周的賓客，但是除了蘇菲之外，沒有任何人注意到，蘇菲聽到他們的對話，同時帶著悲傷的眼神看著他，心裡想著他就要離開她。

七個女孩閉著雙眼坐在那兒，彷彿她們是進入甜蜜的夢鄉。馮·斯比德先生的眼睛也是閉著的；他的頭就像塊石頭一樣沒有生命感。梅爾希奧帶著興奮感望向四周，心想：「我為什麼對他又愛又恨？為什麼男孩們要從他身邊逃開？他的力量是何物？何以他要對這些人展示他的力量？他是否想要告訴我原先就知道的事情？很久以前，我戰勝了這些人。另一個團體在叫喚我，我為什麼顯得猶豫？這個陌生人束縛了我，他想從我身上得到什麼？」他的眼神落在窗子上，他看見佛的臉孔。就那麼一刻，就在那兒，但接著又消失了。

其他的賓客仍然在用餐。馮·斯比德先生張開雙眼，立刻又變成了七個分身，在同一時間坐在七個女孩身旁。突然間，學校的校長舒爾茲教授將椅子往後一推，輕敲他的酒杯並開始說話：「各位女士及先生們，一旦當我們習慣了之後，即使是最讓人驚訝的奇蹟都會變的理所當然。今天，有那麼一瞬間，我們因為那些對我們而言似乎是奇蹟的不尋常事物而顫抖，但是如今再回想起來，有著這些想像的食物、人們及美酒在眼前，我們對這一切感到自在當然！沒有奇蹟，只有事實，而事實本身總是合理的，因此，我們不需要

再覺得興奮。各位女士及先生們，我們就只要維持做我們自己就可以了，我們一直以來的那個樣子。讓我們舉杯並……」

一陣可怕的尖叫聲打斷了他。馮·斯比德先生的七個分身發出呻吟，同時閉上雙眼。七個女孩也消散成一陣煙霧。馮·斯比德先生回到正常的樣貌，失去意識躺在地面上。

佛出現在窗邊角落大笑著。馮·斯比德先生痛苦扭曲的躺在地下。他那對藍色雙眼茫然盯著前方，整個身體似乎受到不可承受的痛苦蹂躪著。

「現在你也感受到了吧！現在你感受到了嗎？」佛大聲叫：「你做的太超過了，你想要休息一會兒並玩耍，是嗎？你的力量沉睡了一會。你現在看見了嗎？你永遠都無法入睡？如今我們才是主人！」

他隔著遠遠的在馮·斯比德先生四周跳舞。他的身體閃耀著光芒，他的髮絲宛如一股暗黑的烈焰。他帶著響亮的叫聲，繞著馮·斯比德先生越轉越快。

梅爾希奧望向躺在地板上的那個男人的臉孔，恐懼與愛意在他內心交戰著。他幾乎是無意識的想要衝向佛要他住手，但是佛帶著光亮旋轉向窗邊。

「將他帶走，梅爾希奧！」他叫道：「我們欠你的，我們將他交給你！他現在是你的！」他再一次發笑，不可抑制的。接著，他看著梅爾希奧，帶著輕柔的眼神且不疾不徐的說：「梅爾希奧，我們在等你！」然後就消失不見。

馮·斯比德先生的疼痛感慢慢減緩。呼吸變得安靜，同時像是睡著了。藍色的煙霧散去，他赤身裸體的躺在地板上。梅爾希奧

望向他那俊美的軀體好一陣子，在其他人靠近前他趕緊從桌面抓了一塊布丟向那入睡的男人。接著，他將男人帶到書房內躺椅上。他拉張椅子推向躺椅邊坐下，望著那靜止不動的身體，睡意將臉上的緊繃感推移，梅爾希奧如今得以看見那先前被不斷改變的表情所隱藏的真實臉孔。那是一張俊美的天神臉孔，但些微受到扭曲。幾分鐘之後，臉孔又再度緊繃起來，同時身體也開始有些動作。那個沉睡的人，費了好大的一股勁才張開他的雙眼，那對眼睛幾乎是通透的，似乎什麼也沒看見。一會兒之後，他坐起身並注意到梅爾希奧，接著他又躺回座墊上，同時語帶嘶啞的說：「我來得太晚了，我太晚警告你了。佛又再度得到自由了。你以為我是你最大的敵人，我到你家來將戒指拿走，但是睡意征服了我。你為什麼要保護我？」

「沉睡者不是我的敵人，」梅爾希奧回答：「我了解你是我的兄弟。」

馮·斯比德先生跳起來大叫：「我絕不會再睡著！」

「絕不再睡著？」梅爾希奧有點擔心的問：「我應該如何理解這一點？你不可能是指字面上的意思？」

「我絕不能再睡著了，」馮·斯比德先生回答，他的雙眼睜的大大的，也變的更加深邃：「一旦我睡著了，我的敵人會將我撕成碎片，睡眠無時無處在等著我。我玩耍了一會兒，而在那最後一次玩耍時，他就凌駕在我之上，但是我是他的主人。我們的軀體不是大地，我們的軀體是樂音，是星星鏡子。」

梅爾希奧低下頭溫柔的說：「我深愛大地，我不想當主人，我想要將自己交託給大地。」

馮‧斯比德先生失去耐性的動了動：「你說話的樣子就像是男孩們。」他生氣的說。

　　「這些男孩是誰？」梅爾希奧迅速的問：「佛又是誰？」

　　馮‧斯比德先生猶豫了一下，但是最後幾乎是不情願的說：「沒有人知道，沒有人知道他們的真實面貌，他們以四處遊蕩的男孩樣貌、以稍縱即逝的女孩形式，以及以動物形貌等方式接近你。他們將你誘惑進入混亂及黑暗。他們在某處有個王國，我無法找到王國的入口（正是書籍的名稱──《無空間王國》），但是他們從來就不在那兒。他們總是在這裡，或許他們是同時在這兒及那兒。他們迷惑每個人進入狂喜的舞蹈中。我必須要找出進入的方法，必須要摧毀他們的王國。那些縱情自由的人們必須為我服務，他們全都必須歸我。佛從我身邊逃離，他是他們之中最自由、最強壯及最勇敢的那個。他們四周不該再有黑暗，沒有夜晚就沒有庇護所。他們不該再有任何轉變，不能再被從一種型態轉到另一種型態。他們四周必須是光明的，他們的野性愛意必須要死去，他們必須要從睡夢根源被驅趕出來，沒有任何人可以再沉睡！」

　　此時他已經站起身，他的身體似乎是透明的，你只能看見那閃閃發光的輪廓。當他抬起臉，房間的天花板就消失了，從黑暗中出現了一張與他一模一樣的臉孔，臉孔望向下方同時帶著微微亮光。「你是誰？你是誰？」梅爾希奧顫抖著大叫。馮‧斯比德先生的形體提升至無量高度，變的越來越朦朧。梅爾希奧體內的血液似乎冰凍了一般，但是他無法將臉轉開不看。

　　「做出選擇，梅爾希奧！」馮‧斯比德先生大聲說，他的聲音聽起來就像是遠方敲響的玻璃鐘聲。「如果你想要加入男孩們，你

只需要呼喚他們，他們會忘記一切──忘記你曾經是誰以及你現在是誰。如果你想要來我們這，只要敲敲房間的牆面，就會有一扇門對你開啟，開啟一條通道帶你進入光明的掌控。好好想一想，前往我們的道路是充滿危險的，你必須要經過世界上的可怕事物。你仍然是自由的，當你做出選擇時，你將會為你自己做出決定。回頭會意謂著破壞。我們不會保護你。」

在他說話的那一刻，馮·斯比德先生的形體完全消融。天花板關上，檯燈再度燃起，躺椅上空洞洞的。梅爾希奧發現自己獨自一人在房間裡。

愛與權力

梅爾希奧與蘇菲的對話，顯示出兩人的婚姻已經無法修復：兩人之間有著完全的分裂；他們彼此不了解雙方仍然愛著對方。在蘇菲身上顯然已經堆積了因為失望感而升起的巨大怨恨，她覺得梅爾希奧從來就不參與她的世界，也從來沒有愛過她。就像是許多感覺不被愛的女人，她在怨恨之下將自己全部賣給阿尼姆斯。不是去與梅爾希奧建立關係，相反的，她試圖在他身上玩弄伎倆。例如，為了要強迫他加入宴會，她不幫他的房間開暖氣。她試圖以伎倆來抓住且征服他，因此愛意轉變成權力角力，在他們的關係中，愛洛斯已經消失。她同時也痛恨丈夫的精神追尋，以及他因為與資產階級世界不同拍而苦於無止盡的衝突及渴望，這一點打亂了她對平和及安全感的需求。她想要成為教授的妻子，有個圍繞她的圈子，同時也想要在圈子裡有份量。而他，則如她所抱怨的，摧毀了她想要

建立的安全世界。因此，兩人為了安全感及不安全感而口角。她指責他讓每件事變得不具安全感，並讓一切都消散終止。而相反的，他，則試圖要展示這個資產階級世界的安全感並不是真正的安全感，同時認為唯有能將自己投入非理性生命冒險的人們，才有真正的安全感。但是這樣的對話毫無結果，他們因此中斷談話並前去參加宴會。

梅爾希奧發現馮·斯比德先生現身在他家，而且他還是蘇菲年少時的友人，但是他後來消失不見。上一講中，你應該還記得我們試圖要將馮·斯比德先生描述為父親精神，那是傳統的精神，總是來自於父系的世界。對於一個男人而言，父親的角色代表著文化傳統。因此，馮·斯比德是文化傳統的擬人化，正是他在對抗更新；那是一份，正如我試圖要讓你明白的，是一份帶著毒素的「我們無所不知」的知識。每個文化的情境私底下都包括著毒素，這份毒是由知道一切答案的自負感所形成的。在原始層級中，你會在年輕人的成年啟引禮看見這一點，當部落的老人們告訴年輕人關於宇宙的歷史、世界是如何形成的、邪惡的根源、死後的生命、生命的目的等等知識時。在這樣的層級中，所有的問題藉由年長者傳遞給年輕人的部落神話或是宗教知識而得到回答，而在那個層級中，只有少數具有創意人格的人會是例外的，否則一切傳承的知識就被整個吞下。從那以後，年輕男子也是一切都懂了，所有的一切都安排妥當，所有的問題都得到解答，假若有個傳教士前來試圖詢問這些人，他就會被告知事情本該是如何：「喔，沒錯，你知道的，世界是以這樣的方式形成的，邪惡是從這個或那個而來的，人生的目的是如此這般。」我們現在所做的也是同樣的事情，除了在我們的例

子中有些會更複雜之外，基本上都是一樣的。

　　馮・斯比德先生代表著傳承傳統知識的原型原則，而這一點亙古不變的與永恆少年相互抗衡──亦即，與一再創造新事物的精神相抗衡。蘇菲在私底下是與馮・斯比德相接的，後來也得知他是她年少時的男性友人。從她的心理角度而言，他代表著父親阿尼姆斯。知道一切答案的自負感完全就是父親阿尼姆斯在女人身上所製造出來的：認定一旦都是不證自明的──知道一切的假象。這個態度就是當榮格對阿尼姆斯提出負面攻擊時所說的：「每個人都這麼做，每個人都知道」──女人拿出「智慧」時的那份絕對信念。然而，當我們更深入的檢視，會發現她們就只是抓取父親（或其他人）所說的話語，沒有經過消化吸收成為自己的。女兒傾向於就只是將她從父親那裡得到的過往知識再製。去傳承傳統的知識──沒有經過個別意識所思考出來，也沒有被消化吸收的知識──是危險的，同時也容易變成邪魔歪道。

　　我們也同時清楚的看見馮・斯比德先生所具有的出眾特質就是巨大的權力情結。蘇菲說即便是在孩童的時候，**他**制止所有的創意表現，孩子們必須以他想要的方式來玩耍。馮・斯比德的基本面是權力，而權力從一個較寬廣的層面而言，就是對應到個體自保的本能。

　　從動物的層次來看，你可以說牠們有兩個基本的自然本能。這兩個本能某種程度而言是相互矛盾的：帶著自體整全功能的性驅力，對女人而言這包括生兒育女及養育幼兒的功能，以及求自保的驅力。這兩個驅力是相對的，因為生殖、生育及養育幼兒都意謂著年老世代的死亡。許多動物的雄性會在性交繁殖後死去，又或者像

是蜘蛛的例子，當雄性讓雌性受孕後，就會被她吃掉。在完成了他的功能之後，他就不再具有用處，除了被母親吃掉來幫助哺育幼蜘蛛的功能之外。這是個極端的例子，但是常見的狀況是年老的動物為了幼代會完全將自己耗竭殆盡，即使是要達到被摧毀的地步。正如獵人們所熟知的，性的驅力讓動物完全忘記自保，牠們變得無視於危險，而當公鹿追求母鹿時，可能就會直奔入人類之手。如果公鹿處在那樣的狀態下，獵人必須躲在樹後，因為當性成為重要的事物時，連最膽怯的動物都會變得對自身的安全渾然不覺。性代表的是族類的保全，因此對個體的保全很大程度上就必須全然犧牲。此時重要的是物種——生命必須延續下去。在一般的情況下，當性慾未被激起，自保的驅力（透過戰鬥或是逃跑的形式來展現）是最重要的。動物就只在乎填飽肚子及遠離死亡——亦即，就只關注個體的持續存活。

性及自保這兩個驅力，是動物生命的基本傾向。兩者在人類身上顯現為兩股神聖及對立的力量，也就是愛及權力這兩股力量——愛包括性，而權力則包括自保。因此，愛洛斯與權力，正如同榮格總是會提到的，是彼此對立的。你不能同時擁有這兩者，他們是相互排斥的。例如，梅爾希奧與蘇菲的婚姻就已經轉變成一場權力遊戲，在這場遊戲中，彼此試圖從對方的危險世界中保全自己的世界，不但已經失去了將自己交給對方的可能性，也失去了讓對方的世界進入自身世界的那份寬宏大量。伴侶雙方都抗拒著對方，也都在為自己的生命而戰，同時也不再愛著對方。因此，因為妻子已經失去了愛的可能性，她自然就落入權力驅力及馮‧斯比德之手。那就讓他有機可趁，但是馮‧斯比德也同樣是梅爾希奧自身的權力驅

力。權力驅力是如何回應愛洛斯的呢？

學員：透過嘲笑以及揭露它的方式。

　　沒錯，就在瓶子裡！那瓶子是什麼？他把它放入瓶子裡，接著嘲笑它，還毫無遮掩的攤開在大家面前，那正是權力驅力處理愛洛斯的經典形式：他將之囚禁！人們透過表現的彷彿是主人的方式來將愛及性囚禁起來，女人會使用她的美貌及魅力來抓住有錢丈夫，那意謂著她並不愛他；她使用愛或是原本該是愛的某件事物來向上發跡，釣到一個金龜婿或得到任何她想要的。她表現的就好像她是主人一般自導自演。凡是落入馮‧斯比德的女人會將對愛的自發性感受壓抑下來。假若她注意到自己愛上的是個掃煙囪的，她會如同**拔除嫩芽**（*in statu nascendi*）一樣的將感受壓抑，因為去愛上一個無名小卒是不配她的。相反的，她會欺騙自己，相信她愛的是那個有錢傑出的 X 先生。她會試著告訴自己她愛的是能夠配得上她的自我及權力計畫的那個男人，而任何自發性的愛洛斯感受都會被壓抑下來。因此，愛通常會退回到那最基本的事實，也就是性，可以說它是被貶為**原質**，貶為生理性慾，而這是被囚禁在智性計劃之內的。性被當作一個合理的理由來鉤住適合的伴侶，而所有的真愛，通常能將羈絆及界線溶解並創造新的生活情境，就都在焦慮心境下被壓抑下來。

學員：那是個瓶子而不是個箱子或其他形式的監獄，這一點不也是
　　　重要的嗎？

沒錯，玻璃瓶是什麼？

學員：可以被用作曲頸甑[1]或是類似的事物？

是的，自然是如此。這整件事讓我們想到煉金甑[2]，實際上，那對赤身裸體的伴侶在一起是有著相當不同的意義的。此處，顯然是被誤用了：是對於煉金神祕的嘲諷及濫用。

學員：那是「不過爾爾」的態度。

沒錯，那是在使用點子或是智性系統時，帶著「不過爾爾」的意味：是種「不過就是性解放」、「不過就是軀體」或是「不過就是我和某某」，因而排除了任何的情感神祕性。通常玻璃這種物質是可以被看穿的，但是卻是相當糟的熱導體。我們也可以說這與智性有關，它代表著一個可以讓人看穿內容的系統，但同時也切斷了情感關係。舉例而言，如果白雪公主是被囚禁在玻璃棺木裡，她並非像在木棺或石棺一樣被從生命中全面隔離開來，而是在感受面被隔開，但是覺察力並沒有被隔開。如果你是處在玻璃屋裡，你可以看見同時也覺察外面所發生的一切，但是你的嗅覺、溫度感及風吹感受等卻是被切斷的，所有的這類知覺都被排除了，因此也排除了對於外在世界或是內在世界的情感關係。有趣的是，我們將動物放在動物園裡的玻璃牢籠，因而避開了所有具危險的現實影響；於是隔著智性的距離，我們就能研究牠們的行為。

在煉金術中，玻璃甑甚至等同於哲人石。瓶身是哲人石的陰性

面，而哲人石則是自性的陽性面，但是兩者是相同的事物。在我們的故事中，玻璃是個神祕的因子，如今在馮‧斯比德手中，從務實的角度而言，那可能會意謂著什麼？玻璃是介與正面的煉金象徵物以及被嘲笑的煉金器皿之間，就心理層面而言，兩者有什麼差異？透過思考煉金甑的正面意義，就可以看見其中的細微差異。將一切都放入曲頸甑又意謂著什麼？

學員：接納其痛苦。

那是其中的一部分，但是在心理層面上曲頸甑代表什麼？你們大多數都讀過榮格的《心理學與煉金術》（*Psychology and Alchemy*）一書，假若我在曲頸甑中裝有一切，這意謂著什麼？

學員：轉化開始發生。

是的，曲頸甑是轉化發生之地，而任何形式的心理轉化所需要的先備條件是什麼？去正視自己、去完全的正視內在。相對於去看外在的事實、去看其他人，我就只是去看我自己的心靈，那就會是放入玻璃容器中。假設我對某人很生氣；如果我將關注的對象從那人身上轉開並說：「現在讓我來看看我的氣憤感以及這其中意謂著什麼，還有在這背後的是什麼。」那就會是將我的氣憤感放進曲頸甑裡。因此，曲頸甑代表著轉而面對自己的態度——試圖對自我有份意識覺知，而不是去看其他人。就意志的角度而言，這需要一股決心；而就智性活動的角度而言，這意謂著內傾性，不計代價的

追尋內在的自知之明，同時是客觀的，不是主觀的去沉思個人的問題，而是做出努力真的去正視自己。除了我們所謂的恩典之外，沒有人能夠找到這樣的態度。

舉例來說，假若某人是瘋狂的愛戀或是對某些問題有份狂暴的憤怒，或許是錢財的問題，我們總會試圖讓那人就這麼一次從特定的問題中轉移目光，無論那是什麼樣的問題，只要他嘗試以客觀的角度看待夢境，就一分鐘就好——從客觀心靈的角度，去檢視當向內看時它是怎樣的——將夢境生活當作是客觀心靈情境的一面鏡子。要能一而再再而三的如此做，除非是發生了奇蹟般的轉變，因為即便是一心想做到的人都無法做到。他們會再次回到：「你說的沒錯，但是你知道明天我必須要和銀行專員一起決定；我是否應該要賣了股票。」是的，但是讓我們轉身，讓我們先看看客觀面，看看客觀心靈對此會說些什麼！「不行，你很清楚我必須要做出決定！」接著就像是奇蹟一般，假若那個人突然變得安靜，同時變得客觀而決定轉身向內看，並且說：「我只要避開去看整個情境、避開流入它的情緒，試著變得客觀些。」

那是個奇蹟，同時那需要自性的介入；人必須要發生某些事，才能做到這一點。我們心裡知道，有時候我們想要再次找到那種態度，但是卻做不到；我們被推離了自知之明的態度而無法做到，但接著這個奇怪的平和感突然從內而生，通常是在我們受了夠多的苦難時，接著個體就變得安靜及沉默，自我轉向去看內在的事實，客觀地去檢視，原先像是靜不下來的猴子一樣的思維也停下來了。當原本像是猴子一樣蹦蹦跳跳的自保思維停下來之後，接著個體身上就出現某種客觀性，也就有可能去看看自己，同時也可能對無意

永恆少年：以榮格觀點探討拒絕長大

識的經驗開放。因此，某方面而言，煉金容器是心靈的神祕事件，那是種蘊生——某件突然發生的事件，讓人去客觀的看待自身，將夢境或是其他無意識的產出用作個體看見自己的一面鏡子。否則，個體在自我之外會沒有阿基米德立足點來做到這一點。那說明了為什麼在個體能夠正視自身之前，必須要有對自性的覺察，而那也是為什麼人們在分析的初始，常常會被自性經驗所觸動。因為唯有如此，他們才能夠在那之後努力朝向以客觀的方式來正視自身。而那就是煉金術師所謂的容器。我們也可以說容器象徵著一個態度，這個態度是進行積極想像的前提，因為除非你是與容器一起進行，否則是不可能做到的。我們可以說積極想像本身就是一種容器，因為假若我坐下來並試圖以積極想像將心理情境客觀化，那就會是把它放入容器中，這當然也包括道德分離、誠實及客觀的態度，這些都是為了能夠正視自己所必須要有的態度，如此一來就會是正面形式的容器。但假若我以自我來評斷無意識，雖然我也是把它放在瓶子裡，但就只會是玻璃瓶藥水，那個「不過爾爾」的態度，給了藥水負面的特性。接下來就會是智性系統，心靈的鮮活現象總會被囚禁在任何類型的智性系統裡，這之中的主人就是權力。

這個表現相當隱微，有些人願意正視自身，但是目的只在於讓自己比別人更強大或是去掌控情境。他們會保留一份自我權力的目的，甚至會使用榮格心理學的技術——像是積極想像——但是他們的眼睛卻盯在權力上，目的在於克服困難以及成為能**做到**這件事的梟雄。這就會將事情扭曲，以致於什麼也不會發生。或者還有些人會很誠實的分析自己好一陣子——但是目的是要成為分析師並對他人展現權力。那是同樣的圈套：正視自己只為了要對他人展現權

力，並非為了自己好而向內看——不單單是因為個體需要更加具有意識覺知。因此，權力會一再溜入，將原本該是鮮活的精神表現轉變成一個伎倆，一個由自我操弄的詭計。馮・斯比德先生是濫用一切的惡魔，他將一切——即使是最高的精神力量——都退化成這般的技術詭計。

陷入惡魔遊戲

先前有許多的提問，其中一個問題問到：假定馮・斯比德所代表的是帶著「不過爾爾」操控性影子的智性濫用，那麼他所表現的奇蹟又是怎麼一回事？你會如何解讀那個奇蹟？這樣的態度是如何創造出奇蹟？

學員：用「詭計」一詞是否比用奇蹟一詞來得恰當？

沒錯，我們也可以將之稱為集體幻覺詭計。某人進入恍惚狀態，接著有個集體的幻覺發生，並在他們都突然醒過來的時候就消失了，桌上的晚餐以及其他的一切都不見了。那是幻像的伎倆，但是那要如何連結上我們目前為止所建立的意義？如果我們將馮・斯比德視作蘇菲的阿尼姆斯，如此一來，他就會是父親阿尼姆斯的意象。而女人身上的父親阿尼姆斯是如何做到不僅僅只是形成意見，同時也帶出魔法伎倆？

我想到有個女人的例子，她的父親有類思覺失調症，是個相當冷酷且殘酷成性的男人，永遠都對孩子們做出批評，不斷說孩子們

無能無用、不可能會有什麼作為。假若孩子們在學業上努力表現，他就說沒用的絕不會成功，假若孩子們想要從事藝術，他會說他們沒有天分，絕不會在藝術領域闖出一番事業；他永遠都是負面的態度。他還有個讓女兒們氣瘋了的習慣，當他們走在野地裡，他會拿棍子砍斷花朵。那是個**不自主的動作**（tic nerveux），是出於憤怒或自身的失望感及對人生被摧毀的怨恨感。這個家族數代都有遺傳性思覺失調症，而父親就以他那些悲觀氣餒的言論讓孩子們斷頭，或者是他打算要這麼做，因為這麼一來，他們就不會長大。如今這個女孩經歷好幾任戀人──老的、年輕的、藝術家及生意人──顯然是各式各樣的人都有，但是總會在交往好一陣子之後，這些戀人就開始以殘酷的方式折磨她，說她是個沒用的人、讓人感到噁心、一事無成、說話愚蠢，還有她在藝術上的表現是不會有出息的。那完全就是她父親的翻版，重複播放的留聲唱片。我沒能釐清到底是她讓他們如此對她，或是出於本能的預期，讓她總是挑到這樣的男人。除了她的說詞之外，我對於她身邊多數的男人都一無所知，但是那可以說就宛如黑魔法一般。

套用原始人的話語，我會說那女孩是受了詛咒，她被迫去選上那些滿嘴批判且不具愛意的殘酷男人，這些男人踐踏她的情感，讓她幾乎達到被摧殘殆盡的地步。她的夢境顯示，那實際上是她的父親。例如：在與愛人出現口角的夜晚，她的愛人說她沒用且毫無可取之處等，她夢到自己的父親總是拿著棍子等著要打她，從她的脛骨[3]打下，直到她倒下為止。我們知道這是父親阿尼姆斯或是男人身上的母親惡魔，它不僅表現的像是出自於內在的錯誤命運，或在選擇伴侶及其他事物時會有的本能扭曲，也表現的就像是一種

外在命運以共時性事件的方式呈現，表現為一種個體生命之外的共時性奇蹟，一種個人責任之外的事件。我覺得如果去告訴這樣的女孩說，她之所以會落入殘酷戀人之手，是因為她沒能克服內在的殘酷父親意象，這會是個憑感覺而做出的錯誤舉動。因為雖然這帶有相當程度的真實性，但那不是全部的真相。稍後，當她又更進一步時，我們可以鼓勵她去看看內在的父親惡魔以及殘酷性，以及這些是如何吸引來殘酷的男人。然而，有時候當我們試圖去處理這樣的黑暗命運，我們覺得交手的對象是神聖的破壞力，這份破壞力是如此巨大以致於超出個人所能負責的範疇。

學員：我們是否可以說因為她腦中總是有這樣的想法，而接著想法就變成了她的一部分？要讓人們進入馮・斯比德手中的瓶子，需要先獻出一滴血，我認為這似乎意謂著女人身上的阿尼姆斯——也就是她腦中的想法——進入她的血液，同時實際上變成她的一部分。馮・斯比德獻出他的血，他將自己全盤獻給他所使出的伎倆。

是的，馮・斯比德自然是女人內在那藏起來的想法惡魔。

學員：但是他也獻出他的血。

你說的對，但是針對這一點，我們必須進入另一個因子，亦即，當馮・斯比德展現這個魔法時，他就變成對自己不真實，這也是為什麼佛能抓住他。很重要的是去記得，假若馮・斯比德沒有展

永恆少年：以榮格觀點探討拒絕長大 ┤├

現這個伎倆，如果他沒有展現魔法，佛就不能戰勝他。「我絕不會再睡著。」馮・斯比德在被佛打敗了之後說：「當我睡著了，我的敵人就得手；睡眠總是在等著我，等著我玩耍享受。」因此，他變得對自己不真實，因為當他玩耍的那一刻，他就遺忘了他的權力驅力；他變成享樂於魔法表演。在那一刻，他表現的就像是佛幫份子，像是男孩們。他玩耍——「那是最後一次讓他抓住我，但是我才是他的主人。我們的身軀不是大地，我們的身軀是樂音，是星星鏡子。」那就是物極必反性，而我們必須要將馮・斯比德視為智性主義的精神——思想力量——只有當他不玩耍時，才是有力量的。當他開始製造魔法，他就轉向到佛的原則。如果你將此看作是兩極，其中的一端是佛，而另一端則是馮・斯比德。當馮・斯比德處在最佳狀態時、當他是他自己時，他就是清醒的；此時他不睡、不玩耍，也不表現魔法伎倆。但是，他醉心於自己的力量，也益發展示他的力量；他製造出魔法事物來炫耀自己，而慢慢地，如他所說，他忘記了自己。他睡著了——去玩耍。接著佛就抓住他！你同樣也可以說他是落入了佛的手中，因為這兩股力量總是透過物極必反性而落入對方，正如所有的無意識對立面。雙方都是無意識的對立面，因為他們都是神祇，亦即，他們是心靈中的基本原型驅力。

那是對立面的玩耍，而梅爾希奧則是當中受苦的人類，介於兩者之中，因為馮・斯比德及佛都想要他的靈魂。當馮・斯比德的權力玩耍過頭了，他就墜入佛之手，而你也會看見當佛過分陷入其他玩耍中，他也深深墜入馮・斯比德之手。因此，當馮・斯比德透過割傷自己且使用自己的鮮血來表現魔法時，他就靠向了佛那一邊；他切換到另一邊去了。但在私底下他們是連在一起的，你可以說他

們是生命的兩個面向，兩者都屬於生命，缺了哪一面都無法生活。但是雙方都聲稱自己是唯一的那一個，都聲稱自己完全擁有人類個體。佛要梅爾希奧將自己完全交給他，而馮‧斯比德也做出相同的要求。正如我們在書的結尾會看到的，悲劇出在梅爾希奧不能穩住自己的立場。從個人的角度而言，這是自我的虛弱不振，在對立兩極間不斷切換，同時也成為對立兩極的玩物。他是陷於兩個神或是兩個惡魔之間，雙方都聲稱自己是他唯一的主宰者，而他沒能做到的是將雙腳穩穩站在地面並說：「我不會聽從你們任何一個，而是要活出我自己的人生。」這說明了為什麼他會陷入這個持續不斷的惡魔遊戲。

　　魯普（Rump）女士針對「佛」這個名字有些有趣的發現，它的主要意義是佛陀，那是祂的其中一個名稱。這一點是有道理的，因為據說梅爾希奧曾經到中國及印度旅行，而佛是不可見王國的統治者，那就可能會是涅槃，我們稍後會看見這一點。這本書的封面其中一邊裝飾有像是日本**鳥居**一樣的事物，鳥居在東方有著神祕的意涵——越過這個門而進入遠方淨土——而在書背則有八正道星。這兩個設計很有可能是出於意識的選擇，作者顯然有讀過、同時也受到東方素材的吸引，這也會在稍後更加明顯的表現，而他將永恆少年——創意惡魔及愛洛斯惡魔——投射在東方。但另一方面，馮‧斯比德代表著晚期的基督教。如今，基督教文明對我們而言是陳舊且耗竭的，它已經失去了前一百年興盛期所擁有的強大**生命原動力**。我們已然疲憊的西方文明，假裝自己知道所有的答案，但我們也渴望有全新且真誠的內在經驗，於是很大程度上就是轉向東方，期待從那兒得到更新（但是這明顯的是個投射），這就會是

馮・斯比德的另一個面向，他那令人著迷的面容暗示出一個美麗的神聖意象，其些微修長且帶點蒼白，與我們所屬文明中的哪個神長得相似？基督。因此，這裡暗示出馮・斯比德不是基督，但卻是我們心中對祂的意象——受難且垂死之神——某種帶有神聖性卻無法再活著的事物。

到目前為止，書中的大部分內容都不需要再做任何的評論。小說中提到有個新聞記者就只是去談任何適合這個時刻的蠢話，同時也有牧師假裝自己是在研究現代生活的失序性，可是他在禱告中停下來，忍不住一直盯著性行為看。這當中的諷刺意味是相當明顯的，同時也是出於作者的意識層。因此，我們不需要進一步的心理解讀。

但是其中有個尚未解決的問題就是陽性面的角色。書中對女人的描述帶有極大的藐視意涵；書中沒有一個正面的陰性人物，作者就只是嘲笑她們。我不知道他是否是同性戀，但可以確定的是他顯示出同性戀心理學。然而，這也可能是因為德國人普遍的態度，即使是異性戀男性都受到強烈同性戀偏見所染色。這本書中並沒有愛洛斯存在，從我們目前所讀到的章節來看，唯一的正面女人就是蘋果婦人，她是正面的母親角色。當馮・斯比德的力量達到高峰時，她給梅爾希奧捎來訊息。當所有人都為他的魔法所著迷時，蘋果婦人出現在晚宴上，同時在梅爾希奧耳邊低語：「指上的戒指（戒指可說是象徵著他與男孩的婚約），窗上的臉孔，十字交會，風吹向南方。再過不久就是時候，他們在等著！他們在等著！」——也就是他們在等待他。她傳遞給梅爾希奧的訊息是，他不該對他們不真實且不忠誠。她是男孩那邊唯一的女性角色，而這也形成了一群由

媽寶男孩所組成的團體，他們的陰性主導者是母親本性的原型，同時也是在車站賣蘋果的胖老婦人。

　　沒有年輕的阿尼瑪人物是典型的德國人心理。正如榮格所指出的，在萊茵河的另一邊，阿尼瑪尚未得到分化，仍然全面處在母親情結之內。曾經待在英國軍情六處的一個男子告訴我，如果想讓那些打定主意不對敵人洩漏隻字片語的納粹囚犯放下戒心，從而在他們身上得到軍情，主導的——同時實務上也總會成功的——問句就是（要帶著些許感傷的顫抖聲音）：「你的母親還活著嗎？」他們通常就會開始哭泣，而舌根子也鬆了，他發現這是突破德國年輕人敵意盔甲的關鍵問句。自然的，我們所下的結論必須是：他們只是個別案例中所顯示的部分真實，假若我們可以做出國家差異性的區別，相較於受到較多拉丁影響的人們，德國人的阿尼瑪仍是欠缺分化性。德國南部地區也是不同於德國整體的，因為南方曾經是羅馬人的佔領區。在德國中心區人們的態度是稍微不同於北部地區人們的態度，因此我們針對前述論述必須持保留態度。然而，這本小說的內容則清楚顯示完全未分化的阿尼瑪狀態，而唯一的正面女性就是這個蘋果婦人。

知識與權力

　　蘇菲亞意謂著智慧，而梅爾希奧的妻子名叫蘇菲是別具意義的。但是她表現的是個滿心怨恨、受到阿尼姆斯附身、帶有社交企圖心的、小心眼的、不被愛的女人，是典型的帶有失望感的妻子。然而，她的名字意謂著智慧，顯示出男人欠缺愛的態度是多麼強

烈到足以改變陰性原則。蘇菲可以是智慧，她可以體現對人性的愛——她可以是蘇菲亞這個名字所意指的一切——但是相反的，她被轉變成這樣具有毀壞性的小角色，因為梅爾希奧不知道要如何轉向她，同時也不知道要如何讓她因為他的愛而綻放。她是負面的智慧，她滿心怨恨他不懂得愛人。她喜歡人與人的接觸，但是他痛恨人們；她想要強迫他與人接觸，但是他選擇維持在非人性的隔絕中。這是他們的爭執點。

如你所知的，蘇菲亞被稱為**博愛的**（philanthropos），是「愛世人者」[4]，她是對人類的愛，這自然意謂著在人群中為人同時也愛世人，那是最高形式的愛洛斯。如同榮格在他關於移情的論文中所描寫的，那甚至比由聖母瑪利亞所象徵的最高愛意來得更高，因為，如他所說的，頗富意義的：「有時候少意謂著多。」[5]亦即，假若我對人類有一份理想化的愛，只想為善，那是次於在人群中為人。

但是那樣的在人群中為人的愛，是這個宴會所欠缺的，宴會中有的全是野蠻獸性，帶著自我主義的破壞，既粗野又不真實。這顯示出當對人類的愛不存在時會發生什麼，同時也顯示出忽略了愛洛斯會造成什麼景況，說明白些，就是所謂的精神文明的表淺層次，底層則是隨時可能會掙脫的古老獸性猴子馬戲團。一旦當常規失去，當女人都寬衣解帶，剩下的就只是猴子馬戲團，有著完全未分化的人性事宜。我們可以說這是類思覺失調型智性人們的典型心理，在我們的文明中有著為數眾多的這種人，他們內在的感受功能完全被壓抑下來。這就是當人們沒有發展出情感功能時會表現的樣子，唯一的通則就是他們沒有勇氣去揭露潛藏在底層的獸性。這需

要革命，一場納粹運動或是類似的事件將之攤開來，而接著我們驚訝於我們所看到的一切。當常規被掃除一空，這個猴子馬戲團就接續出現了。

馮‧斯比德先生痛恨睡眠。你會如何解讀這一點？他說當自己完全打敗敵人時，就再也不會睡著了，而他擊敗男孩的方式就是將他們從睡眠的根源切斷。

學員：在睡眠中沒有權力驅力。

是的，在睡眠中權力驅力被擊倒了。我們是全然的無助且被動的對整個世界開放，赤身裸體處在環境下。那是個權力被擊倒且無意識升起的狀態，因此，你原先可能認為他必定代表著意識面，而佛則是無意識的原則，可是如果我們看得更仔細些，當中是有些不同的。馮‧斯比德先生也是某件無意識的事物，亦即，他是意識面中不具意識的惡魔面向。意識面裡包括一些我們認為自己知悉的事物，那是即刻的覺知。即便我們不十分知道那是什麼，但我們有個主觀的感覺認為意識是我們所密切知悉的一切。但是，在這個意識的覺知之下藏著無意識，換句話說，在我及意識的整體現象中藏著陰影面、權力驅力以及如惡魔般的事物。

我們絕不能忘記意識面也帶有惡魔的面向。我們現在也開始覺察到在我們的意識面成就底下——以我們的科技成就為例——有著破壞面。我們開始清醒並意識到：意識可以是缺點，同時它是奠基在無意識之上的。我們如此熱切想要由意識來主導生命，本身就有某些無意識在其中運作。而我們不知道那是什麼，需求、慾望以及

對意識的熱情本是某些無意識的事物，同時也是我們慣常所熟知的意識。

　　舉例而言，對原始部落而言，部落傳統似乎就是意識面。在一個非洲的部落裡，假若新手——受了折磨以及被打落牙齒等等——得到教導說世界是如何創立的、邪惡是如何出現的、疾病有著特定的意涵、男人必須因為特定的原因與出自特定氏族的女人結婚，這些對他而言都是意識。非洲人認為男人在經歷成年啟引禮之前都還只是個動物，在成年禮中，他同化了部落的傳統。未受啟引禮的人被稱為動物，這顯示出維持傳統的知識是從動物無意識進展到人類意識的步驟。然而，對我們而言，我們有著不同的傳統，這些部落年輕人所吸收的神話教導對我們來說似乎就是純粹的無意識。我們甚至將這樣的教導等同於我們對夢的解讀；我們認為這些對原始部落而言代表著集體意識的事物，事實上充滿著無意識的象徵性。

　　我引述其他文明來說明我的觀點，因為我們能夠**無嗔無癡**（sine ira et studio）觀察其他社會，亦即，平心靜氣的。但是我們自己的宗教傳統也是相同的情況，我們可以說基督教的教導是集體意識的內涵。然而，如果我們更進一步去看，我們可以看見那其實是基於耶穌受難及聖母瑪利亞等等的象徵。如果我們檢視這些內容，去思考這意謂著什麼以及如何將它們與我們的真實生活相連，我們會發現我們並不清楚，因為它們滿是無意識。我們會發現那些我們在精神傳統中所熟知的，精確來說，在許多方面對我們都是完全神祕的，而我們也對它毫無所知。因此，意識包含著被隱藏的反面，也就是包含著無意識，那就是與馮·斯比德相關的惡魔事物，亦即，意識觀點總會表現出彷彿他們就是全部的答案。或許去揭開

意識的祕密以及當中的破壞性面向，同時與破壞面對抗，正是現在心理學的任務。

我希望我們有時可以達到一個境界，在這個境界下意識可以不需要自負地以為知道一切並給出定論。如果意識面可以被遞減為一個**功能**，一個描述性的功能，那麼人類就可以停止做出最後的定論。反之，我們就會從這一刻所顯現的所知事實，以為我們可以用這樣或那樣的方式來解釋，那也就意謂著放棄有神祕力量的假定，聲稱自己已說盡了一切該說的，認為如今我們已無所不知。如果那個錯誤的自負感可以被除去，那會是一個大進步，但是先決條件是要假定我們可以藉由覺知相對性，以及相對性與個體的特定關連而得以整合意識面（我必須曉得我知道，同時也曉得那是我特有的觀點）。僅有意識的觀點並不夠，我們必須要知道為什麼我們有那個觀點，以及是出於什麼個別緣由而形成這樣的觀點。一般人仍然受到集體意識的占有並受其影響，表現的彷若他知道所有的答案。例如：人們傾向於將人道的態度視為是出自於自己的，而忘了那是來自於基督教的**世界觀**。他們沒能明瞭那事實上是集體的，同時那部分也已不再是他們共享的**世界觀**；這樣的行為背後所潛藏的動機是權力。

知識是伸張權力的最佳方式。人們透過暴力同時也透過知識及智力而獲得在自然及他人之上的權力。我們並不確定何者較強大，因為力量與智慧是權力驅力的兩個面向。它們說明了許多原始動物的故事，在這些故事中機智聰明的那個勝過強大的那個：土狼勝過獅子，還有像是在南美洲小個子的雄鹿甚至能智取老虎。這會顯示在個體的權力驅力上，像是在女人的阿尼姆斯上——她們若不是對

丈夫耍伎倆，就是會製造出野蠻的畫面。權力的兩個表現方式是情緒上的蠻橫以及狡猾，當我的權力驅力被激怒時，我若不是直接打對方，就是會找方法來瞞騙他，這是假若我是過於膽小或是不夠強壯的話。

我們的意識面在檯面下仍然與這兩個支配驅力相連接，而知識通常也是附加在一起的，最讓人腦怒的就是從學術界的聲望驅力中看見這一點。相當罕見的是，大學中的教授純粹為了真理而展現學術興趣，通常他是更有興趣於地位以及成為第一個說出某事的人。二十五年前，有個人類學家在非洲東部的坦干伊喀湖（lake Tanganyika）發掘出一個驚人的頭骨，那是人類學家搜尋數年之久的「缺了的環節」。它是介於類人猿與人類之間的頭骨，而正如粒子探測儀蓋格計數器（Geiger-counter）所顯示的，他讓人類種族出現的年代又上增了大約千萬年，也因此讓我們必須拋棄人類學先前的所有發現。此人發表了他的研究成果，但是有二十五年的時間，除了在美國的布魯姆（Broom）教授之外，所有的大學社群是一片鴉雀無聲。這個發現完全被忽視，沒有一個人類學教授試圖與出版社通信或是試圖檢測頭骨的年代。只要用蓋格計數器來檢測就可以了，但是沒有人如此做，因為這會意謂著要修訂他們的理論。他們必須說我先前講述的某事物如今必須要修正，而學術的虛榮、知識分子的權力驅力不會允許這樣的事情發生。如今，另一個骨骸在義大利被挖掘出來，而實證也持續累積中，因此，時到今日，雖然百般不情願，開始有各地的人類學家試探性地提到這個發現，但是有二十五年之久，他們全都坐在權力知識上，卻對於真相興趣缺缺。

學員：就如同法國人所說的「成了學者，失了好奇！」（Les savants ne sont pas curieux）

　　沒錯，正是如此！這顯示了知識裡所包裹的權力，透過知識來尋求掌控的惡魔驅力，是遠比想要發現真相的客觀興趣來得強大的。那只是個例子，還有更多其他的例子。

註釋

1　　編註：曲頸瓶是一種在蒸餾時使用的儀器。它是一個球狀玻璃容器，並有一個開口向下的窄頸。被蒸餾的液體置於球狀部分加熱，產生的蒸氣經過瓶頸的冷凝，再進入之後的收集器。

2　　編註：「甑」是一種古代蒸煮食物的器具，底部有許多小孔，很像現代的蒸籠。

3　　編註：位於小腿上的其中一塊長骨，對於支持人體體重起重要作用，是構成膝關節的其中一根骨頭。

4　　原註：Sophia in Jung's *Psychology and Religion*, CW 11, and in *The Practice of Psychotherapy*, CW 16; also Proverbs 8:31, and Ecclesiasticus 24:19-22.

5　　原註：The Practice of Psychotherapy, CW 16, par. 361.

對立面的意義

馮・斯比德與他的分身

我們在上一講談到故事中馮・斯比德突然醒來，同時他的魔法也告終，就那麼一會兒，他睡著了或是他玩耍了，以致那一刻他是不夠清醒的，因此，惡魔男孩們就凌駕在他之上。你應該還記得在他變戲法生出晚宴的時候，馮・斯比德與七個女孩一起出現，有時候他的分身會出現成為七個女孩的愛人。他是與七個女孩在一起的七個男人，接著他又恢復為一個人。當他醒來的那一刻，他在回神後訝異於男孩佛的出現。七個女孩及魔法晚宴消失了，你會如何解讀這個魔法師以及七個女孩？

學員：加上他自己，總共是八個。

是的，但是什麼時候是與七個在一起的那一個？你必須記住他表現出對於煉金術的興趣，同時也製造出將翰里希與庫克斯夫人放在瓶子裡的偽奇蹟，本質上那是對於煉金術**神祕合體**（*mysterium conjunctionis*）的嘲弄。

煉金術，特別是晚期的煉金術文本可能是作者所知悉的文本，當中常見的意象就是七個女人坐在地洞中，而她們可能是七個星球或是七種金屬，都代表著相同的事物。所要表現的是每種金屬都對應於一個星球：金——太陽，銀——月亮，銅——金星，鉛——土星，鐵——火星，錫——木星，水銀——水星。而在七個女人中間的第八個人物，就會是她們全體的統治者，也是太陽神或是土星，因為土星也代表著舊有的太陽，是太陽的古老形式。從他的名字

「先前的」（Late）一詞，我們也可以做出結論：馮・斯比德或許代表著被七個星球環繞的古老太陽神。先前我們將馮・斯比德解讀為代表基督教的原則，因為他有著如同神一般的貴氣及病容外貌，如今他則是以古代太陽神的形態出現，這就意謂著他不是基督教本身，因為基督教的真正意涵沒有人知道，而事實上他代表的是老舊疲憊的基督教**世界觀**，由於它已得到實踐，也因此成為不再帶有活力的思惟慣性——是我們所處的社會及宗教機構底層的原則。如果是在童話故事中，就對應到老國王失去了生命泉水，因此需要被更新或是被罷黜，又或是必須讓位給繼位者。換句話說，這個**世界觀**再次成為老舊的事物，也成為那已貧乏且需要更新的舊有統治者。

書中有個更加往前推進的小事件，在我閱讀的這一章結尾處，梅爾希奧問馮・斯比德那些男孩是什麼人，馮・斯比德說：

　　沒有人知道他們的真實面貌，他們以四處遊蕩的男孩、以動物的形貌以及以女孩的形式等方式接近你。他們將你誘惑進入混亂及黑暗。他們在某處有個王國，但我無法找到王國的入口（譯按：即書籍的名稱——《無空間王國》）。他們從來就不在那兒，他們總是在這裡，他們同時在許多地方。我必須要找到進入的方法，我必須要摧毀他們的王國。那些縱情自由的人們必須被制服，而最強壯及最勇敢的那個佛，也必須被制服。他們狂野的愛必須死去，我會將他們阻隔於睡夢之井外，沒有任何人可以再睡著！

　　在那個時刻，馮・斯比德起身，看上去就彷彿是透明的。他抬起頭，而天花板打開，突然間，上方有個鏡映的意象，他的分身正

向下看，閃耀著光芒。當梅爾希奧看見有個長得和馮·斯比德完全一樣的人往下看時，他嚇壞了，同時大叫說：「你是什麼人？你到底是什麼人？」但是馮·斯比德消失成為一縷輕煙冷霧，接著他從遙遠的上方往下叫喚：

「你必須做出選擇，梅爾希奧！如果你想要加入男孩們，你只需要呼喚他們，他們會引誘你進入甜美的黑暗，假若你選擇了他們之道，你會忘記你曾經是誰以及你現在是誰。但是，如果你想要進入我們這兒，只要敲敲房間的牆面，就會有一扇門開啟，並有一條通往光明統治的道路會出現。現在好好想想，前往我們的道路佈滿危險，但是你仍然是自由的。一旦當你做出決定，你就不能回頭了。如果你想回頭，我們不會拯救你。」在這之後，馮·斯比德就消失了，而梅爾希奧望著燃燒的檯燈以及空蕩蕩的躺椅，獨自一人待在房間裡。

你會如何解讀馮·斯比德的分身？我們先前針對他所做的解讀，多多少少都清晰映照在此處他所說的內容，但是現在你會如何解讀他成了雙重分身，同時接著消失進入天境——消失在天空中、在蒼穹中——宛若一縷輕煙。

學員：他不是以人的方式生活？他過的是人類的生活，但如今他離開成為神。

是的，我們可以說在地面的馮·斯比德是神聖原則的化身，如

今他再度回到永恆的形式。那對梅爾希奧而言，這會意謂著什麼？從務實角度而言，如果他可以將自身所經歷的這一切做出結論，會意謂著什麼？假若無意識的角色在夢境中出現分身，這會意謂著什麼？

學員：某件事物已經到達意識邊緣。

是的，如果要將無意識內涵加以意識化實現，其中**不可或缺的條件**（*conditio sine qua non*）就是去辨識出它內在對立性，亦即，指明它是這個而不是那個。這是一張桌子，意謂著它不是一把椅子，同時也不是其他的東西。你不能在沒有排除其他面向之前就做出結論，而這就是為什麼當夢境中的角色出現分身，總會意謂著它想要變得意識化——也就是它與意識閾接觸，也因此揭露了雙重的面向。我們先前已經將馮·斯比德解讀為基督教的**世界觀**，如果它是雙重的，會意謂著什麼？

學員：意謂著上帝的黑暗面同時也被激起。

不盡然。那個部分還未出現在目前的時間點，但在稍後會出現。此處的分身是與馮·斯比德一樣光明的，他是某種精神魔法師。

學員：他會是異教的神明嗎？

沒錯，那會是比較接近的！隸屬於基督教文明的我們，真的打從心底知道它意謂著什麼嗎？在基督教文明背後的原型是什麼？當我們說我們相信三一真神及相信基督，我們是否真的能夠誠實的說我們真心知道這到底是什麼意思？即使是最偉大的神學家都無法聲稱自己能夠做到這一點。例如，天主教神學家會談教條的神祕性，有些神祕面向能夠以文字表達，但是其中的核心意涵對我們而言卻是全然不可知的。我們可能會說當中帶有原型的內涵，或是說在背後有原型，但就字義層次而言，我們並不知道。我們或許因此可以說馮・斯比德是已經進入人類意識的那個部分，因為對我們而言，這聽起來可能是熟悉的，同時也給我們一種奇特的感覺認為自己知道當中的意涵、能夠覺察且對其有意識。而接下來還有對我們而言完全不可知的另一半，那就會是他的其他部分。我們或許可以說，唯有當我們辨識出對立端的異教——也就是佛以及異教母性女神的世界——我們才能夠對基督教的雙重面向有所覺察——它的意識面以及無意識面。只要我們仍然處在當中，就無法有所覺察，因為我們正如實際上的狀況所顯示的，是包裹在其中的；我們需要外部的阿基米德立足點才能明白自身所屬文明的特定本質。異教的那一端被投射到東方，因為男孩佛有個名字指向佛陀，這意謂著唯有當我們與其他文明及其他宗教有更密切的接觸時，我們才會有檢視自身文化及宗教背景的能力。如果，你能夠帶著泰然處之的態度接受他人的宗教以及真理，那麼你就能客觀地對自身文化特徵有所覺知。

　　當然，能夠做到拉開距離的覺察是現代發展所致，這樣的進展也讓我們不再卡在中世紀的偏見，認為所擁有的是唯一真正的宗教。如今世界變小了，我們面對的是數百萬有著不同態度及信念的

人們，我們必須捫心自問自身所有的態度及自身所屬的文明有什麼獨特之處。這個問題會帶出一定程度的相對性，讓我們明白馮・斯比德在多大的程度上代表著我們的意識所知，以及我們試圖傳達給其他人的（例如：在外國的傳教工作），還有在意識所知背後，有多大程度是原型的、未知的；亦即，馮・斯比德的永恆面向，無論他所顯現的是什麼意象，那意象背後所隱藏的某件神聖事物。我們在英國歷史學家湯因比（Arnold J. Toynbee）的著作中，可以相當清楚的看見這個發展，他試圖以外傾的途徑來清楚說明，時至今日我們已經進入與東方及其他文明的密切接觸，他也提到我們必須採取綜合的宗教觀。他提出一種新的禱告形式，禱告詞是如此開始的：「喔，祢，佛陀、基督、戴奧尼索斯等……」我們應該就只對那有著一切聖名的救贖人物禱告，同時也組成一個包括所有宗教核心美好意象的混合物，將那些不重要的差異性加以模糊化，好讓我們有個通論的世界宗教，無論是佛教徒、南非人或任何人都能加入，同時得以揀選他們各自喜歡的內容，這在羅馬帝國後期就有過類似的作法。羅馬帝國之前的小城邦都帶著當地自有的信念、民間傳說以及宗教教義——包括凱爾特人（Celt）、敘利亞人（Syrians）以及以色列人（Israelites）等——接著，當這所有的城邦都歸於羅馬帝國時，羅馬人嘗試做出相同的作為。他們會說你只需要對邱比特—宙斯—阿蒙神（Jupiter-Zeus-Amun）禱告，祂是最高位的天神，而冥界的神則會是黑帝斯—歐西里斯（Hades-Osiris，在埃及，則是塞拉匹斯〔Sarapis〕），在羅馬帝國那兒，我們就有了一個全新的混合宗教，甚至連諸神的屬性都是混雜在一起的！放在今時今日，那就彷彿是我們組成了一個基督的全新意象，在這個新意象

中，祂會以佛陀座（buddha-position）的形式得到表現，而祂背後的十字架上則會裝飾有慈悲意涵的**結印**（mudra）。這一切都是可能的──人類的天真浪漫是無限的！

這種相對性的嘗試以及馮·斯比德的典型發展，所呈現的是一個疲憊文明的晚期發展，那是一種耗竭且衰敗的**世界觀**，作者企圖帶出相對性，但卻沒有成功的機會，因為宗教經驗的根本核心在於絕對性。如果我說我的經驗會是，但是同時也不會是；或者如果我說我相信，但是我也能夠理解別人之所以相信其他事物，這就指明了我的宗教經驗並不真誠，因為宗教經驗本身有著絕對的說服力，我們可以說這是宗教經驗的準則。假若某人宣稱他的經驗改變了他整個人生並能高於一切套用在所有事物上，而假若那是個完整的經驗，真的可以套用在每個活動領域，無論它的表現形式為何，那就會是真正的宗教經驗，否則它就只是一個智性經驗或是心情表現，會隨時間消逝，或為了作禮拜而被保存在抽屜裡──在禮拜日那天拿出來，接著又被放在一旁。

因此，我們是處在一個很糟糕的矛盾情境，為了要有宗教經驗，我們必須對宗教經驗有份絕對感，然而這不符合世上有各式宗教及各式宗教經驗的事實，同時偏狹不具寬容性的宗教態度也是過時且野蠻的。我們可以有的解決方案就是讓個體保有自身的經驗，並將自身的經驗視為絕對的，但也接受其他人可以有不同的經驗，亦即將絕對性只連到自身──對**我**來說這是絕對的（當中沒有相對性，也沒有其他的可能性），但是我勢必不能將界線擴及到他人的場域；這正是我們試圖達到的目標。我們試圖讓人們保有各自的宗教經驗，而不去將之集體化，同時也拒絕走上錯誤的那一步，去堅

信我所經驗到的對其他人也是必然有效的。因為它對我來說是絕對有效力的，但是去認為我的絕對必然經驗同時也適用在其他人身上就會是個錯誤；我們稍後會看見這成為小說裡的關鍵點。然而，我們在此處看見一個新的宗教經驗被嵌入，那是由佛所代表的，這也讓我們明白馮‧斯比德代表過往**世界觀**的兩個層次，他說：「如果你想要追隨我們（亦即，追隨他）前去光明國境，只需要敲敲牆面，就會有一扇門開啟。」

缺乏連結與罪惡感

書中的下個章節是〈開啟之門〉，從標題我們勢必會做出結論（稍後也會看見這個結論是正確的）認為小說在此刻讓梅爾希奧或是作者選擇了馮‧斯比德之道，打定主意離開佛。

梅爾希奧沉思所發生的一切，接著他顯得相當興奮，彷彿是聽到內在的鐘聲響起，他突然說：「我必須找到確定感。」他以拳頭敲打牆面，就在那一刻他聽見美妙的樂音，同時眼前也出現樑柱，還有一扇巨大的門在他面前開啟，他同時也看見海洋及安靜無聲的波浪。前方有一隻巨大的鳥張開雙翅飛近他，同時還有一艘帆船駛入。但是，接著一切又變得無聊沉靜及一片死寂，讓他感到不寒而慄也動彈不得。接著，一陣欣喜感蓋過身體的僵硬感。沒多久之後，鐘聲響徹房內，而麻木感也消失了。淚水從他的雙眼滴落，他伸開手臂穿過大門通道，走入黑暗。走了幾步路之後，他聽見些微的聲響，以為那是他的妻子、翰里希以及庫克斯教授。四面八方

出現漆黑的人物，伴隨著低沉且苦楚的聲音大喊著：「抓住他，抓住他！」有個人從後面抓住了他，同時將一塊黑布罩上他的臉，瞬時，他也暈了過去。

　　一會兒之後，他發現自己被緊緊地綁住，躺在一艘小船的甲板上，同時發現身旁坐著一群動也不動的人們。船外颳起一陣風暴，他們隨著風浪不斷被拋起。就這樣過了好幾個小時，但都沒有人說話。接著，有個火炬被點燃，而船的前頭有面巨大的人影將火炬拿在頭上搖晃藉以發出訊號。對岸即刻傳來了回應的訊號，梅爾希奧也因為能再次接近陸地而感到安心。在船隻靠岸著陸前，一塊黑色的薄紗又再度罩上他的臉，他的雙手也再次被綁住。他試圖大叫但是卻不果，又再度暈了過去。上陸後他必須與身邊的其他人一起在黑暗中行進。沒多久之後，他們來到一個看不見盡頭的通道，行走中有時能聽見門聲。他很驚訝自己的雙腳是踩著地面的，因為感覺自己就像是走在空中一般。在一陣金屬聲敲響後，一切又變得寂靜黑暗，就跟先前一樣的狀況。這一刻，梅爾希奧再度找回自己的力量，他試圖反抗，但是除了打向空蕩蕩的空氣外，什麼也沒打到，只剩他孤伶伶的一個人。突然間，有道明亮的光線刺向雙眼，劃破黑暗。他恍然大悟自己身處在一個有著紅色絲絨裝點的大廳，大廳中的大桌子後面有三個穿著紅衣、罩著面紗的王者。大廳牆沿則坐著他這一生所認識的男男女女，全都滿臉嚴肅地看著他，彼此間還喃喃細語。

　　下一章是〈審判〉。

梅爾希奧詢問是誰將他綁起來，同時帶到這裡，但是沒有人回答。「給我一個答案！」他大聲叫喚同時拍打桌面，有個嚴肅的聲音說道：「在判官面前站好，梅爾希奧！」接下來有人說原告必須上前，大廳中出現一陣騷動、耳語及議論紛紛。梅爾希奧望向四周，同時認出了他的友人及死對頭、親戚及鄰居、同志以及他家的女傭僕人。他們的臉孔全都灰濛濛的，還罩滿了灰塵，張開的嘴又大又黑，雙脣泛藍。他們顯然都死了，而且還是從墳墓裡回來的樣子。他四處找尋他的妻子，看見她就站在前排，帶著怒氣及苛刻的眼神望向他。接著，他也看見蓄著紅鬍子的庫克斯教授、翰里希以及其他人。庫柯斯夫人的那雙美腿如今看起來就像是兩根木棍一樣。他的妻子蘇菲說：「你從來沒穿過我花了一整年為你繡的那雙拖鞋，你從來就沒愛過我。」庫克斯說：「你對我的化學發現沒有半點興趣，你只關心你自己的研究。」翰里希說：「你總會偷走我想到的每個點子，據為己有，什麼也不留。」而庫克斯夫人說：「我的這雙美腿你從來就看不上眼，如今它們都成了木棍。你對我真的是殘酷無情。」

　　一個接著一個的，他們全都對他提出控訴。鬼魂也陸陸續續出現在梅爾希奧身邊，他看見母親受苦的面容、父親的臉孔以及接著上場的一個老姑婆，她說：「每當我為你唸相簿上的詩文，你總會大笑。除了你之外，我沒有讓任何人看過那些詩文，換來的卻是你的恥笑。於是，每件我曾經深愛的事物都隨我而死。」接著是學校的朋友上場，他看見奧圖（在一開始就自殺的那個）、翰琦（那個變得憤世嫉俗的男孩）以及漢娜。他本想走向她並說：「你也在這裡？」但是其他人擋在兩人中間。接著，賣蘋果的老婦人指控他

說:「他總是逃開。我就坐在車站裡,我看見了!我清楚看見,我清楚的很!」接著,他們全都帶著敵意低聲說話,而判官說:「你已經聽到了所有的指控,你是否認罪?」梅爾希奧說:「沒錯,我有罪。我所做的每一步都錯了,在我們活著的時候,誰沒殺戮,又有誰能評評理?」

大廳中一陣沉寂,判官的聲音出現:「你該處死刑,你必須一死。」這三個木乃伊從王座上起身,但是梅爾希奧平靜的說沒有人可以定他罪。原先跪著的他,此時站起身,同時說自己不接受任何的判決。他質問那些指控他的人到底是什麼人,同時說他們不過就只是發瘋了的影子。在場的人都被激怒了,還說他必須一死。他們叫喚在入口的兩個木頭人上前抓住他,他就像是經歷了一場地獄靈夢:有著熊熊烈焰、門被關起同時又打開撞上他等等——這一切完全就像是惡夢中所發生的。最後,他們拿起黑色外套釘在他身上,隨著每一根釘進皮肉的釘子而感到巨大的疼痛,他們領他繼續在地獄之境向前行,接著進入一個小鎮的市集,鎮上的房舍都是他這一生曾經住過的房子,而四周圍的人也都是他這一生曾經認識的人,他必須走上前將頭枕在行刑磚上,內心帶著巨大的興奮感,但是就在要被砍下的那一刻,他抬頭向上,同時看見一隻白色的鳥飛近,這給了他勇氣,他一把抓起劍並殺了劊子手。人群中興起一陣喧嘩,就在那一刻,一陣巨浪將海水沖入,還帶來一匹馬停在他面前,他及時躍上馬,在大海吞噬一切之前策馬離開,背後則聽見人們陷溺的喊叫聲。

下一章是〈呼召〉。

梅爾希奧的耳中仍然迴盪著人們陷溺的喊叫聲。他往山中走，發現一條小河，他在小河中汲取清泉飲用，在那之後，心中感覺沉靜些，也彷彿從惡夢中得到釋放。此時馬匹已經消失不見蹤影，但是他又再次看見一隻白色的鳥，就跟著牠走。後頭仍然有份深淵的感覺，彷彿跟著他的每個腳步，但是從沒真的追上他。夜晚的寒意襲來，他突然聽見狼嚎聲。

針對審判的問題，在心理層面上可以有什麼解讀？我們相當清楚的看見這段文字直白的表現死後的審判。它或多或少給我們這樣的想法，認為那是死後會發生的事情。審判場景中出現的是那些仍然活著的人，像是他的妻子以及庫克斯夫人，我們假定這些人仍然活著，但是裡面也有好些已經死掉的人，因此，無論是在世的或是死去的，此刻都聚在一起，但他們看起來像是半腐爛的屍體，這會意謂著什麼？逼近眼前的是什麼？其中的指控又是什麼？這是故事中生死攸關的轉捩點，是關鍵重要的也應該要加以識別。

學員：這與他未能與任何人建立連結有關。

是的，的確如此。如今無意識追上他，多數的指控都放在他的不具關連性。他仍然沒有穿上妻子為他繡的拖鞋，他對同事的工作成果不表關注。那是全然冷淡的自戀主義，打從一開始的時候，梅爾希奧的這種不具關連性就是他的病症所在。我們先前提到當個體欠缺阿尼瑪的分化以及沒有任何與陰性原則的關係時，就不會有愛洛斯以及關連性的存在。指控的整體核心就是他的不具關連性，但

是為什麼他們都死了？

學員：因為他沒有讓他們活著？

　　沒錯，正是如此，正是關連性賦予事物生命。假若我與某人沒有任何關連，那麼無論對方是生是死都與我不相干。與我沒有關連的某人對我來說就像是死了一樣，其中沒有任何差別。他身邊的所有人都死了，那是全然死亡的世界，因此，我們可以說他們也代表著他從未活過的生活。他沒有活過正常的人類生活，因此這些未被活過的生活就追上他。穿過門就如同穿過無意識，而無意識中顯現的第一件事就是揭露所有他未活過的生活，因為他毫無感受可言。但是針對他從劊子手之手逃開，你會如何解讀這一點？

學員：那是實踐的時刻，就這麼一次下定決心行動。

　　你會給予正面的評價？

學員：他殺了劊子手，不是嗎？

　　是的，而你認為那是正面的？砍斷腦袋的行刑有何象徵意義？

學員：他再也不能思考了。

　　是的，那會是將智性切斷，所以，他逃開那個部分會是件好事

嗎？

學員：那給了他另一次機會。

學員（不同人）：不，他應該要走過這一遭。

　　是的，他應該要走完這一遭。如此一來，白色的鳥會是什麼？

學員：精神。

　　是的，那是一份精神態度。那是智性的人典型會使的伎倆，那些他未活過的一切生活以及那些他所背叛的且將他牢牢綁住的情感關連，給了他極大的罪惡感——他聰明而狡獪的運用精神態度與智性加以解釋，並再次逃開。他可能會說那些不過就是自己必須克服的自卑感及罪惡感，但事實上，這是馮・斯比德給出的解釋。梅爾希奧落入馮・斯比德之手，他說：「感謝上帝，你沒有落入那些判官之手！感謝上帝，你將自己從錯誤的罪惡感中釋放出來。」那是智性態度說的話。我們知道有時候有些病態及不健全的罪惡感是個體必須推開的，其中的錯誤良知會將人們折磨至死；在女人身上，通常是由阿尼姆斯啟動這些感受，而在男人身上則是由母親阿尼瑪所啟動的。因此，這是相當複雜的問題，裡面有著蘋果婦人以及所有的罪惡感，裡面同時也有一些母親的阿尼瑪之毒。這會意謂著什麼？假若人們落入那樣的狀態，在實際生活中看起來會是什麼樣子？如果他們突然理解到自己欠缺人與人之間的關連性並因為這份欠缺累積起罪惡感，那麼接下來就是蘋果婦上場，讓場面變得如此

具有戲劇性。

學員：阿尼瑪不想有任何進一步的意識覺知，她想要將他留在原
地。

　　沒錯，她透過相當誇大的情緒表現來達到這個目的，她讓他
沉浸在罪惡感當中。這份天曉得的罪惡感也透過大廳中懸掛的紅色
絲絨以及戲劇化的幼稚表現得到描寫。那是將真實罪惡感錯誤結合
入**我的罪惡感**（mea culpa），因而產生混合真實罪惡感及歇斯底里
型誇大罪惡感認知的結果，這是另一種膨脹感——亦即，一種邪惡
的膨脹。「我是個大罪人，沒有人比我更加卑劣。我一生中所做的
每件事都是錯的。」這也是種膨脹；不過就是轉向另一端罷了。你
能聯想到哪個母題曾漂亮的暗示出相同的罪惡膨脹感或是黑暗膨脹
感？或者，被釘在他身上的披風，讓你想起了什麼？

學員：十字架。

　　是的，在基督被架上十字架之前，他身上罩了一件皇家紅衣，
因為他被指控假裝成猶太人之王，因此他們在他身上披了一件鮮紅
色的長袍以及王冠，藉此嘲笑他。那是平行對比的意象，唯一的差
別在於，此處的服飾是黑色的，而行刑的方式則是斷頭；這是有象
徵性的，因為他必須被「去智性化」。服飾實踐的並非他的王室本
質，而是他的黑暗本質。那就像是受難於十字架的反面，但是這之
中得到誇大表現的是那破壞以及有毒的一面，也就是那種覺得自己

是負面基督的想法：「我是世上的大罪人，同時我如今正為自己的罪而受苦。」王室的罪衣！──那就是種膨脹感。關於被釘入血肉這一點又該如何解讀？他們將黑色的披風釘在他身上，而那造成受苦。

學員：那就像是被釘上十字架，不是嗎？

是的，那是基督被釘上十字架的影射，但卻又帶著變異，因為那是錯誤形式的認同。此處我可以給你一個平行對比的女性夢境，這個女人有過讓人印象深刻的不尋常靈境異象體驗，並因此在那之後就變得與現實疏離。她心中渴望透過訴說來將這些內在的體驗加以具體化，但是就如同許多有過這種經驗的人們一般，當他們說出內在的偉大經驗之後，一切就變的空虛、讓人為之洩氣沮喪──如今，我已全盤交待了，也就空了。因為一旦說出內在經驗之後，個體就除去了認同，只剩一個悲慘的人說著：「沒錯，那然後呢？」因為只要內在的祕密仍然維持，個體就會一直被它填滿。根據她的夢境所得，讓她說出一切並與異象分開是件對的事，但是她接著夢到面前出現一個紀念碑──那是個裸體男人，有根巨大的釘子從他的肩膀穿入，再從臀部穿出，並有個聲音說：「拉撒路（Lazarus）[1]死了，同時拉撒路又活過來了。」她問我那釘子意謂著什麼，我當時不太清楚這一點，依稀記得某些關於聖徒保羅肉身上的刺的事蹟，但是我當時對於《聖經》的知識不足以讓我立刻弄清楚這一點，因此我只回答說，在聖徒保羅的故事中有提到關於肉身上的刺。我當時認為那是個奇怪的母題，因此查閱了《聖經》，在《哥

林多後書》（*2 Corinthians*）第 12 章第 7 節中，聖徒保羅說：

> 又恐怕我因所得的啟示甚大，所以有一根刺加在我肉身上，免得我過於自誇（我用一般口語來表述）。為了避免我過於自誇我所得到的啟示，上帝在我的肉身上加上一根刺，而撒旦的差役就站在我面前，要攻擊我。

因此，我們可以看見肉身上的刺可能就是反向的洩氣沮喪經驗。如果我體驗過偉大的異象，如果我得到內在的啟示同時也認同於它們，那麼我就得到肉身上的刺，那是某件不斷提醒個體自身的欠缺、卑劣以及人類的不完整性的事物，那就是聖徒保羅所理解的。對這個女人來說也是相同的，透過她的內在經驗，她得到極大的膨脹感，而接下來的夢境試圖要告訴她，她得到的偉大內在經驗從另一方面來說也是個傷，一個連續不斷的折磨——那是讓她不完整且受傷的事物，你甚至可以說那些啟示**就是**她肉身上的刺。

在這樣的案例中，我們到底是要稱之為偉大的宗教經驗或是思覺失調症，這是用詞上的問題，因為那是與該經驗最接近的兩個用詞。但是此處我們有著相同的母題，都指出其中極度膨脹的罪惡感。我們知道當某些人進入瘋狂狀態時，會說自己是耶穌基督，還有些人會說自己造成了第一次世界大戰。這兩者並沒有太大的差別！無論這種或那種，都是種狂妄自大。有時候還會交錯呈現，前一分鐘他們說自己造成了第一次世界大戰，兩分鐘後，他們又成了世界救星。一旦越過了門檻，那兩個膨脹感就是同一件事。而狀況較輕的極端例子會是，當人們真的犯了罪過，他們要不是用智性的

話語嗤之以鼻，就是帶著幼稚情感沉浸其中——為的是**不去**看見自己的罪惡感——他們帶著歇斯底里的歡愉沉浸在罪過中，同時也對於他人所給予的安慰感到糟透了！那是種病態反應，是逃避去理解真正的罪惡感受。另一個呈現在作者（或是梅爾希奧）身上的情感功能缺失，正是智性者被劣勢情感功能擊中時會有的典型表現，因為那是過於痛苦也超出他所能忍受的範圍，那白色的鳥就像是一份精神鼓舞，是他將自己突然帶離的伎倆。

學員：令人驚訝的是馮‧斯比德要梅爾希奧敲打牆面，梅爾希奧自然會預期他們會來找他，但卻是……

　　他的確是前往馮‧斯比德那兒，你稍後也會看見梅爾希奧在兩個世界之間迴旋：馮‧斯比德的精神世界以及佛的世界——母親及男孩的世界。這並未形成曼陀羅的意象，卻是一個橢圓的意象，因為不平衡，缺少了使它成為圓型的阿尼瑪。母親會是像馮‧斯比德那樣的老人，而阿尼瑪則會是像佛一樣的年輕人，這兩者能讓圓完滿。可是這兩極在此都不存在。有時候蘋果婦人出現在陽性端，有時候則在另一端，但是阿尼瑪完全不存在，再加上欠缺與人的關連性，顯示他完全缺乏陰性原則。

　　馮‧斯比德說：「敲打牆面。」他總被連上星星、蒼穹、音樂、精神靈性、力量與秩序等想法。

馮・斯比德	佛
星星、蒼穹、音樂	母親
精神化	樹
鬼魂	動物
力量與秩序	男孩

梅爾希奧敲打牆面前往馮・斯比德端，他首先受到罪惡感的攻擊，之後還會被其他事物攻擊，但總是藉著白鳥的形式來擺脫。接著，他在前往馮・斯比德那兒時，馮・斯比德說：「你做得很好，你擺脫了罪惡感。」因此，我們可以看出白鳥是馮・斯比德的差役，是個魔法騙術，藉由虛假的靈性來逃脫罪惡感。馮・斯比德使出這樣的伎倆去奉承梅爾希奧的逃避行徑，亦即只要做些瑜珈練習或是修菩達（Subbud）之類的，你就會再度得到自由。

學員：我不太明白拖鞋的重要意義，這其中是否意謂著在妻子的拖鞋底下？

我們可以確定的是拖鞋帶有致命的暗示，但是另一方面，當蘇菲說「我花了整整一年去繡這雙拖鞋」這暗示著當中有許多的力比多能量。試著去想像繡了整整一年！那必定是用了**點繡針法**再加上**點繡針法**，她在那上面投入了許多的愛。我不認為梅爾希奧會是在脫鞋底下，因為當某人為他做了一整年某件事之後，他就只是一腳踢開，那意謂著不具關連的態度。如果他能好好看看那雙拖鞋，他會對自己說他必須對那樣的情感做出回應，而不是覺得自己在她

的拖鞋底下。那會製造出衝突，因為女人總會這麼做：她們給出真誠的愛，外加一點點的權力圈套。那正是男人將面對的陰性問題：通常女人會帶著真誠愛意及奉獻，混雜著左手的權力圈套來將他關在箱子裡。他的錯誤出在他全盤皆棄，那正是永恆少年男子常會做的。因為女人的愛意中總會有些權力伎倆，他把它視為全盤拒絕的藉口：所有女人都是爛人一個——她們給的愛什麼也不是，不過就是將男人放在她們的拖鞋底下，或是關在箱子裡。

這類一竿子打翻一船人的廉價說法將男人從無時無刻問「這是伎倆或是真愛？」的問題中拯救出來。這樣的說詞顯示出男人不想涉入與女人的問題中。如果他對於自己的阿尼瑪及愛洛斯不具意識覺知，他總會落向伎倆之手。例如：當他想出門時，妻子認為他可能會遇見張三李四那些讓他感興趣的人，她就會假裝頭痛並說：「我們今天待在家裡吧，頭痛又犯了。」但是假若他有著分化完成的情感功能，他會覺察到今天這個說詞是個伎倆，因此他會說**他**要出門，假如她犯了頭痛的話，**她**大可留在家裡。隔天傍晚，她真的犯了頭痛，如果他說「不，去死吧你，我就是要出門！」那就會是不表關心的，只有當男人有著分化發展完成的愛洛斯，才能清楚到底女人是在玩弄伎倆或是說真的，那正是男人所不喜歡的；他們喜歡一根腸子到底的論述，像是「我絕對不會做的！」或是「我總會如此做的！」。

假若男人正視情感問題，他必須時時刻刻都與女人保持關連，總是對區辨何謂權力手段何謂真實感受保持警醒，在不具意識的女人身上這兩點表現得相當接近。如果你是個分析師，你所面對的會是相同的問題：被分析者可能帶著大量的情感來找你，但是如同古

羅馬詩人維吉爾（Virgil）所說的，草地裡總會有蛇出沒，這句話的意思指的是我們永遠都無法完全確定她心中到底在盤算些什麼，但是如果你因為這樣而拒絕全部的移情，那麼你就摧毀了病人的情感，而你也不是個好的分析師。如果你無法接受移情關係中的真實情感，你給被分析者帶來的就是破壞性。另一方面，如果你落入移情同時還被它吞了，那麼她就會將你服服貼貼的收在口袋裡作弄一番。

因此，當男人面對與女人相關的問題時，他必須區辨草地裡的蛇及真愛的差別，如果不是擁有分化完成的情感功能，他是沒有辦法區辨兩者的差別。如果他有分化完成的情感功能，他就能感知事有蹊蹺，同時從女人的語調中得知她心中在盤算些什麼，或是從她的眼神及音調中學會自己必須以情感回應。但是唯有透過長期學習區辨阿尼瑪以及長期與阿尼瑪及關係問題打過交道之後，男人才能學會那一點。假若他表現出是與否的二分原則，他就沒能與女人建立關係或是成為一個分析師。

此處呈現的是二選一的態度。梅爾希奧一股腦全盤拒絕女人及她們的拖鞋。他顯然不是那種會落入妻子拖鞋底下，被妻子掌控的男人。他與之對抗，你應該還記得她所玩弄的把戲，藉由不給他的房間開暖氣來逼迫他參加宴會，那是典型的陰性伎倆，但是梅爾希奧並不買帳，他看穿這樣的伎倆，但是他沒有看見蘇菲同時也是愛著他的；他並不了解對女人而言，一邊並不排除另一邊。對她而言，兩者是在一起的——她可以愛一個男人，同時玩弄這樣的把戲——而男人的任務就是在分分秒秒中區辨哪個是哪個。我們還記得在上一章提到，梅爾希奧在白鳥的幫助下，從被巨浪淹沒的控訴

　　　　　　　　　　永恆少年：以榮格觀點探討拒絕長大

者及劊子手手中逃開。接著，他走上山並緩緩穿過樹林。

　　夜幕降下，他聽見狼嚎聲。他看見星光下的影子，沒多久之後，他就看見一圈狼圍在他的四周。帶著驚恐，他停下腳步，每當他稍有動作，牠們就齜牙低吼，但是當他維持不動時，牠們也停止攻擊。因此，他只能坐在那兒，不清楚自己是坐了幾分鐘或是幾小時之久。他放眼望去，看見地平線上的太陽正緩緩升起，在那一刻，他眼中泛著淚水。他看著射入眼前的光線，同時舉起手臂伸向眼前的光線，四周的狼群也如雲霧一般消失。

　　中午時分，空氣中充滿霉味及腐臭味。迷霧遮蔽了他的視線，但是他感覺自己走進一排木柵欄。越過柵欄後則是一片長滿草的庭院，庭院中間有個坍塌的小屋，裡面的人都長著如同鳥一樣的鉤鼻子，同時帶著明亮的雙眼，這些人在賣帶著綠色斑點的黃色大蘑菇。太陽光照在他們身上，一層黃色薄霧從他們身上升起，同時飄出一陣怪異的味道。小人們說：「請買些蘑菇吧，這是最後一批了。大地逐漸消溶成薄霧，太陽也開始腐敗。趁著還有蘑菇的時候買蘑菇。樹木正枯萎，世界也在毀滅中。特賣！大特賣！」

　　薄霧中的他感到暈眩，同時也覺得越來越沉重，肩膀上仍然可以感受到那件黑色外衣所帶來的傷痛，他在人群中走動，似乎整個地球都佈滿塵黴。耳中傳來一陣女性失控的笑聲，他轉身看見蘋果老婦人就在這一群人裡面，赤身裸體在跳舞，還做出不雅的動作。蘋果老婦人也大喊：「買蘑菇！買蘑菇！這是最後一批了！趁還有的時候買蘑菇！地球發霉！太陽腐壞！樹木枯死！世界毀滅！特賣！大特賣！」

接著，有一個俊美性感的年輕女子也開始做出不雅的動作，同樣也幾乎是光著身子。她們圍繞著梅爾希奧，越圍越近，他心中感到極度恐懼，同時拿起刀子試圖殺向她們。可是她們的鮮血變成紅色薄霧，她們的傷口也自動癒合，她們死了又復活，笑得更厲害更譏諷。她們一把抓住他，帶著緊閉的雙眼，他看見內在的藍光，就彷彿是看見冷空中的星星，同時空中有個巨大身影形成。他將自己從這群女人懷中拉開並放聲高歌。歌聲不斷回響直到樂聲消失。光線熄滅後白日又再度升起，他就站在冰河前，看見遠方有幢如同水晶一般晶瑩剔透的建築物，而馮‧斯比德就站在他面前。那個如同煉獄般的蘑菇夢已然消失。

馮‧斯比德對他說：「你終於找到了，現在你和我們是一國的。你逃開了給人類的裁判，你克服了動物的貪婪，同時你也擊退了腐敗大地的復仇。現在你將為星星服務，而你也會是人類（權力原則）、動物及大地的主宰者。跟我來，領受加冕成為我們的弟兄。」

感覺不到絲毫喜樂，梅爾希奧覺得彷彿有個冷到骨子裡的東西正爬向他，但是此時馮‧斯比德拉起他的手帶他離開。「夜晚與混亂被征服了，」馮‧斯比德說：「睡眠不再具有力量，永永遠遠都會是白日，時時刻刻都有光亮，唯獨當你現身在地球上昏睡的人們面前時，宛若鬼魅一般。」

接著，梅爾希奧來到一座如同水晶一般晶瑩剔透的城堡，造型如同曼陀羅，帶著圓拱形屋頂，城堡裡冷得要命。馮‧斯比德要他在那稍候直到有人叫喚他的名字，同時也囑咐手杖就在他身旁桌上（手杖長得就像是魔法棒，妝點著字母造型的珍珠。）梅爾希奧斜

　　永恆少年：以榮格觀點探討拒絕長大 ┤├

靠在一根柱子上，發現這是根冰柱。房間裡空蕩蕩的，他將手杖拿在手上，衣服也從他身上落下。肩膀上的傷口癒合了，寒意不再。有扇門緩慢的開啟，他走進一個開放的大廳，大廳裡充滿明亮的人形，他們的身體就如同是玻璃製的，眼睛好似是藍色的寶石，大型座台上則擺放著王冠。此時鐘聲響起，廳中的一切事物隨著樂音和諧共振。大廳的側邊有一群男孩石像，個個都垂著頭。有個玻璃人命令石像男孩中的兩人上前，肢體僵硬的兩人起身，將閃閃發光的王冠高高舉起，梅爾希奧走上前，鐘聲止息。

此刻他感到失落且孤單。接著，其中的一個男孩對上他的雙眼，他大感震驚，因為那正是佛的雙眼。他因而了解這個男孩是佛的團體中的一員，而這些男孩們是被敵人烏里希・馮・斯比德給捉到，並被化成石頭而不得動彈。他心想：「我就要變得和他們一樣僵化！我到底做了什麼？我背叛了我的團體以及那些我渴望加入同時也等候了一輩子的人。他們前來帶我回到他們的團體，如今我卻背叛他們，加入了敵人的陣營。我（這是重要的句子）粉碎了人生，我摧毀了生命。」

當這兩個為他加冠的男孩靠近他時，他驚恐地看向四周。當男孩拿著王冠面向他時，心中流過一陣可怕的顫慄感，接著他聽見有個聲音輕柔低語：「你難道不想從這裡離開？你難道不想逃走？」那是佛的聲音，梅爾希奧再度回神，同時心想：「他在這裡！佛在這裡！」他顯得有些遲疑，因為馮・斯比德帶著威脅的眼神看著他。可是他接著推開那雙手並說：「我要離開，我要離開。」

就在那一瞬間，男孩的雙手捉住他，有人在他的雙唇上給了一吻，一切就都消失了。一陣暖風吹來，他感覺自己彷彿下沉進入溫

暖的空氣。他張開雙眼，醒來後眼前是一片草地。眼前的月兒明亮閃爍著，有無數的螢火蟲在夏空中飛舞。他看見佛的臉孔俯視著自己，他帶著笑意，又深深的睡著了。

狼與蘑菇

在進入似是而非的罪惡感之後，他接著將自己從罪惡感中拉開，進入錯誤的精神化境界，落入狼群的包圍。你會如何從心理層面來解讀這一點？首先是罪惡感，因為他錯過了與異性的愛，同時也錯過了生命，而如今狼群前來包圍他。

學員：狼有著巫婆的屬性，從負面角度而言，它帶出吞噬性的母親。

是的，在某些童話故事的變異版本中，荷勒太太頂著狼頭，而母性女神及巫婆都帶著鐵製的狼頭盔，因此那有時候的確是指出吞噬性的母親。

學員：這是否可能是極度精神化的反面？是另一面。

是的，我們可以說當男人透過錯誤的精神化來逃離關係問題時，他就仍然處在吞噬母親的掌控中。更糟糕的是，他將周圍的所有女人都變成吞噬母親。假如他不建立關係，還能有什麼發生？他就只能被吞掉！這自然是錯誤的表現，但是那是女人內在不由自主

的自動反應。當男人越是拒絕建立關係，她就越覺得必須將他囚禁起來、抓住他、吞掉他、禁止他四處遊走。因此，他在每個女人身上都喚出了吞噬的母親，負向循環不斷持續。對於每個女人最後都變成吞噬的狼這件事，他感到失望不已並說：「又來了！這就是我常常說的！」然後他就離開女人。事實上，是他的輕浮激起了她內在吞噬的那一面，而也因為這個原因，他再次陷入這個破壞性的負面循環。因為她沒能建立關係，就只能帶著陷阱以及箱子將他關起來。也因為他沒有愛，她就只能召喚她的權力情結。

因此，我們可以說帶著這樣情感態度的男人，無論是內在或是外在，都能找到吞噬的母親，而那就會是狼所表現的。但除此之外，神話學中的狼並不單單只有陰性巫婆的特質，牠還有其他的面向。例如：在伊特魯斯坎（Etruscan）[2] 的墳墓中，死神就有著狼頭或是頂著狼頭帽。希臘冥神黑帝斯（Hades）也常被表現為頂著狼頭帽，因此他也是死亡的深淵，他那可吞下一切的下巴，將人們吞掉。狼代表著——不僅僅在女人身上，同樣也在男人身上——不帶目的去擁有一切事物的這類驅力。榮格曾經提過，當我們打開無意識之門時，通常會面對的最大驅力就是權力驅力、性驅力以及如同飢餓一般的事物，讓人就只想要吞下及同化每樣事物，沒有任何原因或意義，總是想要更多、還要更多。如果你邀請這樣的人共進晚餐，假使隔週你沒有再邀請他們，他們不僅不悅還會狂怒不已。如果是給小費，給了他們之後他們不覺得感謝，但若下一次你沒有給他們更多，他們會說：「什麼？就給一法郎？」

最糟的是那些早年缺乏愛的孩童，他們會到處表現出「沒人愛我」的黯淡悲苦神色，假若有人對他們表現仁慈，他們不但不會

感激，反而會有更多的欲望。如果不再多給些，就會被激怒而憤怒不已。你可以在這些張開的大嘴中繼續不斷的倒入整個世界——但是這不會有任何幫助的。你可以將一切丟入；日以繼夜餵養他們、將所有的錢都給他們、做任何你想做的——但他們永遠不會覺得滿足。那就好比是個死亡深淵：這張張開的嘴從不闔上，只是不斷地要求更多。被激起的是吃了又吃的強烈情感，這通常得自早期的兒童經驗，這些孩童既飢渴又缺乏愛，或是在其他心理或生理層次上的需求有所欠缺。假使有一天，當這樣的貪婪升起時，我們只能對它說不，因為它是沒有盡頭的。那是一種如神聖惡魔般的特質。正是那東西在說：「再多些！還要再多點！還要再多更多些！」

德國神話學中的狼同樣也屬於沃登神，而牠其中一個名字是伊森格林（Isengrim），真正的涵義是「鐵頭」。但是在民間傳說中牠也被解讀為「嚴峻、冷酷的憤怒」，我們可以說狼通常代表著一股冷酷、深藏的憎恨。大部分有過不快樂童年生活的人們，在他們的靈魂底層都存在著像是這類的事物。它從來沒有浮出檯面，是絕對冰凍且寒冷的事物，一股被化成石頭的怒意，而那也是提出多還要更多的要求背後的事物：「這一切都是其他人欠我的。」當面對孤兒或是在「家」中不時被打的孩童，我們通常能相當清楚的看見狼。但是這並不只限於他們，許多人身上也帶著狼的特質。梅爾希奧打從兒時開始就受挫失意，我們知道他的母親是個身體虛弱病懨懨的女人，她並沒有照顧他，我們也知道他在早期童年階段是寂寞的，常在窗子上看見自己的分身。他並非在溫暖且健康的環境中長大，因此也成為這類情況的典型例子；他身上就有著這樣的貪婪以及總是渴望要更多的特質。

在克服了似是而非且歇斯底里的罪惡感之後，他如今落入新的陷阱，但是也再次透過渴望光亮而逃開。當他伸手朝向光亮時，狼就消失了，因此他並沒有真的處理問題；他陷入問題中，而接下來，藉由物極必反性，當夜晚再次轉為白日時，他得以從中走出。在毫無意識覺知下，他落入陷阱，同時透過上帝的恩典再度從中脫身。自然而然地，沒有半點事物得到處理，牠再度沉入黑夜，生命中的下一個情境會將牠再度帶出。有些陷入狼問題的人能明白，想要更多還要更多以及吞掉一切的貪婪是瘋狂且不理智的，因此絕不能顯現這一點。他們表現的中規中矩，也絕不多做要求，但是那總讓人懷疑是否只是出於禮貌，背後其實正關著匹餓狼。這類人們隨後會突然間成為一匹狼，提出可怕且不可能達成的要求，假若你提出想要針對他們的要求進一步分析討論，他們會想告訴你一個非常有趣的夢，而狼的那一面就又消失了。我可能會說：「聽著，我很確定你是憤怒的，因為你撥電話給我，但我做不到你的要求，我認為我們應該要談談那個部分。」可是他們會回答說沒關係，他們可以理解。狼又再度進入樹林中，雖然你知道什麼都沒有得到處理。如果能讓此人做出像是大哭大鬧那樣的可怕行徑，就會好多了，因為如此一來我們就可以有所處理，可惜功虧一簣。假若你接下來有些不自然地在夢境報告之後說，他們應該要說出心中的憤怒感，你得到的回答會是：「我知道那是不合理的要求，我知道你沒有時間，我知道我不應該對你這樣要求。」因此，狼消失了，但是並沒有得到轉化，那正是這個故事中所發生的狀況。梅爾希奧落入狼群，但是他走出狼群，接下一來又是相同的事物出現，那些發霉的蘑菇及那些到處跳舞的性感女人，嚷著地球被摧毀了，你會如何解

讀這個母題？

學員：他們是大母神以及她的徒子徒孫，或是希臘諸神子女卡比里
（Cabiri）。

是的，那是大母神以及最原始的徒子徒孫卡比里，但是你會
如何解讀蘑菇？她們說世界在腐壞中，我們知道樹木是母親的象徵
物，但蘑菇是什麼？你感覺此處是大母神的自然本質，但這又意謂
著什麼？

學員：她是不健全的。

沒錯，是不健康的本質，是病懨懨的本質。它是病態的，同時
帶著病態的聲色犬馬。

學員：在地球上僅存的最後一件事物很可能就是蘑菇！

那是相當有可能的。現在蘑菇在某方面就扮演著入侵人類世
界的角色，也就是說，有種新的藥物，這些藥是從某種真菌製成
的。它正入侵精神醫學，同時現今也期望能夠透過它找到思覺失調
症的化學療法。這的確是相當有可能達到的，因為任何過度情緒化
的心境都會造成讓人中毒的狀態，你自然就能透過化學消除中毒的
結果。然而問題出在，如果你在人們接受藥物治療後去提供分析，
你會發現原先造成思覺失調發作的心理問題並沒有被除去。問題的

所有病態來源——讓人們表現出瘋狂、狂躁及其他的症狀，雖然可以透過藥物來中止，但是分析的結果顯示，根本的問題仍然沒有得到改變。如果在這個時間點你沒有使用心理治療，病人就只是步向下一次發作，接下來就必須再次用藥，這個過程可以無止盡延續下去。當以藥物提供部分療癒之後，病人會經驗一系列的夢境指出反向的危險——心想，如此一來我可以繼續維持錯誤的態度，下一次當我又再度失控瘋狂時，只要再要求開藥就好了。藥物最糟糕的一點就是，對那些有著虛弱體質的人們而言，藥物甚至會帶來讓人頹廢的效用。這樣的人不想改變他們的態度，因為繼續保持那個態度是比較容易的，假使精神症發作了、假使他們陷入無意識當中，有藥物可以讓他們再度從中走出——所以一切都沒事了！他們不想回到心理治療，因為另一個方法容易多了，但後果是不斷再犯以及更多的藥物。

有個女人的例子，她是個性愛成癮的女人，她完全活出成癮性，整個人無論是從生理上或是從心理上而言，幾乎完全消失了，同時也陷入精神症發作。她得到藥物治療，帶著理智從精神症中走出，但接下來的夢境則清楚宣告她心中的真實目的就是要依然故我。她不需要去面對讓她落入無意識的問題所在，她只要再吃藥就好了。如果你嘗試做些治療性的介入並說：「雖然我們將妳從急性發作中拉出，但我們仍然需要面對這個問題。」這些人並不想如此做，他們相信藥物，認為如果他們可以依然故我，何必做出心理上的努力，還認為一旦狀況又不對勁了，只要從醫師那裡再拿些藥就好！這說明了為什麼以藥物治療病人是相當冒險且危險的事。一方面而言，用藥是合理的，但是在用藥之後，卻導致了相當困難的情

況。我並非全然反對在這樣的情況下用藥，用藥本身只是削減特定危險狀況的捷徑，但我們仍然得為捷徑付出代價，因為藥物折損了病人對於透過道德努力而將自己拉出的信心。藥物損害了他對自己的信任，同時也讓他永遠依賴醫師，認為當他有需要時醫師就會開藥。這是使用處方藥的利弊得失。

學員：我個人的觀察發現，當人格中有些事物死去時，就會像是失去靈魂一般。

不盡然總會如此，只要不是長期服用藥物。我見過有些案例並沒有出現這樣的狀況，他們失去的是信念及自信，而不是靈魂。但是假若症狀長時間發作同時也用了很多的處方藥，那麼靈魂就有可能會死去，但不是絕對必然的。然而，自信死去的確是危險所在。

學員：我們也不盡然知道從長遠的角度而言，是否讓某些案例持續瘋狂會是較好的選擇。這是我們無從知道的。

這涉及到世界觀的根本問題，也是我們討論的終點，因為你必須自己決定是否要幫助人們變得瘋狂。

學員：順應自然地安排。

但我認為，去說「好吧，有些人最好就是讓他們瘋了，就讓他們發瘋吧！那是大自然除去無用個體的方式。」會是個危險的態

度，因為如此一來就落入跟使用生理藥物來安樂死一樣的問題，你會說：「好吧，就讓我們殺了老人及低能者等等。」

學員：那樣負面的觀點非我原意，而是我曾經有過一兩個案例，他們透過藥物而被迫推回到正常的表現，但是我個人認為也許處在瘋狂狀態對他們可能會是比較好的。

　　是的，當然，但是那些人的表現並不正常，那是面具人格的狀態，就像是被粉飾過的墳墓[3]，只是讓這些人在社交上不顯得令人討厭。他們的行為變得比較可容忍，但是除此之外什麼都沒改變，事實上他們跟先前一樣的瘋狂失常。我曾聽過這類人的告解，她帶著面具人格粉飾一切，但是當她的瘋狂錯亂又再度回來，她內在相對稍好的部分會說：「我一直都是瘋狂錯亂的，只不過就是被蓋住了，我有著假性適應的表現。」那並不是治癒；不過就是將人們打入適應社會的行為表現，因此比較不會製造騷亂，這對醫生來說是有用的，實際上那是醫生的自我防衛機制。」

學員：我認為只要我們不是過分長期使用藥物，就可以扭轉這個結果，但是我同時也認為，那些看起來像是失去靈魂的人們，實際上是經歷情緒層次上的**衰落**。當他們被問及此，往往都會回答說幻想以及精神症發作的經驗仍然在那兒，只不過他們不再經歷其中的強烈情緒成分。

　　是的。我曾經有個腦前葉白質切除術的案例，此人告訴我她自

始至終都覺得瘋狂感仍然存在，她引用一個比喻來表示：「那在地窖裡，已經無法再到樓上了。」她小心翼翼的住在樓上，而瘋狂感就在下面那一層，這完全就是你所描述的狀況。情緒的問題沒有得到解決，只是被移開了。此人與情緒感受維持距離，手術給這個個案帶來相同的結果；不過就是將過於強烈的情緒予以切斷。當人們一旦陷入過於強烈的情緒，在那之後，他們通常會轉換到過於理智的另一端，但私底下他們仍然有著先前的情緒瘋狂意念，因為去完全經驗生命的狀態本就是情緒化及瘋狂的。

　　沒有比瘋狂時來得更加全然活著的感覺，那是一種高峰！如果你不曾有過那樣瘋狂地經驗，那麼就去想想當你處在瘋狂愛戀或是狂怒的狀況下，會是多麼美好的狀態！你不是處在情緒與理智間征戰的撕裂感，而是第一次感到自己是完整的！像是：如果我將怒意全盤釋放出來，那會是多麼讓人愉悅的一件事！「我全都告訴那個人！一點都沒有保留！」你感覺如此的誠實，如此的完整，因為你沒有出於禮貌的表現，就只是把一切都說出來！那是份神聖的感覺，是全然的信任感！沒有對於人類錯誤的防衛！沒有人與人之間的不信任，而是「我們是一體的！我們是合一的！連星星也在四周舞動！」那是整體合一的狀態。但第二天早上，她鼻子上長了一顆小粉刺，就完全崩潰了！她就走出了那個整體合一的狀態。情緒本身創造了完全融入某事物的經驗，無論這個情緒是什麼，這也說明了為什麼當我們將人們變得正常，他們就只是適應了，但卻不再感到完整。他們私底下有份渴望想回到瘋狂，因此那並不是真的解決。我們應該要再次回到情緒中，擺盪在兩極，同時也試圖將兩極拉近，理智及情緒兩者都必須降低。

對立面必須結合，就如同書中的對立面，其中純粹情緒的一端是由男孩佛所代表的，而秩序與理智端則是由馮‧斯比德所代表的，作者在兩端拉扯。在其中一端，一切都是有秩序，但卻是僵化的；那是一種瘋狂，同時也是你從藥物中會得到的過份適應。人們在發作之後所得到的過分理智本是一種瘋狂的形式，像那樣極盡冷酷的理智是一種瘋狂，而它的對立面則是另一種瘋狂。如果你不能保持在兩者中間，你就會迷惘而不知所措，那正是本書的悲劇所在。如果你將這一點帶入政治層面，你會在社會上看見相同的狀況：在集體精神症的瘋狂情緒運動中，人們頂著十字架圓環、納粹黨標誌或任何其他可能的標誌四處走動，情緒為之狂野並體驗到完整感；和上千人一同走過街頭巷尾是多麼美好的經驗，就只是咆嘯叫喊，你感覺自己是完整的同時也像是個人。但是，接下來會出現警察法治、商業秩序、法律等等，那些就是馮‧斯比德。接著你退回到革命之後的恢復狀態，在這狀態之下一切都是井然有序的，不過卻是由權力主導的，同時人們也感到無聊至極，心想如果能夠再回到革命期的混亂狀況會有多好，至少在那樣的混亂狀況下生命是流動的。

　　我們可以看見如今有越來越多的國家都是在這兩極中擺盪，就如同個體所面對的狀況，也如同世界上各個團體所面對的狀態，這就是為什麼我們必須處理這個問題，這是當前迫切需要解決的。舉例而言，阿爾及利亞當地那些帶著美好凱爾特曼陀羅十字架的人們，他們被擋在示威遊行的路障後方，他們實際上是沒有任何計畫的！[4] 我可以很確定的說，大多數的年輕人就只是藉此來享受生命的豐盛、去感覺完整，宛如英雄一般，同時也感覺成為自己、不帶

任何更進一步的念頭。他們看起來就好似是受到某種整全情緒的感動，接下來就轉為秩序底下的無聊感。你能對此做些什麼？馮·斯比德的秩序性是冷酷的！

註釋

1　編註：是耶穌的門徒之一，病死葬於洞穴中，四天之後耶穌吩咐他從墓中出來，他便奇蹟似的復活。

2　編註：為義大利半島中北部地區的古文明，對古羅馬文化有深遠影響。

3　譯註：出自《聖經·馬太福音》23 章 27 節，字面是意旨刷上白色油漆的墳墓，實際的意涵在於評論人們的靈性狀態，意謂著人們的內在已死去但是外在仍然看起來光鮮亮麗。

4　原註：這場演說發表於 1960 年 2 月 17 日。

廢墟上的華麗建築

你應該還記得，馮·斯比德先生在上一次幾乎就勝出了，同時梅爾希奧也進入他的玻璃與冰王國，在加冕的那一刻，梅爾希奧突然理解自己進入了一座監獄，並毀棄了原先的約定，說他想要離開。梅爾希奧因此釋放了佛，佛將他及男孩們都帶走。

他們來到明亮月光之下的一片草原，那兒有著溫暖且美好的氛圍。他們在草原四處又唱又跳，其中一個男孩朝佛丟出一支矛，刺向他的心。佛將矛從胸前拔出，從傷口處流出巨大的水柱，不是血，流向地面，男孩們從中啜飲。當水流減少時，佛變得越來越小、越來越瘦，一直到他倒下，他的身體化成一陣煙霧又轉成一片聲波。水流乾涸，男孩們因為耗竭而倒在草地上，張著眼睛就睡著了。男孩們的前額飄出一陣明亮的煙霧，煙霧化成圓漂浮空中，越升越高，最後形成了一圈巨大的煙霧環繞著月亮，與月亮始終維持著狹窄的圓環間距，最後則融為一體。月亮的體積變大了，靜止片刻後下沉入地球，月光飛散成如粉塵般的光束。佛現身在光束中，觸摸沉睡中的男孩們，男孩們立刻跳起，又再度活了過來了，同時開始嘻笑玩耍。

他們圍繞著梅爾希奧，歡迎他加入團體，但是也告知他必須被架上十字架。梅爾希奧並不害怕，也接受這最後的條件，此時有個王冠被放在他的頭頂，他一點也不覺得疼痛，只有些微的暈眩感。接著，他們將他釘上十字架，手上及腳上的釘子彷彿就像是冷冷的影子一般，他的整個身體也宛若一道影子。他被高高掛起……成為十字架陰影上的影子，高高掛在天與地之間，他將臉轉向高升的太陽，但是什麼也沒看見，因為天與地都消失了。太陽的第一道曙光

照在他的胸膛，也撕裂他的身體，如同強勁泉水般的鮮血衝出，水流分開成無數的小河，消失在地面上。

接下來，他發現自己不再吊掛在十字架上，而是與之合而為一，同時也變成一棵巨大的樹木。從伸展開的雙臂上長出許多枝條，髮絲在風中飛舞，而他的頭也越來越大，他的根深深穿透大地，從地底下出現泉水。耳中傳來一陣長笛聲，同時看見佛就坐在樹蔭下玩耍。男孩們在四周跳舞，人影逐漸消失在眼前，有些男孩在空中飛翔，就如同是陽光下的巨大鳥兒，同時鳥兒也在他髮絲間築巢。四周有各式的動物，且還有更多的動物前來這裡：美洲豹、公鹿、狼群、熊及狐狸等——從森林各處前來。

梅爾希奧大喊了一聲，同時也變成如同其他男孩一般的男孩。佛仍然在吹著長笛，他們一同唱著「所有的動物重返伊甸園」。當歌曲尾聲，佛將長笛放在一旁，同時走向梅爾希奧，牽起他的手說：「你曾有個名字，你是否還記得？」

梅爾希奧嘗試去回想，但是他記不得也說自己不知道。他問是否自己睡著了，因而忘了他的夢？

佛說在大家被釘上十字架之前，他們都有其他的名字，但是如今他們要讓他加入團體，同時也給他起個新的名字，但是那不會是他真正的名字，因為只有當他抵達王國時才會聽到他真正的名字。

梅爾希奧問：「哪個王國？」

佛回答說：「我們的王國！那是我們的家，我們在那兒的老噴泉四周玩耍、汲聖水而飲，我們可以從王國內的黑鏡裡看見我們曾經活過的一切。從那個黑色的表面（鏡子的表面）浮現出我們進入王國時所遺留的千百形貌，那些形貌是當我們再次遊走時必須要再

度帶上的。」（非常重要的地方）

梅爾希奧問：「為什麼我們要遊走？」（注意這個問題並沒有得到回答。）

「你難道不想待在各地？——成為風及雨，樹與草？你難道不想成為日落的一部分，同時與月兒融為一體？你難道不想成為每種動物，同時成為每個人？從每張口中說出話，從每隻眼睛向外看？我們逃入也逃出每件人事物。當我們出現時，事事都成了一陣風，沒有任何事物是持久的。」

「但是我們何時可以抵達王國？」梅爾希奧再問。

「今天、明天或是在無數年之後。時間有何重要性？我們可以突然站在十字路口，而其中的一條路就引我們入王國，或是那條路延伸進入大海之外的遠方黃金海岸，又或者是當我們打開一間奇怪房子內的一扇門時——就抵達了。我們立足之所在，都在王國的邊界，但是在那之前我們必須遊走。如果我們停下來，我們就永遠到不了那兒。」

「那我們現在要去哪裡？」

「繼續下去。」佛說，他的雙眼閃爍明亮：「我們眼前就是個大城市，當我們離開那裡，我們的團體會變得更加龐大。但那個城市裡再也沒有人會知道……不過你必須要有個名字。誰該給你起個名字？你從那個人得到你的名字，一旦團體分散了，他就會是你的同伴。」

梅爾希奧對著佛注視良久，然後問道：「你想和我一起嗎？」

佛回答：「好的，我們救過彼此，我們就待在一起。」

他接著對著四周的男孩們招手，並嚴肅的說：「你的名字是理

（Li）！」

「理！理！理！」男孩們叫著。

這是讓人掃興的無力結尾。上一章，梅爾希奧幾乎完全被捉進馮‧斯比德的王國，但是因為出現極大的物極必反性而轉入對向，如今他在馮‧斯比德的敵對國度中，也就是在佛的國度。這一章的前段揭露了佛是何方神聖，他是男孩們的首領，同時他的名字指向佛陀；我們也得知佛鼓吹永恆遊走於業力轉世中，但佛陀教導的是從業力轉世以及從輪迴中跳脫。反之，佛認為無止盡的轉世是充滿樂趣的。此外，因為他變成月亮，同時在他受傷之後回到地球，因此他同時也是月神——月神及活水之神。當他的胸膛被剖開，流出的不是血而是生命之泉，這部分特意表明有一道白色泉水升起，而這泉水也讓那些飲用泉水的人們再度得到振奮。

在先前的討論中，透過影射，我們得知馮‧斯比德可被連結上古老的太陽 —— 黑色太陽（Sol Niger）[1]及薩登（Saturn）[2]。在古老的太陽神神話中，與之對應的是希臘的眾神之王克洛諾斯（Kronos），同時在中古世紀的煉金神話中則是對應到土星（Saturn）。這一點我們是從他與七個女孩一起跳舞的事實推論得知，這七個女孩代表著圍繞在太陽神周圍的七個星球。佛，是太陽的對立原則，邏輯上來說，他是月神、夜晚、睡眠、非理性及永恆變化之神，自然帶著潛在的陰性基調。而我們同時也不能忘記月亮在德國是陽性的（童話歌劇《月亮》〔der Mond〕），然而在羅馬神話中它是雌雄同體，也是同時被以男性及女性的角色來崇拜的。這個靈魂雌雄同體的面向顯示出自性的象徵及阿尼瑪的象徵仍未被

分開。佛代表著內在無意識陰性及陽性的擬人化。他是夜晚的法則，是意識之光的另一面，但是阿尼瑪仍然未得到分化。

在變遷中連結內在真誠的信仰

有人要我將這本書與聖修伯里的《小王子》相比較，藉以顯示德國及法國的心理差異。我在此只能做個簡短的比較，而其中的一個差別就是，在萊茵河的另一岸，也就是德國，阿尼瑪的象徵物並未得到太多的分化。從務實面而言，出現在這本書的陰性人物只有蘋果婦人（大自然母親的角色）；而蘇菲，她是相當負面也相當帶有母性的角色；另外則是虛弱的阿尼瑪女孩，也就是漢娜，她幾乎是在出場的那一刻就死了。而強大的靈魂人物只有雌雄同體的存有——也就是佛，月亮神。如果你將之與聖修伯里書中的靈魂人物相比較——也就是小行星上的那對伴侶，玫瑰與小王子——在那兒，雌雄同體的面向至少分化成為一對伴侶，而阿尼瑪也得到進一步的分化，雖然她仍然是個相當負面的陰性角色，既傲慢又歇斯底里。她雖然仍未得到太多的發展，但至少她是從自性的象徵物中分離出來的，也顯現為一個獨立的存有。這兩本書有著強烈的國家差異對照。德國的書給我們的印象是有著更古老、更強大的象徵性以及更大的活力，讓你在閱讀的過程中，被拉入一個充滿情緒及活力的氛圍，帶著歇斯底里及誇張的語調，同時也不全然是令人愉悅的。假若我們去看負面的因子，會看見法國的著作瀰漫著殘酷及幼稚感傷，德國的著作則相對顯得充滿活力及歇斯底里誇張。

針對這差異的可能假設有兩個：首先，屬於法國的異教及前

基督教層次是更加偏向凱爾特人的（Celtic），而德國則是更加偏向德國式的（你可以從羅馬的凱薩大帝及塔西圖斯〔Tacitus〕兩者感受到凱爾特及德國的特質差異）。接著——可以說是更重要的一點——法國在轉變成基督教化之前是徹底羅馬化的（同時南德國及奧地利也是如此，瑞士也是）。而沿著美茵河[3]的德國異教則是直接被基督教化所覆蓋。我們可以說地中海沿岸的基督教是一段長時間文明發展的副產品，因此變成一個精神的及分化的宗教形式——然而因為有著羅馬文明的基礎，人們能了解基督教的象徵主義，因此當基督教覆疊在羅馬文化的背景之上，就有可能出現轉換。而在欠缺羅馬化的地區，歷史的持續發展被打斷了，基督教替代了全然不同的事物。打個比方就像：美茵河北部的人們「階梯上有中空處」——它有下面的樓層、上面的樓層，以及在中間的中空處。

這樣的情況並非德國獨有的，之後也會出現（同時會有更大的問題）在受基督教化的非洲，並已製造出文化及經濟問題之外的可怕緊張感及躁動。受到基督教化的非洲人在歷史進展階梯上也有著相同的中空處，問題同樣也存在美國，美國人認為當自己以拓荒者的身分前進西部時，他們進入一個原始的文明，亦即，美國印地安文明。要在那個原始環境中存活的唯一方式就是變得像原住民一樣強悍及原始；另一方面，拓荒者同樣也帶著維多利亞時期的基督教歷史，而這也解釋了為什麼北美人在許多方面與德國人一樣在歷史進展的階梯上有個中空處（或者可說是德國的變異版）。

然而，這樣的中空處並非只是缺點。處在這樣的文化情境中所創造的內在兩極對立及張力，反而讓人們變得有活力、效能及主動性。就好比是當電子的正極及負極遠遠分離，同時雙極都是強大

的，那麼產出的電力也就更加強大。因此，它創造了更多的動態活力以及積極人格，缺點則是在群眾運動較易偏向分離，人格的核心以及其平衡性較容易被干擾。

當然，這個在階梯間的中空處——我們回到針對法國及德國心理的比較——只是相對性的，因為法國人也有相同的問題，只不過是程度較小罷了。我們只能說是相對的差異，而且當我們對國家做出這樣籠統的論述時，必然會有許多的例外情況。這只是我試圖以概論的方式來表示我的想法。

學員：作者出生於古城里加，同時他是拉脫維亞人，這兩點是否會影響整個概念？

他來自德國北部或是拉脫維亞人這一點只會讓這顯得更糟糕，因為這意謂著沒有家，有的只是廣泛的羅馬（地底下的）、俄羅斯及斯拉夫的影響。德國北部受到斯拉夫的強烈影響，這也就是為什麼德國北部及南部之間私底下是相互有敵意的。

梅爾希奧被釘上十字架這一幕相當發人省思，我們得以看見佛的確就是象徵著回到原型的角色，這是在基督背後，那個較古老的形貌。如果我們試圖將佛與其他神比較，我們可以說他比較接近酒神戴奧尼索斯。他是玫瑰與葡萄之神，舉凡佛出現在書中，就會提到玫瑰與葡萄，因此，他就是回到戴奧尼索斯。同樣的，被釘上十字架那一幕，顯示被釘的人後來轉變成一棵樹，這也讓我們想到農神阿提斯，祂變成了母性之樹。我們因此可以說，透過將自己交給佛，梅爾希奧就「阿提斯化」了。所有的人都經歷過相同的命運，

這些人首先活過俗世生活，接著被釘上十字架同時轉變成永恆遊走的少年。阿提斯的神話在他們每個人身上都得到表現。

我們都知道，戴奧尼索斯及阿提斯代表的是早夭的太陽神，是母親的兒子以及在春天死去的神。復活節盛宴日（Feast of Easter）是承接自阿提斯盛宴而來的，而古羅馬時代對雌雄同體者的處決，就是將他們架在四周圍繞有葡萄的十字架上，同時祈禱說：「喔，汝乃戴奧尼索斯、耶穌基督。」因此，至少在基督教化初始階段，人們懷疑基督教義是否就等同於戴奧尼索斯的重生，或是阿提斯重生的另一種形式。教會的神父們試圖做出明確的區分以建立基督教，希望以這樣的方式制止新生的象徵物被吸回過去（那就會暗示著馮·斯比德的勝利）。為了確保其獨創的**生命原動力**，新皈依的基督徒帶著情感爭辯說，基督教是完全不同於戴奧尼索斯的崇拜，但是兩者在原型角色上的相同性卻是如此驚人，以致於大家對此都感到懷疑；這說明了一個事實，亦即相較於神的原型角色，耶穌基督本身就是帶有歷史性的人格表現。

回到文化層面的問題：假若我們將佛恢復回阿提斯或是戴奧尼索斯的形貌，他可以說代表著無意識試圖創造原型的經驗，藉此連結上因基督教化所造成的突兀分歧。我們認為，在經過這個經驗後，如今作者或許對於基督這個角色的意涵才有真正的理解。假使我們將積累的歷史塵埃都掃除，就得以回到原初經驗中關於某人背負十字架的理解，並帶著這份理解與基督一起被釘上十字架；差別僅在於經驗色調的不同以及當中有個更狂喜且更具活力的事物，以更古老的方式呈現，是帶有生命的。那正是無意識意圖創造基督的象徵，同時透過將它連上人格深層而使之復甦。

當我們從一個全然不同的範疇看見無意識相同的意圖，就可以想見這個問題的廣泛性及重要性。曾經聽過我針對十五世紀的瑞士聖人克勞斯弟兄（Niklaus von der Flüe）所做的演講的人，應該還記得我們談到基督披著熊皮現身——有如北歐神話的狂戰士（Berserk）——這段敘述試圖以重新解讀的方式來維持基督這個象徵物，將它與本能心靈的古老層次連結。唯有當我們是以如此完整的形式來了解之，基督的象徵性才能得到存活，因為如果它不是被定位在靈魂深處，它會被人們擺脫，同時我們也會回到無神論以及某種形式的新異教主義。

相同的事物同樣也展現在非洲人的精神心靈，那是個平行的現象，因為他們的心靈中有個異教層，當中帶著象徵經驗及宗教情緒，而在那之上則被覆蓋了一層基督教教義，就像刷了一層漆在上面，只要透過任何類型的運動或是反宣傳就能夠將那一層漆移除。除非這個基督教義的主要原型，也就是我們文明中所稱的基督，能激起相同的原型象徵物，也能連上整體的情緒人格，它才能變成活的信念，唯有人們能夠從底層了解基督在個人內在的意義，否則那就只會是純粹智性的活動，同時在階梯上也會有一層中空處。個體私底下仍然會崇敬戴奧尼索斯，或是在書中的例子，自然會是沃登神的崇敬，因為被刺且被吊掛在宇宙樹上的正是沃登神：

基督教義	基督
異教原型	沃登神（在德國）
底層被激發活化的	墨丘利—克弩諾斯（在法國）

書中顯示，在底層被激發活化的原型就是沃登神，這在德國文明中是自然會出現的情況。而在法國以及具有凱爾特背景的國家中，被喚起的原型不是沃登神，而是墨丘利─克弩諾斯（Mercurius-Kerunnus）[4]，祂是公鹿神。祂是得到轉化的神，被釘上十字架受刑，也是被犧牲的太陽神──春日神以及復活之神──因此在凱爾特國家中，基督所激發的正是克弩諾斯的原型。而在中古時代的傳說，在聖杯傳奇（Holy Grail）及英國、愛爾蘭、威爾斯的凱爾特神話素材中，則會是墨丘利─克弩諾斯的原型。這些例子顯示，當中的主要意圖是要將疊在上層的上帝角色連結上古老根基中的真誠內在經驗。

日耳曼文化與東方文化的關連

針對佛的國度的描寫還包括其他的母題，因為他說：「我們在老噴泉（這讓我們想起宇宙樹底層的日耳曼兀兒德噴泉〔Germanic Fountain of Urd〕）四周玩耍、汲聖水而飲（如果你從兀兒德噴泉汲水而飲，你就成為先見者，薩滿與巫醫皆汲噴泉水而飲之）。我們在黑鏡中看見我們曾經有過的樣貌。」此段提及我們先前所提過的東方影響──在這個王國裡，我們可以從鏡子裡看見累世轉世的意念。在稍後的內容中我們會發現作者本身相信輪迴轉世，這得自於他的東方研究，同時他也將之融入德國的素材。一般而言，日耳曼民族有著內傾的那一面，日耳曼文明在受到基督教化之前是內傾的，也有著與中國及東方精神生活雷同之處。日耳曼盧恩符文（現今認為是日耳曼字母系統的肇始符號）原先是被用來當作神

論，就如同中國的神論，也就是《易經》中所使用的蓍草，在那之後也一直是以這樣的方式來使用的。

當日耳曼人捉到囚犯，他們會殺了一部分以表示對沃登神的敬意，但在那之前會先「丟擲」盧恩符文。他們拿起刻好不同盧恩符號的枝條，如果最上頭的那根是標註著死亡的盧恩符文，那個囚犯就會被犧牲，其他的囚犯則會被留做奴僕或是奴隸。根據神話所言，這個卜筮的技術是在沃登神被刺殺時所創立的——我們不清楚這是由他自己或是其他人所創，但是這讓我們想起基督的例子，當中提及羅馬士兵朗基努斯（Longinus）的命運之矛[5]——而在此書中則是佛被刺穿。其後，沃登神被吊掛在宇宙樹（Yggdrasil）上九天九夜，之後當他低頭跪拜時（當他跌落時），他發現了腳邊的盧恩符文。因此，我們可以說，長期受難於十字架上所獲得的創意產品就是發現盧恩符文——這是文化意識的新表現，它存在於當個體識別命運的那一刻。這也凸顯出《易經》背後的意涵：本是用作探索諸神意願的方式，實為奠基於共時性原則的一種占卜方法。

現今許多有日耳曼民族背景的人都展現出對東方世界的喜愛，我認為這似乎顯示出當今的德國人普遍都想找尋自身問題的療癒之道——這些問題來自於戰爭所帶來的傷——他們也轉向從東方哲思中找尋。這同樣意謂著去找到足夠的內傾態度，帶著內傾的態度而非從外處理問題。自然的，當今的強大經濟發展是不利於此的，不過那些試圖要處理這些問題的人們都轉向內傾，同時大部分都傾向以東方哲學來達到內傾的態度。我曾經有個被分析者，他是來自北德國的男人，很習慣諮詢《易經》，而我建議他以相同的方式看待自身的問題。就在我給他建議的那個晚上，他夢見自己站在普魯士

軍隊營區前方，營區入口處有個盾牌，上面有著中文符號及日耳曼盧恩符文，這顯示出他的無意識立刻就抓到我給的建議是正確的。

在北歐的神話中，精怪也被認為是共時性原則的表現。我不打算針對這一點深入討論，但是我想說的是，來自美茵河北段的人們，假若他們是帶有創意的，他們就會是更具內傾性，就如同東方人一樣，相較於西方人的理性因果思維，他們更有興趣於共時性現象。在德國北部有個傾向，這點你在俄羅斯人身上也可以清楚看見——傾向將東方及西方的思維結合成中庸的態度。在所謂的泛斯拉夫主義（Pan-Slavonic），也就是俄國作家杜斯妥也夫斯基（Dostoyevski）所抱持的思維中，他們聲稱俄羅斯是被選定的國家，認為有一天他們能夠將東方的內傾性與西方的外傾效能結合起來。但目前他們早已遠離那樣的想法，變得全然外傾。

此段對王國的描述是十分奇怪的，因為它部分就像是伊甸園，是所有動物回歸之處，但部分又顯得像是日耳曼的古老天堂，有著宇宙樹下的兀兒德噴泉。它也明顯受到東方涅槃思維的影響，在那兒，個體最終可從一個轉世到另一個轉世的永恆遊走中解脫，但有趣的是，佛及他的團體仍未抵達王國，還有他們在永恆遊走中看見意義，這兩點有違佛教的教導，因為根據佛教教義，個體應該致力於逃脫轉世的業力輪迴。相較之下，這一點顯示出更具西方的傾向，同時也是帶有毀滅性的，也就是說，他們讚揚動態運動本身，即便那沒有任何目的可言。但是，從心理上感覺活著的興奮感，以及置身在既沒有結果也沒有目標的創意運動中，這是危險且如同惡魔一般的。

你應該還記得我先前提到馮·斯比德與佛各在一端，而梅爾

希奧在中間。起初，馮‧斯比德得到成功，接著是佛的出現以及被架上十字架刑，此時出現了物極必反性，實際上也是佛的勝利，在那之後又再次的轉向。馮‧斯比德是帶有致命性的，因為在他那一端的事物是徹底停滯靜止的；一旦你待在玻璃皇宮中，在精神的國度，一切就不再發生，事事物物變得如同玻璃一般，透明且僵化；然而在佛的那一端有著對於創意運動的絕對頌揚以及自身的狂喜，他們相信創意狂喜本身就自有其意義，無論是否有結果，他們所教導的是持續不斷的情緒及創意狂喜。我們可以在搖滾舞蹈中看見這樣的表達：只要心靈及肢體的動態活力及音樂節奏的享受，沒有更進一步的目標。當它結束時，你感覺疲憊，而第二天傍晚你又再度開始；經驗本身就是讓人心滿意足的。在馮‧斯比德的那一端有著失去生命活動的結果，而在佛那一端，則是沒有結果的永恆運動。這是另一個極端偏頗的例子，沒有對立面的結合，個體就只是在兩端不斷拉扯。

馮‧斯比德	梅爾希奧	佛
沒有生命的理性	（自我）	沒有結果的永恆運動
冰——北方	理	南方
	（意識）	

　　唯有當另外兩端（陰性面）得到發展時才可能會有療癒，因為男人的心理陰性面，亦即阿尼瑪原則，是現實的原則同時也是份實踐。這是這個系象所欠缺的。

屎疾鎮之亂

　　接下來我將濃縮書籍的中段。佛，帶著發亮的雙眼說他們如今要朝向另一個城市前去。他轉身為梅爾希奧起了個名字——理，亦即意識，這是梅爾希奧應該提供的事物。接下來所發生的內容都不難理解，同時也不十分具有象徵性。書中提到佛與他的團體的惡行惡事。

　　故事是關於一個名叫屎疾鎮（Stuhlbrestenburg，Bresten 是疾病的古代德國用語，而 Stuhl 可以是椅子或是糞便，此處明顯意謂著後者，因此意指屎疾鎮）的城鎮，據說這個城鎮過去曾經歷祝融之災，整個城鎮幾乎都被燒毀了。當地國王有個怪誕的發想，他認為舊牆垣不該被拆除，被燒毀的房舍應該在一定範圍內被切斷，打個比方，像是從地面以上超過兩尺處切斷，完全留著燒黑的外貌，並在舊城上方建造一個明亮貴氣、洛可可式建築的全新城鎮。國王沃特二世認為這是相當有趣的點子。但是，實際上的狀況卻是這個地下區域成為一個犯罪世界，地底下的地窖都被打通，因此整個地底世界暢通無阻。有時候地底下的人會突襲打劫銀行，之後又會再次躲進燒毀的黑色地窖中。警察始終都無法完全消滅他們，因此住在上面樓層的資產階級就不斷受到他們的威脅。當警察抓到其中一個犯罪首領時，整個情況也日益加劇，首領透露了地底世界的地理網路資訊，最後警察決定發動大出擊以掃蕩整個幫派組織。

　　據說鎮裡的人們努力工作，但是他們活在讓人感到可怕的步調中，既狂暴又貪婪。他們的工廠、教堂及娛樂場所——煙花柳巷之

類的——生機處處，但是整個氛圍是帶著熾熱及不潔淨的。一直都有股瘴氣從底下的黑色牆垣中升起。

問題肇始於隔壁鎮鼠難城（Rattenhausen），城裡有個過去曾經在教學中犯錯的老師，苦主是個富有浪漫色彩的奧圖類型男學生。這名老師突然出現幻覺，將班上的一個男孩誤認為是他二十年前曾經錯怪的男孩。老師在男孩面前跪下同時請求原諒。結果發現這個名叫蘭克（Ranke）、本該是他要跪求原諒的男孩，此時正好好的待在家裡床上，自始至終都不在學校。校長親自到男孩家中驗證此事，造成極大的騷動，老師也丟了工作。第二天早上，有一半以上的男孩都不見了。第二件事，實際上發生在相同的時間點，有個相當受人尊敬的銀行家何畢頌（Rotbuch）先生，在正午時分當其他行員都離開時，腦中有個瘋狂的念頭揮之不去，他打開銀行一樓的窗子，還將所有的錢都丟向熱鬧的市集，造成了難以言喻的騷動，其中有兩個人因此被殺，同時有許多人嚴重受傷。

銀行家遭到逮捕，也被關入精神病院中。當他重拾自我控制力時，他說自己不知道是被什麼上了身。當時有兩個穿著翻領且帶著皮帽的男孩來到他面前，是他們要他這麼做的，而他是在一股衝動下行事。在同一天，有人發現監所的門被打開，獄卒被綁在雞舍裡，而穿戴制服的典獄長被人發現像隻公雞一樣張開雙臂四處飛奔啼叫。所有的囚犯都不見了，人們認為囚犯們都逃到屎疾鎮加入地底的幫派分子。

在《鼠難城報》（Rattenhuser Bote）上有一篇社論將整件事解釋為集體精神症，認為有一群無恥的青少年可能讀了太多的偵探福爾摩斯（Sherlock Holmes）、德國哲學家卡爾·馬克思（Karl

Marx）及法國浪漫主義作家大仲馬（Alexander Dumas）的書，因此受到這些人的荼毒，被引誘去追隨那些不可能的想法。據說這一切都是出於對新鮮事的迫切感官需求以及貪婪心，這些曾經是神蹟的事物，如今都已成為當今生活的一部分——因此，即使是清醒的人們都不再能區辨什麼是可能什麼是不可能。在這樣混亂的時代，文章繼續寫道，當一切都是亂糟糟的，我們只能奉勸值得尊敬的人民同胞只相信官方確認的事物。當今唯一穩固可靠的就是官方的命令——政府的印信就代表著真理（Sigillum signum veri）。首要官員們也提出建議去徹底搜查幹壞事的一幫人，如此一來才不會帶來更多的傷害及疑惑，官員們也說人民要追隨政府的領導——也就是執政官（Caveant consules）的領導。有個精神科醫師名叫辛克戴爾（Hinkeldey），他寫了另一篇文章來討論集體精神症，同時他也對過度工作、過多的內傾性以及過多的幻想提出警告。他建議大家在睡前做冷水足浴，早上起床時還要以濕布擦抹全身！

下一章寫到那些穿著翻領及戴著皮帽的男孩們出現在天主教堂。教堂外的人們因為聽見美妙的樂音而進入，發現裡面滿滿都是人，聖壇上的燭火燃燒著，同時也撥放著舞樂。人們受到音樂深刻的感染以致於忘記了自己身在何處，大家都瘋狂的圍繞起舞。樂音變得越來越狂野，伴隨著鼓聲、小提琴及小喇叭，當管風琴配上由地底響起的雷聲，人們再也無法承受這一切。教師、地方法院的法官以及檢察官都宛如山羊一般和市場裡的女人一起四處蹦蹦跳跳。當樂聲停下來之後，主教法庭的老會員皮斯托留斯（Pistorius）穿著完整的彌撒禮服出現，在場的人們突然變得安靜，在他走上講台時大家都跪下祈求原諒。但是講台上發出的卻是持續不斷的狂笑

聲，滿臉通紅的皮斯托留斯顯得更小也更慘白，有那麼一刻他看起來就像是個半大不小的男孩，而接著，立在講台上支撐在講桌前的是對毛茸茸的前腳，他現身成為一隻發出咩咩叫的公山羊。

這些人全都落入集體幻覺，除了教師富蘭姆（Flamm）之外，此時他開始說話。但是，有數以百計的男孩從管風琴上撲向他，不斷拍打且嘲笑他。接著，有個赤身裸體的少年出現在聖壇上，開始演奏直笛，人群中也出現了由狗所組成的合唱團。那些被嚇壞的人們想要逃跑，但是門卻被鎖上了，他們爬上長凳試圖要從窗子逃出。當長笛聲停止，少年、男孩們以及玫瑰花都消失無蹤，教堂的門也是開著的，所有人不吭一聲地溜上大街。

原先待在天主教堂的法官走過街道，法庭那兒有個男子因為性謀殺案而接受審訊。檢察官起身要發言，嘴巴說個不停說了有一小時之久，他越說越興奮，但是沒有半個字是聽得懂的。當他臉色蒼白且體力不支的跌回座位時，一個穿白衣的女子拍手叫好。辯方律師接著起身發言，但是在他開口說話之前，有個長得和他一模一樣的分身出現指控他是個騙子。他被嚇壞了，只能結結巴巴的說出幾個字，對方反控他在辯護過程中一個字都說不出來。法庭的騷動好不容易平息下來，接著那個騙子律師做了一段很長的演說，他說這一切的指控不過就是要尋找個人的樂趣，就如同其他人在審判過程中尋求自身的樂趣是一樣的，這當中有什麼差別呢？有些人在道德中找尋樂趣，而其他人在不道德中找尋樂趣，有些人在謀殺他人中找尋樂趣，而其他人在遵守法律中找尋樂趣。他將一切事物都翻轉過來，大家對公平與不公平開始感到極大的困惑，所有人都被他那像猴子一樣的貪婪及不道德所影響。

替代輔導員的是那個在天主教堂裡吹笛子的裸體男孩，還有一個穿白衣的女子，她暗示自己和輔導員兩人在隔壁房間裡待了半小時，她說自己毫無抗拒能力，同時說他在她胸上刺入一把拆信刀，當他抓住她時，她先是變成一個男孩，接著又變成一隻母豬，她胸前依然可見拆信刀的象牙把手。男孩抓起輔導員的手說：「看，滿是鮮血！」當鮮血流向地面時，被告走上前，同時好聲好氣的要求輔導員給一個吻，還說他們是好兄弟。

　　被告接著被宣告無罪，男孩及白衣女子拍手大叫：「現在相互親吻！」此時又再次出現人人相互擁抱及親吻的可怕場景——人人都如此。法庭外，鎮上的所有鐘聲開始響起，人與人相互質問——爭辯、反駁、爭執、大聲尖叫及暴怒——直到警察帶著武力前來。

　　當這一切發生在法院的同時，國王正在戲院中（他是個有著浪漫情懷的年輕人，同時對於統治感到厭倦。事實上，他長得就像是巴伐利亞（Bavaria）的國王路德維希二世（Ludwig II，藝術家國王）。他對於身為國王的責任感到煩悶，同時，當他坐在皇家包廂時，滿腦子都是浪漫的點子以及多愁善感，並對演出的戲劇感到厭倦。戲劇演出的主要情節中，有一段是劇中的英雄，一個從事電子業的主任，與他的繼兄弟之間的對話。主任做了一段很長的演說來支持唯物論，支持自己以及有相同想法的人，他說有了他們，黃金就能為務實理想主義者善用。但是，接著有兩個男孩出現在舞台上，也再次造成混亂。主任被化身成一顆球，被從一個男孩手上丟向另一個男孩手上，接著還被丟到國王那兒，國王接住球還將球回傳，這顆球在發出巨響之後爆裂。國王欣喜鼓掌，接著又多了兩個男孩出現，他們將皇冠放在國王的頭頂，將權杖及天體儀遞在他的

手中，還在他肩上披上貂皮披風。

　　男孩們牽起國王的手，引他走出包廂外前往戲院地板樓層的鮮花梯子。觀眾們因為驚懼而瞪大雙眼且啞口無言，宮廷侍臣試圖藉由大喊「萬歲！」來穩住情況，有些人也開始唱頌國歌。皇冠從國王的頭上掉落，還被發現那是紙糊的，戲院的各角落也開始升起煙霧。國王及男孩們全都消失不見了，戲院的門也被猛然打開，出現一群全身漆黑帶著斧頭及手槍的人。人們尖叫說這些黑衣人是從地底來的，戲院裡的人都被侵入者的武器及手槍所射殺；此時煙霧更加濃烈，整棟建築物也崩塌，人們都被埋在底下。

　　整個城裡進行著一場可怕的戰鬥，可是沒有人知道到底是誰在跟誰打。市集中有個黑衣人躍上電車，他站在烈火燃燒的戲院前，大聲喊叫：「朋友們！住手！理智點！你們只是因為害怕而相互廝殺。過往的秩序讓你們彼此成為敵人，去建立新的秩序！不要忘了誰才是你真正的敵人——是那些男孩們！他們躲在各處，喬裝成各式模樣。他們是誰？有誰知道他們？他們來自何方？只要他們出現，事事物物都會變得混亂。假若你跟隨他們，你會不得安寧，你腳下的地面會震動不已，一切生活及秩序都會消失。一陣旋風會抓住你，同時你會在瘋狂驚恐中被撕碎！」

　　有那麼一刻，人們維持靜止不動，但是他們的不安感不斷滋長，瞬間爆發出哭泣、咒罵及質問聲：「是男孩們！是那些男孩們！他們在哪裡？把男孩們都找出來！殺了他們！不，殺了那男人，他是叛徒！」

　　說話者再次伸出他的手：「我的朋友們，」他再度說道：「你在找尋上帝，新的上帝，是由你自身的意志、你的渴望以及你的

創作所創造出來的。」（那個由自我所創造的上帝！真是胡扯一通！）「你想要生活有新的樣貌；你想要神聖的秩序，由你所創作的神聖秩序。這個神聖的秩序及想望，它就在你心裡。我會證明給你看，我會教導你那個你內在所感受到的秩序想望，我會給你能遵從的法規。我們（馮‧斯比德的鬼魂世界）要療癒你，同時為你服務。」

月光落在此人身上，有一群人蜂湧到他周圍，乞求他教導他們，同時要他留在他們身邊。

「我們想幫助你，」此人回答，他的聲音宛若鐘聲：「不要再潛入那老舊黑暗的井中！不要再渴求那不存在的永恆！」

群眾再度大聲叫喚男孩們，嘶喊著要殺了他們。此人警告群眾不得碰觸男孩們，但是沒有人聽他說話。接著，廣場上冒出火焰，紅光中出現一群赤身裸體的男孩。一瞬間的沉寂之後，有個男孩走向前說：「到我們這裡來，你們這些自由的人們。讓其他人去建造前往天堂的高塔！讓他們在秩序、工作及快樂中化成石頭！讓那些喜愛火焰以及永恆轉化的人們來我們這兒——當他們的白日讓你們窒息時，進入我們的黑暗——當他們被摧毀時，進入我們的國度！」

在這群裸體男孩中爆發出一陣歌聲，一股不寒而慄感穿過人群。接著，有新的歌曲加入，因為宛如玻璃一般的那群人也開始唱起歌來。人群中有人抓起槍枝，朝男孩們衝去，但是一陣風吹入，出現了一艘巨大的火焰船將唱著歌的那群男孩升到他們的頭頂上。有人喊說：「把他們射下來！不能讓他們逃跑！」當槍枝瞄準目標，匯集著男孩們的火焰船就在射擊火花中消失了。數以百萬的玫

瑰散落在廣場各處，空氣中也瀰漫著震懾人心的甜美香氣。

從船（顯然就是古希臘詩人塞斯比斯〔Thespis〕的戴奧尼索斯之船）及玫瑰這兩點，就清楚顯現這是古老原型人物戴奧尼索斯的新樣貌。在兩個演說內容中也明顯分辨出誰是馮・斯比德以及誰是佛，當中的對立是顯而易見的。

書中的內容不言而喻。當我們想到這本書約是在五十年前所完成的，同時再想到我們經歷了書中所預想到的一切，這真的讓人大感驚訝——這也顯示出藝術是何等具有預言性。即便像是柏林國會大廈（Reichstag）的縱火案，都不需要我們再做進一步的解讀。但是當中不尋常且怪誕的母題，就是在被燒毀的建物上重新再造一層帶著輕鬆愉悅氛圍的瘦長型建築物。這也顯示出假若在階梯上有這樣的中空處——一個顯現於心靈下方的、情緒的及古老的部分，這部分同時帶著異教的生活面，與上層較高文明之間形成明顯的對比——如此一來，假若問題沒有得到意識化的面對，它會持續造成常見的災難，像是戰爭及革命之類，接續則是在廢墟上的堆壓重建，但舊的垃圾始終沒有被清乾淨。

令人感到可怕的是，這也再度發生在德國，德國人再一次創造出巨大的經濟繁榮，帶著龐大的**生命原動力**，將繁華建立在兩次世界大戰的廢墟之上，而當今我們無法與德國人討論的就是到底實際上發生了什麼。大部分的德國人不想面對那個問題——認為那都已經過去了，同時也是糟糕的，或是認為「我不贊同過去所發生的，但是我們就不要再去看這件事了。讓我們盡快再次建立一個新的生活形式。」——這意謂著沒有任何事物被清乾淨。如今事情已經沉

靜下來，他們並未說「讓我們回頭看並問自己到底發生了什麼，從心理層面而言。」現在應該是反思的時刻。相反的，一個地底的世界再次被建立起來，革命思維得到匯聚，這部分在納粹黨徽的繪畫以及其他衝動行為中都得到表現。

這也同樣表現在人們神經質的崩潰後，透過第一代的抗精神病藥物 CPZ（Largaactyl）或利血平（Serpasil）等的幫助再次振作，接下來就以老樣子繼續生活，未因此轉入無意識並去追問到底根本底層是什麼問題。在每次的崩潰中總會有些正面的事物想要穿越意識層，因而產生了精神失常。如果此人不在此時轉向，同時去做和灰姑娘相同的事──去將好的及壞的玉米粒分開──那這個人不但失去與自身過往及個人心理學的連結，也失去與無意識正面價值的連結。對國家社會主義而言，這也是相同的道理，那是被扭曲了的、朝向更新及創意的衝動。假若這個象徵性的人物，佛──他顯然就是救星原型的新形貌──能夠被德國人落實，不是透過政治上的希特勒狂熱，而是主觀的落實──也就是以內傾的方式向內落實──它就會成為偉大創意活力的啟始。但正好相反的，它被外在化，同時與政治宣傳以及致命的權力驅力混雜在一起，這達到災難的頂峰，是我們親眼所見，也都身受其害。

廣泛而言，這樣的發展也等同於個體精神官能症的發展，因為在精神官能症個體身上所激起的，正是某些有創意性的事物，這些事物如果不被接納，就會導向精神失常。如果個體轉向面對它，它在讓我們生病的同時，也讓我們得到療癒。這本書中很清楚顯示，國家社會主義浪漫且虔誠的**生命原動力**，可為德國人帶來極大的文化更新以及意識上的巨大進展。但是因為動態能量被錯誤扭曲，反

而變成了外傾的政治目標，此時對立面就出現了——還包括那可怕的災禍。還有另一個理由說明我為什麼要講述這本書（我之所以談德國人，是因為這本書出自德國，但是當中的問題卻是廣泛適用的），同樣的情況也出現在美國，特別是在年輕人身上。在不同的國家會有不同的氛圍，這個問題本是現代問題，而不僅是德國的問題，雖然德國是第一個面對這個問題的國家，是疾病出現在**抵抗力最弱的部位**（*locus minoris resistentiae*），我們都以不同的方式受苦其中。

如果這個新興的神所帶來的突破是向內得到實踐，那將會帶來無意識的發現，並產生以創意形式轉而面對的必然性。但是馮・斯比德代表著將獨特內在經驗轉入外在集體秩序的永恆誘惑，他讓德國人進入這個致命的惡性循環。而更讓人感到恐怖的是，如今他們又再次建立起明亮的洛可可建築，一切都是美好且雪白的，就建在那些被燒毀的廢墟之上，也因此朝著另一個災難前進——除非有這麼一次，有人能注意到他們（以及我們）所步入的景況。

學員：在我們所處的社會中，是否有任何大團體沒有你所描述的在階梯上的中空處？

我認為那較少存在於義大利以及地中海國家，但是他們仍然有中空處，這陣風自然是吹向各地的，甚至也吹向阿爾卑斯山。書中提到：「風吹向南方。」

在我回到書的其餘部分討論之前，我想先說一說魯普女士針對「理」（Li）這個名字的發現。很明顯的作者用「佛」這個字是意

指佛陀，但是「理」這個字卻是個大問題，因為，正如魯普女士對我所表示的，在中文字典中有無數的 Li 字，而我們並不清楚作者到底指的是哪一個。最可能的似乎會是「道理、合理及次序」，因為，你應該還記得，梅爾希奧代表著在兩個對立面之間拉扯的自我人物，因此 Li （道理）——會是與自我最適配的。此外，梅爾希奧是個化學家，在他陷入兩股力量的拉扯之前，他可能真的是被稱為有教養且有道理的科學家。因此，他是道理或是意識，在對立面之間拉扯著。

魯普女士同時也提到其中相當有趣的原初意義，也就是我們在寶石裡面會發現的隱密線條，我們可以在蛋白石及瑪瑙中發現這樣的線條或圖樣，常見的會是深黑的內部圖樣。而這隱密圖樣就變成「理」這個字的本源基礎——道理？自然而然地，我們會以中文名詞來思考這一點。根據神話所言，我們知道中國境內的文化圖樣都是從華人大江大河的彎曲圖樣所得。他們據此描繪出地圖，而這些圖樣就代表著華人大地的文明表層。因此，對華人而言，意識就是針對自然所蘊含的隱密圖樣的覺知，這正是我先前所提到的。華人，東方人——以及，夠奇怪的是，某個程度而言，德國人——他們對於一般的理性主義沒有太大興趣。相反的，自然的本性是朝向對於道的圖樣有所覺察，這是一種由無意識占卜所創造的覺知，藉此能對共時性及意象比喻有所覺知。在這樣的心智思維下，石頭上的隱密圖樣就對應成道理，但是書中有個致命的聯想，因為佛和理是連在一起的，如果你將兩者一起書寫，你得到的是「狂熱」（folie）。書中預示群體精神症的爆發，作者會想到這個連結是相當有可能的。

再次物極必反

下一章是〈愛的變形〉。

　　梅爾希奧（如今是理）走過經太陽曝曬的大地，灌木叢上盛開著花朵，他從腳底下感受到熾熱的大地。當他走進大自然時，感到一陣放鬆愉悅，每一叢花木都對他伸手示意。河川上的水流從他身旁流過，當太陽緩緩下沉，河川變得越來越寬廣，波流的聲響也越來越大，水流包覆在他燒燙的肌膚上，同時將他一把提起帶離地面。突然間，他聽見從地面傳來的叫聲並跌落在地，一對雙唇湊向他的嘴，他發現自己正擁抱著一個嬌弱的身軀。他感覺到印在嘴上雙唇的壓力以及環抱著他的雙臂，他感受到肌膚上的另一層肌膚，同時也聽到心臟的跳動聲，因而覺察自己正抱著一個女人。

　　「妳是誰？還有妳從哪裡來的？」他問。

　　兩人的擁抱越來越熱情。他感覺好像有個帶柱子的白色大廳就在四周升起，但是在一陣香氛之後，柱子就消失了，只剩下一閃而逝的黑暗牆面。

　　他的身體隨之改變，同時也變形了，他發現自己有著女人的身體，同時與另一個女人相互擁抱，女人接著變成有著寬闊胸膛、帶著骨感壯碩臂膀的銅巨人，黑色雙唇間閃爍著白色的牙齒，她的雙眼深不可測。一個接著一個的變形，巨人又變成有著棕色臉孔及帶著豐厚雙唇且笑意盈盈女子，長長的手指撫摸著他。之後又變成黑人女子，接著是印度女人，然後是黝黑的女孩。在每一次改變後的擁抱中，他清楚自己是在新的房間與不同的身體在一起。有時候他

　　　　　　　　永恆少年：以榮格觀點探討拒絕長大

是個奴隸，被皇帝親吻；有時候則是與身上帶著血腥味的士兵在一起的妓女；還有些時候則是祭司，躺在嬌嫩女子滿是香氛的床上。

一切變得黑暗，他也不再能區辨出任何事物。接著，他發現自己在廟宇的牆垣間，身旁站著睜著眼動也不動的祭司。他自己則是頂著黑髮的鄉下人，和一個鄉下婦人一起被綁在祭壇上，帶著宛如野獸一般的痛苦眼神望向四周，身上有許多的傷口正流著血。祭司們在他的四周，他們舉起劍；理出於莫名的恐懼而大聲叫喊，此時劍刺向他。理看見自己的鮮血噴出，四周成了一片血紅雲霧。水氣中升起了一片原始森林，裡面有著巨樹以及同人一般高的樹叢。樹叢中傳出老虎的吼叫聲，有一隻豹爪子深深插入理的肉體，他自己則成了一隻嘶吼的野貓。理的頭頂上有數以百計的五色鳥飛鳴而過，理消失成為虛空，接下來就什麼都不清楚了。

他墜落又墜落，在一秒鐘之內他墜落穿過所有的房間。他聽見音樂聲，有一群舞者在森林枝幹間舞動。有一道明亮的光線劃破空中，陽光爆發出一圈圈的藍光。他在靠墊般的雲朵中醒來，發現佛就睡在他身邊，安靜的呼吸著。他的臉上散發出光芒，而他的雙唇不時地扭動，彷彿受著些微的疼痛。他在晨光中躺著，身體清明又白皙，他的優雅及魅力讓理的雙眼忍不住流出了淚水。佛張開雙眼，看見理，以雙手托起他的臉頰同時在他的眉頭上給了一吻。兩人望向四周，在雲朵之外，他們的同伴們都在新的曙光中醒來。

此處你可以看見這個王國以及佛的力量就如同馮·斯比德的力量一樣成為主導、強大及絕對。理如今被拉入大地以及永恆轉化的原則，當中的主要驅力是愛洛斯或者甚至可說是各式不同樣貌的性

慾。

下一章的標題是〈陷落〉。

男孩們舉起手朝光明示意，但是空氣中有股倉促感，同時他們叫喚著暴風雨即將來臨。「暴風雨，暴風雨！」他們大叫：「王國朝我們而來了！我們到家了！」

「我們到家了！」佛重複說道：「我們要潛入黑色湧泉，同時在世界上重新綻放！」接著，他們唱著書中一再出現的疊句：「時間沉落，空間消逝，形態湮沒。」

男孩們圍繞著佛，顫抖著。佛的雙手下垂，他的四肢也因為疼痛而輕微顫抖。不久之後，整群人都因著疼痛而發抖。他們的臉突然變得就像是老人一般的黯然失色，他們的眼盲了，肌膚鬆弛，同時手消瘦的就像是爪子一樣。所有人都望著佛，他看起來宛如背負著沉重的負擔而彎下身子。在雲霧中，從他身上流洩出各式人物，越來越多。他們滿天飛舞同時又消失成為虛無。許多的人物也從其他人身上出現，這些人因疼痛而扭曲著身體。有女孩、老人、鬼魂、天使、翅膀、身著各式衣服的男人，以及穿著整套軍裝的士兵們。理看見數百個臉孔，他因極大的痛苦而備受煎熬大叫出聲，他也聽見其他人的叫聲。這些呻吟聲混入空中及暴風雨前的陣陣聲響。

隨著男孩身上一個個被分離出來的陰影，男孩們的身體變得越來越飄渺空靈，他們的動作減緩了，叫聲也柔和下來了。他們隨著一道柔和的內在光芒而散發出光輝，但是這一長串的各式形貌卻沒有終止的時候，因為他們必須釋放出身上所有的形貌——那是他們

在不同樣貌底下的永恆轉世——在他們進入王國之前。男孩們變得越來越虛弱，但是他們所受的苦難是自願的，因為這意謂著王國的臨近。他們的雙眼定在佛身上，並沒有注意到來自遠方的家的光線被雲霧罩住而消失了，他們沒有感受到四周的不友善氣息。他們受限於自身的重量而行動遲緩，是誰的力量在掌控他們？是誰靠近過來欲抓住這些毫無防衛的盲者？一陣雷聲讓他們著實嚇了一跳，原先使他們漂浮在空中的雲朵消失了，同時他們底下出現了大地。他們想要大叫，但是卻沒能做到。佛的雙唇中迸出一些幾乎聽不見的話語：「這……不……是……王……國。」

在最後的一個形貌離開他們之前，他們用盡最大的力氣試圖讓自己重新振作起來，但是水氣將他們定住並淹沒。佛的眼皮下垂蓋住雙眼，理看見佛跌落地面但是卻因為動彈不得而無法出手相助。五光十色的鳥群在四周飛翔，拍動著翅膀，而團體中出現了陌生人。他們悄悄靠近那些被定住的男孩，伸出手臂懷繞在男孩們的頸項上給了一吻。

有些男孩的雙眼透露出無名的恐懼。懼怕感反倒給四肢注入新的力量，有些男孩將陌生人推開，其他人則只能讓自己被親吻。當其中的一個陌生人接近佛時，理大叫：「醒過來！快醒過來！」

但是佛並沒有聽到叫聲，陌生人屈身向前。就在幾乎要碰到的那一刻，佛跳起來大叫：「走開！住手！管好你自己！走開！」幾個試圖防衛自己的男孩費了很大的努力終於恢復：「到我這裡！到我這裡！」佛對著其他人叫喚，但是一切都太遲了。那些獻身者，彷彿是死了一般的沉沉入睡，他們聽不見，陌生人對著那些飄浮在空中被釋放的陰影呼吸吐納，這些陰影就在空中消融。陌生人們看

也不看的就轉身離開，身邊還帶著他們的囚犯，而當他們離開時，他們的身體就宛如玻璃一般通透。

此時理發現自己身在一片寬闊的冰面上，「發生了什麼事？」他問自己：「打從敵人擋住了前往王國的道路，我們身上就發生了些事，我們在無望的迷宮中失去自我，我們不再認識其他人，我們的團體被打散了。」

太陽閃著紅光，一陣風吹來同時穿散了雪花。眼前的冰就如同是一面鏡子，理感受到一股凍結的寒意襲來。

此處出現了另一個物極必反性，就如同理接受加冕時，他大叫說想要離開，男孩們就出現將他帶走，因此，當他們接近王國時，在進入之前必須將所有的投射從自身分離出來──以東方的說法，就是從業力的投射中釋放、從人世的涉入中釋放，正面轉向王國，發現自性──就在這一刻，另一端再次介入干涉，鐘錘又再次盪回。他們錯過了轉捩點，這也再度是不具意義的物極必反性。

從實務角度而言，思覺失調症患者的交替心理狀態會是最佳的描寫，有時候他們全然被集體無意識填滿進入無止盡的轉換，甚至會聲稱自己是上帝、耶穌、宇宙樹或是金銀島。他們可能會說：「我要和拿坡里一起將通心粉帶往全世界。」這是在那個時代會做出的言論。在那樣的狀態下，此人就是陷入集體無意識，陷入永恆轉化中。但是如果那是精神症發作的情況，當中就會有些致命的事物，其中包括物質內的殘碎理性主義，因為當他們說「我是耶穌基督，我是宇宙樹」時，這是可以理解的，但是當他們接續說「我要和拿坡里一起將通心粉帶往世界」時，就帶出絕對的陳腐，這是外

在日常的殘餘，它打亂了集體無意識的和諧性。與思覺失調相關的素材立刻就被辨識出來，因為有些理智平凡的殘餘碎塊被植入重要的無意識素材裡面。

我們可以說在這樣的素材裡就有著馮‧斯比德的殘餘碎塊，亦即，玻璃王國碎裂了，同時也被放在集體無意識的素材裡一起研磨。去說「我要和拿坡里一起為世界提供通心粉」根本就是胡扯一通，但是去說「我是基督以及宇宙樹」則是相當具有意義的，因為自性有著神聖的來源，我們對於基督教的每個神祕性都必須持保留態度接受之。如果個體可以將這些素材加以釐清，疾病就不會是致命的，但是如果我們以藥物方式將個體從中拉出，略過了區分好穀子及壞穀子的階段，此人就會落入典型精神症發作後的常見僵化狀態。人們變得僵化、正常化同時高度智性化，他們全然批判自己所經歷的一切，說自己不想要再談論這件事。他們將之壓抑，同時憑藉著已建立的理性僵化常態來繼續生活，這是集體意識常見的標準，同時也是相當廉價的認知。

前述的兩個例子都少了兩件事：首先就是少了實踐心靈現實的可能性，對思覺失調的患者而言，當他將原型及內在世界視作全然真實時，他就會認為自己是耶穌基督，但是當他這麼說時，他並沒有體會到這個奧祕不可知帶有曖昧含蓄的意味，他所表達的是單純字面上的意思，因為他會說他是耶穌基督所以他明天不進辦公室。這顯示出在靈魂的層次上、在內在的平台上，他的確是明瞭的，可是他只是做出字面上的具體意涵。就我個人的經驗，要讓思覺失調症患者走出來的最大挑戰，就是要讓他了解象徵層次的解讀，因為他堅持事物的具體性，也因此在他的瘋狂中突兀的置入了理性主義

及物質主義。他並沒有看見心靈中的現實，無法接受相對於外在物理現實，另外還有個心理現實的假設，他將兩者混在一起，也因此成了胡扯一通。當這類人陷入馮・斯比德的狀態時，他們會是理性的，但是同樣沒能辨識出心靈的現實。

　　第二個少了的則是情感功能，亦即，少了正確評估價值的可能性。榮格曾經提過一個思覺失調病人的故事，這個病人三不五時會停下來去細聽某些事物。她很難發現自己在停下中斷的那些時刻到底在做什麼，但是一段長時間之後，她承認自己在那時候正打電話給聖母瑪利亞──迅速詢問她的意見！在那一刻是很難接近病人的，畢竟我們可以說，此刻有另一個人正在電話線上！假若你與聖母瑪利亞之間有過神祕經驗，你會對此毫無招架的。曾有過這樣內在經驗的人們，會有好幾天都處在受到震撼的狀況，這是巨大宗教體驗之後的常見反應，但是思覺失調症患者典型會有的說詞是：「哈囉！喔，是的！聖母瑪利亞嗎？好的。」你若不是完全不相信這些，就是會受到可怕的驚嚇。在那樣的狀態下，我們就少了價值感。假若人們是瘋狂的，他們會以相同的語調來說一切事物，無論他們是耶穌基督或是外送通心粉，此時就是在沒有評估能力下將廉價的陳腐平凡與深刻的宗教素材穿插在一起。

　　這說明了為什麼《邱比特與賽姬》（*Amor and Psyche*）的故事本身別具意義。賽姬，就如同灰姑娘一般，必須在不同的穀粒中區分出好穀子與壞穀子；這正是以心靈的功能來區辨價值。假若失去了阿尼瑪，就失去了感覺，這是思覺失調症患者常見的狀況。一但情感失去了，同時當男人與阿尼瑪的連結失去了，就會是這樣的意象。當許多人都進入這樣的狀態，就會是我們曾經經歷過的，同時

也可能會再度出現的集體精神症。

此刻理陷入冰凍中，也發現自己身在亡者的魂魄當中。他又再次看見死去的父親、漢娜以及奧圖。他感到寒冷、失落，同時也不清楚自己身在何處，因而四處遊走。我們看見他緩慢的再次回到北方，也回到馮・斯比德的寒冰端（我們知道馮・斯比德是與冰及北方有關的，也知道當風吹向南方，佛就在附近。此處的寒冷自然屬於王者之地。）

他看見一匹馬及一隻白鳥，同時也看見佛在他身旁，他對佛說：「現在我們走吧。」他們躍上一匹黑馬，策馬離開，但是有些懷疑，覺得自己上當了——有種異樣感——但是佛催促他趕快上路，最後抵達了一艘船那兒。在此同時，沒有先前的黎明破曉、太陽升起，當理凝視舵手的雙眼時，他看見了馮・斯比德。他大叫了一聲，瞬間四周黑暗一片。

馮・斯比德披上佛的外表，同時騙他進入船上，這又是再一次的物極必反，但是這一次有個因子接近意識面，亦即，馮・斯比德是同一件事物的一體兩面——在私底下，任何一面都等同於另一面，當個體處在極端的心理對立面時總會出現這樣的狀況；當在轉捩點時，兩者是一體的。這就是中國哲學中的太極圖：對立面的核心總在黑或白之中。

下一章被命名為〈回返〉，故事開始於精神病院裡的人們在花園裡四處走動。

其中有個女人將死去丈夫的鬍子收在玻璃框中，她要求守衛及其他人讓他的丈夫再度活過來。在這群瘋狂的男人中有個帶著悲憂神色的老男人，我們認出他就是梅爾希奧（當他上船後，梅爾希奧可能就死去了，同時在轉世之後來到精神病院。書中描寫到精神病院裡的人們是如何唱歌及如何爭鬥，這些內容我們都略過不談）。還有另一個老男人，他是頂著光頭的妄想症患者，他走到梅爾希奧身旁說：「就這麼一次安靜聽我說完。我們不該繼續誤解對方，你為什麼總要監視我？這完全沒道理！」

　　「我沒有。」另一方說。

　　「有的，你有。我知道你在監視，我可以感覺得到。從你第一天進來這裡你就這麼做了，但是我們先不談這些。如你所知的，我是皇帝，但是我不想被人認出來。我活在千種樣貌中，可是你立刻就看穿我。我也知道你是誰，你是個偉人，一個偉大的主子。我不會提你的名字，但是我知道你是誰。我倆為什麼要在敵意當中生活？我們可以聯合起來。我們可以平均分配——你拿地球的南方，我拿北方（對立兩極）。我甚至都準備好要將部分我所擁有的給你，因為我理解南方的人比較不聰明，但是那裡也是比較容易管理的。讓我們聯合起來吧！我會接受任何你所提出的主張。或者是，也許你想要北方？拿去吧！我可以拿南方，我不介意的！對我而言南方就已經相當足夠了，一點都不打緊。最主要的是，你不要再迫害我了！讓我們聯合起來！這正是時候，否則一切會超出我們的掌控之外。我們必須在人口過剩前就將人類摧毀，必須要在他們發現之前就迅速完成，否則他們會制止我們。我們要將天堂再度帶回地球，因為這個世界已醜陋不堪，我們會讓一些女人存活，透過她

們，我們才能再造新人類。但是，千萬小心，看在上帝的份上！不要告訴任何人！我們務必保守這一切祕密。你願意嗎？

他伸出手，但是另一個老人，梅爾希奧回答說：「我不知道你在說些什麼！」

光頭男子說：「你不想這麼做嗎？你想把一切都據為己有？啊！現在我懂了！你想殺了我！但是你自己才要小心點！我在監看著你！我知道！我早就知道了！」他望向四周，同時在遠處看見一個白衣人，瞬間就尖叫著跑開。

這個白衣人，正是醫師，他走近梅爾希奧並詢問他的狀況，梅爾希奧要求出院。醫師回答說他清楚梅爾希奧已經完全得到治癒，同時說梅爾希奧在院內所進行的化學實驗也得到美好的成效，「同時，我不應該試圖讓你擺脫內心固著的想法，認為自己就是一百年前在白馬山消失的梅爾希奧・馮・青檸舍博士。我原先以為能幫你從那個念頭中擺脫，一年前你被發現在海上漂流的一艘船上，你當時有的所有瘋狂幻想如今都已經消失了。然而，你仍然無法記起自己真實的名字，為了讓你輕鬆些，我會以我的權限授予你使用那個名字，你接下來可以繼續你在大學的課程，再度過回正常的生活。」

三天之後，梅爾希奧重拾自由。

這是致命的轉折，如你所見，雖然受到瘋狂的遮掩，另一半──陰影面，也就是光頭的男子──試圖要結合對立面。那是在精神病院最後一次試圖去將兩者結合，將兩邊放在一起──南半邊與北半邊的世界，佛與馮・斯比德的世界──去辨識出對立面，認

知它們是一體兩面的同一件事。但是，接著出現的則是混入摧毀世界以創造新種族的誇大想法。

如你所知，**優等民族**（Herrenrasse）的概念是納粹政權的幻想：因為人口過剩（我們當今所面對的部分困難），其他人要被迅速摧毀，新的種族必須被創造。光頭男子所提出的主張，顯示出建設性的傾向（對立面的結合）與誇大破壞性幻想的怪異混雜。對立面的結合並未成功，而梅爾希奧再次退回到理性正常的狀態。如果我們將這一點連上作者，他當時必定是處在幾乎瘋狂的狀態下，在這樣的狀態下，他可以理解對立面的問題，但是他卻反而轉入偏頗的意識觀點。因此，梅爾希奧從精神病院中得到釋放，成為大學裡的教授，也再次以無聊的形式得到成功，就像是小說開頭所描述的狀況。

最後一幕

某日午後，在回家的路上，他看見街上有個年輕人，年輕人是個俊美的青春男孩，整體外表也吸引著他。他加快腳步，在走過時看了這男孩一眼，並拿下帽子介紹自己。年輕人顯得有些驚訝，但是仍介紹自己名叫沃特·馬爾（Walter Mahr，Mar 一詞就是夢魘，而 mare 一詞則是母馬的意思）。青檸舍說自己以前必定在某處曾見過年輕人，但是年輕人回答說不清楚這個可能性，還說自己打從出生以來就沒有離開過城鎮，而青檸舍只在這個城裡住了三年。兩人此時就站在青檸舍的公寓門前，他邀請年輕人進入公寓內幾分鐘就好。在公寓裡，馬爾承認在自己還是小男孩的時候常常會夢見一

張長得就像是梅爾希奧的臉孔，不過是他更年輕時候的樣子。「是的，」梅爾希奧打岔說：「我們都夢到許多事物，很有可能我也夢過你。」

「我夢到，」馬爾繼續說：「在窗子上看見你的臉孔，同時還聽到叫喚聲，就像是你的聲音。還有一次，有個人坐在我的床緣，他還要我跟他走，要我受十字架刑。」

梅爾希奧內心的興奮感隨著與馬爾的談話而增長，他將一切告訴馬爾，那些他心中的疑惑以及他記不清楚的事情。他在心底嘀咕著十字架以及血流等等，接著還試圖要說服馬爾與他一起上路。馬爾凝視著他，握起他的手給了一吻，同時說自己還會再過來。青檸舍要馬爾立即就走，但要準備好隔天再來一同四處遊走。

當馬爾離開後，梅爾希奧坐著想了一會。接著，他脫掉身上的衣服，看著鏡子中年輕俊美的身體，心想頂上的那顆糟老頭到底對這個身體做了些什麼。接著，他將衣服穿上，同時坐在書桌前開始提筆寫作，此時卻想到自己再做這樣的工作早已不具意義。他第一次走出家門，上街進入一家咖啡館，在那裡他遇見了一個朋友。他們談論著為了紀念屎疾鎮大革命一百周年的盛宴，也談到當時街上的景況以及戲院中被殺了的國王。梅爾希奧打斷談話，表示自己累了要回家去。

走在街上，他以為自己聽到腳步聲。街道、街燈、天空以及星辰，全都看起來很陌生，此時又再度聽見與自己的腳步同步的聲音。他以歌聲來轉移注意力，卻有個不為人眼所見的合唱團加入他的歌聲。歌唱得越來越大聲，還有管樂、鼓聲及定音鈸等的進行曲演奏，他看見自己走入一個明亮的城市，同時騎在白馬上。窗口及

皇宮的陽台上站著一群罩著面紗的女人及女孩們，當他抵達廣場的中央，她們卸下面紗，就光著身體站在那兒，還向他丟出玫瑰花。梅爾希奧面前開啟了一扇門，男孩們抓住馬韁讓梅爾希奧下馬——此時他發現自己就在家門口空無一人的街道上。

他無法再繼續向前，雙膝跪下跌坐下來。他躺在雪地上，不斷地哭泣直到再也哭不出聲音為止。一會兒之後，他起身走上階梯上的家門口，將鑰匙插入門縫時，他向後退了一些；就彷彿是大門在警告他。他遲疑了一下，想回到咖啡館去待到清晨，但是當他想起空無一人的街道以及身上的疲倦感，他沒辦法再走回街上，只能克服自己的恐懼感。他站在階梯上，四周一片漆黑，側耳傾聽，可是走到家門口時，他幾乎就要再度逃跑——如此怪異且令人害怕的感覺。進入公寓後他快跑進入房間，點亮房內的燈後火柴順勢掉落，似乎有個陌生人就在裡面。接著，他清楚地聽見有陣熟睡的呼吸聲在房內，他心中也認出這個聲音。最後，他點亮一盞蠟燭，在火爐邊的扶手椅上有個熟睡的人，髮絲白皙宛如波浪般。梅爾希奧凝視著這個熟睡的人，認出是馮・斯比德，就在那一刻，原先被覆蓋的記憶又再度清明，而他也記起了過去所發生的一切。

「現在，」他想：「現在，他就在我手中。現在，我是主人。我是醒著的那個，同時他以為我是沒有力量的。我應該要呼叫男孩們，他們會把他綁起來。」他凝視著馮・斯比德，看見他那蒼白且帶著神聖感的面容，依然為之著迷，可是他將那份誘惑感甩開同時大叫：「我想要離開！」

可是，什麼都沒發生。他舉起雙臂再大叫一次：「我想要離開！」依然是一片沉寂，也沒有任何人出現。他第三次大叫，仍是

一點作用也沒有。他垂下雙臂，同時意識到自己是孤單一人，也清楚男孩們是在陌生人的掌控之下。

「一切都結束了，」梅爾希奧心想，同時也覺得極度的疲倦。他再次凝視烏里希，他仍然在熟睡中。害怕自己去看他的眼睛以及去聽他說話，他小心翼翼的，沒更衣就在床上躺下，馬上就睡著了。

夢中，玻璃人戰勝了一切，男孩們也被殲滅了。他做了個很長的夢，夢境結束時，他聽見有人叫喚他的名字，同時烏里希就在他面前。他拔起刀朝烏里希身上猛刺，瞬間烏里希的胸膛就開了個十字。烏里希大叫：「梅爾希奧！」梅爾希奧醒了過來，看見烏里希就站在面前，手中拿了一盞點亮的蠟燭，依然是在黑夜中。

「世界是我的，」烏里希說：「呼叫男孩們是沒用的，他們聽不見你，他們只是鏡子裡的反射。」

「我並不屬於你！」梅爾希奧叫道：「我的意志屬於我自己！」

「我會打破它，就如同我打破其他人的一樣。」烏里希靜靜的說：「跟我走，我要讓你看最後的一幕。」

「遊戲永遠都不會結束。」梅爾希奧說。

「跟我走，」烏里希再說一次：「同時看仔細！」

外頭街道上的暴風雪更顯劇烈。他們走了有一小時之久，雪花打在兩人的臉上，最後兩人來到一個漆黑的小巷子，裡面有個殘破的屋子，屋子裡有盞油燈正燃燒著。烏里希停下腳步，入口的上方寫了幾個字：「放射世界劇場」

「就是這裡！」烏里希說，這一路上他什麼話都沒說，他拿起

手杖在門上敲了三次。有個矮子向外探出頭來:「你遲到了,」他說:「觀眾都走了,沒人想看這個,可是我們會演到最後。最後一幕馬上就要開始了。」他引兩人走過老舊的走道,牆上滿是裂痕,一直走向牆面盡頭的那扇門。他讓兩人進入並要他們好好欣賞。兩人坐下後看著空蕩蕩的觀眾席,除了偶爾有幾個投射的人影閃過之外,劇場裡漆黑一片。

「這是個好位置,」烏里希說:「這個角度可以避免我們過於悲劇性看待這些演員。」

「這對我們有什麼重要性?我要在這兒看什麼?」梅爾希奧說。

「最後一幕。」烏里希重複說道。

鐘聲響起,同時布幕被拉開。梅爾希奧在舞台上看見男孩們以及馮・斯比德先生——他在舞台上的分身。梅爾希奧看見一個多小時之前夢中的街道,以及街上面無表情的透明人。這一次他明白這些人是什麼人,因為他清楚認出了男孩們。

烏里希起身挪到梅爾希奧後方較高的椅子上坐著。他掏出觀看大型歌劇的望眼鏡,兩手手肘就撐在梅爾希奧肩膀上,越過梅爾希奧的頭頂望向舞台。男孩們在烏里希分身的影像四周跳舞,唱著:「時間沉落,空間消逝,形態湮沒。」那是佛的聲音!梅爾希奧幾乎就要從椅子上跳起來,但是烏里希的兩隻手肘重重壓在他的肩膀上,將他牢牢定在椅子上。跳舞的男孩們兩兩一對分開,舞台背景升起了一個巨大的入口處。男孩們雙唇上掛著僵住的最後一絲笑意,他們的雙眼因沉睡而闔上,烏里希分身的雙眼也慢慢的閉上。

梅爾希奧感到烏里希兩隻手肘的力量稍稍鬆開了些。他轉身看

見烏里希也睡著了。他順勢甩開烏里希的雙肘，也將慢慢爬上的睡意甩開。他的雙唇中迸出了奇怪的語句，餘音縈繞四周。

接著，他看見舞台上新出場的角色，同時也認出那就是自己。他看見這個人慌張地走向佛想要搖醒他，也看見佛是如何慢慢的張開眼睛，被嚇得跳了起來。他聽見自己大叫：「他睡著了！快趁現在！」他們拿起閃閃發光的刀子朝烏里希的影像猛刺。就在那一刻，烏里希倒在地上，沒有任何生命跡象。梅爾希奧看見自己與佛一起在舞台上，也看見他們是如何慌張逃離。

一陣風將梅爾希奧吹起帶開。雪花飄落臉頰，一道淡淡的曙光升起。他獨自一人站在滿是積雪的街道上，暴風雪逐漸消退，太陽也從雲層中探出頭來。梅爾希奧感覺不到身上的力氣，他是如此虛弱以致於幾乎都不能動彈。他的力氣早已用盡，在跌落雪地的同時望向遠方。

「圓正在閉合，」他低語道：「一切都被填滿了。我的陰影解放了你的陰影，敵人也被消滅了。在這寬廣的大地上，你在哪兒？在分隔你我的大海之外，我聽見你的聲音。白日與黑夜，黑夜與白日，你漫步在平地，你也爬上高山。掛著紅帆的金色船隻載你越過大海，一群鳥兒在你頭上盤旋，在杳無人煙的道路上，你越發靠近。馬上就是清晨了，屆時你會出現在我面前，一絲不掛但散發著光芒，髮際間透出星辰，你那冰冷的雙唇會吻上我跳躍的心。人間不再是靜默的，你的話語呼喚一切生命，你的呼吸來自每個人，你的愛從每顆心上開花。十字架會被升起，十字架上的人們讓血液流向世界血脈，經歷一個形貌接著另一個形貌的轉變，開啟了全新的遊戲。葡萄早已成熟，正等著你的到來。看啊，我們是如何吸納於

嬉戲喜樂。一切都靜止了，你就著夜裡那如同赤焰般的葉片來到這兒，那青春的火焰，那歡唱的火焰，你是主子也是赤子。」

在這個宛如聖歌一般的禱告結束後，他站起身伸展四肢。跌跌撞撞的走過雪地，彷彿看見一片雪地上的一滴血，細細凝視後看見一片玫瑰花瓣，幾步之外有著另一片，還有另一片，整條路上都灑滿了花瓣，雪地上則有著赤足走過的輕巧足跡。他循著足跡而走，帶他越走越高。四周的霧氣益加濃重，大地也消失在眼前。白茫茫一片，不斷變白，只有玫瑰花瓣散發著光芒，血紅色的，引著他向前。遠方的雲霧中，他看見有個人的背影，原先的虛弱感也消失了，什麼感覺都沒有了，除了前方的影像外，什麼都看不清楚。太陽出現了，霧氣也突然散開。山頂上站著的正是散發光芒的佛，髮際間夾著玫瑰花，張開他那如火焰般的大大雙臂。

漫遊者因疲倦而跪倒在地：「王國啊！」他結結巴巴的說：「無空間王國！」然後就死去了。

再次出現了物極必反性。首先，馮·斯比德因為將梅爾希奧帶上船而得到勝利，但接著一百年之後，梅爾希奧出現在精神病院裡（一旦當你處在智性的王國，任何對立端的經驗——屬於佛的範疇的經驗——就都是徹底的瘋狂）。梅爾希奧從精神病院中逃離，但是在舞台上，當他們刺向馮·斯比德時，佛又再度勝出，這一次則是在人世中勝出。佛仍然是勝者：他最終找到了王國，但是他留下自己的身軀在人間。馮·斯比德得到了身體，但是他自己則成了死去的老人，這意謂著問題仍然沒有得到解決，只是被擱置了，因為當解決方案被描寫成發生在死後，就意謂著仍然沒能在現實面發現

意識性的實踐方法,這說明了為什麼基督教中戰勝魔鬼及對立面的結合都被投射在最後審判日(Day of Judgment)之後。天堂是在死後才出現的。在《浮士德》一書中,浮士德是在死後才找到救贖,而在《無空間王國》一書中,解決方案也再度被投射進入來世。此處清楚的顯示:能帶出實踐的中介橋梁仍然未被找到,因為在這場鬥爭中,心靈的現實依然未得到實踐,所有的爭鬥都是在投射中——由智性對上無意識的古老現實——但是仍然沒有做出定義,也沒看見當中的現實,作者將心靈現實與具體現實兩者混在一起。

　　這也形成了當代問題的惡景,榮格曾經引用法國作家拉伯雷(François Rabelais)的話語來提醒我,他說:「當真實以原貌出現時,遠比謊言更加來得虛假(La veritè dans sa matière brute est plus fausse que la faux)。」這段話真切地反應前述所描述的經驗。但是除此之外,以上這些都試圖帶來一個全新創意的宗教態度以及文化創意的更新——但這只能表現在心理及個人的形式上。問題出在它與令人作嘔的錯誤政治扭曲同時出現,以致於它遠比謊言來得更加虛假。然而,儘管如此,我們仍然需要轉向面對它,區辨出當中的種子。否則,我們就是被困住了,始終都在祝融殘骸上建立明亮正面的「玫瑰色」建築物。

註釋

1　譯註:黑色太陽(Sol Niger)在煉金術文化中代表自然中的黑暗面,是煉金術的初始階段——化(nigredo)階段,象徵物質在煉金過程中消融混沌的狀態。

2　譯註:薩登(Saturn)是羅馬農神,對應於希臘神話中克洛諾斯(Kronus),他是天神宙斯(Zeus)的父親。薩登在被宙斯推翻後逃亡異地,並教會當地人民耕種土地,因此被尊為農神。

3　編註：是德國萊茵河右岸的分支，也是最大的支流。

4　譯註：克弩諾斯（Kerunnus）是凱爾特神話之公鹿神，根據神話內容，克弩諾斯在被肢解及被放在鍋裡烹煮後得到重生。馮‧法蘭茲認為羅馬人在攻克外族後會相當聰明的將當地人民同化在帝國中，其中一個同化的策略就是重新轉譯當地文化的原型，當地原有的神話會被同化進入羅馬神話中，因而出現像是墨丘利—克弩諾斯的平行對應，也因此我們會在法國境內各地看見對墨丘利—克弩諾斯的崇拜遺跡。透過這樣的原型同化而避免了宗教的爭執，羅馬帝國的整體性也得以維持。

5　譯註：依據聖經外典《彼拉多行傳》（*Acts of Pilate*），朗基努斯為羅馬士兵，在耶穌受十字架刑之後，朗基努斯以長矛刺向耶穌以確認耶穌已死，但也因為沾到噴出的血水而眼盲。後來他的雙眼自行痊癒，被視為神蹟，朗基努斯因此成為虔誠的信徒，那根沾血的長矛也成為三聖物之一。

Apocryphal New Testament. Trans. M. R. James. Oxford: Oxford University Press, 1966.

Baynes, H.G. *Analytical Psychology and the English Mind.* London: Methuen, 1950.

Caussin, Nicholas. *Polyhistor Symbolicus.* [De symbolica Aegyptiorum sapientia. Electorum symbolorum, & Parabolarum historicarum stromata] Paris: 1618, 1631.

Codex Marcianus. In Berthelot, Marcellin. *L'étude de la chimie au moyen âge.* Paris: Librairie des sciences et des arts, 1938.

Dante Alighieri. *The Divine Comedy.* Trans. Charles S. Singleton. (Bollingen Series LXXX). New York: Princeton University Press, 1975.

Democritus. In Guthrie, W.K.C. *A History of Greek Philosophy.* London: Methuen, 1968.

Eckhart, Meister. *Meister Eckhart: A Modern Translation.* Trans. R. Blackney. New York: Harper and Row, 1957.

Eliade, Mircea. *Shamanism: Archaic Techniques of Ecstasy.* New York: Pantheon, 1964.

Fromm, Erich. "Zum Gefühl der Ohnmacht." In *Gesammelte Werke*, vol. 1. Stuttgart: Deutsche Verlags Anstalt, 1980.

Goethe, J. W. von. *Faust*. Trans. Philip Wayne. Baltimore, Penguin Classics, 1956.

____. *The Sorrows of Young Werther*. Trans. V. Lange and J. Ryan. (Bollingen Series) New York: Princeton University Press, 1996.

____. *Torquato Tasso*. Trans. J. Prudhoe. Manchester: Manchester University Press, 1979.

Goetz, Bruno. *Das Reich Ohne Raum*. With a commentary by Marie-Louise von Franz. Zurich: Origo Verlag, 1962.

Hoffmann, E.T.A. *Tales*. Ed. V. Lange. New York: Continuum Publishing Co., 1998.

The I Ching or Book of Changes. Trans. Richard Wilhelm. Rendered into English by Cary F. Baynes. London: Routledge and Kegan Paul, 1977.

Ignatius of Loyola, St.. *The Spiritual Exercises of St. Ignatius Loyola*, Ed. George E. Ganss. Classics of Western Spirituality. vol. 72. New Jersey: Paulist Press, 1955.

Jaffé, Aniela *Bilder und Symbole aus E.T.A. Hoffmann's Märchen "Der goldene Topf."* In *CG Jung, Gestaltungen des Unbewussten*. Zurich: Rascher Verlag, 1950.

Jung. C.G. *The Collected Works*. (Bollingen Series XX). 20 vols. Trans. R. F.C. Hull. Ed. H. Read, M. Fordham, G. Adler, Wm. McGuire. New York: Princeton University Press, 1953-1979.

____. *The Visions Seminars: Notes of the Seminars, 1930-1934*. Zurich:

Spring Publications, 1976.

Jung, C.G., and Kerényi, Carl. *Essays on a Science of Mythology*, Trans. R.F.C. Hull. Princeton: Princeton University Press, 1949.

Kalevala: The Land of Heroes. Trans. W.F. Kirby. New York, Everyman's Library, 1907.

Kerényi, Carl. "Heros Iatros: Ueber Wandlungen und Symbole des ärztlichen Genius in Griechenland." Zurich: Rhein Verlag, 1945.

Koran, The. Trans. N.J. Dawood. Baltimore: Penguin Classics, 1956.

Kluger, Rivkah Schärf. *The Archetypal Significance of Gilgamesh: A Modern Ancient Hero*. Eisiedeln, Switzerland: Daimon Verlag, 1991.

Kubin, Alfred. *The Other Side*. Trans. L. Denver, New York: Crown Publishers, 1967.

Meyrinck, Gustav. *The Golem*. New York: Dover Publications, 1986.

Neval, Gerard de. *Aurelia*. London: Chafto and Windus, 1932.

Ovid. *Metamorphoses*. Trans. D. Garth et al. New York: Garland Publications, 1976.

Picinellus, Fillipo. *Mundus Symbolicus*. Ed. August Erath. New York: Garland Publications, 1976.

Poe, Edgar Allan. *Collected Works*. Ed. T.O. Mabboft. Harvard: Harvard University Press, 1970.

Rousseau, Jean-Jacques. *Confessions* In *Collected Writings of Rousseau*. Trans. J.R. Bush. London: University Press of New England. 1995.

Saint-Exupéry, Antoine de. *Citadelle*. Paris: Librairie Gallimard, 1948.

_____. *Flight to Arras*. London: William Heinemann Ltd., 1943@

____. *Terre des Hommes*. Paris: Librairie Gailimard, 1974.

____. *The Little Prince*. London: William Heinemann Ltd., 1951.

____. *Vol de Nuit*. New York: Harper and Row, 1963.

Sechehaye, Marguerite-Albert. *Symbolic Realization: A New Method of Psychotherapy Applied to a Case of Schizophrenia*. New York: International Universities Press, 1951.

Seton, Ernest Thompson. *Wild Animals 1 Have known*. Toronto: McClelland and Stewart Ltd., 1977.

Stein, Robert See *The Betrayal of the Soul in Psychotherapy*. Dallas, TX: Spring Publications, 1998.

Toynbee, Arnold J. *Study of History*. 10 vols. Oxford: Oxford University Press, 1934-69.

von Franz, Marie-Louise. *The Dreams and Visions of St. Niklaus von der Flüe*. Lecture series given at the C.G.Jung Institute, Zurich, 1957. Unpublished.

Wilder, Thornton. *The Bridge of San Luis Rey*. New York: Harper and Row, 1967.

Zeller, Renée. *La vie secrète d'Antoine de Saint-Exupéry*. Paris: Editions Alsatia, 1948.

延伸閱讀

- 《神話心理學：來自眾神的處方箋》（2018），河合隼雄，心靈工坊。
- 《夢，沉睡的療癒力》（2018），李香盈，心靈工坊。
- 《公主變成貓：從榮格觀點探索童話世界》（2018），瑪麗-路薏絲・馮・法蘭茲（Marie-Louise von Franz），心靈工坊。
- 《童話中的陰影與邪惡：從榮格觀點探索童話世界》（2018），瑪麗-路薏絲・馮・法蘭茲（Marie-Louise von Franz），心靈工坊。
- 《童話中的女性：從榮格觀點探索童話世界》（2018），瑪麗-路薏絲・馮・法蘭茲（Marie-Louise von Franz），心靈工坊。
- 《青年路德：一個精神分析與歷史的研究》（2017），艾瑞克・艾瑞克森（Erik H. Erikson），心靈工坊。
- 《公主走進黑森林：榮格取向的童話分析》（2017），呂旭亞，心靈工坊。
- 《繭居青春：從拒學到社會退縮的探討與治療》（2016），齋藤環，心靈工坊。
- 《解讀童話：從榮格觀點探索童話世界》（2016），瑪麗-路薏絲・馮・法蘭茲（Marie-Louise von Franz），心靈工坊。

- 《轉大人的辛苦：陪伴孩子走過成長的試煉》（2016），河合隼雄，心靈工坊。

- 《青春的夢與遊戲：探索生命，形塑堅定的自我》（2016），河合隼雄，心靈工坊。

- 《搶救繭居族：家族治療實務指南》（2015），田村毅（Tamura Takeshi），心靈工坊。

- 《晚熟世代：王浩威醫師的家庭門診》（2013），王浩威，心靈工坊。

- 《榮格人格類型》（2012），達瑞爾‧夏普（Daryl Sharp），心靈工坊。

- 《榮格心理治療》（2011），瑪麗-路薏絲‧馮‧法蘭茲（Marie-Louise von Franz），心靈工坊。

- 《少年維特的煩惱》（2018），歌德（Johann Wolfgang von Goethe），野人。

- 《榮格心理學不插電講堂：我的大象生活》（2016），達瑞爾‧夏溥（Daryl Sharp），城邦印書館。

- 《小王子》（2015），安東尼‧聖修伯里（Antoine de Saint-Exupéry），二魚文化。

- 《風沙星辰》（2015）安東尼‧聖修伯里（Antoine de Saint-Exupéry），二魚文化。

- 《夜間飛行》（2015），安東尼‧聖修伯里（Antoine de Saint-Exupéry），二魚文化。

- 《長不大的男人》（1994），丹凱里（Dan Kiley），遠流。

二劃

人馬凱龍 Chiron

人智學 anthroposophy

三劃

上帝耶和華 The Lord of Hosts

下意識 Unterbewusstsein

大仲馬 Alexander Dumas，法國浪漫主
義作家

力比多 libido

土星 Saturn，薩登

《小王子》 *The Little Prince*

〈小弟弟和小姐姐〉Little Brother and
Little Sister

〈小紅帽〉Little Red Riding-Hood

四劃

卡力狄斯 Charybdis，海妖

卡爾‧凱倫伊 Carl Kerényi，匈牙利神
話學者

卡爾‧馬克思 Karl Marx，德國哲學家

巴伐利亞 Bavaria

巴賽爾 Basel，瑞士城市

巴薩瑞俄斯 Bassareus，亦即狐狸皮

不可或缺的條件 *conditio sine qua non*

不自主的動作 tic nerveux

內在城市出版社 Inner City Books

尤利烏斯‧施瓦本 Julius Schwabe

戈林 Hermann Wilhelm Göring，納粹德
國的政軍領袖

日耳曼兀兒德噴泉 Germanic Fountain of
Urd

《少年維特的煩惱》 *The Sorrows of Young
Werther*

《心理學與煉金術》 *Psychology and
Alchemy*

《月亮》 *der Mond*，童話歌劇

《卡勒瓦拉》 *Kalevala*，芬蘭民族史詩

五劃

布希曼人 Bushmen，分布非洲叢林

布宜諾斯艾利斯 Buenos Aires，阿根廷
首都

布魯姆 Broom，美國教授

布魯諾‧高茨 Bruno Goetz，德國作家

母親情結 mother complex

母性的女神 mother goddess

母馬 mare

尼古拉斯‧柯西紐斯 Nikolaus
Caussinus，耶穌會神父

尼羅河 Nile

世界衛生組織 WHO

永恆少年：以榮格觀點探討拒絕長大

貝爾茲 Baelz，德國精神科醫師
狂喜的感受 ecstatics
狂熱 folie
狂戰士 Berserk，北歐神話
沃特‧馬爾 Walter Mahr
沃登神 Wortan
克洛諾斯 Kronos，希臘眾神之王
克勞斯弟兄 Niklaus von der Flüe，瑞士
　　聖人
沙克提 Shakti，太初之母
我的罪惡感 mea culpa
但丁 Dante Alighieri，義大利詩人
何畢頌 Rotbuch
吞噬母親 devouring mother
吾等之子 infans noster
利血平 Serpasil
抗精神病藥物 CPZLargaactyl
杜斯妥也夫斯基 Dostoyevski，俄國作家
系象 constellation
赤身男孩 naked boy
辛克戴爾 Hinkeldey
里加 Riga，拉脫維亞古城

八劃

阿尼瑪 Anima
阿尼瑪系象 anima-constellation
阿尼姆斯 Animus
阿朵尼斯 Adonis，草木神
阿那克里翁 Anacreon
阿那克里翁詩體 anakreontika
阿拉 Allah
阿芙羅黛蒂 Aphrodite，愛神
阿哥斯龍 Argos

阿基里斯 Achille，希臘第一勇士
阿提斯 Attis，希臘農神、自然神
阿斯克勒庇俄斯 Asclepius，醫神
阿普列烏斯 Apuleius
阿雷斯 Ares，戰神
阿爾及爾 Algiers，阿爾及利亞首都
拉瓦朗德 Jean de La Varende，法國詩人
拉伯雷 François Rabelais，法國作家
拉撒路 Lazarus
佛 Fo
佛陀座 buddha-position
法國航空郵遞公司 Compagnie
　　Aeropostale
法蘭克斯人 Franks
尚‧考克多 Jean Cocteau，法國詩人、
　　藝術大師
尚-雅克‧盧梭 Jean-Jacques Rousseau，
　　法國思想家
邱比特 Cupid
邱比特—宙斯—阿蒙神 Jupiter-Zeus-
　　Amun
佩奇塔 Perchta，阿爾卑斯紡織女神
刻耳柏洛斯 Cerberus，地獄三頭犬
坦干伊喀湖 lake Tanganyika，位於非洲
　　東部
拔除嫩芽 in statu nascendi
帕拉塞蘇斯 Paracelsus，中世紀煉金術
　　士
房舍 huis
抵抗力最弱的部位 locus minoris
　　resistentiae
泛斯拉夫主義 Pan-Slavonic
波瑟芬妮 Persephone，冥后

物極必反 enantiodromia

狐狸瘋 fox fit

玫瑰 Rosa

芙哈女士 Volkhardt

芭芭雅嘎 Baba Yaga，巫婆

青檸 linde

非異性戀 non-heterosexuality

《夜間飛行》 *Vol de Nuit*

《彼拉多行傳》 *Acts of Pilate*

《邱比特與賽姬》 *Amor and Psyche*

《金罐》 *The Golden Pot*

〈初始世代的初始孩童〉 The Primordial Child in Primordial Times

信仰混合期 Syncretistic Period

威瑪共和國 Weimar

屎疾鎮 Stuhlbrestenburg

帝王谷 Kings' Tombs

持續性創傷壓力 Continuous Traumatic Stress

春季群展 Art Gallery，於瑞士學院

倫策海德 Lenzerheide，阿爾卑斯山上的村子

《要塞》 *Citadelle*

《神操》 *Exercitia Spiritualia*

《風沙星辰》 *Terre des Hommes*

《科學怪人》 *Frankenstein*

九劃

神的羔羊 agnus dei

神祕主義 Dionysian mysticism

神祕合體 mysterium conjunctionis

神童 Wunderkinder

約瑟 Joseph

約翰・彼得・艾克曼 Johann Peter Eckermann，德國作家

約翰／使徒行傳 Acts of John

柏拉圖的 Platonic

柏林國會大廈 Reichstag

個體化 individuation

個體性 individuality

柯瑞 Kore

美國精神醫學會 APA

胡姆巴巴 Humbaba

風流公子哥唐璜一族 Don Juanism

飛利浦・米契里尼 Filippo Picinelli

修菩達 Subbud

十劃

原初的概念 sensu strictiori

原型 archetype

原型系象 archetypal constellation

原質 prima materia

馬爾他騎士團 Maltese Order

馬爾西安法典 Codex Marcianus

席克爾格魯貝 Schickelgruber

席為哈尼斯 Silverharnisk

哲學研究社群 Philosophical Research Society

庫賓 Alfred Kubin，奧地利作家

恩培多克勒 Empedocles

朗基努斯 Longinus，羅馬士兵

桑頓・懷爾德 Th ornton Wilder

海市蜃樓 fata morgana

烏里希・馮・斯比德 Ulrich von Spät

疾病 Bresten 古代語

納粹主義 Nazism

羔羊雲 Lämmerwölkchen
《歌德對話錄》 *Gespräche mit Goethe*
《唐吉軻德》 *Don Quijote de la Mancha*
《格林童話》 *Grimms Märchen*
《浮士德》 *Faust*
〈孩童原型的心理學〉 The Psychology
of the Child Archetype
〈哲學樹〉 The Philosophical Tree

十一劃

荷勒太太 Mother Holle
荷莉 Holle
荷達 Hulda，日耳曼白色夫人
梅姆克醫師 Dr. Mehmke
梅爾希奧 Melchior
執政官 Caveant consules
基爾嘉美緒 Gilgamesh
捲積雲 fleecy clouds
敘利亞人 Syrians
曼利・霍爾 Manley Hall
梵谷 Vincent Willem van Gogh，荷蘭印
象派畫家
清泉出版 Spring Publications
理 Li
畢瑪龍 Pygmalion
荻密特 Demeter，豐收女神
造物主 Pajana
麥林可 Gustav Meyrinck，奧地利幻想小
說家
國際疾病傷害及死因分類標準
International Statistical Classification of
Diseases and Related Health Problems,
ICD

《基督教時代》 *Aion*
《基爾嘉美緒的原型重要性：現代的
古英雄》 *The Archetypal Significance of
Gilgamesh: A Modern Ancient Hero*
〈處子沙皇〉 The Virgin Czar

十二劃

凱雷尼 Károly Kerényi，匈牙利神話學
研究者
凱爾特人 Celt
凱薩大帝 Julius Caesar
斯特雷克 Strakker
斯雷普尼爾 Sleipnir，沃登神的坐騎
無嗔無癡 sine ira et studio
無意識 unconscious
黑色太陽 Sol Nigerl
黑帝斯－歐西里斯 Hades-Osiris
普烈沃斯特 Prevost
黃道帶 Zodiac
第三個可能性 tertium quod non datur
傑哈・德・內瓦爾 Gerard de Nerval，法
國作家
博愛的 philanthropos
圍攻 razzia
富蘭姆 Flamm
復活節盛宴日 Feast of Easter
智慧之子 *filius sapientiae*
最後審判日 Day of Judgment
湯因比 Arnold J. Toynbee，英國歷史學
家
猴麵包樹 baobab trees，德文
Affenbrotbaum
登月飛行員 Moon Pilots

結印 mudra
菲羅克特圖斯 Philoctetes，希臘英雄
象徵主義年度會議 Congresses on
　　Symbolism
雅典娜 Athene，智慧女神
集體無意識 collective unconscious
《象徵世界》 *Mundus Symbolicus*
《象徵性的博學多聞者》 *Polyhistor*
　　Symbolicus
《象徵實現》 *Symbolic Realization*
《無空間王國》 *Das Reich ohne Raum*

十三劃

奧伊斯塔修斯 Eustachius，法國方濟會
　　會士
奧林匹斯山 Mount Olympus
奧圖 Otto von Lobe
奧維德 Ovid
塔西圖斯 Tacitus，羅馬帝國執政官
塔姆茲 Tammuz，巴比倫太陽神
塔索 Tasso
塞拉匹斯 Sarapis
塞斯比斯 Thespis，古希臘詩人
塞萬提斯 Miguel de Cervantes，西班牙
　　作家
達卡 Dakar，塞內加爾首都
達克堤利 Dactyls
達瑞爾·夏普 Daryl Sharp
聖克里斯多福 Saint Christopher
聖境 temenos
聖杯傳奇 Holy Grail
媽寶 mother's son
媽寶男 mother-bound man

愛的牽絆 *vinculum amoris*
愛洛斯 Eros，愛神
瑞夫卡·克魯格 Rivkah Schärf Kluger，
　　瑞士分析師
瑞尼·瑪拉末 René Malamud，瑞士分
　　析師
萬軍之主 The Lord of Sabaoth
萬福 Aves
發酒瘋的 Bacchanalian
慈鯛科 cichlidae
路德維希二世國王 Ludwig II
鼠難城 Rattenhausen
嘎嘎作響 rattling
《塔索》 *Torquato Tasso*
《奧蕾莉亞》 *Aurelia*
《聖經·哥林多後書》 *2 Corinthians*
《聖路易之橋》 *The Bridge of San Luis Rey*
《鼠難城報》 *Rattenhuser Bote*

十四劃

赫密斯 Hermes
赫拉克利圖斯 Heraclitus
赫勒 Helle
赫密斯的 Hermetic
赫淮斯托斯 Hephaestus，火神
赫魯雪夫 Kruschev
維吉爾 Virgil，古羅馬詩人
維納莫寧 Väinämöinen，芬蘭吟遊詩人
圖盧茲 Toulouse，法國城市
夢魘 Mar
漢娜·卡森 Henriette Karlsen
瑪麗亞的學者 Doctor Marianus
碧翠絲 Beatrice

福爾摩斯 Sherlock Holmes
蓋格計數器 Geiger-counter
誘人的 fascinosum
銜尾蛇 Uroboros
《精神疾病診斷與統計手冊》*The Diagnostic and Statistical Manual of Mental Disorders, DSM*

十五劃

摩尼教派 Manichaean
摩西 Moses
摩耶幻相 Maya
德國福克戰鬥機 Fokker-Wolff
德謨克里圖斯 Democritus
墨丘利 Mercurius
暫時性的人生 provisional life
歐西里斯 Osiris，冥王
熱那亞 Genoa，義大利城市
諸聖嬰孩殉道日 Innocents' Day
魯普 Rump
〈論心靈的本質〉On the Nature of the Psyche

十六劃

翰里希 Heinrich Trumpelsteg
翰琦 Heinrich Wunderlich
戴高樂 Charles de Gaule
戴奧尼索斯 Dionysus，酒神
錫拉 Scylla，海妖
霍夫曼 E.T.A. Hoffmann，德國浪漫主義作家
優等民族 Herrenrasse
彌賽亞 Messiah

樹木人格測驗 tree test
濕婆 Shiva
糞便 Stuhl，或椅子
《戰鬥飛行員》*Flight to Arras*

十七劃

謝赫 Sheikh
薔薇十字會 Rosicrucian
戴頭套的人 cucullatus
賽貝里 Cybele，小亞細亞、敘利亞地區的母神
〈療癒英雄〉Heros Iatros

十八劃

擴大解讀 amplify
薩莎海 Marguerite Sechehaye，瑞士精神分析師
醫者的信仰 religio medici
《轉化的象徵》*Symbols of Transformation*

十九劃

羅夏克墨漬測驗 Rorschach test
羅馬教皇大貴鈞利 Gregory the Great

二十劃

《懺悔錄》*Confesions*
《蘇黎世新聞》*Neue Zürcher Zeitung*

二十一劃

蘭克 Ranke

二十三劃

《變形記》*Metamorphosis*

二十四劃

靈知 gnosis

靈知派 Gnostic

靈長類 *homo sapiens*

靈境研討會 Visions Seminars

讓人討厭的一點 bête noir

A

Achille 阿基里斯，希臘第一勇士

Acts of John 約翰／使徒行傳

Acts of Pilate《彼拉多行傳》

Adonis 阿朵尼斯，草木神

agnus dei 神的羔羊

Aion《基督教時代》

Alexander Dumas 大仲馬，法國浪漫主義作家

Alfred Kubin 庫賓，奧地利作家

Algiers 阿爾及爾，阿爾及利亞首都

Allah 阿拉

Amor and Psyche《邱比特與賽姬》

amplify 擴大解讀

Anacreon 阿那克里翁

anakreontika 阿那克里翁詩體

Anima 阿尼瑪

anima-constellation 阿尼瑪系象

Animus 阿尼姆斯

anthroposophy 人智學

Antoine de Saint-Exupéry 安東尼‧聖修伯里

Antonio 安東尼奧

APA 美國精神醫學會

Aphrodite 阿芙羅黛蒂，愛神

Apocrypha 次經

Apuleius 阿普列烏斯

archetypal constellation 原型系象

archetype 原型

Ares 阿雷斯，戰神

Argos 阿哥斯龍

Arnold J. Toynbee 湯因比，英國歷史學家

Art Gallery 春季群展，於瑞士學院

Asclepius 阿斯克勒庇俄斯，醫神

Athene 雅典娜，智慧女神

Attis 阿提斯，希臘農神、自然神

Augustinian 米蘭天主教奧思定會

Aurelia《奧蕾莉亞》

Aves 萬福

B

Baba Yaga 芭芭雅嘎，巫婆

Bacchanalian 發酒瘋的

Baelz 貝爾茲，德國精神科醫師

baobab trees 猴麵包樹，德文 Affenbrotbaum

Basel 巴賽爾，瑞士城市

Bassareus 巴薩瑞俄斯，即狐狸皮

Bavaria 巴伐利亞

Beatrice 碧翠絲

Bedouins 貝都因人，沙漠住民

Berserk 狂戰士，北歐神話

bête noir 讓人討厭的一點

Bresten 疾病，古代語

Broom 布魯姆，美國教授

Bruno Goetz 布魯諾・高茨，德國作家

buddha-position 佛陀座

Buenos Aires 布宜諾斯艾利斯，阿根廷首都

Bushmen 布希曼人，分布非洲叢林

C

Cabiri 希臘諸神子女卡比里

Carl Kerényi 卡爾・凱倫伊，匈牙利神話學者

Caveant consules 執政官

Celt 凱爾特人

Cerberus 刻耳柏洛斯，地獄三頭犬

Charles de Gaule 戴高樂

Charybdis 卡力狄斯，海妖

Chiron 人馬凱龍

cichlidae 慈鯛科

Citadelle《要塞》

Codex Marcianus 馬爾西安法典

collective unconscious 集體無意識

Communism 共產主義

Compagnie Aeropostale 法國航空郵遞公司

conditio sine qua non 不可或缺的條件

Confesions《懺悔錄》

Congresses on Symbolism 象徵主義年度會議

coniunction 合體

constellation 系象

Continuous Traumatic Stress 持續性創傷壓力

cucullatus 戴頭套的人

Cupid 邱比特

Cybele 賽貝里，小亞細亞、敘利亞地區的母神

D

Dactyls 達克堤利

Dakar 達卡，塞內加爾首都

Dante Alighieri 但丁，義大利詩人

Daryl Sharp 達瑞爾・夏普

Das Reich ohne Raum《無空間王國》

Day of Judgment 最後審判日

Demeter 荻密特，豐收女神

Democritus 德謨克里圖斯

der Mond《月亮》，童話歌劇

devouring mother 吞噬母親

Dionysian mysticism 神祕主義

Dionysus 戴奧尼索斯，酒神

Doctor Marianus 瑪麗亞的學者

Don Juanism 風流公子哥唐璜一族

Don Quijote de la Mancha《唐吉軻德》

Dostoyevski 杜斯妥也夫斯基，俄國作家

Dr. Mehmke 梅姆克醫師

E

E.T.A. Hoffmann 霍夫曼，德國浪漫主義作家

ecstatics 狂喜的感受

Edgar Allen Poe 艾倫坡，美國浪漫主義小說家

ego 自我

ego-complex 自我情結

egotism 自我中心主義

élan vital 生命原動力

Eleusinian 艾流西斯

Empedocles 恩培多克勒

enantiodromia 物極必反

Erich Fromm 艾瑞克·弗洛姆，人本主義哲學家

Eros 愛洛斯，愛神

Etruscan 伊特魯斯坎

Eustachius 奧伊斯塔修斯，法國方濟會會士

Exercitia Spiritualia《神操》

F

fascinosum 誘人的

fata morgana 海市蜃樓

Faust《浮士德》

Feast of Easter 復活節盛宴日

Filippo Picinelli 飛利浦·米契里尼

filius sapientiae 智慧之子

Flamm 富蘭姆

fleecy clouds 捲積雲

Flight to Arras《戰鬥飛行員》

Fo 佛

Fokker-Wolff 德國福克戰鬥機

folie 狂熱

fox fit 狐狸瘋

François Rabelais 拉伯雷，法國作家

Franks 法蘭克斯人

Freemason 共濟會

Führer 希勒特，或希特勒型

G

Geiger-counter 蓋格計數器

Genoa 熱那亞，義大利城市

Gerard de Nerval 傑哈·德·內瓦爾，法國作家

Germanic Fountain of Urd 日耳曼兀兒德噴泉

Gespräche mit Goethe《歌德對話錄》

Gilgamesh 基爾嘉美緒

gnosis 靈知

Gnostic 靈知派

Gregory the Great 羅馬教皇大貴鉤利

Grimms Märchen《格林童話》

Gustav Meyrinck 麥林可，奧地利幻想小說家

H

H. G. Baynes 貝恩斯，英國分析心理學家

Hades-Osiris 黑帝斯—歐西里斯

Heinrich Trumpelsteg 翰里希

Heinrich Wunderlich 翰琦

Helle 赫勒

Henriette Karlsen 漢娜·卡森

Hephaestus 赫淮斯托斯，火神

Heraclitus 赫拉克利圖斯

Hermann Wilhelm Göring 戈林，納粹德國的政軍領袖

Hermes 赫密斯

Hermetic 赫密斯的

Heros Iatros〈療癒英雄〉

Herrenrasse 優等民族

Hinkeldey 辛克戴爾

Holle 荷莉
Holy Grail 聖杯傳奇
homo sapiens 靈長類
huis 房舍
Hulda 荷達，日耳曼白色夫人
Humbaba 胡姆巴巴

I
Iacchus 伊阿科司
Icarus 伊卡洛斯
Idunn 伊登
individuality 個體性
individuation 個體化
infans noster 吾等之子
Inner City Books 內在城市出版社
Innocents' Day 諸聖嬰孩殉道日
in statu nascendi 拔除嫩芽
International Statistical Classifi cation of
    Diseases and Related Health Problems,
    ICD 國際疾病傷害及死因分類標準
Isengrim 伊森格林，德國神話學中的狼
Ishtar 伊絲塔
Isis 艾西斯女神
Israelites 以色列人

J
Jean Cocteau 尚‧考克多，法國詩人、
    藝術大師
Jean de La Varende 拉瓦朗德，法國詩人
Jean-Jacques Rousseau 尚-雅克‧盧梭，
    法國思想家
Johann Peter Eckermann 約翰‧彼得‧艾
    克曼，德國作家

Joseph 約瑟
Julius Caesar 凱薩大帝
Julius Schwabe 尤利烏斯‧施瓦本
Jupiter-Zeus-Amun 邱比特—宙斯—阿蒙
    神

K
Kalevala《卡勒瓦拉》，芬蘭民族史詩
Karl Marx 卡爾‧馬克思，德國哲學家
Károly Kerényi 凱雷尼，匈牙利神話學
    研究者
Khidr 希爾，綠袍先知
King Erechteus 艾雷克提歐君王，雅典
    的謎神
Kings' Tombs 帝王谷
Koran《可蘭經》
Kore 柯瑞
Kronos 克洛諾斯，希臘眾神之王
Kruschev 赫魯雪夫

L
lake Tanganyika 坦干伊喀湖，位於非洲
    東部
Lämmerwölkchen 羔羊雲
Largaactyl 抗精神病藥物 CPZ
Late 先前的
Lazarus 拉撒路
Lenzerheide 倫策海德，阿爾卑斯山上的
    村子
Les savants ne sont pas curieux 成了學
    者，失了好奇
Li 理
libido 力比多

linde 青檸

Little Brother and Little Sister〈小弟弟和小姐姐〉

Little Red Riding-Hood〈小紅帽〉

locus minoris resistentiae 抵抗力最弱的部位

Longinus 朗基努斯，羅馬士兵

Ludwig II 路德維希二世國王

M

Maltese Order 馬爾他騎士團

Manichaean 摩尼教派

Manley Hall 曼利・霍爾

Mar 夢魘

mare 母馬

Marguerite Sechehaye 薩莎海，瑞士精神分析師

Maya 摩耶幻相

mea culpa 我的罪惡感

Meister Eckhart 艾克哈特大師

Melchior 梅爾希奧

Mercurius 墨丘利

Messiah 彌賽亞

Metamorphosis《變形記》

Miguel de Cervantes 塞萬提斯，西班牙作家

Mircea Eliade 米爾恰・伊利亞德，羅馬尼亞的宗教史學家

Moon Pilots 登月飛行員

Moses 摩西

mother complex 母親情結

mother goddess 母性的女神

Mother Holle 荷勒太太

mother's son 媽寶

mother-bound man 媽寶男

Mount Olympus 奧林匹斯山

mudra 結印

Mundus Symbolicus《象徵世界》

mysterium conjunctionis 神祕合體

N

naked boy 赤身男孩

narcissism 自戀主義

Nature Freunde 自然之友木屋會

Nazism 納粹主義

Neue Zürcher Zeitung《蘇黎世新聞》

Niklaus von der Flüe 克勞斯弟兄，瑞士聖人

Nikolaus Caussinus 尼古拉斯・柯西紐斯，耶穌會神父

Nile 尼羅河

non-heterosexuality 非異性戀

Nun 奴恩

O

Oedipus Complex 伊底帕斯情結

On the Nature of the Psyche〈論心靈的本質〉

Osiris 歐西里斯，冥王

Otto von Lobe 奧圖

Ovid 奧維德

P

Pajana 造物主

Pan-Slavonic 泛斯拉夫主義

Paracelsus 帕拉塞蘇斯，中世紀煉金術

Symbols of Transformation《轉化的象徵》
synchronistic events 共時性事件
Syncretistic Period 信仰混合期
Syrians 敘利亞人

T

Tacitus 塔西圖斯，羅馬帝國執政官
Tammuz 塔姆茲，巴比倫太陽神
Tasso 塔索
temenos 聖境
Terre des Hommes《風沙星辰》
tertium quod non datur 第三個可能性
Thornton Wilder 桑頓‧懷爾德
The Archetypal Significance of Gilgamesh: A
　　Modern Ancient Hero《基爾嘉美緒的
　　原型重要性：現代的古英雄》
The Bridge of San Luis Rey《聖路易之橋》
The Diagnostic and Statistical Manual of
　　Mental Disorders, DSM《精神疾病診斷
　　與統計手冊》
The Golden Pot《金罐》
The Little Prince《小王子》
The Lord of Hosts 上帝耶和華
The Lord of Sabaoth 萬軍之主
The Other Side《另一端》
The Philosophical Tree〈哲學樹〉
The Primordial Child in Primordial Times
　　〈初始世代的初始孩童〉
The Psychology of the Child Archetype
　　〈孩童原型的心理學〉
The Sorrows of Young Werther《少年維特
　　的煩惱》
The Virgin Czar〈處子沙皇〉

The White Wilderness《白色曠野》
Thespis 塞斯比斯，古希臘詩人
Thomas Browne 托馬斯‧布朗爵士
tic nerveux 不自主的動作
Torquato Tasso《塔索》
Toulouse 圖盧茲，法國城市
tree test 樹木人格測驗
True Stories from Nature《自然中的真實
　　故事》

U

Ulrich von Spät 烏里希‧馮‧斯比德
unconscious 無意識
Unterbewusstsein 下意識
Uroboros 銜尾蛇

V

Väinämöinen 維納莫寧，芬蘭吟遊詩人
Vincent Willem van Gogh 梵谷，荷蘭印
　　象派畫家
vinculum amoris 愛的牽絆
Virgil 維吉爾，古羅馬詩人
Visions Seminars 靈境研討會
Vol de Nuit《夜間飛行》
Volkhardt 芙哈女士

W

Walter Mahr 沃特‧馬爾
Weimar 威瑪共和國
Weltanschauung 世界觀
WHO 世界衛生組織
whole in one 自身整全
Wilhelm van Lindenhuis 老船長青檸舍

Wortan 沃登神

Wunderkinder 神童

Y

Yggdrasil 宇宙樹

Z

Zodiac 黃道帶

其他

2 Corinthians《聖經・哥林多後書》

PsychoAlchemy 20

永恆少年：
以榮格觀點探討拒絕長大
The Problem of the PUER AETERNUS
作者——瑪麗-路薏絲・馮・法蘭茲（Marie-Louise von Franz）
譯者——徐碧貞（Pi-Chen Hsu）

出版者—心靈工坊文化事業股份有限公司
發行人—王浩威　總編輯—徐嘉俊　責任編輯—林妘嘉
封面設計—羅文岑　內頁排版—龍虎電腦排版公司
通訊地址—10684台北市大安區信義路四段53巷8號2樓
郵政劃撥—19546215　戶名—心靈工坊文化事業股份有限公司
電話—02）2702-9186　傳真—02）2702-9286
Email—service@psygarden.com.tw　網址—www.psygarden.com.tw

製版・印刷—中茂分色製版印刷股份有限公司
總經銷—大和書報圖書股份有限公司
電話—02）8990-2588　傳真—02）2290-1658
通訊地址—248新北市新莊區五工五路二號
初版一刷—2018年11月　初版七刷—2024年9月
ISBN—978-986-357-133-9　定價—580元

The problem of the PUER AETERNUS
First published by Spring Publications, Zürich/New York 1970.
Last Publication by INNER CITY BOOKS, Toronto, 2000.
© Stiftung für Jung'sche Psychologie, Küsnacht
Complex Chinese edition Copyright © 2018 by PsyGarden Publishing Company

國家圖書館出版品預行編目資料

永恆少年：以榮格觀點探討拒絕長大 / 瑪麗-路薏絲・馮・法蘭茲(Marie-Louise von
Franz)著；
徐碧貞譯. -- 初版. -- 臺北市：心靈工坊文化, 2018.11
　　面；　　公分. -- (PsychoAlchemy ; 20)
　　譯自：The problem of the PUER AETERNUS
　　ISBN 978-986-357-133-9

1.個性　2.心理病態人格

173.7　　　　　　　　　　　　　　　　　　　　　　　107017622

![心靈工坊 PsyGarden 書香家族 讀友卡]

感謝您購買心靈工坊的叢書，為了加強對您的服務，請您詳填本卡，
直接投入郵筒（免貼郵票）或傳真，我們會珍視您的意見，
並提供您最新的活動訊息，共同以書會友，追求身心靈的創意與成長。

書系編號— PsychoAlchemy 20　　書名—永恆少年：以榮格觀點探討拒絕長大

姓名_____　是否已加入書香家族？ □是 □現在加入

電話 (O)　　　　　　(H)　　　　　　手機

E-mail　　　　　生日　年　　月　　日

地址 □□□

服務機構　　　　　　職稱

您的性別—□1.女 □2.男 □3.其他

婚姻狀況—□1.未婚 □2.已婚 □3.離婚 □4.不婚 □5.同志 □6.喪偶 □7.分居

請問您如何得知這本書？
□1.書店 □2.報章雜誌 □3.廣播電視 □4.親友推介 □5.心靈工坊書訊
□6.廣告DM □7.心靈工坊網站 □8.其他網路媒體 □9.其他

您購買本書的方式？
□1.書店 □2.劃撥郵購 □3.團體訂購 □4.網路訂購 □5.其他

您對本書的意見？
□ 封面設計　1.須再改進 2.尚可 3.滿意 4.非常滿意
□ 版面編排　1.須再改進 2.尚可 3.滿意 4.非常滿意
□ 內容　　　1.須再改進 2.尚可 3.滿意 4.非常滿意
□ 文筆／翻譯　1.須再改進 2.尚可 3.滿意 4.非常滿意
□ 價格　　　1.須再改進 2.尚可 3.滿意 4.非常滿意

您對我們有何建議？

_____

_____

□本人同意_____（請簽名）提供（真實姓名/E-mail/地址/電話/年齡/
等資料），以作為心靈工坊（聯絡/寄貨/加入會員/行銷/會員折扣/等之用，
詳細內容請參閱http://shop.psygarden.com.tw/member_register.asp。

廣　告　回　信
台北郵政登記證
台北廣字第1143號
免　貼　郵　票

10684台北市信義路四段53巷8號2樓
讀者服務組　收

免　貼　郵　票

（對折線）

加入心靈工坊書香家族會員
共享知識的盛宴，成長的喜悦

請寄回這張回函卡（免貼郵票），
您就成爲心靈工坊的書香家族會員，您將可以——

⊙隨時收到新書出版和活動訊息

⊙獲得各項回饋和優惠方案